Hans-Jürgen Döscher
Seilschaften

Hans-Jürgen Döscher

SEILSCHAFTEN

Die verdrängte Vergangenheit
des Auswärtigen Amts

Propyläen

Propyläen Verlag, Berlin
Propyläen ist ein Verlag der Ullstein Buchverlage GmbH

ISBN 13: 978-3-549-07267-7
ISBN 10: 3-549-07267-8

Gesetzt aus der Janson
bei LVD GmbH, Berlin
Druck und Bindung: Clausen & Bosse, Leck
Printed in Germany

Für Heike, meine Frau,
und meine Söhne
Hans Christian
und Ralf

Inhalt

Vorwort 11

Einleitung – Zwischen Verdrängung und Aufklärung 13

Das Auswärtige Amt vor 1945 30

Exkurs: 37
Zur Kenntnisnahme der »Endlösung«
während des Zweiten Weltkrieges

Ende und Anfang 53

Der Untergang der »Wilhelmstraße« 53
Flucht und Identifizierung Joachim von Ribbentrops 58
Entnazifizierung und Rechtfertigung 65
»Einer der beharrlichsten Widerstandskämpfer«:
Der Fall W. von B. 68
»... den Mantel nach dem Winde«: Der Fall Erich Kordt 79
Der Fall Franz Krapf 82

Entstehung des Auswärtigen Amts in Bonn 87

Blankenhorn und die Verbindungsstelle 88
Kandidaturen 92
Aufbau des Auswärtigen Dienstes 100
Dienststelle für Auswärtige Angelegenheiten
im Bundeskanzleramt 102
Personalpolitik zwischen Neubeginn und Kontinuität 103
Abteilung I (Organisation, Verwaltung, Personal) 109
Abteilung II (Politische Abteilung) 117

Abteilung III (Konsularabteilung) 120
Protokoll 124
Sozialstruktur 130
Bildung des Auswärtigen Amts (1951) 131
Einflußnahme auf die Personalpolitik 135

Kritik 145

Frühe Kritik am Wiederaufbau des Amtes 145
Kritik an restaurativen Tendenzen 146
Erste parlamentarische Untersuchung 156

Artikelserie der »Frankfurter Rundschau«:
»Ihr naht euch wieder ...« 161

»Ihr naht euch wieder ...« 162
Reaktionen in der Presse 176
Reaktionen im Auswärtigen Amt 178

Untersuchungsausschuß Nr. 47 190

Vernehmung des Journalisten Michael Heinze-Mansfeld 192
Vor dem Untersuchungsausschuß:
Wilhelm Haas, der Personalchef 193
Zwischentöne 213
Hörfunksendung des Bayerischen Rundfunks 213
Ermittlungen im Auftrag des Amtes 216
Kritik der CSU 221
Stellungnahme Adenauers 222
Einzelfälle: Dittmann, Heinburg, John 227
Der Fall Dittmann 227
Der Fall Heinburg 229
Der Fall John 231

Bericht und Empfehlungen des 234
Untersuchungsausschusses

Allgemeiner Teil 234
Zusammenfassung 236

Einzelfälle   238
Werner von Bargen   239
Herbert Dittmann   242
Wilhelm Haas   243
Wilhelm Melchers   243
Heinz Trützschler von Falkenstein   244
Empfehlungen   246
Reaktionen   249

Die Debatte   259

Wertung und Gewichtung   259
Reaktion Blankenhorns   266
Pressestimmen   268
Adenauer verteidigt das Auswärtige Amt   268
Die Mißstände im Bonner Auswärtigen Amt   270
Interna aus dem Nachlaß Brill   273

Rehabilitierung: Eine Fallstudie   280

Im Schatten der Vergangenheit:
Ansichten und Aussichten   294

Innenansichten von Außenseitern   294
Wilhelm Hausenstein   297
Kurt Oppler   305
Bilanz und Aussicht   313

Anmerkungen   325
Dienstgrade der SS   359
Amtsbezeichnungen im Auswärtigen Dienst   360
Quellen und Literatur   361
Abkürzungen   376
Personenregister   378

Vorwort

Im Frühjahr 2005 geriet das Auswärtige Amt gleich zweifach in die Schlagzeilen der Medien. Zeitgleich mit der sogenannten Visa-Affäre entzündete sich eine anhaltende Debatte zur »Vergangenheitsbewältigung« im traditionsreichen Außenamt, nachdem Bundesaußenminister Joschka Fischer einem verstorbenen Botschafter mit NSDAP- und SS-Vergangenheit das »ehrende Gedenken« in einem amtsinternen Mitteilungsblatt verweigert und so die jahrzehntelange Gedenkpraxis durchbrochen hatte. Die vorliegende Publikation kann die nationalsozialistische Vergangenheit des AA nicht bewältigen, sie will es auch nicht, da Vergangenheit nicht zu »bewältigen« ist. Ihr Ziel ist vielmehr die Aufklärung über Traditionen und ihre Berechtigung, Kontinuität und Wandel im Auswärtigen Dienst der Bundesrepublik Deutschland.

Da meine zwischen 1987 und 1995 erschienenen Bücher zur Geschichte des Auswärtigen Amts im »Dritten Reich« und in der Ära Adenauer vergriffen sind und infolgedessen dem breiten, historisch interessierten Publikum außerhalb der Universitäten nicht mehr zur Verfügung stehen, hat sich der Propyläen Verlag für eine Neuausgabe entschieden. Der Kern dieser erweiterten und aktualisierten Neuausgabe besteht aus zentralen Kapiteln des Buches »Verschworene Gesellschaft. Das Auswärtige Amt unter Adenauer zwischen Neubeginn und Kontinuität«, ergänzt um die wichtigsten Ergebnisse der schon zuvor erschienenen Untersuchung »Das Auswärtige Amt im Dritten Reich. Diplomatie im Schatten der ›Endlösung‹«.

Auf dieser Basis werden die amtlichen Darstellungen einer kritischen Nachprüfung ebenso unterzogen wie die Befunde parlamentarischer Untersuchungsausschüsse zur Personalpolitik des AA. Erst vor diesem Hintergrund läßt sich die in den Medien zugespitzte Diskussion zur »braunen Vergangenheit« des Auswärtigen Amts und eines Teils seiner Diplomaten nachvollziehen und beurteilen.

Wesentliche Quellengrundlagen dieser Publikation bilden die im Bundesarchiv (Koblenz, Berlin), im Politischen Archiv des Auswärtigen Amts (Bonn, Berlin) und im Parlamentsarchiv des Deutschen Bundestages (Bonn bzw. Berlin) überlieferten Akten und Nachlässe, daneben die personenbezogenen Bestände des früheren Berlin Document Centers (heute im Bundesarchiv Berlin), der National Archives Washington, des Instituts für Zeitgeschichte (München) und des Staatsarchivs Nürnberg, die bereits für meine vorangegangenen Monographien zur Geschichte des Auswärtigen Amts berücksichtigt wurden (vgl. das Quellen- und Literaturverzeichnis im Anhang).

Mein Dank gilt allen Damen und Herren dieser Institutionen für Rat und Hilfe bei der Bereitstellung der Quellen. Vornehmlich danke ich den Herren Dr. Real und Dr. Werner (Bundesarchiv), Herrn Dr. Biewer (Politisches Archiv des Auswärtigen Amts) sowie Herrn Dr. Weller (Parlamentsarchiv des Deutschen Bundestages).

Nicht wenigen Zeitzeugen schulde ich Dank für ihre mündlichen Auskünfte und schriftlichen Stellungnahmen. Zu besonderem Dank bin ich Herrn Bundesminister a. D. Egon Bahr, Herrn Staatssekretär a. D. Dr. Paul Frank, Herrn Botschafter a. D. Dr. Ulrich Sahm, Herrn Generalkonsul a. D. Dr. Franz Breer und dem früheren britischen Verbindungsoffizier bei der Alliierten Hohen Kommission, Herrn Michael Thomas (†), verpflichtet.

Herr Thomas Karlauf (Berlin) hat die konzeptionelle Planung meines Buches mit wertvollem Rat begleitet. Ihm sei an dieser Stelle herzlich gedankt.

Nicht zuletzt danke ich Herrn Christian Seeger, Programmleiter beim Ullstein-Propyläen-Verlag, und seinen Mitarbeitern, insbesondere Herrn Dr. Burghard Ciesla, für ihre sachverständige Hilfe bei der Herstellung dieser aktualisierten Neuausgabe.

Osnabrück, im Juni 2005   Hans-Jürgen Döscher

Einleitung
Zwischen Verdrängung und Aufklärung

»Das Auswärtige Amt in der Konfiguration von 1867, als
Behörde des Norddeutschen Bundes ins Leben gerufen, hat
sich trotz einiger Reformen bis in unsere Tage nicht wesentlich geändert, was Arbeitsabläufe und Selbstverständnis anbetrifft.« *Andreas Meyer-Landrut*
Staatssekretär a.D., Erinnerungen 2003

»Man fühlte sich als eine Familie, als eine verschworene
Schar.« *Berndt von Staden*
Staatssekretär a.D., Erinnerungen 2001

»Jawohl, es gab Seilschaften.« *Wilhelm Haas*
Botschafter a.D., »*Der Tagesspiegel*« 12. Mai 2005

Zur Erinnerung an die Gründung des Auswärtigen Amts (1870)
erschien 1970 die erste amtliche Darstellung mit Dokumentation
unter dem Titel »100 Jahre Auswärtiges Amt«, zusammengestellt
vom Politischen Archiv des AA. Das von Walter Scheel (FDP), dem
Bundesminister des Auswärtigen, gezeichnete Geleitwort enthält
einige bemerkenswerte Passagen, denen historische und politische
Bedeutung beizumessen ist.

Beim Rückblick auf die Geschichte deutscher Außenpolitik und
seines ausführenden Organs fielen, so Scheel, »die gleichen schweren Schatten auf die Entwicklung des Auswärtigen Dienstes, die
auf der ganzen Geschichte des deutschen Volkes in diesem auf-
gewühlten Jahrhundert liegen«.[1] Für Staatsmänner wie Bismarck
und Stresemann sei das Auswärtige Amt ein vorzügliches Instrument gewesen, für die Machthaber jedoch, die die Ziele der auswärtigen Politik in den zwölf Jahren des Nationalsozialismus bestimmten, ein »denkbar schlechtes«. Der Auswärtige Dienst habe
dem »Willen der Usurpatoren einen zähen, hinhaltenden, freilich
selten erfolgreichen Widerstand entgegengesetzt. Wo er in die politischen Verbrechen der Zeit verstrickt war, mußten dem Dienst
fast immer nationalsozialistische Vollzugshilfen von außen auf-

gezwungen werden, um den inneren Widerstand zu brechen.«[2] Eine »wissenschaftliche Geschichte des Auswärtigen Amts« sei, so Scheel, in Vorbereitung »und wird uns eines Tages eine gründlichere Übersicht erlauben«.[3] Auf diese 1970 in Aussicht gestellte wissenschaftliche Darstellung wartete nicht nur die Zeitgeschichtsforschung, sondern auch die interessierte Öffentlichkeit bis in die Gegenwart vergebens, obgleich das Auswärtige Amt über eigene Archivbestände verfügt. Die übrigen Bundesbehörden haben ihre rechtlich und historisch relevanten Bestände an das Bundesarchiv abzugeben. Als Vorbild hätte die 1989 vom Bundesjustizministerium herausgegebene Dokumentation »Im Namen des deutschen Volkes – Justiz und Nationalsozialismus« dienen können.

Zwischenzeitlich erschien dann 1979 die vom Referat Öffentlichkeitsarbeit unter Außenminister Genscher herausgegebene Broschüre »Auswärtige Politik heute«, in der die Geschichte des Auswärtigen Amts im »Dritten Reich« mit wenigen Sätzen zusammengefaßt wurde: »Das AA leistete den Plänen der NS-Machthaber zähen, hinhaltenden Widerstand, ohne jedoch das Schlimmste verhüten zu können. Das Amt blieb lange eine ›unpolitische‹ Behörde und galt den Nationalsozialisten als eine Stätte der Opposition. In der Eingangshalle des neuen Amtes in Bonn befindet sich eine Gedenktafel, die an diejenigen Mitarbeiter des AA erinnert, die im Kampf gegen das Hitler-Regime ihr Leben gaben.«[4] Sieht man einmal von der ungeklärten Frage ab, wie die für Außenpolitik zuständige Zentralinstanz unter den Außenministern von Neurath und von Ribbentrop über lange Zeit eine »unpolitische« Behörde bleiben konnte, betonten die amtlichen Darstellungen übereinstimmend den »zähen« Widerstand, den das Auswärtige Amt als vermeintliche »Stätte der Opposition« dem NS-Regime und seinen Gewaltverbrechen entgegengesetzt hätte. Worin das »Schlimmste« bestand, das es zu verhüten galt, wurde nicht näher ausgeführt. Was gab es Schlimmeres zu verhindern als die »Endlösung der Judenfrage«, an der das Auswärtige Amt nachweislich beteiligt war, weil der Völkermord vorwiegend ausländische Juden betraf? Ebensowenig wurde unterschieden

14

zwischen der Amtsführung des konservativen Politikers von Neurath, den Hitler während der heimlichen Aufrüstungsphase und zur Camouflage seiner langfristig angelegten Expansionspolitik im Amt beließ, und jener des 1938 eingesetzten SS-Gruppenführers und Kriegstreibers von Ribbentrop, der aus dem Auswärtigen Amt ein »schlagkräftiges Instrument« des »Führers« machen sollte. Gänzlich unerwähnt blieben die seit 1937 zunehmenden Anträge von Diplomaten zur Aufnahme in die Schutzstaffel der NSDAP, die als »Massenflucht in die SS« aktenkundig wurden.

War die von Außenminister Scheel angekündigte amtliche Publikation Ausdruck der nach 1968 einsetzenden Aufbruchstimmung zu einer neuen Vergangenheitspolitik, die dann von seinen Nachfolgern sukzessive zurückgenommen worden ist? Haben die seit den sechziger Jahren zunehmenden Forschungsprojekte unabhängiger Historiker zu dieser Wende und zum Verzicht auf amtliche Untersuchungen beigetragen? Überließ das Auswärtige Amt wenigstens der Zeitgeschichtsforschung die Aufarbeitung seiner von Anfang an umstrittenen Nachkriegsgeschichte?

Der Aufbau des neuen Auswärtigen Dienstes »erfolgte aus dem Nichts«, gegen das »Mißtrauen der Alliierten, die keine Pg's [Parteigenossen] zulassen wollten, das Mißtrauen des Parlaments, ja nicht zuletzt des Bundeskanzlers«.[5] Diese selbstbewußten Worte vertraute Herbert Blankenhorn, Adenauers außenpolitischer Berater, am 5. Januar 1950 seinem Tagebuch an. Tatsächlich hatte Bundeskanzler Adenauer seinem Adlatus Blankenhorn schon im November 1949 privat und wörtlich zu verstehen gegeben: »Sie vom A. A. halten mir zu sehr zusammen. Sie wissen, daß ich ein neues Amt aufbauen möchte, das mit den alten Leuten möglichst wenig zu tun hat.«[6] Dieses Monitum sucht man in den von Blankenhorn 1980 publizierten Tagebuchblättern freilich vergebens.

Wenig später, am 28. April 1950, erklärte der Karrierediplomat Blankenhorn, der seit 1929 dem Auswärtigen Dienst und seit 1938 der NSDAP angehört hatte, anläßlich eines Besuches beim britischen Außenamt in London gegenüber »United Press«, daß »keine ehemaligen Nazis in den Konsulardienst der Bundesregierung eingestellt würden«. Selbst wenn eine Person »nur nominelles Mitglied der Partei gewesen war, könnte dies im Ausland zu Reibungen führen. Da praktisch der gesamte ehemalige Konsulatsdienst in die Partei eintreten mußte [sic!], müssen wir neue Männer finden und ausbilden. Dies hat uns jedoch eine einmalige Gelegenheit gegeben, wir haben beschlossen, mit der alten vorhitlerschen Tradition zu brechen. Wir interessieren uns nicht im geringsten für die Klasse, den Reichtum oder den Einfluß des Kandidaten. Jeder muß eine Chance haben. In unserem Dienst wird kein Raum für Cliquenwirtschaft sein. Das gehört der Vergangenheit an.«[7]

Nachdem die »Frankfurter Rundschau« im Herbst 1951 mit einer Artikelserie (»Ihr naht euch wieder …«) über die restaurativen Tendenzen beim Wiederaufbau des Auswärtigen Dienstes großes Aufsehen im In- und Ausland erregt hatte, wurde auf Verlangen der SPD-Fraktion im Deutschen Bundestag ein Untersuchungsausschuß eingesetzt zur Klärung der personalpolitischen Mißstände im Auswärtigen Amt. Bei der abschließenden Debatte zum Bericht des Untersuchungsausschusses mußte Bundeskanzler Adenauer, der in Personalunion auch Außenminister war, einräumen, daß unter den höheren Beamten »vom Referenten an aufwärts« etwa 66 % frühere Parteigenossen gewesen seien. (Vgl. S. 261)

Angesichts dieser höchst widersprüchlichen Aufzeichnungen und Erklärungen stellen sich vielfältige Fragen, die zeitlich bis in die jüngste Gegenwart reichen. Wie, unter welchen Umständen konnte es geschehen, daß binnen eines Jahres gegen den erklärten Willen Adenauers und der Alliierten Hohen Kommission zwei Drittel der Schlüsselstellungen im Auswärtigen Amt von ehemaligen Mitgliedern der NSDAP oder einer ihrer Gliederungen besetzt wurden? »Wie lange noch?« fragte am 17. März 1952 Helmut Hammerschmidt, der verantwortliche Redakteur des Bayerischen Rundfunks, in einer Hörfunksendung über die »Hochburg ehemaliger Handlanger des Dritten Reiches« im Auswärtigen Amt. Wie lange werde es noch dauern, »bis der Untersuchungsausschuß des Bundestages sich durch diesen Wust von Dokumenten hindurcharbeiten kann, bis er unvollständige Personalakten, fliegende Blätter vervollständigt, die unübersehbare Kette von

16

Verwandtschaften, Schwägerschaften, Freundschaften und Feindschaften unter den Cliquen des Auswärtigen Amtes übersieht und die unglaublichen Fehler in der Besetzung dieses Amtes beseitigt? Eine mühselige, undankbare, aber außerordentlich wichtige Aufgabe.«[8] In ihrem Abschlußbericht vom 18. Juni 1952 stellten die Abgeordneten des Untersuchungsausschusses übereinstimmend fest, daß im Auswärtigen Dienst Personen beschäftigt wurden, deren Verhalten während der nationalsozialistischen Gewaltherrschaft geeignet sei, das Vertrauen des In- und Auslandes zur demokratischen Entwicklung der Bundesrepublik Deutschland zu gefährden. Die Ausschußmitglieder attestierten nur fünf der 21 überprüften Diplomaten uneingeschränkte Eignung für den Auswärtigen Dienst. In den übrigen Fällen setzte sich Bundeskanzler Adenauer weitgehend über die Voten des Ausschusses hinweg, teilweise nach Abschluß disziplinarrechtlicher Ermittlungen, die zu Rehabilitierungen führten. Anspruch und Wirklichkeit dieser »Rehabilitierungen« werden im Rahmen dieser Arbeit einer historisch-kritischen Nachprüfung unterzogen, ebenso die sibyllinisch wirkende Begründung des Ausschußvorsitzenden Max Becker (FDP) vom 22. Oktober 1952 im Deutschen Bundestag: »Um Deutschland willen haben wir nicht öffentlich verhandelt.« Was sollte der Öffentlichkeit vorenthalten werden? Hatten die Mitglieder des Untersuchungsausschusses deutlich mehr Belastendes erfahren, das sie aus Gründen der Staatsräson nicht preisgeben wollten oder konnten? Beeinflußte Rücksichtnahme auf außenpolitische Belange der jungen Bundesrepublik den Abschlußbericht? Oder war dieser ein »zeitbedingtes politisches Urteil«, so der Berichterstatter Prof. Dr. Hermann Brill (SPD), und Ausdruck parlamentarischer Kompromißlösung auf kleinstem gemeinsamem Nenner? Sollte die in Basel erscheinende »National-Zeitung« recht behalten mit ihrer kritischen Prognose vom 24. Oktober 1952: »Es wird im Auswärtigen Amt also vorerst im wesentlichen alles beim Alten bleiben«?

Auf Anfrage teilte Egon Bahr, der frühere Leiter des Planungsstabes im Auswärtigen Amt unter Bundesaußenminister Willy Brandt, dem Verfasser dieser Arbeit schriftlich mit, daß die nationalsozialistische Vergangenheit »nicht weniger Diplomaten« zur Zeit der Großen Koalition (1966–1969) bekannt gewesen sei. »Man darf nicht vergessen, daß wir sie alle vorfanden. Sie waren nicht einzustellen, sondern wären zu entlassen gewesen. Mit welcher Begründung angesichts der Tatsache, daß der Bundeskanzler [Kiesinger] Mitglied der NSDAP gewesen ist und schließlich auch im Bereich des Ribbentrop-Ministeriums gearbeitet hat?« Tatsächlich war der u. k. (unabkömmlich) gestellte, das heißt vom Militärdienst befreite Rechtsanwalt Kurt Georg Kiesinger bis 1945 als stellvertretender Leiter der Rundfunkpolitischen Abteilung im Auswärtigen Amt tätig. Sind nicht manch befreundete Kollegen und Parteigenossen aus dieser Zeit zu einflußreichen Positionen im Bundespresseamt und im Auswärtigen Amt unter seiner Kanzlerschaft gelangt? Vor diesem Hintergrund erscheint Bahrs Argumentation plausibel.

Im Frühjahr 2005 wurde das traditionsreiche Auswärtige Amt erneut von seiner umstrittenen Vergangenheit eingeholt, nachdem Bundesaußenminister Fischer dem verstorbenen Botschafter a. D. Franz Krapf das bis 2004 übliche »ehrende Andenken« in einem amtsinternen Mitteilungsblatt verweigert hatte. Daraufhin schalteten 128 ehemalige Diplomaten, unter ihnen einst hohe und höchste Vertreter, eine privat finanzierte Anzeige »in memoriam Franz Krapf. Freunde, Kollegen und Mitarbeiter bewahren ihm ein ehrendes Andenken«, die am 9. Februar 2005 in der »Frankfurter Allgemeinen Zeitung« erschien.

Die Anzeige entstand im Uni-Club Bonn bei einem Mittagessen der »Mumien«. So nennen sich die ehemaligen Staatssekretäre, Botschafter, Generalkonsuln und sonstigen Beamten des höheren Dienstes, die überwiegend noch an den Ufern des Rheins leben.

Der von seinen Freunden geehrte Botschafter a. D. Franz Krapf gehörte einst nicht nur der NSDAP, sondern auch der SS und dem Sicherheitsdienst (SD) an. (Vgl. S. 82–86) Niemand wurde gezwungen, der SS beizutreten, geschweige denn dem SD. Seine politische Karriere im »Dritten Reich« war spätestens seit Erscheinen des Buches »Verschworene Gesellschaft. Das Auswärtige Amt unter Adenauer zwischen Neubeginn und Kontinuität« im

18

In memoriam

Franz Krapf

Botschafter a. D.

* 22. Juli 1911   † 23. Oktober 2004

Freunde, Kollegen und Mitarbeiter bewahren ihm ein ehrendes Andenken

Dr. Alexander Arnot, Botschafter a. D.; Herbert Arz von Straussenburg, Vortr. Legationsrat I. Kl. a. D.; Dr. Hubert Beemelmans, Botschafter a. D.; Wolfgang Bente, Botschafter a. D.; Dr. Reinhard Bindseil, Botschafter a. D.; Dr. Klaus Blech, Botschafter a. D.; Dorothee Boden, Generalkonsulin a. D.; Dr. Hans-Otto Bräutigam, Botschafter a. D.; Leopold Bill von Bredow, Botschafter a. D.; Dr. Richard Breuer, Generalkonsul a. D.; Dr. Ludger Buerstedde, Botschafter a. D.; Dr. Klaus Jürgen Citron, Botschafter a. D.; Dr. Heinrich Dieckmann, Botschafter a. D.; Dr. Heinz Dittmann, Botschafter a. D.; Dr. Claus-Jürgen Duisberg, Botschafter a. D.; Adolf Ederer, Botschafter a. D.; Dr. Ekkehard Eickhoff, Botschafter a. D.; Prof. Dr. Tono Eitel, Botschafter a. D.; Dr. Richard Ellerkmann, Botschafter a. D.; Hans-Werner Graf Finck von Finckenstein, Botschafter a. D.; Fritz H. Flimm, Botschafter a. D.; Otto von der Gablentz, Botschafter a. D.; Dr. Karl-Friedrich Gansäuer, Botschafter a. D.; Dr. Walter Gerhardt, Generalkonsul a. D.; Michael Gerster, Generalkonsul a. D.; Dr. Walter Gorenflos, Botschafter a. D.; Dr. Hans Graeve, Vortr. Legationsrat I. Klasse a. D.; Wilhelm Haas, Botschafter a. D.; Carl Dieter Hach, Botschafter a. D.; Dr. Ekkehard Hallensleben, Botschafter a. D.; Dr. Hans-Joachim Hallier, Botschafter a. D.; Dr. Niels Hansen, Botschafter a. D.; Karl-Günther von Hase, Botschafter a. D.; Dr. Günter Heisch, Generalkonsul a. D.; Dr. Axel Herbst, Botschafter a. D.; Hans-Joachim Heldt, Botschafter a. D.; Dr. Reinhard Hilger, Botschafter a. D.; Dr. Dr. Jürgen Gehl, Botschafter a. D.; Jochen Gentz, Vortr. Legationsrat I. Klasse a. D.; Dr. Richard Giesen, Botschafter a. D.; Dr. Harald Heimsoeth, Botschafter a. D.; Dr. Peter Hermes, Botschafter a. D., Dieter Hölscher, Botschafter a. D.; Dr. Herbert Hoffmann-Loss, Generalkonsul a. D.; Dr. Wilfried Hofmann, Botschafter a. D.; Horst Holthoff, Botschafter a. D.; Dr. Reinhard Holubek, Botschafter a. D.; Udo Horstmann, Botschafter a. D.; Dr. Wilhelm Höynck, Botschafter a. D.; Dr. Barbara Höynck-Lüthgen, Botschaftsrätin a. D.; Dr. Peter von Jagow, Botschafter a. D.; Dr. Ernst Friedrich Jung, Botschafter a. D.; Rolf-Eberhard Jung, Botschafter a. D.; Dr. Ulrich Junker, Gesandter a. D.; Dr. Jürgen Kalkbrenner, Generalkonsul a. D.; Claus von Kameke, Botschaftsrat I. Kl. a. D.; Jörg Kastl, Botschafter a. D.; Dr. Dieter Kastrup, Staatssekretär a. D.; Immo von Kessel, Botschafter a. D.; Johanna König, Botschafterin a. D.; Hagen Graf Lambsdorff, Botschafter a. D.; Hans Werner Lautenschlager, Staatssekretär a. D.; Dr. Eleonore Linsmayer, Botschafterin a. D.; Dr. Götz-Alexander Martius, Botschafter a. D.; Arnulf Mattes, Generalkonsul a. D.; Dr. Mario Graf Matuschka, Botschafter a. D.; Peter Mende, Botschafter a. D.; Dr. Andreas Meyer-Landrut, Staatssekretär a. D.; Gebhard von Moltke, Botschafter a. D.; Ewald Mühlen, Gesandter a. D.; Dr. Hermann Munz, Botschafter a. D.; Dr. Karl-Heinz Negwer, Botschafter a. D.; Fritjof von Nordenskjöld, Botschafter a. D.; Dr. Walter Nowak, Botschafter a. D.; Dr. Jürgen Oesterhelt, Botschafter a. D.; Bernd Oetter, Gesandter a. D.; Dr. Wiegand Pabsch, Botschafter a. D.; Horst Pakowski, Botschafter a. D.; Dr. Franz Pfeffer, Botschafter a. D.; Dr. Klaus Platz, Generalkonsul a. D.; Gisbert Poensgen, Botschafter a. D.; Detlef Graf zu Rautzau, Botschafter a. D.; Dr. Rudolf Rapke, Botschafter a. D.; Dr. Heinz Reiners, Botschafter a. D.; Dr. Gisela Rheker, Botschafterin a. D.; Dr. Wilfried Richter, Botschafter a. D.; Dr. Hermann Freiherr von Richthofen, Botschafter a. D.; Dr. Otto Roever, Generalkonsul a. D.; Dr. Helmuth Rückriegel, Botschafter a. D.; Dr. Jürgen Ruhfus, Botschafter a. D.; Dr. Wolfgang Runge, Generalkonsul a. D.; Hans-Dieter Scheel, Botschafter a. D.; Dr. Horst Schirmer, Botschafter a. D.; Dr. Joachim Graf Matuschka, Botschafter a. D.; Dr. Ernst-Siegfried Schlange-Schöningen, Generalkonsul a. D.; Dr. Heinz Schneppen, Botschafter a. D.; Ekkehard Schober, Gesandter a. D.; Joachim Schönbeck, Vortr. Legationsrat I. Kl. a. D.; Ulrich Schöning, Generalkonsul a. D.; Dr. Heinrich Seemann, Botschafter a. D.; Günther Seibert, Botschafter a. D.; Dr. Helmut Sigrist, Botschafter a. D.; Konrad von Schubert, Botschafter a. D.; Dr. Karl Spalcke, Botschafter a. D.; Berndt von Staden, Staatssekretär a. D.; Wendelgard von Staden, Legationssekretärin a. D.; Dr. Hans Alfred Steger, Botschafter a. D.; Dr. Kurt Stöckl, Botschafter a. D.; Dr. Paul Joachim von Stülpnagel, Botschafter a. D.; Dr. Jürgen Sudhoff, Staatssekretär a. D.; Dr. Peter Sympher, Botschafter a. D.; Dr. Georg Trefftz, Botschafter a. D.; Dr. Helmut Urbanek, Generalkonsul a. D.; Dr. Paul Verbeek, Botschafter a. D.; Dr. Adolf Ritter von Wagner, Botschafter a. D.; Alexander Graf York von Wartenburg, Botschafter a. D.; Günter Wasserberg, Botschafter a. D.; Wedigo Graf von Wedel, Gesandter a. D.; Dr. Erwin Wickert, Botschafter a. D.; Dr. Hans-Georg Wieck, Botschafter a. D.; Fritz Ziefer, Ministerialdirigent a. D.

Jahre 1995 bekannt. Wurde die Kenntnisnahme dieser Karriere aus Solidarität, Ignoranz oder Arroganz verweigert? Trugen gemeinsame Sozialisation, wechselseitige Protektion, traditioneller Korpsgeist und nachhaltige Gruppenkohäsion unter den Diplomaten dazu bei? Was sollen indes die Opfer der nationalsozialistischen Gewaltherrschaft und ihre Hinterbliebenen im In- und Ausland von ehrenden Nachrufen zugunsten deutscher Diplomaten halten, die einst der SS und dem SD angehörten – jenen verbrecherischen Organisationen, die für die euphemistisch »Endlösung« genannte Vernichtung der Juden in Europa maßgeblich verantwortlich waren? Da sich die Bundesrepublik Deutschland aus der Überwindung und Negation des nationalsozialistischen Unrechtsstaates legitimiert, zeugt das Verlangen nach ehrendem Gedenken für einen ehemaligen SS-Führer im Jahre 2005 von bemerkenswerter Indolenz.

Der »Aufstand der Mumien« (DER SPIEGEL) gegen Außenminister Fischer ist ein einmaliger Vorgang in der Geschichte des Auswärtigen Amts. Er machte Schlagzeilen in der deutschen und ausländischen Presse: »Diplomaten revoltieren gegen Joschka Fischer« (Financial Times Deutschland), »German ›second front‹ against Joschka Fischer« (The International Herald Tribune), »Silence sur la mort de diplomates« (Le Nouvel Observateur), »Aufruhr bei den Ehemaligen. Das Fischer-Ministerium verweigert lang gedienten Diplomaten nach ihrem Tod die offizielle Würdigung, wenn sie NSDAP-Mitglieder waren« (Bonner Generalanzeiger), »Die impertinente Forderung nach ehrendem Gedenken« (Süddeutsche Zeitung). So oder ähnlich lautete das Medienecho im Frühjahr 2005. »Die Welt« warf einen »späten Blick zurück«: Der Streit um Nachrufe mache deutlich, daß das »Außenamt die NS-Zeit noch nicht aufgearbeitet« habe. Und das Nachrichtenmagazin »DER SPIEGEL« forderte kurz und bündig das »Ende der Vertuschung«. Hat das Auswärtige Amt über Jahrzehnte seine nationalsozialistische Vergangenheit verdrängt, womöglich vertuscht?

Die von dem Bonner Historiker Hans-Adolf Jacobsen 1968 veröffentlichte Untersuchung »Nationalsozialistische Außenpolitik 1933–1938« und die seit 1978 gedruckt vorliegende Dissertation »The Final Solution and the German Foreign Office« des US-amerikanischen Historikers Christopher R. Browning enthielten erstmals neue und kritische Befunde zur Geschichte des Auswärtigen Amts im »Dritten Reich« und zu seiner Verstrickung in die

20

nationalsozialistische Gewaltpolitik. Ihre Forschungsergebnisse hatten aber unmittelbar keinen erkennbaren Einfluß auf die traditionelle Darstellung der Amtsgeschichte. Das Auswärtige Amt beanspruchte nach wie vor die Deutungshoheit über seine Geschichte. In diesem Zusammenhang ist auch bemerkenswert, daß Jacobsen zur Sozialstruktur des diplomatischen Korps keine gesicherten Angaben machen konnte, weil ihm die Einsicht in die Personalakten der Diplomaten verwehrt wurde. Diesen Umstand beklagten nach Jacobsen fast alle Vertreter der zeitgeschichtlichen Forschung mehr oder minder lebhaft.[9] Ihre Klagen waren nicht unbegründet: 1956 hatte die Bundesregierung mit den Drei Mächten (USA, Großbritannien und Frankreich) eine Vereinbarung über die Rückgabe der 1945 beschlagnahmten Akten des AA getroffen und sich darin verpflichtet, »die zurückgegebenen Akten in vollem Umfang der internationalen Forschung zugänglich zu machen«, was neuerdings auch vom AA eingeräumt wird.[10] Diese Verpflichtung wurde aber erst seit 1988, nach Verabschiedung des Bundesarchivgesetzes, erfüllt. Personenbezogenes Schriftgut kann seither dreißig Jahre nach Ableben des Betroffenen eingesehen werden. Wurden Personalakten mit ihren beigeordneten Geldakten der historischen Forschung bis 1988 vorenthalten, weil es neben Persönlichkeitsschutzrechten auch um den Schutz belasteter Biographien ging? Hatte nicht Legationsrat Rademacher, der Judenreferent in der Deutschland-Abteilung des Auswärtigen Amtes, seine Dienstreise nach Belgrad und Budapest im Oktober 1941 mit der »Abschiebung von 8000 Juden« begründet?

Auch der Verfasser dieser Arbeit mußte die Erfahrung machen, daß die für seine Forschungen notwendigen Personalunterlagen zwar im Politischen Archiv des AA in Bonn lagerten, aber als »nicht vorlagefähig« unter Verschluß blieben. Das amerikanische Nationalarchiv in Washington stellte sie ihm dagegen auf Mikrofilmen uneingeschränkt zur Verfügung.

Die Mitglieder der jüngst in Aussicht gestellten unabhängigen Historikerkommission sollten ihr Augenmerk u. a. auf den Bestand der sogenannten Geldakten im Politischen Archiv richten. Diesen Akten ist z. B. zu entnehmen, daß neben dem Judenreferenten Rademacher noch weitere Amtsangehörige zwischen 1940 und 1943 Häuser und Wohnungen in Berlin bezogen, aus denen zuvor jüdische Familien vertrieben worden waren.

Die exklusive Befugnis zur Deutung der eigenen Geschichte betonte die Amtsspitze noch in den 1980er Jahren, indem sie die Tafel zum Gedenken an die nach dem »20. Juli 1944« (Attentat gegen Hitler) hingerichteten Amtsangehörigen aus dem Hauptgebäude des Bonner AA entfernen und dann auf der Brücke zum Ministerflügel anbringen ließ. Der genaue Zeitpunkt und die Beweggründe für diese Verlagerung waren aus dem zuständigen Referat des AA nicht zu erfahren. Laut Mitteilung des Politischen Archivs vom 26. Mai 2005 soll die »Translocierung zwischen April 1983 und September 1986 stattgefunden haben«.[11] Aus dieser lokalen Veränderung ist jedoch zu schließen, daß die Amtsspitze der Gedenktafel erhöhte Bedeutung beimaß. Unter der Überschrift »20. Juli 1944« sind elf Personen vermerkt, von denen im Juli 1944 aber nur noch drei im Dienst des AA standen. Die übrigen acht Personen waren bereits zwischen 1933 und 1942 teils aus persönlichen, teils aus politischen Gründen entlassen oder zur Wehrmacht eingezogen worden. Als Offiziere der Wehrmacht, nicht als Angehörige des AA, sind deren zwei wegen »defaitistischer Äußerungen« und »Wehrkraftzersetzung« 1943 (!) zum Tode verurteilt worden. Andere fanden über die »Abwehr«, den militärischen Geheimdienst, zum Widerstand gegen Hitler. Der Respekt vor den auf der »Ehrentafel« genannten Opfern und ihrem Widerstand, der teilweise sehr private Beweggründe hatte, erlaubt und gebietet die Feststellung, daß die meisten dieser Persönlichkeiten nicht als »Opfer des 20. Juli im Auswärtigen Amt« anzusehen sind, weil sie entweder dem Auswärtigen Dienst im Jahre 1944 nicht mehr angehörten, bereits verstorben waren oder nichts mit dem Attentat auf Hitler vom 20. Juli 1944 zu tun hatten. Diese Befunde ergeben sich aus der vom Auswärtigen Amt herausgegebenen »Gedenkrede des Bundesministers Dr. von Brentano bei der Enthüllung der Ehrentafel für die Opfer des 20. Juli im Auswärtigen Amt am 20. Juli 1961« und den im Anhang beigefügten Lebensläufen der Amtsangehörigen. Kann dieser widersprüchliche Vorgang mit seiner Überschätzung des Widerstands im Auswärtigen Amt noch als Ausdruck der Geschichtsklitterung gelten, oder grenzt er bereits an Verfälschung eines wesentlichen Teils der Amtsgeschichte? Im Politischen Archiv des Auswärtigen Amtes war man sich dieser widersprüchlichen Problematik durchaus bewußt. Schon 1958 ist Johannes Ullrich, der leitende Archivar im Auswärtigen Amt, einer heroisierenden Ausweitung der nach 1945 beanspruchten Widerstandstätigkeit entgegengetreten mit den entlarvenden Worten:»Ach, wenn doch so viele ›résistance-Hyänen‹ Hand an sich selbst gelegt hätten, dann wäre unsere letzte Nationalgeschichte etwas antikisch-größer ausgefallen«.[12]

Beim Umzug von Bonn nach Berlin im Jahre 2000 verzichtete das Auswärtige Amt auf die erneute Anbringung der alten Gedenktafel am Werderschen Markt. Welche Motive mögen dem bemerkenswerten Bruch mit dieser jahrzehntelangen Traditionspflege zugrunde liegen? Haben die in den letzten drei Jahrzehnten publizierten Forschungsergebnisse unabhängiger Historiker im In- und Ausland zu einer internen Revision der amtlichen Geschichtsschreibung geführt?

Eine 2003 vom Auswärtigen Amt herausgegebene Broschüre setzt bemerkenswert neue Akzente »zum Gedenken an die Widerstandskämpfer gegen den Nationalsozialismus aus den Reihen des Auswärtigen Dienstes und an die Kollegen, die nach 1945 in Ausübung ihres Dienstes ihr Leben verloren haben«. Die alleinige und dadurch historisch fragwürdige Bezugnahme auf den 20. Juli 1944 entfiel also; überdies wurde der Kreis um jene Bediensteten erweitert, die terroristischen Anschlägen oder Flugunfällen in den letzten Jahrzehnten zum Opfer gefallen waren. Außerdem relativierte Bundesaußenminister Fischer im Rahmen einer Feierstunde am 19. Juli 2000 die einst hypertrophierte amtliche Darstellung zum »zähen, hinhaltenden« Widerstand des Auswärtigen Amtes gegen die NS-Machthaber. Vielmehr sei es richtig, so Fischer in seiner Ansprache, »daß sich die weit überwiegende Zahl der Diplomaten in den Jahren zwischen 1933 und 1945 mit dem neuen Regime arrangierte. […] Es waren am Ende nur wenige, die den Charakter, die Kraft und den Mut aufbrachten«, gegen das Unrechtsregime zu handeln. Mit diesen Korrekturen hat das Auswärtige Amt die frühere Interpretation seiner Geschichte teilweise revidiert und sich den Positionen der unabhängigen Zeitgeschichtsforschung angenähert – auch wenn festzuhalten bleibt, daß die neue Gedenkpraxis historisch und politisch sehr unterschiedliche Opfergruppen umschließt.

Im Frühjahr 1987 besprach Rudolf Augstein, Herausgeber des Nachrichtenmagazins »DER SPIEGEL«, meine Untersuchung »Das Auswärtige Amt im Dritten Reich. Diplomatie im Schatten der ›Endlösung‹«, die zeitgleich als Monographie beim Siedler Verlag (Berlin) erschienen war. Unter dem Titel »Wenn Ribbentrop und Führer mich wollen …« stellte Augstein den früheren Staatssekretär Ernst von Weizsäcker und die »Rolle des Auswärtigen Amtes bei der Auslöschung des europäischen Judentums« in den Mittelpunkt seiner Besprechung – zu einer Zeit, als dessen Sohn Richard von Weizsäcker Bundespräsident war. Dieser Artikel im »Spiegel« löste eine Kettenreaktion in der deutschen und internationalen Presse aus, die von der FAZ und »Neuen Zürcher Zeitung« über »Die Presse« (Wien) und »Svenska Dagbladet« (Stockholm) bis zu Zeitungen in Israel und den USA reichte.

Auf die Schelte seiner Rezensenten sollte ein Buchautor verzichten – auch dann, wenn er die kritischen Rückschläge hinnehmen muß, die eigentlich dem »SPIEGEL«-Herausgeber galten. Die Rezeption durch die in Hamburg erscheinende Wochenzeitung »DIE ZEIT«, herausgegeben von Marion Gräfin Dönhoff, unterschied sich indes so eklatant von den Besprechungen der seriösen Blätter, daß sie im thematischen Rahmen dieser Arbeit eine Würdigung verdient, weil leitende Bedienstete des Auswärtigen Amtes immer wieder auf diese aus ihrer Sicht »angemessene Richtigstellung« der Amtsgeschichte in der »ZEIT« hinwiesen. Über den Rezensenten der FAZ, Professor Andreas Hillgruber (Ordinarius für Neuere Geschichte an der Universität zu Köln), wurde dagegen amtsintern das Gerücht gestreut, er habe das Buch wohl in »trunkenem Zustand« besprochen. Hillgruber kam, anders als die »Zeit«, zu dem Ergebnis, daß »mit Döschers Studie ein fundamentaler Beitrag zur Offenlegung der strukturellen und personellen Veränderungen« im Auswärtigen Amt zwischen 1933 und 1945 vorliege.

Die Rezension »Diplomaten unter Hitler« von Theodor Eschenburg erschien am 5. Juni 1987 in der »ZEIT« mit dem Untertitel

»Trotz fleißigen Quellenstudiums ist dem Autor Wesentliches entgangen«.[13] In der Hauptsache warf Eschenburg dem Verfasser vor, daß er infolge seines Alters aus eigenem Erleben das damalige »Ambiente« im »Dritten Reich« nicht gekannt und es historisch nicht erfaßt habe. Staatssekretär von Weizsäcker sei außerstande gewesen, »die Vernichtungsaktion [gegen die Juden] zu verhindern, nicht einmal in ihrer Wirkung herabzudrücken [sic].« Er habe bei der geplanten Deportation von 96 000 Juden aus Frankreich, Belgien und den Niederlanden nach Auschwitz in dem Bewußtsein gehandelt, »daß Vollzug oder Ablehnung seiner Zeichnung für die Judenaktion keinerlei Folgen haben würde. Die Zwangslage, in der er sich befand, wurde von Döscher nicht beachtet, zumindest nicht erwähnt.« Das Auswärtige Amt wäre »seit dem Überfall auf die Sowjetunion nur noch ein Sekretariat Hitlers zur Erledigung von Routineangelegenheiten« gewesen. »Man kann auch von einer Attrappe sprechen.« Das Auswärtige Amt – eine Attrappe?

Von den vielen Leserbriefen, die Eschenburgs Rezension provoziert hatte, seien nur zwei der publizierten kurz erwähnt: Dr. Robert M. W. Kempner, der frühere US-Ankläger im Nürnberger Wilhelmstraßen-Prozeß, und Prof. Dr. Henning Köhler (Berlin) stellten in ihren Zuschriften übereinstimmend fest, daß der Artikel von Theodor Eschenburg in mehrfacher Hinsicht erschütternd, wenn nicht entlarvend sei. Es ginge ihm nicht um die Rezension des Buches, sondern um eine flankierende Maßnahme zur Weizsäcker-Apologie. Eschenburg habe die prominente Rolle des Ribbentropschen Auswärtigen Amts bei der »Endlösung der Judenfrage« völlig unterschätzt.[14]

Einzuräumen ist, daß der Rezensent Eschenburg, geboren 1904 als Sohn eines Marineoffiziers, einst persönlicher Referent des Außenministers Stresemann, 1933 Mitglied der Motor-SS, naturgemäß mit dem »Ambiente« des »Dritten Reiches« im allgemeinen und dem der SS im besonderen enger vertraut war als der 40 Jahre später geborene Autor. Aber warum die angeblich so liberale Wochenzeitung »DIE ZEIT« vorzugsweise einen ehemaligen SS-Mann, der nach 1945 in Württemberg politisch und wissenschaftlich tätig war, mit einer Rezension über die Einflußnahme der SS auf das Auswärtige Amt betraute, bleibt deren gehütetes Geheimnis. Wäre in diesem Falle nicht eine unabhängige Persönlichkeit mit kritischer Distanz zur SS geeigneter gewesen? Eschenburg gehörte zu jenen Anhängern Stresemanns, die nach dessen Tod (1929) allmählich in deutschnationales Fahrwasser gerieten und schließlich 1933 bei der NSDAP und SS Zuflucht suchten – weniger aus Überzeugung als aus Furcht vor Status- und Prestigeverlust.[15]

Obschon Eschenburg in seiner »Rezension« alles »Wesentliche«, das dem Autor entgangen sei, »richtiggestellt« hatte, veröffentlichte die »ZEIT« in derselben Ausgabe vom 5. Juni 1987 auch noch einen Beitrag aus der Feder des renommierten Physikers und Philosophen Carl-Friedrich von Weizsäcker über seinen Vater Ernst von Weizsäcker, den Staatssekretär des AA (1938 bis1943) unter Reichsaußenminister von Ribbentrop. Der Titel des Artikels »Der Vater und das Jahrhundert« klingt allgemein, Tenor und Stoßrichtung werden erst im signifikanten Untertitel deutlich: »Wider die ungenauen Schuldzuweisungen«. Aufmerksame Leser wandten sich daraufhin an den Verfasser des Beitrags, da sie – anders als dieser – keinerlei »ungenaue Schuldzuweisungen« bemerkt hatten. Einem der Leser antwortete Freiherr von Weizsäcker mit Schreiben vom 13. August 1987 wörtlich: »Leider kann ich Ihnen nur ganz kurz antworten, weil ich eine unermeßliche Menge von Post bekomme, die wirklich zu beantworten meine Kraft übersteigt. Ich erlaube mir daher die Bemerkung, daß der Untertitel ›Wider die ungenauen Schuldzuweisungen‹ von der Zeitschrift ›DIE ZEIT‹ unter meinen Obertitel gesetzt worden ist, ohne mich zu fragen. So etwas tun ja die Zeitungen.«[16]

Wer für den Untertitel verantwortlich zeichnete, war dem Brief nicht zu entnehmen. Daß Marion Gräfin Dönhoff, die Herausgeberin der »ZEIT«, ihre Hand in diesem Spiel hatte, darf angenommen werden angesichts ihrer langjährigen und freundschaftlichen Beziehungen zu der Familie von Weizsäcker. Im Winter 1945/46 war Richard von Weizsäcker mit Marion Dönhoff zum Hauptkriegsverbrecherprozeß nach Nürnberg gefahren, um »ein eigenes Bild vom gerichtlichen Umgang mit der Nazizeit« zu gewinnen.[17] Seit den Nürnberger Prozessen war die Journalistin Dönhoff unablässig und zunehmend erfolgreich bemüht, den Widerstand aristokratischer Kreise gegen Hitler und das NS-Regime publizistisch herauszustreichen. Mit ihren schöngefärbten Porträts adliger Widerstandskämpfer konnte sie über viele Jahre dem Vorwurf begegnen, daß Repräsentanten des Adels zu den Totengräbern der Weimarer Republik zählten. Dagegen hat Stephan Malinowski in seiner quellengesättigten Untersuchung »Vom König zum Führer« nachgewiesen, daß »die große Mehrheit der adligen Verschwörer des 20. Juli 1944 zu den aktiven Gegnern der Republik und zu den Sympathisanten des Kompromisses vom 30. Januar 1933« gehörte.[18] Adlige Widerstandskämpfer bildeten nur eine »winzige Minderheit«, die innerhalb des Adels gegen erdrückende Mehrheiten agierte, deren »Arrangements mit dem NS-Staat unerschüttert blieben«. Dabei begründeten antibürgerliche und antisemitische Dispositionen des Adels eine partielle Gemeinsamkeit mit dem Nationalsozialismus.[19]

Wer das identitätsstiftende Selbstbildnis der Interessengemeinschaft aus Adel und Opposition in Frage stellte, stieß schon früher auf erbitterten Widerstand. Chefredakteur Richard Tüngel verdächtigte in der »ZEIT« vom 20. September 1951 den ehemaligen US-Ankläger im Wilhelmstraßen-Prozeß Robert Kempner, daß er die Artikelserie »Ihr naht euch wieder ...« der »Frankfurter Rundschau« über personalpolitische Mißstände im Auswärtigen Amt inspiriert habe. Tüngel verstieg sich zu der Forderung, diesem »Schädling« das Handwerk zu legen und ihn des Landes zu verweisen. Der Volljurist Kempner war einst Oberregierungsrat im preußischen Innenministerium; als Jude und Sozialdemokrat wurde er im Februar 1933 von Hermann Göring seines Amtes enthoben und ins Exil getrieben.[20]

Den seit 1938 »heraufziehenden Krieg zu verhindern« sei, so Carl-Friedrich von Weizsäcker in Übereinstimmung mit Theodor Eschenburg, das Leitmotiv des Staatssekretärs Ernst von Weizsäcker für sein Verbleiben im Amt gewesen. Aber führte Hitler nicht auch Krieg gegen die Juden, der sich spätestens seit den Pogromen im November 1938 abzeichnete? Die »Besprechung über die Judenfrage« in Berlin am 12. November 1938, bei der das Auswärtige Amt mit Unterstaatssekretär Woermann und dem Judenreferenten Schumburg beteiligt war, schloß Hermann Göring mit der unmißverständlichen Drohung:»Wenn das Deutsche Reich in irgendeiner absehbaren Zeit in außenpolitischen Konflikt kommt, so ist es selbstverständlich, daß auch wir in Deutschland in aller erster Linie daran denken werden, eine große Abrechnung an den Juden zu vollziehen.«[21] Daß Hitlers Kriegspläne untrennbar verbunden waren mit der»Vernichtung der jüdischen Rasse«in Europa, ergab sich spätestens aus seiner Reichstagsrede vom 30. Januar 1939. Trugen die unter Diplomaten und Offizieren verbreiteten antisemitischen Prädispositionen zur Billigung des Krieges gegen die Juden bei? Kompensierten Hitlers außenpolitische»Erfolge«bis 1938 die vielleicht noch vorhandenen Bedenken gegen die nationalsozialistische Judenpolitik?

Nach 1945, unter dem Eindruck der Nürnberger Prozesse und der Entnazifizierung, bestritten verantwortliche Diplomaten die bürokratische Mitwirkung des Auswärtigen Amtes bei den Deportationen der europäischen Juden in die Vernichtungslager ebenso wie die Kenntnis ihres Schicksals. Diese vermeintliche Unschuld ist jedoch von der zeitgeschichtlichen Forschung widerlegt worden. In einem Gerichtsverfahren wegen Beihilfe zum Mord an 356 624 Juden gegen Horst Wagner, den ehemaligen Leiter der Referatsgruppe Inland II im Auswärtigen Amt, stützte der Leitende Oberstaatsanwalt beim Landgericht Essen seine Anklageschrift u. a. auf die Bekundung des früheren Gesandten und Weizsäcker-Vertrauten Albrecht von Kessel, der zufolge die höheren Beamten des AA seit 1941 gewußt hätten,»daß die Juden planmäßig auf die eine oder andere Weise physisch ausgerottet werden sollten«. (Vgl. S. 37–52)

Soziale Homogenität, traditioneller Korpsgeist, drohender Verlust der Privilegien und des Sozialprestiges nach 1945 sowie bange Hoffnung um berufliche Zukunft trugen dazu bei, daß die meisten Diplomaten sich gleichermaßen gegen den Vorwurf der Verstrickung in nationalsozialistische Gewaltverbrechen zur Wehr setzten wie gegen alliierte Vorbehalte und parlamentarische Kontrolle ihrer Wiederverwendung. Vor diesem Hintergrund wurden die nationalsozialistische Vergangenheit des Auswärtigen Amts über mehrere Jahrzehnte verdrängt und deren Aufklärung erschwert, wenn nicht behindert.

Die Rechtfertigungszwänge in der Nachkriegszeit stärkten die Kohäsionskräfte und in ihrem Gefolge die Cliquenbildung unter den nach 1949 reaktivierten Diplomaten des »Dritten Reiches«. Kehrseite dieser Entwicklung waren die Diskriminierung und letztlich der Ausschluß unangepaßter, intellektuell unabhängiger Bediensteter, die gegen den Korpsgeist verstoßen hatten. Für weltweites Aufsehen sorgte jüngst der Fall Kolbe: Getarnt als diplomatischer Kurier des Auswärtigen Amtes, hatte Fritz Kolbe dem amerikanischen Nachrichtendienst in der Schweiz während des Zweiten Weltkriegs u. a. geheime Dokumente über den Vernichtungsfeldzug gegen die Juden in Osteuropa geliefert, um Hitlers »verbrecherischen Krieg« zu sabotieren. Nach 1950 ist Kolbe trotz wiederholter Einstellungsgesuche nicht mehr im Auswärtigen Dienst verwendet worden. Er galt als »Verräter«. Darüber ist Fritz Kolbe 1971 in Bern verstorben. Kurz vor seinem Tode hatte Allen W. Dulles, der ehemalige US-Geheimdienstchef, Kolbe noch gewürdigt mit den Worten: »Ich hielt es immer für ungerecht, daß es das neue Deutschland versäumt hat, die hohe Integrität von Georges [Fritz Kolbe – H. J. D.] Beweggründen und die große Rolle anzuerkennen, die er beim endgültigen Umsturz Hitlers und des Hitlerismus gespielt hat. Und so hoffe ich, daß dieses Unrecht eines Tages wiedergutgemacht wird und daß sein eigenes Land seine wahre Rolle dann anerkennt.«

Erst die Biographie des französischen Publizisten Lucas Delattre über Fritz Kolbe führte 2004 zu einer postumen Rehabilitierung dieses »deutschen Patrioten« durch Bundesaußenminister Fischer.[22]

Im Unterschied zu Franz Krapf hatte Fritz Kolbe keinerlei Chance, beim Wiederaufbau des Auswärtigen Dienstes in der jungen Bundesrepublik Deutschland mitzuwirken. Wenn seine Rehabilitierung als Kontrapunkt zum »ehrenden Gedenken« an den ehemaligen Nationalsozialisten Krapf gedeutet werden kann, zeichnet sich ein längst überfälliger Paradigmenwechsel in der Erinnerungs- und Gedenkkultur des Auswärtigen Amts ab.

Das Auswärtige Amt vor 1945[1]

>»Man darf sich seiner Regierung nur dann zur Verfügung
stellen, wenn ihr gewisse Grundauffassungen der Menschlichkeit und Gerechtigkeit heilig sind. Sich mit unmensch-
lichen Grundsätzen abzufinden, um angeblich Schlimmeres zu verhüten, führt in den Abgrund.«
>
> *Carl Melchior, 1933*

>»Ich gestehe für meine Person offen, daß es mir eine innere
Qual ist, daran zu denken, wie wir, gerade wenn wir dem
ganzen Naziunwesen innerlich fremd und ablehnend
gegenüberstanden, doch 12 Jahre lang Ergebenheit und
Folgsamkeit zur Schau getragen haben.«
>
> *Friedrich Gaus, 1947*

Das Auswärtige Amt (AA), klassisches Instrument deutscher Außenpolitik seit der Reichsgründung 1871, zeichnete sich sowohl
beim Übergang vom Kaiserreich zur Weimarer Republik als auch
von der Republik zum Dritten Reich durch weitgehende Kontinuität der traditionell konservativen Berufsdiplomatie aus.

Die Mehrheit der deutschen Diplomaten war aristokratischer
Herkunft, evangelischer Konfession, vermögend, militärisch aus-
und juristisch vorgebildet. Gegen Ende der Wilhelminischen Ära
gewannen auch – zumeist nobilitierte – Vertreter des vermögenden Großbürgertums Zugang zum diplomatischen Dienst, während er jüdischen und sozialdemokratischen Bewerbern bis zum
November 1918 verschlossen blieb. Konservativismus mit antili-
beralen, antiparlamentarischen und antisemitischen Akzenten bestimmte die Grundeinstellung der meisten Diplomaten.

Tradierung ständischer Privilegien, feudal-aristokratische Gepflogenheiten und sensibler Korpsgeist standen einer Öffnung des
Dienstes für Vertreter aus Handel, Industrie und Wissenschaft
ebenso entgegen wie einer Auslese des Nachwuchses auf der allei-
nigen Grundlage von Eignung und Leistung. Persönliche Protektion, gesellschaftliche Konnexionen und Vermögensnachweis bei
der Rekrutierung des Nachwuchses sicherten die Kontinuität der

»geschlossenen Gesellschaft« des diplomatischen Dienstes im Kaiserreich.

Die Schülerschen Reformen – so genannt nach ihrem Wegbereiter Edmund Schüler, dem ersten Personalchef des AA in der Weimarer Republik – wurden, sieht man von der Verschmelzung der konsularischen mit der diplomatischen Laufbahn ab, nach Schülers Abschied (1921) auf Drängen der konservativen Karrierediplomaten sukzessive rückgängig gemacht. Spätestens seit 1932 besetzten ehemals kaiserliche Berufsdiplomaten wieder die Spitzenpositionen im Auswärtigen Dienst.

Unter der Amtsführung des Reichsaußenministers von Neurath, der schon 1921 als Beauftragter für die Attachéausbildung entscheidend dazu beigetragen hatte, die Öffnung des Auswärtigen Dienstes für Vertreter aus Handel, Wirtschaft, Politik und Wissenschaft rückgängig zu machen, wurde schließlich 1936 das von Schüler eingeführte Regionalsystem im Auswärtigen Amt aufgehoben und das alte Realsystem mit seiner spezifischen Trennung von Politik und Wirtschaft wiederhergestellt. Insoweit glich die Sozial- und Organisationsstruktur des Auswärtigen Dienstes zu Beginn des »Dritten Reiches« der des ausgehenden Kaiserreiches.

Begünstigt wurden die restaurativen Tendenzen nach der Machtübernahme der Nationalsozialisten durch den Wegfall parlamentarischer Kontrolle seit 1932, die Prärogative des Reichspräsidenten von Hindenburg in Angelegenheiten des AA sowie nicht zuletzt durch die Erkenntnis Hitlers, daß keine der mit Außenpolitik befaßten Parteidienststellen personell und sachlich in der Lage war, die Funktion des AA kurzfristig zu übernehmen. Diese Erkenntnis paarte sich schon frühzeitig mit dem Kalkül Hitlers, daß die personelle Kontinuität des AA nicht nur innenpolitisch notwendig, sondern auch außenpolitisch zweckmäßig war. Mittels der Kontinuität der traditionell konservativen deutschen Diplomatie und ihrer revisionistischen Außenpolitik konnte Hitler das Ausland über seine langfristig revolutionären Zielsetzungen hinwegtäuschen, die in der Vorstellung eines »Germanischen Reiches deutscher Nation« kulminierten.

Wenngleich Hitler den Berufsdiplomaten wenig Vertrauen entgegenbrachte, gab es für ihn auch nach dem Tode von Hindenburgs (1934) keinen unmittelbar zwingenden Grund für ein Revirement im Auswärtigen Dienst, da er sicher sein konnte, daß das Auswärtige Amt die Politik zur Revision des Versailler Vertrages vorbehaltlos unterstützte.

Zur Durchsetzung seines außenpolitischen Programms nach 1938 schienen Hitler die in den Bahnen traditioneller Außenpolitik befangenen Diplomaten hingegen wenig geeignet. Obwohl die Anpassungsbereitschaft vieler Diplomaten parallel zur innenpolitischen Stabilisierung und außenpolitischen Erfolgsbilanz des Regimes bis 1938 deutlich zunahm, wurden deren Loyalitätsbekundungen von führenden Nationalsozialisten als unzureichend oder unglaubwürdig empfunden. SS-Gruppenführer Heydrich, Chef des Sicherheitshauptamtes, charakterisierte diese zum Teil übersteigerte Anpassungsbereitschaft bereits 1935 als Täuschungsmanöver der von Status- und Prestigeverlust bedrohten traditionellen Eliten.

Die pauschale Kritik Hitlers wie auch der SS-Führung richtete sich vor allem gegen die»reaktionäre« Einstellung der 1933 in ihren Positionen verbliebenen höheren Beamten, die Dominanz adliger Geschlechter im Auswärtigen Dienst und die daraus folgende »internationale Versippung« der Diplomatie. Kritisiert wurde zudem die Protektion und Vetternwirtschaft in der Personalpolitik des AA sowie die Schwerfälligkeit diplomatischer Berichterstattung.

Aus dieser Kritik resultierten die Zielsetzungen der Nationalsozialisten zur Umgestaltung des Auswärtigen Dienstes: Die Schlüsselpositionen sollten mit Vertrauensleuten der NSDAP und SS besetzt werden. Es galt, die »rasse- und sendungsbewußten« Vertreter des »Deutschtums« in den Auswärtigen Dienst zu berufen. Das bedeutete eine Auslese des diplomatischen Nachwuchses nach rassenideologischen Kriterien und nicht nach sozialer Herkunft und universitären Abschlüssen. Die Ausbildung eines Diplomaten neuen Typs hatte künftig auf der Grundlage der rassenbiologischen Auswahl, der politisch-ideologischen Schulung und militärischer Erfahrung zu erfolgen. Darüber hinaus war der Ausbau des geheimen politischen Nachrichtendienstes (SD-Ausland) anstelle des schwerfälligen diplomatischen Informationsdienstes vorgesehen.

Zur Ersetzung der traditionellen Eliten im Auswärtigen Dienst eignete sich nach Überzeugung Hitlers und Himmlers vornehmlich die SS, die auf Grund ihrer »rassischen Auslese« zur Führung prädestiniert war. Joachim von Ribbentrop, Exponent der SS in der Außenpolitik, übertrug nach seiner Berufung zum Reichsaußenminister im Februar 1938 die von der SS praktizierte Führerauslese teilweise auch auf die Rekrutierung des diplomatischen Nachwuchses.

Die SS, die sich seit 1933 als »innenpolitisches Schutzkorps« des national-sozialistischen Staates verstand, beanspruchte nach 1938, Wegbereiter und Garant des künftigen »Germanischen Reiches deutscher Nation« zu sein. Mit diesem Anspruch wurde die Einflußnahme auf Personal und Politik des AA legitimiert.

Nach seiner Berufung zum Reichsaußenminister Anfang 1938 betrieb Joachim von Ribbentrop eine dezidiert nationalsozialistische Personalpolitik. Für die Karriere im Auswärtigen Dienst waren nun nicht mehr berufliche Qualifikation, aristokratische Herkunft und gesellschaftliche Verbindungen ausschlaggebend, sondern politisch-weltanschauliche Überzeugungstreue und rassenideologische Eignung – Kriterien, die sich rationaler Nachprüfung entziehen und überdies willkürliche Anwendung fanden. Das Ziel Himmlers und Ribbentrops, auf dieser Basis ein diplomatisches Korps neuen Typs zu schaffen als Voraussetzung für die Errichtung des intendierten »Germanischen Reiches deutscher Nation«, wurde indes nicht erreicht. Die Abhängigkeit des neuen Außenministers von der traditionellen Berufsdiplomatie verhinderte radikale Reformen im Auswärtigen Dienst ebenso wie das Anpassungs- und Beharrungsvermögen der meisten Berufsdiplomaten gegenüber dem NS-Regime. Schließlich scheiterten die Pläne zur Umgestaltung an militärischen Anforderungen und am reduzierten Handlungsspielraum des AA im Zweiten Weltkrieg.

Die nach Ribbentrops Amtsübernahme verstärkt einsetzende Einflußnahme der SS konzentrierte sich auf die Personalpolitik, Kultur- und Volkstumspolitik, Auslandspropaganda, geheime Nachrichtenbeschaffung und nicht zuletzt auf die Judenpolitik. SS-Führer besetzten Schlüsselpositionen vor allem in jenen Arbeitsbereichen des AA, die während des Zweiten Weltkriegs expandierten: im Büro und im Persönlichen Stab des Reichsaußenministers, in der Kultur- und Rundfunkpolitischen Abteilung, in der Nachrichten- und Presseabteilung sowie in den Referatsgruppen Inland I und II. Die Inhaber dieser Positionen kamen überwiegend nach 1938 ins AA, im Gefolge Ribbentrops und auf Veranlassung Himmlers. Sie unterschieden sich von den Berufsdiplomaten durch geringeres Lebensalter, vergleichsweise frühe Mitgliedschaft in der NSDAP oder einer ihrer Gliederungen und durch einen anderen Werdegang.

Einer Durchdringung aller Bereiche des AA durch die SS bedurfte es nicht, da auch zahlreiche Diplomaten der traditionellen Abteilungen beim Vollzug nationalsozialistischer Politik mitwirkten, die weder der NSDAP noch der SS angehörten. Bestimmend dafür waren Karrieredenken, Furcht vor Status- und Prestigeverlust, bürokratische Willfährigkeit oder weltanschauliche Disposition. Tatsache ist, daß auch Diplomaten, die der NSDAP und SS fernstanden, die Maßnahmen des Regimes zur Vernichtung der europäischen Juden hinnahmen, billigten und durch ihr Verhalten sanktionierten – trotz unbestreitbarer Kenntnis der Massentötungen seit Anfang 1942. Dabei ist allerdings zu berücksichtigen, daß die meisten Berufsdiplomaten den mörderischen Charakter der sogenannten Endlösung erst nach und nach zwischen Sommer 1941 und Frühjahr 1942 erkennen konnten – zu einer Zeit, als sie teilweise schon in die Verbrechen verstrickt waren. Die bis 1940 erwiesene Anpassungsbereitschaft vieler Diplomaten gegenüber dem Regime und die dann wachsenden Pressionen der SS auf das AA trugen schließlich dazu bei, daß individuelle Rückzugsmöglichkeiten aus der schon fortgeschrittenen Verstrickung in die Verbrechen erschwert, wenn nicht versperrt wurden.

Die amtliche Darstellung, der zufolge in erster Linie nationalsozialistische Außenseiter, die dem AA von Dienststellen der

NSDAP oktroyiert wurden, für die Verbrechen an den europäischen Juden verantwortlich gewesen seien und daß diese Verbrechen trotz »zähen, hinhaltenden Widerstands« nicht hätten verhindert werden können, läßt sich aus den Akten nicht bestätigen. Vielmehr zeigen die bisherigen Forschungen, daß die Zusammenarbeit des AA mit dem Reichssicherheitshauptamt bei der »Endlösung der Judenfrage« von Anfang an ohne Friktionen verlief. Unter den verantwortlich mitwirkenden Beamten befanden sich nicht wenige Berufsdiplomaten, die dem AA schon vor der Ernennung Ribbentrops zum Reichsaußenminister (1938) angehörten. So sind von den drei Judenreferenten des AA, die ohne Ausnahme Volljuristen und Berufsbeamte waren, Emil Schumburg bereits 1926, Eberhard von Thadden und Franz Rademacher 1937 in den Auswärtigen Dienst eingetreten. Die Tätigkeit des Judenreferenten Rademacher und seines Vertreters Fritz-Gebhardt von Hahn zeigte auch, daß sich die Exponenten der Radikalität nicht allein aus der SS rekrutierten.

Grundsätzlich ist festzuhalten, daß die Bereitschaft zur Mitwirkung bei der »Endlösung der Judenfrage« nicht notwendig von der Zugehörigkeit zur SS abhing. Erlasse und Verfügungen des AA zur »Judenfrage« sowie die Initiativen Schumburgs, Rademachers, von Thaddens und anderer Diplomaten zu deren »Lösung« lassen überdies antisemitische Antriebskräfte im Auswärtigen Dienst erkennen, die zur Beschleunigung der »Endlösungs«-Maschinerie führten.

Je länger der Zweite Weltkrieg dauerte, je stärker sich der außenpolitische Spielraum verengte, desto mehr bemühte sich der Reichsaußenminister von Ribbentrop, verlorene Kompetenzen durch neue, kriegsbedingte Aufgaben zu ersetzen, um seinen Einfluß bei Hitler zu behaupten. Traditionelle Außenpolitik degenerierte so immer mehr zu Auslandspropaganda, Besatzungspolitik und schließlich Ausrottungspolitik. Dieser Funktionswandel führte zu Strukturveränderungen im AA, die in der zunehmenden Größe der Abteilung Deutschland bzw. ihrer Nachfolger, der Referatsgruppen Inland I und Inland II, signifikanten Ausdruck fanden. Parallel zur Expansion dieser Arbeitseinheiten des AA, deren Organisation und Besetzung sich vorwiegend am Kompetenzzuwachs der

SS, also eines innenpolitischen Machtträgers orientierten, verloren die traditionellen Abteilungen des AA an Bedeutung.

Über die dem Reichsaußenminister direkt unterstellte Referatsgruppe Inland II, deren Leiter und Referenten fast ausnahmslos der SS angehörten, nahmen Himmler und die SS-Hauptämter massiv Einfluß auf Personal und Politik des AA. Die Verflechtungen der Referatsgruppe Inland II mit den SS-Hauptämtern, vorrangig mit dem Reichssicherheitshauptamt, brachten es mit sich, daß auch die traditionellen Abteilungen des AA zum bürokratischen Vollzug nationalsozialistischer Gewaltpolitik im Ausland beitrugen.

Die politische Durchsetzung und organisatorische Effizienz der euphemistisch »Endlösung« genannten Vernichtung der Juden West- und Südosteuropas beruhten nicht zuletzt auf der »diplomatischen« Vorbereitung, Mitwirkung und Abschirmung durch das Auswärtige Amt.

Exkurs
Zur Kenntnisnahme der »Endlösung«
während des Zweiten Weltkrieges

Entsprechend dem auf der Wannsee-Konferenz gefaßten Beschluß, »im Zuge der praktischen Durchführung der Endlösung Europa vom Westen nach Osten durchzukämmen«,[1] war Frankreich das erste besetzte Land, dessen Juden diesem Verfahren zum Opfer fielen.
Eingeleitet wurden die Deportationen französischer und staatenloser Juden nach Auschwitz durch den Schnellbrief Eichmanns vom 9. März 1942 an das Auswärtige Amt, »z. Hd. von Legationsrat Rademacher«. Unter Bezugnahme auf die Referentenbesprechung vom 6. März 1942 teilte Eichmann darin mit: »Es ist beabsichtigt, 1000 Juden, die anlässlich der am 12.12. 1941 in Paris durchgeführten Sühnemaßnahmen für die Anschläge auf deutsche Wehrmachtsangehörige festgenommen wurden, in das Konzentrationslager Auschwitz (Oberschlesien) abzuschieben. Es handelt sich durchwegs um Juden französischer Staatsbürgerschaft bzw. staatenlose Juden. Der Abtransport dieser 1000 Juden, die z. Zt. in einem Lager in Compiègne zusammengefaßt sind, soll am 23.3. 1942 mit einem Sonderzug erfolgen.« Eichmann schloß sein Schreiben mit der Bitte: »Ich wäre für eine Mitteilung, daß dort keine Bedenken gegen die Durchführung der Aktion bestehen, dankbar.«[2]
Der Schnellbrief Eichmanns traf am 10. März 1942 im Auswärtigen Amt, Referat D III, ein. Daraufhin setzte Rademacher ein Fernschreiben an die Deutsche Botschaft Paris auf mit der Bitte um Stellungnahme zur Anfrage Eichmanns. Luther zeichnete dieses Fernschreiben am 11. März ab, nachdem Unterstaatssekretär Woermann und Staatssekretär von Weizsäcker davon Kenntnis genommen hatten. Das Referat Pol II (Westeuropa) wurde anschließend unterrichtet.[3]

Bevor die Botschaft Paris antwortete, teilte Eichmann in einem weiteren Schnellbrief vom 11. März 1942 dem Auswärtigen Amt mit, »daß außer der am 23. 3. 1942 vorgesehenen Evakuierung von 1000 Juden aus Compiègne in Zeitkürze weitere 5000 staatspolizeilich in Erscheinung getretene Juden aus Frankreich in das Konzentrationslager Auschwitz (Oberschlesien) abgeschoben werden sollen«. Abschließend bat Eichmann, »auch hierzu die dortige Zustimmung auszusprechen.«[4]

Durch Fernschreiben vom 13. März 1942, das Woermann und von Weizsäcker wiederum mitzeichneten, ersuchte Luther die Botschaft neuerlich um Stellungnahme.[5] Ebenfalls am 13. März erwiderte die Botschaft Paris durch Fernschreiben, gez. Schleier[6], auf die erste Anfrage des AA, daß »gegen beabsichtigte Judenaktionen keine Bedenken« bestünden.[7]

Daraufhin entwarf Legationsrat Rademacher am 17. März 1942 einen Schnellbrief an das Reichssicherheitshauptamt, Referat IV B4, z. Hd. von SS-Obersturmbannführer Eichmann, der folgenden Wortlaut hatte: »Seitens des Auswärtigen Amts bestehen keine Bedenken gegen die geplante Abschiebung von insgesamt 6000 Juden französischer Staatsangehörigkeit bzw. staatenloser Juden nach dem Konzentrationslager Auschwitz (Oberschlesien). Seitens der Deutschen Botschaft Paris sind ebenfalls Bedenken nicht geäußert worden.«[8]

Nach Kenntnisnahme durch die Unterstaatssekretäre Luther und Woermann erhielt das Schreiben Rademachers am 20. März 1942 durch handschriftliche Korrektur des Staatssaekretärs von Weizsäcker folgende Fassung: »Seitens des Auswärtigen Amts wird gegen die Abschiebung von insgesamt 6000 polizeilich näher charakterisierter Juden französischer Staatsangehörigkeit bzw. staatenloser Juden nach dem Konzentrationslager Auschwitz (Oberschlesien) kein Einspruch erhoben.«[9]

Weizsäcker brachte zwei einschränkende Textänderungen an: Hieß es in Rademachers Entwurf, seitens des Auswärtigen Amts bestünden »keine Bedenken«, so legte der Staatssekretär Wert auf die Feststellung, daß »kein Einspruch erhoben« werde. Mit seiner Einfügung (»polizeilich näher charakterisierter« Juden) präzisierte von Weizsäcker eine Formulierung, die Eichmann und Schleicher benutzt hatten (»staatspolizeilich in Erscheinung getretene Juden«).[10] Diese Präzisierung lässt vermuten, daß Weizsäcker mit Bedacht den Kreis der »abzuschiebenden« Juden auf Kriminelle beschränken wollte.[11] Das Reichssicherheitshauptamt dagegen benutzte diese Formel als Sprachregelung mit dem Ziel, die erforderliche Zustimmung des Auswärtigen Amts für die ersten Deportationen ausländischer Juden nach Auschwitz zu gewinnen. Nachdem diese vorlag, verzichtete das Reichssicherheitshauptamt in seinen weiteren Anfragen an das AA bezeichnenderweise auf die Charakterisierung der zu deportierenden Juden als Kriminelle.

Am 21. März 1942 wurde der Schnellbrief des AA durch Sonderboten dem Reichssicherheitshauptamt zugestellt. Nach Abgang erhielt das Referat Pol II (Westeuropa) Kenntnis von diesem Vorgang.[12] Am 27. März 1942 verließ der erste Deportationszug Compiègne mit dem Ziel Auschwitz.[13]

Am 22. Juni 1942 wandte sich das Reichssicherheitshauptamt, Referat IV B 4, wiederum durch Schnellbrief, gez. Eichmann, an das Auswärtige Amt, z. Hd. Legationsrat Rademacher. Unter dem Betreff »Arbeitseinsatz von Juden aus Frankreich, Belgien und den Niederlanden« teilte Eichmann dem AA mit: »Es ist vorgesehen, ab Mitte Juli bzw. Anfang August ds. Jrs. in täglich verkehrenden Sonderzügen zu je 1000 Personen zunächst etwa 40 000 Juden aus dem besetzten französischen Gebiet, 40 000 Juden aus den Niederlanden und 10 000 Juden aus Belgien zum Arbeitseinsatz in das Lager Auschwitz abzubefördern. Der zu erfassende Personenkreis erstreckt sich zunächst auf arbeitsfähige Juden, soweit sie nicht in Mischehe leben und nicht die Staatsangehörigkeit des Britischen Empire, der USA, von Mexiko, der mittel- und südamerikanischen Feindstaaten sowie der neutralen und verbündeten Staaten besitzen. Ich darf um gefällige Kenntnisnahme bitten und nehme an, daß auch seitens des Auswärtigen Amtes Bedenken gegen diese Maßnahmen nicht bestehen.«[14]

Mit Drahterlaß vom 28. Juni 1942 bat Unterstaatssekretär Luther die Botschaft Paris um Stellungnahme zu diesem Schreiben Eichmanns. Darauf berichtete Botschafter Abetz durch Telegramm vom 2. Juli 1942: »Gegen die Abtransportierung von 40 000 Juden aus Frankreich zum Arbeitseinsatz in dem Lager Auschwitz bestehen seitens der Botschaft grundsätzlich keine Bedenken. Bei der Durchführung dieser Maßnahme sollten jedoch folgende Erwägungen in Betracht gezogen werden: Die Botschaft hat bei allen gegen die Juden ergriffenen Maßnahmen ständig den Standpunkt vertreten, daß diese in einer Form durchgeführt werden sollten, die das in der letzten Zeit gewachsene antisemitische Gefühl ständig weiter erhöht. Ähnlich wie in Deutschland seinerzeit die Überschwemmung durch Ost- und andere Fremdjuden der antisemitischen Stimmung im deutschen Volk besonderen Auftrieb verliehen hat, ist auch in Frankreich festzustellen, daß das Ansteigen des Antisemitismus in starkem Maße auf die Zuwanderung von Juden fremder Staatsangehörigkeit in den letzten Jahren zurückzuführen ist. Es wird deshalb psychologisch in den breiten Massen des französischen Volkes wirksam sein, wenn die Evakuierungsmaßnahmen zunächst einmal derartige fremdländische Juden erfassen und daß auf die französischen Juden zunächst nur in dem Umfang zurückgegriffen wird, in dem die Juden ausländischer Staatsangehörigkeit nicht für das angegebene Kontingent ausreichen. Mit einem solchen Vorgehen würde keineswegs dem französischen Juden eine privilegierte Stellung eingeräumt, da er im Zuge der Freimachung der europäischen Länder vom Judentum auf alle Fälle ebenfalls verschwinden muß, was darin schon zum Ausdruck kommt, daß auf alle Fälle in dem angegebenen Kontingent eine gewisse Zahl von französischen Juden erfaßt wird.«[15]

Nachdem auch die Vertreter des AA in Brüssel (Gesandter von Bargen) und im Haag (Gesandter Bene) Stellung genommen hatten[16], teilte Luther Ende Juli 1942 durch Schnellbrief, den Woermann und von Weizsäcker am 29. Juli 1942 abzeichneten und dadurch billigten, dem Reichssicherheitshauptamt mit, daß »gegen die geplante Verschickung der angegebenen Anzahl von Juden aus dem besetzten französischen Gebiet, aus den Niederlanden und aus Belgien zum Arbeitseinsatz in das Lager Auschwitz grundsätzlich keine Bedenken seitens des Auswärtigen Amtes bestehen«.[17]

Die Mitzeichnung dieser Schnellbriefe führte maßgeblich zur Verurteilung Woermanns und Weizsäckers zu jeweils fünf Jahren Freiheitsstrafe wegen »Menschlichkeitsverbrechen« im Wilhelmstraßen-Prozeß.[18] Folgt man der Urteilsbegründung, so gab es für das Gericht »auch nicht den Schatten eines Zweifels, daß sowohl WOERMANN als auch WEIZSÄCKER über diesen schändlichen Plan [der Evakuierung von 6000 Juden nach Auschwitz] unterrichtet worden sind und daß sie ihre amtliche Genehmigung dazu gegeben haben. Nirgendwo steht in den Akten, daß sie über seine Zulässigkeit Zweifel gehegt, Einwendungen dagegen erhoben oder Proteste eingelegt hätten oder daß sie die Gelegenheit benutzt hätten, Ribbentrop klarzumachen, daß selbst vom Standpunkt der deutschen Außenpolitik gesehen die Ausführung dieses Plans ein katastrophaler Fehler sein würde, da er nicht nur die öffentliche Meinung in Frankreich vor den Kopf stoßen, sondern auch eine Welle von Entsetzen und Mißbilligung in der ganzen Welt hervorrufen würde. Keiner der Angeklagten behauptet, es habe für diese Deportationen irgendeine gesetzliche Rechtfertigung gegeben, oder bestreitet, daß sie einen krassen Verstoß gegen das Völkerrecht und gegen die Bestimmungen der Haager Konvention darstellt.«[19]

Nach Untersuchung des Beweismaterials der Verteidigung von Weizsäckers stellte das Gericht fest: »WEIZSÄCKER behauptet, daß zu der Zeit, als dies passierte, wiederholte Anschläge auf Mitglieder der Wehrmacht vorgekommen seien, und Hitler habe daraufhin eine große Anzahl von Geiselerschießungen in Frankreich anbefohlen. Die in Frage kommenden Juden seien schon interniert und in Gefahr gewesen, und man hätte sehr leicht zu dem Schluß kommen können, daß sie bei der Deportation nach dem Osten weniger Gefahr laufen würden als in ihrem jetzigen Aufenthaltsort; zu jener Zeit habe der Name Auschwitz für niemanden etwas Besonderes bedeutet. [...] Er behauptet weiterhin, daß das Auswärtige Amt diese Maßnahmen nicht eingeleitet oder ausgeführt habe und daß die Stellungnahme oder die Meinung des Auswärtigen Amtes sie nicht hätte verhindern können. Die letztere Behauptung ist jedoch kaum haltbar, wenn man bedenkt, daß Eichmann von der SS ausdrücklich angefragt hat, ob das Auswärtige Amt irgendwelche Bedenken habe. Wir sind zwar bereit und sogar darauf bedacht, in jedem Fall im Zweifel zugunsten des Angeklagten zu entscheiden [...], aber hier ist es schwer, einen Zweifel zu hegen, selbst wenn wir annehmen, daß zu jener Zeit keiner der Angeklagten wußte, daß Auschwitz ein Todeslager war. Aber sie waren immerhin wohl unterrichtet über das Schicksal jedes Juden, der der SS und der Gestapo auf Gnade und Ungnade ausgeliefert war; sie kannten das Schicksal der polnischen Juden und der Juden aus dem Baltikum und Rußland; sie kannten das entsetzliche Los der deutschen Juden.«[20]

In der Hauptsache begründete das Gericht seinen Urteilsspruch wie folgt: »WEIZSÄCKER hat zwar zugegeben, daß ihm viele Dinge aufs Pult gelegt und von ihm abgezeichnet worden seien, gegen die er innere Bedenken und Skrupel hegte, aber er sei trotzdem im Amt geblieben, und zwar aus folgenden zwei Gründen: Erstens, um auf diese Weise wenigstens einen Kristallisationspunkt in der heimlichen Widerstandsbewegung gegen Hitler zu bilden, dadurch, daß er einen wichtigen Horchposten bekleidete, Mitglieder der Widerstandsbewegung in strategischen Posten hielt und den Widerstandsgruppen in der Wehrmacht, den verschiedenen Regierungsabteilungen und der Zivilbevölkerung Nachrichten übermittelte, und zweitens, um in der Lage zu sein, Versuche zu Friedensverhandlungen einzuleiten oder bei solchen Versuchen mitzuhelfen. Wir glauben ihm; aber obgleich dies als mildernder Umstand in Betracht gezogen werden kann und werden wird, bringt es die Anklage wegen Kriegsverbrechen oder Verbrechen gegen die Menschlichkeit nicht zum Scheitern. Man darf die Begehung eines Mordes nicht gutheißen oder dabei mitwirken, weil man hofft, man könne auf diese Weise die Gesellschaft am Ende von dem Hauptmörder befreien. Im ersten Fall handelt es sich um ein unmittelbar gegenwärtiges Verbrechen, im zweiten Fall nur um eine künftige Hoffnung. Als die SS anfragte, ob das Auswärtige Amt irgendwelche Bedenken habe, war es die Pflicht des Angeklagten, auf diese Bedenken hinzuweisen. Das ist die Funktion einer politischen Abteilung und eines Staatssekretärs im Auswärtigen Amt. Diese Pflicht wird nicht dadurch erfüllt, daß man nichts sagt und nichts tut.«[21]

Der Urteilsspruch gegen von Weizsäcker im Wilhelmstraßen-Prozeß unterstellte die Kenntnis der mit den Termini »Endlösung der Judenfrage« und »Arbeitseinsatz im Osten« camouflierten

Tötungsabsicht. Dagegen konstatiert Hill in den von ihm herausgegebenen »Weizsäcker-Papieren«, daß der Staatssekretär des AA »von solchen Greueln nichts wußte und nichts ahnte«.[22] Weizsäcker habe »davon erst 1946 erfahren und sie dann immer noch nicht glauben wollen«.[23] Die »Durchsicht der Einsatzgruppenberichte« habe er 1948 »zum ersten Mal vorgenommen«.[24]

Zu klären wäre demnach die Frage, wann von Weizsäcker und andere verantwortliche Beamte des AA erstmals die Erkenntnis gewinnen konnten, daß sich hinter den Formulierungen »Endlösung«, »Abschiebung nach dem Osten« bzw. »Arbeitseinsatz im Osten« Tötungsabsichten verbargen. Diese Frage hat grundsätzlichen Charakter, da neben von Weizsäcker die meisten Beamten des AA die Kenntnis der Judenmorde in ihren Vernehmungen nach 1945 bestritten[25] und in ihren Memoiren vernachlässigten. Die Feststellung, daß die Erinnerungen Weizsäckers »von dem Nürnberger Prozeß nicht ganz unberührt geblieben sind«[26], gilt weitgehend auch für die übrige Memoirenliteratur, zumal die frühe.[27]

In den Akten des AA sind gesicherte Hinweise auf Massentötungen erstmals Anfang September 1941 nachweisbar. Um die vom Chef der Sicherheitspolizei und des SD, SS-Gruf. Heydrich, monierte »Judenfreundlichkeit« der rumänischen Regierung zu widerlegen, berichtete der Deutsche Gesandte in Bukarest, SA-Ogruf. von Killinger, durch Telegramm vom 1. September 1941 über »Vergeltungsmaßnahmen der rumänischen Regierung gegen Juden, die der feindlichen Propaganda zur Behauptung verholfen haben, die Juden seien an den Grenzen Rumäniens unerhörter Verfolgung ausgesetzt«. Unter Punkt 5 seines Telegramms stellte Killinger fest: »[…] Erledigung von ca. 4000 Juden in Jassy.«[28] Die Kenntnis dieses Vorgangs beschränkte sich wahrscheinlich auf die zuständigen Mitarbeiter in den Referaten D II, D III und im Büro des Reichsaußenministers.

Hingegen wurden die »Tätigkeits- und Lageberichte der Einsatzgruppen der Sicherheitspolizei und des SD in der UdSSR« von November 1941 an nahezu allen Abteilungen des AA zur Kenntnisnahme vorgelegt: Mit Schreiben vom 30. Oktober 1941 übersandte der Amtschef IV (Gestapo) im Reichssicherheits-

hauptamt, SS-Brif. Müller, im Auftrag Heydrichs dem Reichsaußenminister die ersten fünf Tätigkeits- und Lageberichte.[29] Diese
gingen am 11. November 1941 im Ministerbüro ein. Laut Aufzeichnung des VLR Lohmann vom 12. November 1941 ist das
Schreiben Müllers vom Botschaftsrat Hilger geprüft worden. Da
Hilger eine Vorlage beim Reichsaußenminister nicht für erforderlich hielt, wurde das Schreiben dem Referat D II »mit dem An-
heimstellen der weiteren Veranlassung« zugestellt.[30] Der ge-
schäftsführende Leiter des Referats D II, Picot, legte die Berichte
zunächst nur dem Referatsleiter D III, Rademacher, vor. Die betroffenen Referate der übrigen Abteilungen sollten auf Anfrage bei
D III einen Auszug erhalten.[31]

Der Verzicht auf Vorlage der Einsatzgruppenberichte beim
Reichsaußenminister ist insofern bemerkenswert, als diese Berichte
– vor allem für unvoreingenommene diplomatische Beobachter –
Ungeheuerliches enthielten. In zumeist offener, nur selten verklau-
sulierter Sprache weisen die ersten fünf Berichte die Erschießung
Tausender Kommunisten, Juden und anderer »rassisch minder-
wertiger Elemente« durch die Einsatzgruppen der Sicherheitspolizei und des SD in den Monaten Juli bis September 1941 nach:

– »Von Tilsit aus unternahm die Einsatzgruppe [A] Aktionen in
und um Riga. Dabei wurden zahlreiche Heckenschützen und
Funktionäre, vorwiegend Juden, liquidiert.«[32]

– »In Vileyka [Weißruthenien] mußte die gesamte Judenschaft
liquidiert werden.«[33]

– »Im Kreise Riga wurden 459 Personen erschossen. Darunter
befanden sich 237 Geisteskranke aus den Irrenanstalten in Riga
und Migau. Insgesamt wurden in diesem Gebiet bisher 29 246
Personen liquidiert.«[34]

– »An Orten, an denen eine verstärkt auftretende propagandistische Tätigkeit festzustellen war, wurde die jüdische Einwoh-
nerschaft erschossen. Durch diese Maßnahme erhöhte sich z. B.
die Zahl der liquidierten Personen eines Sonderkommandos auf
75 000 Personen. Das in den Kreisen Roskiskis, Sarzai, Perzai und
Prienai tätige Einsatzkommando hat aus den gleichen Gründen
bereits die Exekutionsziffer von 85 000 Personen erreicht. Die genannten Kreise sind judenfrei.«[35]

Die verantwortlichen Beamten im Ministerbüro sahen von einer Vorlage der Einsatzgruppenberichte beim Reichsaußenminister vermutlich ab, weil die Spitze des Auswärtigen Amtes mit dieser Materie nicht befaßt werden wollte. Diese Annahme wird erhärtet durch die Beobachtung eines Zeitgenossen, der zufolge »Ribbentrop es nicht gern gesehen haben soll, wenn Einsatzgruppenberichte durch das Auswärtige Amt gingen.«[36] Demnach ist nicht auszuschließen, daß Ribbentrop von den Berichten zwar Kenntnis erhielt, nach Rücksprache mit seinen Referenten aber auf eine Bestätigung gegenüber dem Reichssicherheitshauptamt verzichtete.

Nachdem die ersten fünf Einsatzgruppenberichte vom AA ignoriert worden waren, übermittelte der Chef des Reichssicherheitshauptamtes, SS-Ogruf. Heydrich, dem Reichsaußenminister von Ribbentrop durch persönliches Schreiben vom 25. November 1941 den Tätigkeits- und Lagebericht Nr. 6 der Einsatzgruppen der Sicherheitspolizei und des SD in der UdSSR »mit der Bitte um Kenntnisnahme«.[37] Hierauf ersuchte der im Ministerbüro tätige Legationsrat Bruns am 8. Dezember 1941 das Referat D II um Anfertigung einer Vortragsnotiz, da »Vorlage des Tätigkeits- und Lageberichts bei dem Herrn RAM« beabsichtigt sei.[38]

In der von Unterstaatssekretär Luther am 10. Dezember 1941 gezeichneten Vortragsnotiz wurde zunächst festgestellt, daß der Chef der Sicherheitspolizei und des SD in der Berichtszeit vom 1. bis 31. Oktober 1941 im besetzten Sowjetrußland vier Einsatzgruppen unterhielt, denen Einsatz- und Sonderkommandos unterstellt waren, die mit der Truppe vorrückten. Nach Darstellung der Partisanentätigkeit und ihrer Bekämpfung referierte Luther den Berichtsteil »Judentum« wie folgt: »Im Reichskommissariat Ostland wurde sofort eine unter Leitung der Einsatzgruppe [A] vom estnischen Selbstschutz durchgeführte Festnahmeaktion sämtlicher Juden eingeleitet, deren Gesamtzahl nach Besetzung des Gebiets durch deutsche Truppen etwa 2000 betraf. Die männlichen über 16 Jahre alten Juden wurden mit Ausnahme der Ärzte und der Judenältesten exekutiert. […] Auch in Weißruthenien fanden umfangreiche Erschießungen von Juden statt. Wegen höchster Seuchengefahr wurde mit der Liquidierung der im Ghetto in Witebsk untergebrachten 3000 Juden begonnen. In der Ukraine wurden als Vergeltungsmaßnahmen für die Brandstiftungen in Kiew dortselbst sämtliche Juden verhaftet und Ende September d. J. insgesamt mehr als 33 000 Juden hingerichtet. In Shitomir wurden mehr als 3000 Juden zur Vermeidung der Anstiftung von Sabotage durch sie erschossen. Im Raum ostwärts des Dnjepr wurden annähernd 5000 Juden erschossen.«[39]

Bevor diese Notiz Luthers mitsamt Tätigkeits- und Lagebericht Nr. 6 dem Reichsaußenminister vorgelegt wurde, nahm Staatssekretär von Weizsäcker am 12. Dezember 1941 davon Kenntnis.[40] Anschließend wurde der Vorgang folgenden Spitzenbeamten, Abteilungen und Referaten des AA zur Kenntnis gegeben: Unterstaatssekretär Woermann (Direktor der Politischen Abteilung) und dem Gesandten von Erdmannsdorff (Dirigent der Politischen Abteilung), den Referaten Pol. I M (Militärfragen), Pol. V (Osteuropa), Ha.Pol.VA (Referat Sowjetunion der Handelspolitischen Abteilung) und DIII (Judenfragen) sowie der Informationsabteilung, der Rundfunkpolitischen Abteilung und der Nachrichten- und Presseabteilung.[41]

Besondere Beachtung verdient die folgende Passage des Berichts Nr. 6: »Die Lösung der Judenfrage wurde insbesondere im Raum ostwärts des Dnjepr seitens der Einsatzgruppen der Sicherheitspolizei und des SD energisch in Angriff genommen. Die von den Kommandos neu besetzten Räume wurden judenfrei gemacht. Dabei wurden 4891 Juden liquidiert.«[42]

Nach Durchsicht des Tätigkeits- und Lageberichts Nr. 6 mußte sich bei den zuständigen Beamten des AA notwendig die Erkenntnis durchsetzen, daß die Termini »Lösung der Judenfrage« und – mit besonderem Nachdruck – »Endlösung« unzweifelhaft als Euphemismen für die physische Vernichtung der Juden benutzt wurden. Die weiteren bis April 1942 übersandten und im AA verbreiteten Tätigkeits- und Lageberichte der Einsatzgruppen konnten diese Erkenntnis nur noch bestätigen.[43]

Der Tätigkeits- und Lagebericht Nr. 10, dem die Feststellung zu entnehmen ist, daß im »Ostland die Judenfrage fast als gelöst und bereinigt angesehen werden kann«[44] wurde auf Weisung Luthers vom 18. März 1942 einem noch größeren Kreis hoher Beamter zur Kenntnis gegeben.[45] Spätestens seit Anfang April 1942

dürften demnach die leitenden Beamten aller Abteilungen des AA
– Protokoll und Rechtsabteilung vielleicht ausgenommen – über
die Ermordung der Juden durch die Einsatzgruppen der Sicherheitspolizei und des SD unterrichtet gewesen sein.

Auch der folgende interne Vorgang des AA bestätigt durch seine
kaum verschleierte Sprache die Annahme, daß die »Lösung der Judenfrage« im Frühjahr 1942 als Vernichtung der Juden in Europa
verstanden wurde. Durch Aufzeichnung vom 24. März 1942 berichtete Legationsrat Rademacher der Personalabteilung des AA,
daß es ihm nach Einberufung mehrerer Mitarbeiter seines Referates zum Militär »bei fleißigster und ausdauerndster Arbeit nicht
möglich [sei], auch nur die wichtigsten Dinge des Referats laufend
zu erledigen. Die Eigenart des Referats bedingt es aber, daß die
Arbeiten nicht zurückgestellt werden können.« Zur Begründung
seiner Bitte um Personalersatz führte Rademacher dann aus: »Je
stärker sich der deutsche Sieg abzeichnen wird, umso größer und
vordringlicher werden die Aufgaben des Referats [D III], denn die
Judenfrage muß im Laufe des Krieges gelöst werden, da sie nur so
ohne allgemeines Weltgeschrei erledigt werden kann. – Nach der
Erledigung der Judenfrage in Deutschland wird es notwendig werden, an die anderen europäischen Länder der Reihe nach heranzu-
gehen, wie es jetzt schon der Slowakei und Kroatien gegenüber ge-
schieht.«[46]

Des weiteren lassen verschiedene Belege in den Akten des AA
zweifellos erkennen, daß auch die Termini »Ausmerzung« und
»Sonderbehandlung« spätestens seit Sommer 1942 als Euphemismen für die Ermordung der Juden durch Exekutionen dienten.[47]

Aus dem Kreis ehemaliger Angehöriger des Auswärtigen Dienstes liegen nur wenige Zeugnisse vor, in denen zur Judenvernich-
tung im Zweiten Weltkrieg glaubwürdig Stellung genommen
wurde.[48] Besondere Aussagekraft hat das Zeugnis des Vortragenden Legationsrates und späteren Gesandten Heinburg, der von
1936 bis 1943 das Referat Südosteuropa in der Politischen Abteilung (Pol IV) leitete.[49] Am 5. September 1947 gab Heinburg als
Zeuge im Wilhelmstraßen-Prozeß eine umfangreiche eidesstattliche Erklärung ab, deren Kernaussagen lauten: Die Abteilung
Deutschland, in der die »Judensachen« federführend bearbeitet

wurden, beteiligte die Politische Abteilung an diesen Vorgängen durch Vorlage zur Kenntnisnahme oder zur Mitzeichnung. Wenn eine der geplanten Maßnahmen die Juden eines südosteuropäischen Staates betraf, fertigte Heinburg seine Stellungnahme für den Direktor der Politischen Abteilung, Unterstaatssekretär Woermann, oder dessen Stellvertreter, Gesandten von Erdmannsdorff, die für die Entscheidung verantwortlich gewesen seien.

Am Beispiel des Vorgangs zur »Endlösung der Judenfrage« in der Slowakei und in Kroatien konkretisierte Heinburg das Verfahren: »Im Januar 1942 ging ein Schreiben an die Gesandtschaften in Preßburg und Agram, worin ihnen der Auftrag gegeben wurde, den beiden Regierungen den deutschen Wunsch mitzuteilen, sie möchten auch Maßnahmen gegen ihre Juden treffen. Es wurde hinzugesetzt, der SD oder die SS sei bereit, Abtransporte von Juden in Lager nach dem Osten oder nach Polen zu übernehmen. Dieses Schreiben wurde von der Abteilung Deutschland verfaßt, und es lief bei uns zur Mitzeichnung durch. Die Mitzeichnung einer solchen Sache von Seiten der Politischen Abteilung bedeutete die Zusage, daß vom politischen Standpunkt aus keine Bedenken gegen diese Maßnahme bestanden. Die beiden Regierungen stimmten auf diese Vorstellungen hin der Maßnahme zu, und es wurden SS- oder SD-Vertreter nach Preßburg und Agram gesandt. [...] Das Auswärtige Amt wurde über die Vorgänge in den Südostländern durch die Bevollmächtigten des Auswärtigen Amtes unterrichtet. Ich erinnere mich an die Berichte dieser Bevollmächtigten in Belgrad und Athen. Aus diesen Berichten wußte ich, daß die SS in grausamster Weise gegen die einheimische Bevölkerung vorging und daß ihre Maßnahmen bereits das Stadium der Deportationen und der Vernichtung erreicht hatten. Ich wußte aus diesen Berichten, daß die *Vernichtungen durch Erschießung und Vergasung* stattfanden. Über Vergasungen wurde aus Belgrad berichtet. Manchmal kamen diese Berichte zuerst an die oberen Instanzen und kamen dann von oben herunter. Manchmal liefen sie auch umgekehrt, kamen zuerst zu mir und gingen dann hinauf. [...] Auf jeden Fall ist es sicher, daß die Berichte auf der ganzen Stufenleiter durchliefen, also nicht nur mir zur Kenntnis gebracht wurden. [...]«[50]

Heinburgs Zeugnis erhellt nicht nur die bürokratischen Proze-
duren, sondern bestätigt auch die Mitwirkung der Politischen Abteilung des AA bei der »Endlösung der Judenfrage« in Südosteuropa. Schriftliche Berichte aus Belgrad über Vergasungen ließen
sich in den Akten des AA bislang zwar nicht nachweisen[51], die Tatsache der Vergasung mehrerer tausend Juden im Frühjahr 1942
wird durch Quellen anderer Provenienz allerdings unzweifelhaft
belegt.[52]

Ein Hinweis auf den Einsatz von Gaskammern zur Vernichtung
der Juden ist den Akten des AA erstmals im Mai 1943 zu entnehmen.[53] Ebenfalls im Mai 1943 vermerkte der zur Disposition gestellte Botschafter Ulrich von Hassell, der durch seine vielfältigen
Kontakte zu leitenden Berufsdiplomaten stets frühzeitig und
zuverlässig über Interna des AA unterrichtet war, in seinem Tagebuch, daß »unzählige Juden […] in besonders dazu gebauten Hal-
len vergast [werden], jedenfalls 100 000.«[54] Unter den verantwortlichen Beamten des AA dürfte demnach spätestens seit Mai
1943 die systematische Vernichtung der Juden mittels Gas bekannt gewesen sein. Daß diese Kenntnis zum Teil noch früher zu
datieren ist, folgt aus dem bislang unveröffentlichten Tagebuch
des ehemaligen Personalchefs im AA (1936–1939) und späteren
Botschafters in Rio de Janeiro (1939–1942), Curt Prüfer.[55]

Nach Abbruch der diplomatischen Beziehungen mit Brasilien
und noch während der Rückreise nach Deutschland notierte Prüfer unter dem 12. Oktober 1942: »Aus deutschem Munde, allerdings dem eines SS-Mannes, hörte ich hier auf der Fahrt durch
Spanien zum ersten Male von der Massenverschickung der Juden
mit kalter Selbstverständlichkeit sprechen. Zwar waren über diese
Verschickungen Gerüchte aus Deutschland und Berichte aus
feindlicher Quelle zu uns gedrungen, sie schienen uns jedoch so
ungeheuerlich zu sein, daß wir sie wie so viele andere Nachrichten der gegnerischen Propaganda, die sich als unrichtig erwiesen
hatten, für ›Greuelmärchen‹ und zum mindesten für Übertrei-
bungen gehalten hatten. Im weiteren Verlauf der Reise verstärkte
sich der ungünstige Eindruck. Die uns entgegengesandten Herren aus dem Auswärtigen Amt und der NSDAP sprachen untereinander mit völliger Gelassenheit über Dinge, die so unwahr-

scheinlich klangen, daß wir sie nicht geglaubt hätten, wenn irgendwelche Reisende sie uns erzählt hätten. [...]«[56]

Und am 22. November 1942, nach zahlreichen Gesprächen mit Verwandten und Bekannten in Berlin, vornehmlich Diplomaten und Offizieren, vertraute Prüfer seinem Tagebuch die folgende Notiz an: »On m'a raconté ce matin des histoires affreuses sur le traitement des Persans. Ils ont été massacrés hommes, femmes et enfants en grand nombre par des gaz asphyxiants ou par la mitrailleuse. La haine qui, forcément, doit en surgir ne sera jamais éteinte. Dies weiß heute jedes Kind in allen Details.«[57] Die Umschreibung der Juden als Perser – wohl in Anlehnung an die »Lettres persanes« von Montesquieu – diente Prüfer vermutlich ebenso wie die französische Sprache als Schlüssel zur Verschleierung seiner Kenntnis.

In der nach dem Zweiten Weltkrieg entstandenen maschinenschriftlichen Version der Tagebuchaufzeichnungen Prüfers lautet die entsprechende Notiz wie folgt: »Den Abend [21. November 1942] habe ich im Kreise alter Bekannter aus dem ersten Kriege in einer Offiziersfamilie verbracht. [...] Auch auf die Judenfrage kam die Rede. Es ist hier, scheint es, zu schweren Judenverfolgungen, zu einer wahren Austilgung der Juden gekommen. Sie sollen fast alle verschleppt und nach dem Osten transportiert worden sein, wo man sie, Männer, Frauen und Kinder mit Gas und Maschinengewehr ausgerottet haben soll. Wenn diese Geschichten wirklich den Tatsachen entsprechen, so kann daraus nur ein Haß entstehen, der niemals wieder erlöschen und uns unsäglichen Schaden zufügen wird.«[58]

Gegenüber der handschriftlichen Version von 1942 erscheint die maschinenschriftliche Darstellung Prüfers von 1946 weniger bestimmt, durch Einschränkungen in ihrer Aussagekraft geringfügig relativiert. Diese Konzessionen mögen ihre Ursache in den damals bevorstehenden Nürnberger Prozessen gegen Offiziere und Diplomaten gehabt haben[59], sie werden indes durch folgenden Zusatz teilweise wieder aufgehoben: »Meine Gewährsleute beteuerten, daß dies alles wahr wäre. Tatsache ist, daß man auf den Straßen sehr selten Juden sieht. Sie sind durch einen Stern auf einer gelben Armbinde kenntlich gemacht. Sie sehen alle sehr verhärmt und schlecht gekleidet aus. Die Juden, die sonst in adligen Offizierskreisen traditionell nicht gern gesehen waren, sind heute in eben diesen Kreisen aus einer gewissen ritterlichen Reaktion gegen das ihnen angetane Unrecht heraus geradezu beliebt.«[60] Die Ambivalenz dieser Beobachtung, die hier nicht weiter erörtert werden kann, wird indirekt bestätigt durch die Feststellung des VAA beim Oberkommando des Heeres, von Etzdorf, der zufolge das Thema Judenpolitik unter den Offizieren des OKH »verpönt« gewesen sei[61] – trotz oder wegen der Kenntnis der Judenmorde durch die Einsatzgruppen, denen Heeresverbände nicht selten Unterstützung gewährten.[62]

Abschließend ist noch das Zeugnis des früheren Gesandten Albrecht von Kessel erwähnenswert, eines weiteren Berufsdiplomaten, der überdies zu den Vertrauten des Staatssekretärs von Weizsäcker zählte.[63] Zur Frage der Mitwirkung des AA bei der »Endlösung der Judenfrage« nahm von Kessel 1974 wie folgt Stellung: »Wir Berufsdiplomaten waren damals wie heute der Auffassung, daß die Deutschland-Abteilung eine, wie man heute sagen würde, ›kriminelle Vereinigung‹ darstellte. […] Ihre Mitglieder waren fast alle ›Schreibtischmörder‹, die sich in enger Zusammenarbeit mit den berüchtigten Einsatzgruppen damit befaßten, überall in den besetzten Gebieten Juden aufzustöbern und früher oder später zu ermorden. Sie bildeten einen festen Block, der aber isoliert war. Denn sie befaßten sich, von wenigen Ausnahmefällen abgesehen, ja gar nicht mit außenpolitischen Fragen, so daß die Berufsdiplomaten keinen Kontakt mit ihnen zu pflegen brauchten.«[64]

Da die Deutschland-Abteilung des AA von 1940 bis Anfang 1943 bestand, kann sich von Kessels Stellungnahme nur auf diesen Zeitabschnitt beziehen. Damit bestätigt von Kessel indirekt die unter Berufsdiplomaten verbreitete Kenntnis der Morde bis spätestens Anfang 1943, vermutlich schon für 1942.

Bemerkenswert erscheint der Versuch von Kessels, die Abteilung Deutschland personell und sachlich als Fremdkörper im AA erscheinen zu lassen. Dieser tendenziell auch in der amtlichen Schrift »100 Jahre Auswärtiges Amt« vertretenen Auffassung[65] kann nach den vorliegenden Befunden nur insoweit zugestimmt werden, als die meisten Referate dieser Abteilung und die Abteilung selbst

nicht von Berufsdiplomaten geleitet wurden. Das für die »Judenfrage« zuständige Referat D III allerdings setzte sich, wie oben gezeigt wurde, aus Berufsbeamten zusammen, die nicht nur die Bedingungen für den höheren Auswärtigen Dienst erfüllten, sondern
überwiegend schon vor 1938 in das AA gelangt waren.

Die Beobachtung von Kessels, daß die Berufsdiplomaten keinen
Kontakt mit den Angehörigen der Abteilung Deutschland hatten,
mag für den privaten und gesellschaftlichen Bereich zutreffen, ist
für den täglichen Dienstverkehr jedoch nicht zu bestätigen. Gerade
im Zusammenwirken des Auswärtigen Amtes mit dem Reichssicherheitshauptamt bei der »Endlösung der Judenfrage« zeigte
sich, daß die Berufsdiplomaten vor allem der Politischen Abteilung regelmäßig und eilfertig von der Abteilung Deutschland bei
allen Vorgängen beteiligt wurden. Ebenso eilfertig stimmten sie
den Anfragen des Reichssicherheitshauptamtes zu, obschon ihnen
zumindest das Mittel der dilatorischen Behandlung zur Verfügung
gestanden hätte.

Die Abgrenzung der Abteilung Deutschland in personeller und
sachlicher Hinsicht von den klassischen, überwiegend mit Berufsdiplomaten besetzten Abteilungen läuft auf den Versuch hinaus,
das traditionelle Auswärtige Amt und seine Berufsdiplomaten von
der Mitwirkung bei der »Endlösung der Judenfrage« pauschal zu
exkulpieren. Dieser Versuch scheitert jedoch an der erdrückenden
Beweislast der vorliegenden Quellen zur Verstrickung traditioneller Teile der Berufsdiplomatie in die Verbrechen des NS-Regimes.

Als Quintessenz ist festzuhalten, daß die Zusammenarbeit des
Auswärtigen Amtes mit dem Reichssicherheitshauptamt bei der
»Endlösung der Judenfrage« von Anfang an ohne erkennbare Reibungen verlief. Die dabei verantwortlich mitwirkenden Beamten
des AA waren in ihrer Mehrheit keine alten Nationalsozialisten,
sondern Berufsdiplomaten, die überwiegend erst nach 1933 der
NSDAP oder einer ihrer Gliederungen beigetreten sind.

Ende und Anfang

> »Ich konnte mir nicht vorstellen, daß es wieder einen deut-
> schen Auswärtigen Dienst geben würde.«
>
> *Hans von Herwarth*, 1945

Der Untergang der »Wilhelmstraße«

Am Ende des Zweiten Weltkriegs brach mit dem Deutschen Reich
auch das Auswärtige Amt zusammen – im ursprünglichen Sinn des
Wortes: Die Häuser Nr. 74, 75 und 76 in der Wilhelmstraße, die
einst dieses traditionsreiche Ministerium in Berlin beherbergten,
waren überwiegend ausgebrannt. Anglo-amerikanische Luft-
angriffe seit Oktober 1943 und Artilleriebeschuß durch die Sow-
jetarmee Ende April 1945 hinterließen eine Ruinen- und Krater-
landschaft in der Wilhelmstraße. Mit dem Deutschen Reich
endete auch die für seine hybride Außenpolitik zuständige Zentralbehörde in Trümmern.

Personal und Akten des Auswärtigen Amts sind nach den ersten
schweren Luftangriffen auf Berlin, das heißt von 1943 an, sukzessive in Ausweichquartiere im Harz, am Riesengebirge, am Boden-
see und im Salzburger Land verlegt worden. Dort fielen sie 1945
den vorrückenden Truppen der Alliierten, vornehmlich US-amerikanischen Verbänden, in die Hände.

Die meisten der in Berlin verbliebenen Amtsangehörigen ver-
ließen die Wilhelmstraße »per Marschbefehl« im April 1945, nachdem sie die bis zuletzt noch benötigten Geheimakten vernichtet
hatten. Paul Otto Schmidt, einst Hitlers Dolmetscher und letzter
Leiter des Ministerbüros im Auswärtigen Amt, beschrieb den Exo-
dus wie folgt: »In dem großen Kamin des Ministerzimmers im
Hause Wilhelmstraße 74, das Ribbentrop so gut wie nie betreten
hatte, verbrannten wir dann noch die letzten geheimen Akten, darunter ein oder zwei Briefe Mussolinis an Hitler und Ribbentrop,
deren Originale in unserem Panzerschrank lagen, eine Fotokopie
des Tagebuchs, das Mussolini vom Tage seiner Gefangennahme in

Rom bis zu seiner Befreiung im Appenin geführt hatte, Exemplare von Geheimverträgen, Beitrittserklärungen zum Dreimächtepakt, einige Duplikate meiner Aufzeichnungen über politische Gespräche, denen ich als Dolmetscher beigewohnt hatte, und vieles andere mehr. Bald enthielt das Büro nur noch leere Panzerschränke und Schreibtische. Das war meine letzte Amtshandlung in der Wilhelmstraße.

Noch einmal ging ich durch die stillen Räume und durch das wie ausgestorben daliegende Auswärtige Amt, das seit 1923 meine Arbeitsstätte gewesen war. Im Hof bestieg ich mit den letzten beiden Mitarbeitern den Wagen. Auf einem kleinen Anhänger lagen 17 Sack Holzkohle und der Rest unserer Habe, für jeden zwei Handkoffer. Als wir am späten Nachmittag auf die Wilhelmstraße hinausfuhren, waren auch wir Flüchtlinge geworden.«[1]

Am 1. Mai 1945 erfuhr der amtierende Reichsaußenminister Joachim von Ribbentrop telefonisch von Großadmiral Dönitz, der nach Hitlers Selbstmord als Staatsoberhaupt fungierte, daß statt seiner der bisherige Reichsfinanzminister Lutz Graf Schwerin von Krosigk das Amt des Außenministers in der »geschäftsführenden Reichsregierung« übernehmen solle. Wie Schwerin von Krosigk berichtete, habe Dönitz, um längere Auseinandersetzungen zu vermeiden, Ribbentrop anheimgestellt, »noch einmal anzurufen, falls er glaube, einen geeigneteren Kandidaten namhaft machen zu können. Nach einer Stunde war Ribbentrop erneut am Apparat, er habe sich die Sache eingehend überlegt, er könne mit gutem Gewissen Dönitz nur *einen* Mann vorschlagen: Ribbentrop.«[2]

Diese grotesk anmutende Reaktion illustriert nicht nur die pathologische Eitelkeit und den unverminderten Ressortegoismus von Ribbentrops, sondern auch dessen bemerkenswert undiplomatische Indolenz angesichts der ruinösen Folgen seiner Außenpolitik zwischen 1938 und 1945.

Graf Schwerin von Krosigk figurierte als Außenminister bis zur Verhaftung der geschäftsführenden Reichsminister durch die britische Besatzungsmacht am 22. Mai 1945. Er blieb freilich ein Minister ohne Auswärtiges Amt.

Die Proklamation Nr. 2 des Alliierten Kontrollrates vom 20. September 1945 bestimmte schließlich, daß vom Tage der bedingungslosen Kapitulation an (7. bzw. 8./9. Mai 1945) »die diplomatischen, Konsular-, Handels- und anderen Beziehungen« des Deutschen Reiches mit anderen Staaten zu bestehen aufgehört hätten. Alle diplomatischen und konsularischen Beamten des Deutschen Reiches sowie die Mitglieder deutscher Militärmissionen im Ausland seien damit zurückzurufen.[3]

Auf Druck der Alliierten lieferten die Regierungen der meisten neutralen Staaten die Angehörigen der deutschen Vertretungen aus. Allein der Vatikan und die Republik Irland gewährten Aufenthalts- bzw. Asylrecht, worauf im Einzelfall noch einzugehen sein wird.

Während fast alle Beamten des Auswärtigen Dienstes vom Legationssekretär bis zum Staatssekretär auf Grund der vorbereiteten Verhaftungslisten unter den »automatischen Arrest« fielen und, soweit die Alliierten ihrer habhaft werden konnten, in sogenannte Internierungslager gesperrt wurden, zog es der ehemalige Reichsaußenminister Joachim von Ribbentrop vor, sich seiner Verantwortung zu entziehen und mittels falscher Papiere unterzutauchen.

Ribbentrop hatte auch allen Grund dazu, mußte er doch nachweislich im Oktober 1944 – vermutlich als erster Reichsminister – zur Kenntnis nehmen, daß die Regierung der Vereinigten Staaten von Amerika über die anhaltenden Judenmorde in dem Vernichtungslager Auschwitz-Birkenau unterrichtet war und auf diplomatischem Wege via Schweizer Schutzmachtvertretung drohte, die für die Massenmorde verantwortlichen Mitglieder der Reichsregierung zur Rechenschaft zu ziehen. Inzwischen erlauben neue Quellenfunde im Politischen Archiv des Bonner AA eine Rekonstruktion dieses unter der höchsten Geheimhaltungsstufe (Geheime Reichssache) klassifizierten Vorgangs en détail:

Am 17. Oktober 1944 bat Gesandter von Pury, Leiter der Abteilung für fremde Interessen im Eidgenössischen Politischen Departement Bern, den deutschen Gesandten Bielfeld zu sich, »um ihm eine Mitteilung zu machen, die zwar keine eigentliche Schutzmachtangelegenheit sei, zu deren Übermittlung sich die Schweizerische Regierung aber aus rein humanitären Erwägungen für verpflichtet gehalten habe, wie sie auch in deutschem Auftrag der Gegenseite manches übermittelt habe, was streng genommen über den engeren Aufgabenkreis der Schweiz als Vertreterin deutscher Interessen hinausgegangen sei. Die mündlich gemachte Mitteilung hatte folgenden Inhalt:

Das Staatsdepartement in Washington habe mit Telegramm vom 7. Oktober die Amerikanische Gesandtschaft in Bern wissen lassen, daß, nach eingegangenen Informationen, Befehle zur Ausrottung der Juden, die in drei Konzentrationslagern unter deutscher Kontrolle festgehalten werden, und zwar Osswiecin [sic], Birkenau und Naeuss [sic], erteilt worden seien. Es soll sich um 65 000 Juden handeln.

Die Amerikanische Gesandtschaft sei beauftragt worden, den Vertretern der Reichsregierung zur Kenntnis bringen zu lassen, daß die Regierung der Vereinigten Staaten von diesen Informationen Kenntnis habe und außerdem wisse, daß Reichsinnenminister Himmler selbst gewissen anderen offiziellen Persönlichkeiten die Ermächtigung gegeben habe, dieses Todesurteil zu vollstrecken. Das Telegramm aus Washington füge hinzu, daß infolgedessen die Verantwortung für dieses Vorgehen feststehe und, falls letzteres ausgeführt werden sollte, die entsprechenden Folgen eintreten und – gemäß den offiziell bekanntgegebenen Grundsätzen, welche die Amerikanische Regierung in solchen Angelegenheiten befolge – alle Mitverantwortlichen treffen werden.«[4]

Der Gesandte Bielfeld hat darauf sofort erwidert, »daß er die Entgegennahme einer solchen Mitteilung auf das entschiedenste ablehnen müsse«. Er gab »seinem Befremden darüber Ausdruck, daß die Abteilung für fremde Interessen sich zur Übermittlung einer solchen Mitteilung bereit gefunden habe. Der Amerikanischen Regierung fehle jegliche Aktivlegitimation. Mitteilungen, die die Amerikanische Regierung bezüglich amerikanischer Staatsbürger in Deutschland etwa an die Reichsregierung zu übermitteln wünsche, könnten nach den bisher üblichen Gepflogenheiten jederzeit durch die Schweizerische Gesandtschaft in Berlin beim Auswärtigen Amt vorgebracht werden.«[5]

Abschließend habe der Gesandte von Pury um Verständnis dafür gebeten, »daß das Eidgenössische Politische Departement aus rein humanitären Beweggründen wenigstens den Versuch habe machen müssen, die Mitteilung an uns weiterzuleiten. Er nehme von unserer Antwort Kenntnis und werde die Amerikanische Gesandtschaft entsprechend verständigen.«[6]

Der Bericht der Gesandtschaft Bern ging am 23. Oktober 1944 in der für »Judenfragen« zuständigen Referatsgruppe Inland II des Auswärtigen Amts ein und wurde noch am selben Tag dem Reichsaußenminister vorgelegt. Auch der Staatssekretär des AA, Baron Steengracht von Moyland, nahm den Vorgang am 24. Oktober zur Kenntnis. Am 26. Oktober 1944 ließ Ribbentrop durch sein Büro dem Leiter der Referatsgruppe Inland II, Vortragenden Legationsrat Wagner, mitteilen, »daß die Erwiderung des Gesandten Bielfeld dem Gesandten von Pury gegenüber gut sei.«[7]

Der Aktenvorgang ist insofern bemerkenswert, als der Gesandte Bielfeld gegen den Vorwurf der Judenausrottung keinerlei Protest einlegte, diesen also stillschweigend hinnahm und sich allein weigerte, die amerikanische Mitteilung entgegenzunehmen, weil der US-Regierung angeblich jegliche Aktivlegitimation fehle. Diese juristische Argumentation bot sich ohne weiteres an, da das Auswärtige Amt wohlweislich amerikanische Staatsbürger von den Deportationen in die Vernichtungslager ausgenommen hatte, um Repressalien gegen Reichsdeutsche in den USA zu vermeiden. Humanitäre Erwägungen hingegen, auf die die Schweizer Regierung durch ihren Gesandten von Pury wiederholt hinweisen ließ, blieben in der Erwiderung des Gesandten Bielfeld ohne Resonanz.

Ribbentrop hieß diese unerbittliche Reaktion der Deutschen Gesandtschaft in Bern schließlich noch gut – obwohl, vielleicht auch weil er wußte, daß das Auswärtige Amt zur fraglichen Zeit schon zutiefst in die »Endlösung der Judenfrage« verstrickt war. Den mörderischen Charakter der sogenannten Endlösung hatten Ribbentrop und die leitenden Beamten seines Ressorts bereits im Dezember 1941 nach Eingang der vom Reichssicherheitshauptamt übersandten Einsatzgruppenberichte zur Kenntnis genommen. Dennoch erhoben sie keine Bedenken gegen die anschließenden Transporte der Juden West- und Südosteuropas in die Vernichtungslager. Selbst die von den Regierungen der Schweiz und Schwedens angeregte Ausreisemöglichkeit für jüdische Kinder nach Palästina, mithin deren Rettung vor der geplanten Vergasung, wurde vom Auswärtigen Amt nach Absprache mit dem Reichssicherheitshauptamt in den Jahren 1943 und 1944 systematisch hintertrieben.

Das Auswärtige Amt hat durch »diplomatische« Unterstützung und Abschirmung die politische Durchsetzung und organisatorische Effizienz der »Endlösung« nachweislich gefördert. Vor diesem Hintergrund und in der berechtigten Annahme, von den Alliierten nach Kriegsende zur Rechenschaft gezogen zu werden, ist der Reichsaußenminister von Ribbentrop im Mai 1945 verantwortungslos in die Anonymität geflohen.

Flucht und Identifizierung Joachim von Ribbentrops

Während der Reichsführer SS Heinrich Himmler im Mai 1945 mit fremdem Namen und falschem Bart als Angehöriger der Geheimen Feldpolizei unterzutauchen versuchte, von den Briten schließlich aufgegriffen wurde und nach seiner Enttarnung in Lüneburg Gift genommen hat, versteckte sich sein ehemaliger Duzfreund, der Reichsaußenminister und SS-Obergruppenführer Joachim von Ribbentrop, ausgerüstet mit falschen Papieren, in Hamburg. Bei der Identifizierung bedienten sich die Offiziere der britischen Besatzungsmacht seiner Schwester, die gerade mit dem Diplomatentransport aus Ankara über Portugal nach Deutschland zurückgekehrt war.

Trotz seiner teilweise skurrilen Züge ist das Geschehen erwähnenswert, weil es die Umstände illustriert, unter denen Haupt und Glieder des deutschen Auswärtigen Dienstes 1945 ihre Tätigkeit einstellten.

Nachdem die türkische Nationalversammlung im August 1944 den Abbruch der diplomatischen Beziehungen zum Deutschen Reich beschlossen hatte und Botschafter Franz von Papen kurz darauf nach Berlin zurückgekehrt war, wurden die übrigen Mitglieder der deutschen Missionen in der Türkei auf Verlangen der Alliierten zunächst interniert. Erst im April 1945 durften sie auf einem von der schwedischen Regierung gecharterten Schiff ausreisen. Als nomineller Leiter des Transports fungierte Albert Jenke, vormals Gesandter I. Klasse bei der Deutschen Botschaft Ankara.

Jenke, Jahrgang 1888, der seit 1912 als Ingenieur in der Türkei tätig war, heiratete 1922 Ingeborg Ribbentrop. Am 1. Mai 1933 trat er der NSDAP bei. Im November 1939 wurde er von seinem Schwager, dem Reichsaußenminister von Ribbentrop, zum Generalkonsul bei der Botschaft Ankara und 1943 zum Vertreter des Botschafters von Papen berufen. Da Jenke kein universitäres Abschlußexamen vorweisen konnte, mithin die Eingangsvoraussetzungen für den höheren Auswärtigen Dienst nicht erfüllte, war seine »diplomatische Karriere« zweifellos auf verwandtschaftliche Beziehungen zurückzuführen.[8]

Unter den Passagieren auf dem Diplomatentransport befand sich auch der damalige Legationssekretär Helmut Allardt, der später als Botschafter die Bundesrepublik Deutschland in Moskau vertrat. In seinen Erinnerungen berichtet Allardt anschaulich und durchaus glaubwürdig über seine Erfahrungen im Umgang mit deutschen Gesandten in der Schlußphase des Dritten Reiches: »Anfang Mai erreichten wir Lissabon. Inzwischen war die Nachricht vom Selbstmord Hitlers amtlich bestätigt worden. Der deutsche Gesandte in Portugal fand den Anlaß besonders geeignet, alsbald in der Gesandtschaft wie an Bord unseres Schiffes eine Trauerfeier zu veranstalten.« Allardt empfand die Idee, einen Mann offiziell zu betrauern, dessen ganzes Verdienst darin bestand, Deutschland vernichtet und ganz Europa ins Unglück gestürzt zu haben, als solche Instinktlosigkeit, daß er mit seiner Familie und einigen Kollegen, die ähnlich dachten, der makabren Veranstaltung ferngeblieben sei und die Gelegenheit benutzt habe, Lissabon zu durchstreifen.[9]

Letzter Vertreter des Deutschen Reiches in Lissabon war der Gesandte Gustav Adolph von Halem, geb. 1899, ein Karrierediplomat, der nach juristischem Referendar- und Doktorexamen 1926 in den Auswärtigen Dienst getreten war. Der Aufnahme-Erklärung für die NSDAP vom 20. März 1934 fügte er die – gar nicht verlangte – Versicherung hinzu, daß auch seine Ehefrau »rein arischer Abstammung« ist.[10] Seit 1935 gehörte von Halem dem 1. Reitersturm der 7. SS-Reiterstandarte in Berlin-Zehlendorf an, wo sich die politisch willfährigen Spitzen der Geburts- und Finanzaristokratie trafen; 1938 avancierte er zum stellvertretenden Chef des Protokolls im Auswärtigen Amt.

Am 1. März 1945, als der Zusammenbruch des Dritten Reiches nur noch eine Frage der Zeit war, meldete von Halem, inzwischen SS-Standartenführer, dem Chef des SS-Personalamts schriftlich, daß er von seinem bisherigen Posten als Gesandter und I. Botschaftsrat beim Deutschen Botschafter und Bevollmächtigten des Großdeutschen Reiches in Italien entbunden und als Deutscher Gesandter nach Lissabon versetzt worden sei. Die Reise dorthin würde er in den nächsten Tagen antreten.[11]

Daß die Gesandten Jenke und von Halem »in der Wolle gefärbte« Nationalsozialisten waren, zeigt eine ihrer letzten Amtshandlungen in Lissabon: Während der Überfahrt hatte der Legationssekretär Allardt nach eigener Darstellung von dem an Bord befindlichen Geschäftsträger Portugals in der Türkei erfahren, »daß seine Regierung zahlreichen Deutschen aus aller Herren Länder […] Asyl gewährt habe. Auf eine entsprechende Frage von mir sagte er, sie würde vermutlich auch bereit sein, den Frauen und Kindern unserer Gruppe das Verbleiben im Lande zu gestatten, soweit sie es wünschten.«[12]

Angesichts ihres ungewissen Schicksals, das sie in Deutschland erwartete, wollten verschiedene Familien des Diplomatentransports von diesem Angebot Gebrauch machen. Allardt habe daraufhin den portugiesischen Diplomaten gebeten, in diesem Sinne beim Außenministerium in Lissabon vorzufühlen. Als die Antwort positiv ausgefallen sei – unter der Voraussetzung, daß der Deutsche Gesandte in Lissabon einen entsprechenden Antrag stelle –, habe Allardt den Leiter des Transports, Gesandten Jenke, verständigt mit der Bitte, die Unterstützung des Gesandten von Halem für diesen Schritt einzuholen. Jenke »entsann sich seiner nationalsozialistischen Verwandtschaft und meinte, er würde sich dem Vorwurf des Defätismus aussetzen, wenn er das Angebot bekannt gäbe«.[13]

Schließlich brachte der Legationssekretär Allardt während einer Sitzung an Bord, der alle Passagiere und der Gesandte von Halem beiwohnten, die Sache selbst zur Sprache und fragte diesen, ob er bereit sei, das notwendige Gesuch an das portugiesische Außenministerium zu richten. Folgt man Allardts Darstellung, habe sich der Gesandte von Halem geweigert, auch nur eine Diskussion darüber zuzulassen. »Er fände es besonders bedauerlich, daß ausgerechnet ein Kollege sich zum Wortführer dieses Antrages mache, der ›zutiefst von antinationalsozialistischer Gesinnung und verantwortungslosem Defätismus‹ zeuge. Als ›deutscher Gesandter und Nationalsozialist‹ müsse er ausdrücklich erklären, daß er den Antrag gar nicht zur Kenntnis nehme und ›selbstverständlich‹ gar nicht daran denke, der portugiesischen Regierung ein solches Ansinnen zu unterbreiten. Für die Türkeigruppe gäbe es nur eine Verpflichtung, auf dem schnellsten Wege nach Hause zu kommen und alle ihre Kräfte dem Führer für den Endsieg – der Vorfall passierte ein oder zwei Tage vor der bedingungslosen Kapitulation – zur Verfügung zu stellen.«[14] Anschließend sei von Halem in die Gesandtschaft zurückgekehrt, von wo er seine Absetzung ins Innere Portugals vorbereitet habe. »Ein Jahr später mußte er allerdings auf Druck der Sieger dann doch das portugiesische Asyl mit dem amerikanischen Internierungslager auf dem Hohenasperg vertauschen.«[15]

Nachdem noch einige Angehörige der inzwischen geschlossenen Missionen des Deutschen Reiches in Südamerika an Bord gekommen waren, gelangte der Diplomatentransport über Liverpool, wo die Briten deutsche Polizei- und Militärattachés wegen ihrer verkappten Spionagetätigkeit festhielten, Göteborg und Kopenhagen nach Kiel. Während die übrigen Passagiere noch ihres ungewissen Schicksals harrten, erfuhren der Gesandte Jenke und seine Frau als very important persons eine Vorzugsbehandlung durch britische Offiziere. Wie beide später berichtet haben sollen, seien sie nach einem sehr angenehm verlaufenen Abend im britischen Offizierskasino Kiel nach Hamburg begleitet worden, wo sie ein Brigadier zum Lunch im Hotel »Vier Jahreszeiten« erwartete. »Zusammen mit britischen Offizieren, die vom Charme Frau Jenkes ebenso angetan schienen wie Jenke von der ostentativen – und ganz unerwarteten – Ritterlichkeit der Briten, aß man bei guter Laune und lebhafter Konversation. Plötzlich öffneten sich gegenüber von Frau Jenke die Flügeltüren. Vor ihr stand – von zwei Militärpolizisten flankiert – Hitlers Reichsaußenminister, ihr

Bruder. ›Joachim –!‹ sagte sie und sprang auf. ›Aber Inge‹, rief er aus. Die Türen schlossen sich wieder vor den dreien, und der Gastgeber sagte kauend: ›Thank you, Madam. That's all. And now you have to go back to the ship.‹«[16]

Joachim von Ribbentrop hatte sich in die Anonymität der Großstadt Hamburg begeben, da ihm weder Berlin noch eines seiner Güter oder Schlösser als Zuflucht geeignet erschienen. Auch seinen ebenso großen wie erlesenen Weinbestand soll er rechtzeitig nach Hamburg verbracht haben, wohl in der Annahme, seine alte Firma IMPEGROMA (Import und Export großer Marken) über kurz oder lang wieder aufleben zu lassen. Bekanntlich hatte Ribbentrop, der 1920 in die Sektkellerei Henkell einheiratete, mit Weinen und Spirituosen gehandelt, bevor er in Hitlers Dienste trat.[17]

Am 14. Juni 1945 wurde der Außenminister des verflossenen »Großdeutschen Reiches« in einer Hamburger Wohnung von britischen Militärpolizisten aufgespürt und verhaftet. Da man seiner Person nicht ganz sicher war und vielleicht auch das Untertauchen des als hochmütig bekannten Reichsaußenministers einigermaßen befremdlich erschien, traf es sich für die Briten günstig, daß der Gesandte Jenke mit Frau gerade in Kiel angekommen war. So konnten Schwester und Schwager, wenn auch unfreiwillig, bei seiner Identifizierung behilflich sein.

»Rette sich, wer kann«-Mentalität, morbider Hochmut und traditioneller Untertanengeist bestimmten die Äußerungen, wenn nicht die Einstellungen führender Repräsentanten des Auswärtigen Amts im Frühjahr 1945. Reinhard Spitzy, einst persönlicher Sekretär von Ribbentrops und während des Zweiten Weltkriegs SD-Beauftragter in Madrid, stellte in seinen Erinnerungen unter anderem fest: »Der Zusammenbruch war nicht nur im Reich, sondern auch an der Madrider Botschaft total. Nichts war für den Fall der Kapitulation vorbereitet. Bis zuletzt hatte man vom Endsieg gefaselt und nur privat, das allerdings ganz mächtig, für das mit Sicherheit erwartete bittere Ende vorzusorgen versucht. Ein geradezu lächerliches Debakel auf der ganzen Linie!«[18]

Wilhelm Haas, Berufsdiplomat, der 1937 wegen der jüdischen Herkunft seiner Frau aus dem Amt scheiden mußte und dann als

Beauftragter der IG-Farbenindustrie nach China ging, bemerkte in seinen unveröffentlichten Lebenserinnerungen über die politische Einstellung des Botschafters Eugen Ott, der nach dem »Fall Sorge« und Meinungsverschiedenheiten mit dem Reichsaußenminister von Ribbentrop 1943 als Missionschef in Tokio abgelöst worden war und sich daraufhin in Peking niedergelassen hatte: »Die dem Offizierscorps in seiner großen Mehrheit eigene Gefolgstreue, um nicht zu sagen Kadavergehorsam, gegenüber jedweder Staatsobrigkeit […] ließ ihn noch im letzten Kriegsjahr mit seinem Parteiabzeichen oder in seiner Generaluniform an den Feiern des 30. Januar, der Machtergreifung, und gar des Geburtstages Hitlers am 20. April, wenige Tage vor dessen schmählicher Flucht in den Selbstmord, teilnehmen.«[19]

Auf die Frage, warum deutsche Offiziere und Diplomaten Hitler bis zu dessen Tod hörig blieben, nahm der während des Zweiten Weltkriegs in Ostasien tätige Gesandtschaftsrat Zinsser wie folgt Stellung: Haas' kritische Einstellung zum Kriegsgeschehen »teilten wir im Grunde genommen mit ganz wenigen Ausnahmen alle, ob in Tokyo, ob in Shanghai oder sonstwo im Fernen Osten. Aber den Mut zum Absprung hat keiner aufgebracht. […] Auch Ott war, wie ich bei Besuchen in seinem ›Verbannungsort‹ Peking wiederholt in einer Reihe von intimen Gesprächen über die allgemeine Lage erfuhr, vom bevorstehenden Zusammenbruch Deutschlands überzeugt. *Wir haben uns als Beamte und Offiziere im Grunde genommen geistig und seelisch alle von Hitler korrumpieren lassen.*«[20]

Erwähnenswert bleibt noch das Schicksal der deutschen Missionsangehörigen im japanischen Satellitenstaat Mandschukuo, die 1945 in sowjetische Hände fielen. Anders als die westlichen Alliierten nahmen die Sowjets nicht nur die höheren Beamten in Haft, sondern auch das übrige Personal einschließlich der Sekretärinnen und Kraftfahrer. Wohl auf Grund der eigenen Praktiken ihrer Geheimdienste vermuteten die Sowjets selbst hinter Konsulatssekretären und Chauffeuren einflußreiche Chargen des Spionagedienstes.

Während die von anglo-amerikanischen Militärdienststellen internierten höheren Beamten des Auswärtigen Dienstes zumeist bis 1948 wieder auf freien Fuß kamen, wurden die in sowjetischem Gewahrsam befindlichen Amtsangehörigen nach vielfach abenteuerlich anmutenden Anklagen durch sowjetische Militärgerichte, teilweise auch durch administrative Verfahren der Geheimpolizei, zu langjährigen Freiheitsstrafen verurteilt und in Arbeitslager eingewiesen. Der ehemalige Gesandtschaftsrat I. Klasse Christian Zinsser – bis 1945 bei der Deutschen Gesandtschaft in Hsinking, Hauptstadt von Mandschukuo – wurde zum Beispiel zu 25 Jahren, seine Ehefrau zu 10 Jahren Haft verurteilt. Insgesamt 10 Jahre hat das Ehepaar Zinsser in sowjetischer Gefangenschaft verbracht, davon die Hälfte auf dem Archipel GULag. Die 1948 geborene Tochter kam mit drei Jahren in ein Lager für Sträflingskinder, nachdem die Eltern voneinander getrennt worden waren.[21]

Von den ursprünglich 80 in sowjetischem Gewahrsam befindlichen Amtsangehörigen überlebten nur deren 30. Sie konnten erst 1955 zurückkehren – kurz vor oder nach Adenauers Besuch in Moskau, der die Aufnahme diplomatischer Beziehungen zwischen der UdSSR und der Bundesrepublik Deutschland zur Folge hatte. Unter den Spätheimkehrern befanden sich auch die Familie Zinsser und der langjährige Leiter des Politischen Archivs im Auswärtigen Amt, Dr. Johannes Ullrich. Letzteren hatten die Sowjets nach der Eroberung Berlins verhaftet, weil sie ihn für die Evakuierung der AA-Akten in bombensichere Gewölbe im Harz verantwortlich machten, wo diese dann von US-amerikanischen Truppen beschlagnahmt wurden.

Tatsächlich hatte Legationsrat Ullrich mit heimlicher Zustimmung des Leiters der Personal- und Verwaltungsabteilung (Hans Schroeder) nach den ersten schweren Luftangriffen auf Berlin im März 1943 die Verlagerung der Akten in die Wege geleitet, obwohl er mit dieser Evakuierungsaktion eine Anklage wegen Defätismus riskierte. Ihm, dem NS-Gegner Ullrich, verdankt die historische Forschung die Überlieferung unschätzbarer Aktenbestände. Nach zehnjähriger Gefangenschaft in der UdSSR ist Johannes Ullrich als kranker Mann in die Bundesrepublik zurückgekehrt. Mit seinen verbliebenen Kräften hat er maßgeblich das Politische Archiv des Bonner AA wieder aufgebaut. Bis zu seinem Tode am 25. Dezember 1965 hat Johannes Ullrich für sein Archiv gelebt und gearbeitet. Um so befremdlicher wirkte es auf viele Zeitgenossen, daß weder der Bundesaußenminister noch die Personalabteilung des AA sich veranlaßt sahen, durch Nachrufe in überregionalen Zeitungen vom Ableben dieses verdienstvollen Beamten Kenntnis zu geben.[22]

Entnazifizierung und Rechtfertigung

> »Die Deutschen möchten diese Untaten heute am liebsten leugnen, und wer sie daran erinnert, gilt als ›deutschfeindlich‹.«
> *Thomas Mann*, 1950

In der Erklärung von Jalta (12. Februar 1945) bekräftigten die Regierungen der Vereinigten Staaten von Amerika, Großbritannien und der Sowjetunion u. a. ihre Absicht, »alle Kriegsverbrecher vor Gericht zu bringen und einer schnellen Bestrafung zuzuführen« sowie »alle nationalsozialistischen Einflüsse aus den öffentlichen Dienststellen« auszuschalten.[23]

Nach seiner Verhaftung durch britische Militärpolizei in Hamburg wurde der ehemalige Reichsaußenminister Joachim von Ribbentrop als einer der Hauptkriegsverbrecher vor dem Internationalen Militärgerichtshof in Nürnberg angeklagt. Die Anklage erstreckte sich auf vier Punkte: Verbrechen gegen den Frieden, Kriegsverbrechen und Verbrechen gegen die »Menschlichkeit« sowie Zugehörigkeit zu einer verbrecherischen Organisation (SS). Neben der Verletzung internationaler Verträge und der Vorbereitung von Angriffskriegen wurde von Ribbentrop ausdrücklich auch eine Mitverantwortung für die Vernichtung der Juden in Europa zur Last gelegt. Der Gerichtshof sprach ihn in allen vier Anklagepunkten schuldig. In der Nacht zum 16. Oktober 1946 wurde der Außenminister des Großdeutschen Reiches durch den Strang hingerichtet.[24]

Daß die Entnazifizierung, so wie sie von den Alliierten 1945 konzipiert, dann angewandt und schließlich 1946/47 deutschen Stellen überlassen wurde, scheitern mußte, ist inzwischen gesicherte Kenntnis der zeitgeschichtlichen Forschung. Die Gründe für den mißratenen Säuberungsversuch sind vielfältiger Natur. Folgt man der Untersuchung von Clemens Vollnhals, lagen die »Geburtsfehler« der geplanten Entnazifizierung in der mangelnden Analyse des Säuberungsproblems, in der Ausuferung der Direktiven und in der damit einhergehenden Überdehnung des zu entnazifizierenden Personenkreises. Den zweiten Fehler sieht Vollnhals zu Recht in der Verlagerung politischer Säuberungsvorhaben auf die entpolitisierte Ebene gerichtsähnlicher Spruchkammerverfahren. Aus beiden »Geburtsfehlern« resultierte der viel zu langwierige Prozeß der Massenentnazifizierung, der auf dem Wege über die Selbstrechtfertigung zur Massenrehabilitierung geriet und durch die Polarisierung des Ost-West-Konflikts ein baldiges Ende fand.

»Das Geflecht kollegialer, sozialer und familiärer Verpflichtungen und Rücksichtnahmen bildete einen höchst wirksamen Puffer, der den Säuberungswillen der Spruchkammern weitgehend abfederte.«[25] Mittels großzügig ausgestellter Entlastungszeugnisse, sogenannter »Persilscheine«, attestierten sich die Betroffenen, häufig wechselseitig, daß sie der NSDAP nur auf Empfehlung, wenn nicht Druck ihrer Vorgesetzten beigetreten seien, um »Schlimmeres zu verhüten« oder ihre »heimliche Opposition« gegenüber dem Regime zu tarnen, sich im übrigen aber privatim und als Berufskollegen »tadellos« verhalten hätten.

Dieser Tendenz zur ungeprüften Rehabilitierung haben die Kirchen, deren moralische Autorität in den ersten Nachkriegsjahren weit über den engen Kreis ihrer Gemeinden hinausreichte, starken Vorschub geleistet. Besonders in Stellungnahmen evangelischer Kirchenführer wurde der Entnazifizierung jegliche politische und moralische Berechtigung mit der rechtspositivistischen Begründung abgesprochen, daß die »Handlungen und Gesinnungen, die heute verurteilt werden, vom damaligen Gesetzgeber als rechtmäßig und gut eingeschätzt« worden seien. Die Kirche könne deshalb, wie Bischof Wurm als Ratsvorsitzender der Evangelischen Kirche in Deutschland im April 1946 der US-amerikanischen Militärregierung mitteilte, »nicht anerkennen, daß eine menschliche Obrigkeit nunmehr zu strafen unternimmt, was allein nach göttlichem Recht als Unrecht zu gelten« habe.[26] Mit diesen Worten mag Bischof Wurm der Millionenschar ehemaliger Parteigenossen aus dem Herzen gesprochen haben. »Die massive Kritik resultierte nicht zuletzt aus dem kirchlichen Eigeninteresse, da knapp ein Drittel der evangelischen Pfarrerschaft der NSDAP oder anderen NS-Organisationen angehört hatte.«[27]

Vor diesem Hintergrund wird verständlich, daß sich große Teile der alten Führungseliten aus Staat, Wehrmacht, Wirtschaft und Wissenschaft den Kirchen anschlossen, »um auf diesem Wege einen möglichst reibungslosen Übergang vom Dritten Reich in das folgende politische System zu finden. In vielen Fällen wurde die Kirche überhaupt nur als Sprungbrett in neue Ämter und Führungspositionen benutzt.«[28] So fanden zum Beispiel auch ehemalige Diplomaten und SS-Führer beim Evangelischen Hilfswerk Unterschlupf – von wo sie dann im Laufe der fünfziger Jahre, das heißt nach Ablauf der politischen Karenzzeit, wieder ins Auswärtige Amt gelangten, teilweise auf dem Umweg über andere Bundesministerien.[29]

Nun mag man einwenden, daß es selbstverständlich Aufgabe, wenn nicht Pflicht der Kirchen war, allen Notleidenden und Bedrängten beizustehen, also auch ehemaligen Nationalsozialisten. Festzuhalten bleibt hingegen, »daß eben dieser Beistand allen denen kaum gewährt wurde, die nach 1933 verfolgt und entrechtet wurden oder die nun als Überlebende einer zwölfjährigen Verfolgung wieder eine menschenwürdige Existenz aufbauen und sich in die Gesellschaft eingliedern wollten. Es war also vornehmlich die Übereinstimmung im politisch-ideologischen Bereich, die Geistlichen und kirchlichen Amtsinhabern nahelegte, ehemalige Beamte [...] und die vielen Nationalsozialisten in einflußreichen Positionen zu entlasten.«[30]

Empirisch gesicherte Befunde über die Entnazifizierung der höheren Beamten des Auswärtigen Dienstes gibt es nach wie vor nicht. Haupthindernisse sind wohl immer noch die dezentrale Aktenüberlieferung und die Zurückhaltung der Archivverwaltungen bei der Freigabe der Entnazifizierungsakten für Forschungszwecke. Nur durch Hinnahme bestimmter Anonymisierungsvorgaben ist es mir gelungen, die Entnazifizierungsverfahren ausgewählter Diplomaten in einem Spruchkammerbezirk der britischen

Zone systematisch auszuwerten. Wenngleich die Verfahren keine repräsentative Aussagekraft beanspruchen können, offenbaren sie doch detailliert das Entnazifizierungsprozedere in der britischen Besatzungszone. Weitere Aktenfunde verschiedener Provenienz erlauben es zudem, auch jene diplomatischen »Kunststücke« nachzuweisen, derer sich ehemalige SS- und SD-Führer sowie geheime Mitarbeiter des Reichssicherheitshauptamtes bedienten, um aus dem Entnazifizierungsverfahren als »entlastet« hervorzugehen. Nach dieser »Entlastung« stand ihrer Karriere im Auswärtigen Dienst nichts mehr im Wege. Der letzte Diplomat mit SD-Vergangenheit ging 1976 als Vertreter der Bundesrepublik Deutschland beim NATO-Rat (Brüssel) in den »verdienten« Ruhestand, wie noch zu zeigen sein wird.

»Einer der beharrlichsten Widerstandskämpfer«: Der Fall W. von B.

W. von B., Jahrgang 1898, promovierter Volljurist und Karrierediplomat seit 1925, wurde am 7. Oktober 1947 vom Bezirks-Entnazifizierungs-Ausschuß in Stade mit folgender Feststellung entlastet: »Partei seit 1933. Von B. war vor der Kriegszeit und während des Krieges als Gesandter in Belgien tätig. Als solcher hat er verschiedentlich gegen den scharfen Widerstand maßgebender Partei- und SS-Bonzen Belgier vor dem KZ-Lager bzw. vor der Vollstreckung der Todesstrafe bewahrt. [...] Weiter ist eidesstattlich belegt, daß von B., wenn nicht direkt, so doch indirekt an dem Anschlag auf Hitler am 20. Juli 1944 beteiligt war. U. a. hat er mit dem General von Falkenhausen die Bemühungen der SS-Stellen, die Militärverwaltung durch eine Zivilverwaltung mit Gauleitern an der Spitze zu ersetzen, ständig und mit Erfolg hintertrieben. Weiteres anzuführen ist unter Hinweis auf das Zeugnis des belgischen Oberkommandierenden in Deutschland, das im Namen der belgischen Regierung ausgestellt wurde, völlig unnötig. Aus allen diesen Gründen kommt der BEA [Bezirks-Entnazifizierungs-Ausschuß] zu dem Entschluß, daß von B. niemals nazistisch eingestellt war. Daher Entscheid 1 [keine Bedenken], Kategorie V.«[31]

Dieses Votum stützte sich vornehmlich auf eine 25 Schreibmaschinenseiten umfassende Selbstdarstellung von B. sowie auf zahlreiche eidesstattliche Erklärungen ehemaliger Diplomaten und Offiziere, darunter solche der früheren Staatssekretäre von Weizsäcker und von Steengracht.[32]

Seine Selbstdarstellung eröffnete von B. mit dem Antrag auf Feststellung im Entnazifizierungsverfahren, daß er »für die nationalsozialistische Politik, ihre Irrtümer, Mißgriffe und Verbrechen, für den Ausbruch des Krieges und die Art seiner Führung, wie endlich für den Zusammenbruch Deutschlands keinerlei Mitverantwortung trage und daher als völlig unbelastet anzusehen« sei. Diese Forderung muß befremden, weil die potentiellen Vorwürfe, von denen der Antragsteller freigesprochen werden wollte, einer Überschätzung seiner Funktion und Verantwortlichkeit im Dritten Reich entsprangen und in dieser Totalität auch nicht Gegenstand des Entnazifizierungsverfahrens sein konnten. Wer dennoch völlige Entlastung beansprucht, provoziert geradezu eine besonders kritische Nachprüfung seiner Forderung anhand der vorliegenden Quellen.

Nach Darstellung seiner parteipolitischen und beruflichen Tätigkeit kam von B. zu folgendem Ergebnis: Er sei der NSDAP im Interesse des Auswärtigen Amts und auf dessen »ausdrückliche Weisung« hin wie »zur Verhinderung einer Entartung der deutschen Außenpolitik beigetreten«. Nachdem er schon frühzeitig erkannt habe, »daß in der Partei ein Einfluß in vernünftigem Sinne nicht geltend zu machen war und von Hitlers allmächtigem Willen alles erdrückt und mit rücksichtsloser Gewalt in die von ihm allein bestimmten Bahnen gelenkt wurde«, sei er eigene Wege gegangen und habe in seinem Zuständigkeits- und Einflußbereich die deutschen Interessen so vertreten, wie er sie gesehen habe. Allen politisch gefährlichen oder gar verhängnisvollen Bestrebungen der Partei sei er entgegengetreten. Letzteres habe er »in wachsendem Maße bis zur Beteiligung am 20. Juli [1944] getan«. Wörtlich erklärte von B.: »Ich habe getan, was ich konnte, um die Folgen der Katastrophenpolitik Hitlers abzumildern und den Forderungen von Recht, Gesetz und Menschlichkeit Genüge zu verschaffen. Dabei habe ich Zurücksetzungen, Bedrohungen und sonstige schwere Nachteile hinnehmen müssen und mich beständig allerschwersten Gefahren ausgesetzt. Mehr war gegenüber einem despotischen Massenführer, dem über 90 % des deutschen Volkes [...] gläubig gefolgt sind, nicht möglich.«[33]

Die dem Entnazifizierungsantrag beigefügten eidesstattlichen Versicherungen und persönlichen Erklärungen bestätigen von B.s Selbstdarstellung. Vergleicht man die geballten Entlastungszeugnisse mit tatsächlichen Vorgängen und den zeitgenössischen Quellen, ergeben sich unübersehbare Diskrepanzen: Die von B. postulierte »ausdrückliche Weisung« des AA an seine Bediensteten zum Eintritt in die NSDAP ist nicht überliefert.

Eine solche läge auch außerhalb der Wahrscheinlichkeit, da jeder Parteibeitritt individuell vollzogen werden mußte. Manche Diplomaten traten schon im Februar oder März 1933 der NSDAP bei, sei es aus politischem Opportunismus oder Karrieregründen. Sie wurden als »Märzgefallene« von den Altparteigenossen geringgeschätzt. Andere ließen sich Zeit mit der Antragstellung bis 1937, als die weitere Karriere von der Zugehörigkeit zur NSDAP oder einer ihrer Gliederungen abhängig wurde, oder bis zur Berufung von Ribbentrops zum Reichsaußenminister im Februar 1938. Nicht wenige Petenten wurden von der NSDAP abgelehnt, teilweise mehrfach – was diese nicht hinderte, sich nach 1945 als Gegner des Nationalsozialismus zu gerieren und »Wiedergutmachung« für entgangene Beförderungen einzuklagen.

Von August 1940 bis Juli 1943 fungierte von B. als Vertreter des Auswärtigen Amts (VAA) beim Militärbefehlshaber in Brüssel, seit 1941 mit der Amtsbezeichnung »Gesandter«. Anschließend leitete er das Referat Westeuropa der Politischen Abteilung im Auswärtigen Amt. Anfang März 1944 wurde von B. zum Geschäftsträger an die Botschaft Paris berufen, wo er bis zu deren Auflösung im August 1944 tätig blieb. Berufliche Zurücksetzungen oder sonstige Benachteiligungen, die von B. in seiner Selbstdarstellung vom 10. September 1947 beklagte, sind nicht erkennbar.[34] Im Gegenteil, die Übernahme des Referats Westeuropa in der Zentrale und die Ernennung zum Geschäftsträger in Paris sind als Ausdruck des Vertrauens und als gradueller Aufstieg zu werten.

Von Juni 1942 an organisierte das Reichssicherheitshauptamt im Einvernehmen mit dem Auswärtigen Amt zahlreiche Judendeportationen aus Frankreich, Belgien und den Niederlanden in das Vernichtungslager Auschwitz, bei denen auch der Vertreter des AA beim Militärbefehlshaber in Brüssel mehrfach beteiligt wurde. Durch Schreiben vom 22. Juni 1942 teilte der Judenreferent des RSHA, SS-Obersturmbannführer Eichmann, dem AA u. a. mit, daß vorgesehen sei, »10 000 Juden aus Belgien zum Arbeitseinsatz in das Lager Auschwitz abzubefördern«.[35]

Gesandter von B., um Stellungnahme zu diesem Vorhaben gebeten, berichtete daraufhin dem AA durch Telegramm vom 9. Juli 1942: »Militärverwaltung beabsichtigt, gewünschten Abtransport von 10 000 Juden durchzuführen. Militärverwaltungschef gegenwärtig im Hauptquartier, um Angelegenheit mit Reichsführer SS zu erörtern. Bedenken gegen Maßnahme könnten sich einmal daraus ergeben, daß Verständnis für Judenfrage hier noch nicht sehr verbreitet und Juden belgischer Staatsangehörigkeit in Bevölkerung als Belgier angesehen werden. Maßnahme könnte daher als Beginn allgemeiner Zwangsverschickungen ausgelegt werden. Auf der anderen Seite sind Juden weitgehend in hiesigem Wirtschaftsprozeß eingegliedert, so daß Schwierigkeiten auf Arbeitsmarkt befürchtet werden könnten. Militärverwaltung glaubt jedoch, Bedenken zurückstellen zu können, wenn Verschickung belgischer Juden vermieden wird. Es werden daher zunächst polnische, tschechische, russische und sonstige Juden ausgewählt werden, womit das Soll theoretisch erreicht werden könnte. Praktische Schwierigkeiten sind insofern zu erwarten, als durch Bekanntwerden beginnender Abschiebung aus Frankreich und Holland im hiesigen Judentum schon gewisse Unruhe entstanden ist und daher Juden versuchen werden, sich Zugriff zu entziehen. Für Zwangsmaßnahmen aber reichen vorhandene Polizeikräfte nicht aus. Weiterer Bericht folgt.«[36]

Grundsätzlich stimmten die Militärverwaltung und der Vertreter des Auswärtigen Amts in Brüssel also der geplanten Deportation von 10 000 Juden aus Belgien nach Auschwitz zu. Allein die Juden belgischer Nationalität wünschten sie vorerst davon ausgenommen. Gegen den Abtransport der ausländischen und »sonstigen«, das heißt staatenlosen, also auch ehemals deutschen Juden, die nach Belgien geflüchtet waren, wurden keine Bedenken erhoben. Der Schlußsatz in B.s Bericht erlaubt die Interpretation, daß die Entsendung weiterer Polizeikräfte zur Durchsetzung der Zwangsmaßnahmen wünschenswert, ja notwendig sei.

Nicht zuletzt auf Grund der Stellungnahme B.s teilte Unterstaatssekretär Luther, Leiter der Deutschland-Abteilung im AA, Ende Juli 1942 dem Reichssicherheitshauptamt mit, daß »gegen die geplante Verschickung der angegeben Anzahl von Juden« aus Belgien »zum Arbeitseinsatz in das Lager Auschwitz grundsätzlich keine Bedenken seitens des Auswärtigen Amtes bestehen«. Im Hinblick auf die psychologischen Wirkungen bat Luther jedoch, »zunächst die staatenlosen Juden zu verschicken, um dadurch schon in weitgehendem Maße das Kontingent der in die Westgebiete zugewanderten fremdländischen Juden zu erfassen [...]«.[37]

Mit Schreiben vom 8. August 1942 berichtete Gesandter von B. dem AA, daß die »Abschiebung der hier ansässigen staatenlosen Juden [...] am 4. 8. mit einem ersten Transport von 1000 Personen beiderlei Geschlechts im Alter von 15–45 Jahren begonnen« habe. Insgesamt seien 10 solcher Transporte vorgesehen, die bis zum 15. September 1942 durchgeführt werden sollten. Wörtlich fügte er hinzu: »Nach Angabe des hiesigen Sicherheitsdienstes ist die Aktion bisher reibungslos verlaufen. Die vorgesehene Zahl von 10 000 Personen kann ohne Schwierigkeiten erreicht werden.«[38]

Und am 24. September 1942 meldete von B. dem AA vorläufigen Vollzug mit den teilnahmslosen Worten: »Die bis zum 15. September vorgesehene Abschiebung von 10 000 hier ansässigen staatenlosen Juden ist durchgeführt.«[39] Da sich weitere Juden den »Arbeitseinsatzbefehlen« widersetzt hätten, haben man zu »Razzien und Einzelfestnahmen« schreiten müssen. Trotz dieser »Schwierigkeiten« hoffe die Sicherheitspolizei gleichwohl, »im ganzen etwa 20 000 der in Frage kommenden Personen abtransportieren zu können«.[40]

In seinem Bericht vom 11. November 1942 konkretisierte Gesandter von B. die Ausdehnung der »Abschiebungsaktion« und den davon betroffenen Personenkreis: »Auf Grund der in der Judenverordnung des Militärbefehlshabers vom 28. 10. 1940 enthaltenen Verpflichtung haben sich rund 42 000 Männer und Frauen (über 16 Jahre) gemeldet. Hiervon waren 38 000 nichtbelgische Staatsangehörige. Insgesamt dürfen 52 000–55 000 Juden [...] in Belgien gelebt haben. Hiervon sind 15 000 Männer, Frauen und Kinder nach dem Osten abgeschoben worden. Weitere Transporte werden demnächst Belgien verlassen. Unter den Abgeschobenen befinden sich Staatenlose, ehemalige Deutsche, Tschechen, Polen, Holländer, Rumänen, Griechen, Slowaken, Russen, Norweger, Luxemburger, Kroaten und Angehörige der drei baltischen Staaten. Geichfalls befinden sich auch einige Belgier hierunter, die deswegen verschickt werden, weil sie in der Öffentlichkeit den Judenstern nicht getragen haben.

Zunächst wurde ein ›Arbeitseinsatzbefehl‹ über die ›Judenvereinigung‹ den von der Abschiebung Betroffenen zugestellt. Da jedoch im Laufe der Zeit durch Gerüchte über *Abschlachten* der Juden usw. dem Arbeitseinsatzbefehl nicht mehr Folge geleistet wurde, wurden die Juden durch Razzien und Einzelaktionen erfaßt. [...]«[41] Bedauern klingt an, wenn von B. abschließend bemerkt, daß in letzter Zeit »illegale Abwanderungen nach Frankreich [...] und nach der Schweiz festgestellt worden« seien. Genaue Angaben ließen sich jedoch nicht machen.

Mit Bericht vom 27. November 1942 an das Auswärtige Amt zog Gesandter von B. die folgende Zwischenbilanz: »Die Evakuierung der Juden aus Belgien hat für dieses Jahr ihren vorläufigen Abschluß gefunden. Es sind insgesamt in 14 Transporten 16 882 jüdische Personen aus Belgien entfernt worden. In den kommenden 34 Monaten werden keine Transporte durchgeführt, jedoch werden solche für das nächste Jahr vorbereitet und weitere Juden den Sammellagern zugeführt.«[42]

Nach dem Zweiten Weltkrieg bestritt von B. die Verstrickung des Auswärtigen Amts in die Vernichtung der europäischen Juden ebenso wie die Kenntnis ihres Schicksals. Die relevanten Protokollpassagen seiner Vernehmung vom 21. Juli 1947 durch Robert M. W. Kempner im Vorfeld des Wilhelmstraßen-Prozesses lauten wörtlich:

»F[RAGE]: Haben Sie über die Judendeportationen aus Belgien berichtet?

A[NTWORT]: Ich habe dagegen beim Auswärtigen Amt in der üblichen Berichtsform protestiert. [...]

F.: War Ihnen bekannt, daß diese Deportierungen etwas Furchtbares waren?

A.: Ich war nicht informiert, was mit den Betreffenden geschehen sollte. Man redete von Städten, in denen sie angesiedelt wurden.

F.: Haben Sie nicht die belgische Presse gelesen? Aus der wurde Ihnen doch klar, um was es sich in Wirklichkeit handelte?

A.: Vor dem Kriege habe ich die belgische Presse gelesen. Zu der Zeit, wo ich in Belgien war, war die belgische Presse unter unserer Kontrolle.

F.: Haben Sie nicht die Blätter der Untergrundbewegung gelesen?

A.: Manchmal. Wenn man sich informierte, wurde gesagt, das seien Greuellügen.«[43]

Am 17. August 1948 wurde von B. als Zeuge im Wilhelmstraßen-Prozeß vernommen. Unter Eid sagte er im Kreuzverhör durch den Ankläger Kempner u. a. folgendes aus:

»F.: [...] Haben Sie über die Deportationen aus Belgien berichtet?

A.: Jawohl.

F.: Haben Sie in irgend einer Form dagegen protestiert?

A.: Jawohl, das habe ich getan [...].

F.: In welcher Form haben Sie protestiert?

A.: Ich habe die politischen Gesichtspunkte angeführt, die einer derartigen Maßnahme entgegenstanden.

F.: Wie kommt es, daß bei Ihren Berichten nichts derartiges zu lesen ist?

A.: Ich weiß nicht, ob meine Berichte vollständig vorhanden sind.

F.: Gibt es Berichte, in denen Sie nicht dagegen protestiert haben?

A.: Daran kann ich mich nicht erinnern. [...]

F.: Hat es bei dieser Abschiebung Schwierigkeiten gegeben?

A.: Ich kann mich nicht mehr daran erinnern, ich glaube nicht. [...]

F.: War Ihnen bekannt, daß diese Juden zusammengetrieben wurden, zuerst zusammengetrieben und dann abgeschlachtet?

A.: Nein, das war mir nicht bekannt.

F.: Haben Sie nie davon gehört in Belgien?

A.: Ich habe später gerüchteweise darüber gehört, aber ich habe niemals Klarheit bekommen, und über die eigentlichen Vorgänge bin ich erst nach dem Zusammenbruch unterrichtet worden durch die Veröffentlichung der Presse.

F.: In Belgien hatten Sie noch keine Ahnung, daß die Leute abgeschlachtet wurden?

A.: Nein, das wußte ich nicht.

F.: Ich halte Ihnen vor, daß Sie am 11. November 1942 dem Auswärtigen Amt berichtet haben, daß die Juden sich nicht mehr stellen, daß sie im Laufe der Zeit wegen der Gerüchte über ihre Abschlachtung nicht mehr Folge leisten.

A.: Ich habe vorhin schon gesagt, daß darüber Gerüchte verbreitet waren, daß ich aber niemals eine Sicherheit darüber erlangt habe. […]«[44]

Je länger die Vernehmung dauerte, desto stärker ließ von B.s Erinnerungsvermögen nach. Am 20. August 1948 hatte er schließlich »überhaupt keine Erinnerung« mehr.[45] Die zunehmenden Erinnerungslücken stehen in eklatantem Gegensatz zu seiner – dem Entnazifizierungsausschuß in Stade vorgelegten – Selbstdarstellung von 1947, in der sich von B. detailliert und breit über seine Bemühungen ausgelassen hatte, »um die Folgen der Katastrophenpolitik Hitlers abzumildern und den Forderungen von Recht, Gesetz und Menschlichkeit Genüge zu verschaffen«.

Von den Massenmorden an Juden durch die Einsatzgruppen der Sicherheitspolizei und des SD in den besetzten Ostgebieten hatte das Auswärtige Amt seit Dezember 1941 Kenntnis. Walter Bargatzky, während des Zweiten Weltkrieges höherer Beamter bei der Militärverwaltung in Paris und später (1967–1982) Präsident des Deutschen Roten Kreuzes, bestätigt in seinen Erinnerungen, daß Ende 1941 die ersten Einzelheiten der Massenexekutionen auch in Paris bekanntgeworden seien. Im Mai 1942 sei die Kenntnis der Massenmorde im Osten unter den höheren Beamten der Militärbewegung in Paris verbreitet gewesen. Auch der Einsatz von Gas zur Vernichtung der Juden habe sich schon 1942 herumgesprochen.[46] Sollte allein der Vertreter des Auswärtigen Amts in Brüssel, der zumal noch 1944 zum Geschäftsträger in Paris berufen wurde, von dieser Kenntnis unberührt geblieben sein?

In der Entnazifizierungsakte von B.s fand sich ein Zeugnis, das – gewiß unbeabsichtigt – dessen vermeintliche Unkenntnis widerlegt. Ernst Lemmer, Vorsitzender der Christlich-Demokratischen Union Deutschlands in Berlin, stellte seinem Freund von B. am 24. Juni 1947 eine eidesstattliche Erklärung zur Verfügung, in der er u. a. folgendes feststellte: »Insbesondere erinnere ich mich des dramatischen Gespräches mit Ihnen in Sterrebeck bei Brüssel – ich glaube im Sommer 1942 –, weil ich Ihnen dort mit dem letzten Risiko für meine persönliche Sicherheit unumwunden offenbarte, daß man in seinem religiösen Glauben erschüttert werden müßte, wenn nach den ungeheuren Verbrechen der Organe Hitlers, insbesondere in Rußland und Polen, dieser Verbrecher den Krieg gewinnen würde. Ich erinnere mich, daß Sie von der Leidenschaftlichkeit meiner Erklärung stark beeindruckt waren und ihr in keiner Weise widersprachen.«[47] Diese Mitteilung erhielt von B. im Sommer 1942, also kurz vor oder zur Zeit der ersten Judendeportation aus Belgien nach Auschwitz.

Die Bilanz aller Zeugnisse läßt den Schluß zu, daß von B. das Schicksal der deportierten Juden gekannt haben muß. Sucht man nach den Gründen, die ihn bewogen haben mögen, den geplanten Deportationen nach Auschwitz gleichwohl zuzustimmen, kann die Einschätzung des Pastors der Deutschen Evangelischen Gemeinde in Brüssel Aufschluß geben. Am 4. Juli 1946 erklärte dieser an Eides Statt: »Als Seelsorger […] habe ich oft Gelegenheit gehabt, mit dem Gesandten Herrn von B. über allgemeine und politische Dinge zu sprechen. Herr von B. hat in diesen Gesprächen mir oft sein Herz geöffnet und mir gesagt, wie sehr er darunter litte, einer Sache zu dienen, die er innerlich verurteile. […]«[48]

Vor diesem Hintergrund wird vielleicht plausibel, daß von B. in seinen ersten Berichten Bedenken gegen die Deportation *belgischer* Juden nach Auschwitz erhoben hat. Aber um welchen Preis? Dem Abtransport ausländischer und staatenloser, das heißt auch ehemals deutscher Juden stimmte er zu. Fast alle fanden in Auschwitz den Tod, darunter mehrere tausend jüdische Kinder.[49]

Unvereinbar mit diesem Faktum ist die spätere Erklärung des belgischen Generals Goethals, der zufolge Herr von B. »sich in seiner dienstlichen Tätigkeit stets korrekt verhalten und dabei verständnisvoll und im Geiste der Menschlichkeit gehandelt« habe.[50] Zweifel an der Glaubwürdigkeit dieses Zeugnisses sind auch insofern angezeigt, als sich von B.s amtliche Tätigkeit in den Jahren 1940 bis 1943 der Beurteilung durch einen Belgier entzogen haben dürfte. Es mag zwar sein, daß der Gesandte von B. manchen Personen, die »Schwierigkeiten mit der Militärpolizei oder der Gestapo hatten, große Dienste erwiesen«, die Freilassung Verhafteter durchgesetzt und mehrere zum Tode Verurteilte vor der Hinrichtung bewahrt habe, wie der General Goethals in seiner Erklärung zugunsten von B.s behauptet, allein diese Beobachtungen, für die es keine dokumentarischen Nachweis gibt, rechtfertigen noch nicht die Aussage, daß von B. stets »im Geiste der Menschlichkeit« gehandelt habe. Die authentischen Berichte von B.s an das Auswärtige Amt spiegeln jedenfalls nicht jenen »Geist der Menschlichkeit«. Das Eintreten für in Bedrängnis geratene Belgier ist die eine Seite, die Zustimmung zur Deportation ausländischer und staatenloser Juden aus Belgien nach Auschwitz ist die andere Seite seines zwiespältigen Verhaltens. Die historische Wirklichkeit erweist sich auch in diesem Falle als komplexer und facettenreicher, als sie von den betroffenen Zeitgenossen nach 1945 hingestellt wurde.

Schließlich ist noch zu prüfen, inwieweit von B. direkt oder indirekt an dem Attentat auf Hitler vom 20. Juli 1944 beteiligt war. Immerhin begründete der Entnazifizierungsausschuß in seiner Entscheidung, von B. der Kategorie V zuzuordnen und damit politisch zu entlasten, ausdrücklich mit dem Hinweis auf dessen angebliche Beteiligung an diesem »Anschlag«. Dagegen ist festzustellen, daß der Name von B. in keiner der einschlägigen Publikationen zum 20. Juli 1944 erwähnt wird. Selbst in den Erinnerungen Walter Bargatzkys, der als ehemaliger Militärverwaltungsbeamter die Festnahme der SS- und SD-Führer in Paris am 20. Juli 1944 durch oppositionelle Offiziere und Beamte detailliert nachzeichnete, taucht der Name des Gesandten von B. nicht auf. Letzte Klarheit gibt die Aussage von B.'s im Kreuzverhör durch den US-Anklagevertreter am 17. August 1948 im Wilhelmstraßen-Prozeß:

»F[RAGE]: Sie waren kein Mitglied der Widerstandsbewegung, nicht wahr?

A[NTWORT]: Ich kann die Frage nicht mit Ja oder Nein beantworten. Eine Widerstandsbewegung in der Form einer geschlossenen Organisation hat es meines Wissens nicht gegeben, sondern die Widerstandsbewegung bestand aus einem Kern aktiver Männer, um den herum sich eine größere Anzahl Gesinnungsgenossen kristallisierte. Dieser größere Kreis war über alle Einzelheiten, alle Pläne, nicht immer genau informiert. Ich glaube nicht, daß man von einer geschlossenen Organisation sprechen kann. Es gehörten z. B. zur Widerstandsbewegung auch sehr viele, mit denen die führenden Männer sicher nie gesprochen haben, deren Auffassung und politische Einstellung aber bekannt war und auf die man rechnete, um sie evtl. bei einem aktiven Vorgehen mit einzusetzen und zu verwenden.

F.: Nun, kehren wir zu meiner Frage zurück. Sie waren nicht Mitglied einer bestimmten Widerstandsbewegung, nicht wahr?

A.: Nein, das war ich nicht.«[51]

Vor diesem Hintergrund erscheint die Selbstdarstellung von B. über seine Tätigkeit in Brüssel, die er Jahre später, 1952, dem Untersuchungsausschuß Nr. 47 des Deutschen Bundestages überreichte, völlig unglaubwürdig: »Dr. von B. hat während seiner sechsjährigen Brüsseler Tätigkeit einen ununterbrochenen Kampf gegen alle Übergriffe, Rechtsverletzungen, Gewaltmaßnahmen und politische Mißgriffe der NSDAP und ihrer Organe geführt, so daß er als einer der beharrlichsten Widerstandskämpfer bezeichnet werden kann.«[52]

Wenn von B. je Widerstand geleistet hätte, wäre diese Vernehmung in Nürnberg der geeignete Ort und Zeitpunkt gewesen, Methoden und Tragweite seiner Resistenz gegen die Politik des NS-Regimes offenzulegen. Diese Aussage erübrigt jede weitere Erörterung zum »Widerstand« des Gesandten von B. Gleichzeitig straft sie die anläßlich seiner Entnazifizierung entstandenen eidesstattlichen Versicherungen betreffend Widerstandstätigkeit Lügen.

Gesandter von B. gehörte sicherlich nicht zu den überzeugten Nationalsozialisten im Auswärtigen Dienst, auch wenn er der NSDAP bereits im Frühjahr 1933 beigetreten war. Vor 1933 stand er der Deutschen Volkspartei, nach 1947 der CDU nahe. Aber er war einer jener zahlreichen Beamten nationalkonservativer Prägung, deren überkommene Auffassung vom Dienst für das Vaterland nach 1933 sukzessive zur Dienstideologie zugunsten eines verbrecherischen Regimes degenerierte. Im Jahre 1951 wurde von B. auf Empfehlung einflußreicher Kollegen wieder in den Auswärtigen Dienst eingestellt. Er beendete seine Karriere als Botschafter der Bundesrepublik Deutschland (1960–1963) in Bagdad (Irak), ausgezeichnet mit dem Großen Verdienstkreuz. Am 22. November 1975 ist von B. in Bonn verstorben.[53]

»... den Mantel nach dem Winde«: Der Fall Erich Kordt

Gesandter von B. war nicht der einzige Diplomat des Deutschen Reiches, der seine Entnazifizierung mittels fragwürdiger Entlastungszeugnisse und durch Hinweise auf vermeintlich aktive Widerstandstätigkeit voranzutreiben verstand. Erich Kordt, der von 1938 bis 1941 das Ministerbüro von Ribbentrops leitete, auf dessen Empfehlung 1938 Sturmbannführer der SS wurde und 1941 bis 1945 als Gesandter I. Klasse in Tokio (Japan) beziehungsweise in Nanking (China) amtierte, ließ sich am 28. Dezember 1945 durch den Leiter der Zentraleuropa-Abteilung im US-Außenministerium ein höchst bemerkenswertes Zeugnis ausstellen. James W. Riddleberger, den Kordt 1938 als Sekretär der US-Botschaft in Berlin kennen- und schätzengelernt hatte, erklärte darin wörtlich: »Dr. Erich Kordt, recently Minister of the German Embassy in China, is being taken to Nuremberg under charge of the War Department. Kordt, a key figure in the anti-Nazi opposition associated with the plot of July 20th 1944, will probably be used as a witness in the War Crimes Prosecution. For this reason and because of information he has given, the Department of State has an interest in Kordt and in his disposition after completion of testimony.«[54]

Das Interesse US-amerikanischer Dienststellen an Kordt erklärte sich vornehmlich aus dessen Bereitschaft, der Anklagebehörde im Verfahren gegen den einstigen Reichsaußenminister von Ribbentrop vor dem Internationalen Militärgerichtshof in Nürnberg behilflich zu sein. Während Erich Kordt in diesem Prozeß *gegen* seinen früheren Chef arbeitete, wechselte er vor dem dann folgenden Wilhelmstraßen-Prozeß die Fronten. Dort sagte er als Zeuge der Verteidigung *für* den angeklagten Staatssekretär Ernst von Weizsäcker aus.[55]

Daß Erich Kordt die Politik des »Kriegstreibers« von Ribbentrop 1938/39 im Zusammenspiel mit seinem Bruder Theo, dem deutschen Geschäftsträger in London, zu konterkarieren versuchte, ist inzwischen weitgehend gesicherte Erkenntnis der zeitgeschichtlichen Forschung, wie die Studien von Rainer A. Blasius zeigen.[56] Daß er jedoch eine Schlüsselfigur innerhalb der Anti-Hitler-Fronde gewesen sein soll, die den Anschlag am 20. Juli 1944 vorbereitet habe, erscheint vor allem deshalb unglaubwürdig, weil Erich Kordt seit Anfang 1941 in Tokio beziehungsweise Nanking residierte und außerdem nach dem deutschen Überfall auf die Sowjetunion am 22. Juli 1941 keine Kurierverbindung mehr zum Auswärtigen Amt in Berlin bestand.

Dieses Gefälligkeitszeugnis aus der Hand eines befreundeten Diplomaten scheute sich der Jurist Kordt indes nicht, als vorrangiges »Dokument« zum Nachweis seiner »Widerstandtätigkeit« 1946 im Entnazifizierungsverfahren der Spruchkammer München vorzulegen. Als deren Entscheidung auf sich warten ließ, mahnte der Regierungsdirektor in der Bayerischen Staatskanzlei, Hans von Herwarth, ein früherer Kollege Kordts aus dem AA, mit Schreiben vom 22. Mai 1947 den Vorsitzenden der Spruchkammer VIII, das Verfahren gegen Kordt möglichst umgehend durchzuführen. Herwarth zufolge soll Kordt zu den »führenden Persönlichkeiten der deutschen Antifaschisten« gehört haben. Laut Protokoll der Spruchkammer vom 13. September 1947 wurde Erich Kordt dann in die Gruppe V der politisch Entlasteten eingestuft.

Gleichwohl teilte der Staatsanwalt Hans Sachs von der deutschen Überleitungsabteilung im Nürnberger Justiz-Palast am 29. Februar 1948 dem Bayerischen Staatsministerium für Sonderaufgaben mit, daß die Persönlichkeit Kordts sehr umstritten bleibe. Der ehemalige britische Unterstaatssekretär Vansittart soll über Kordt gesagt haben, daß er ihn nicht als Kriegsverbrecher oder als grundschlechten Menschen ansehe, eher als ganz unzuverlässig und als einen, der den Mantel nach dem Winde hänge. Er sei keines Vertrauens wert. Ähnlich urteilte Lord Vansittart über Theo Kordt. Das Zeugnis Vansittarts hatte zur Folge, daß das Entnazifizierungsverfahren der Brüder Kordt noch einmal überprüft wurde. Demnach konnte die Erklärung Vansittarts die übrigen Beweismittel nicht so weit entkräften, daß mit einer Verurteilung Erich Kordts zu rechnen war. Abschließend wurden die Mängel im Entnazifizierungsverfahren gegen Erich Kordt in einem internen Vermerk deutlich herausgestellt:

»1. Das in den Nürnberger Akten und in den Akten des Auswärtigen Amts Berlin enthaltene Belastungsmaterial ist bei der Fällung des Spruches nicht berücksichtigt worden.

2. Es ist versäumt worden, eine Auskunft des Berlin Document Centers über den Betreffenden einzuholen. Aus dieser hätte sich ergeben, daß Kordts SS-Rang kein Ehrenrang war.

3. Der Nachweis positiver Widerstandshandlungen fehlt.

4. Spruch würde sich bei erneuter Prüfung nicht aufrechterhalten lassen.«[57]

Obschon Erich Kordt aus dem Entnazifizierungsverfahren politisch »entlastet« hervorging, jedenfalls in formal-rechtlichem Sinne, anschließend zwei umfängliche Bücher schrieb, von denen das eine (»Nicht aus den Akten …«, Stuttgart 1950) nicht nur sein Verhalten zwischen 1933 und 1945 rechtfertigen, sondern wohl auch seine Wiederverwendung im 1950 entstehenden Außenamt »applanieren« sollte, gelang es ihm nicht, in den Auswärtigen Dienst zurückzukehren – trotz massiver Unterstützung durch seine einflußreichen, inzwischen wieder arrivierten Freunde Hans von Herwarth und Hasso von Etzdorf. Bundeskanzler Adenauer soll, als man ihm die Einberufung Erich Kordts vorschlug, erklärt haben: »Der hat Ribbentrop betrogen und seine Politik hintertrieben. Was gibt mir die Gewißheit, daß er mich nicht ebenso behandelt!«[58] Diese von Erwin Wickert, einem früheren Kollegen Kordts, überlieferte Darstellung wurde dem Verfasser von mehreren Amtsangehörigen bei verschiedenen Befragungen bestätigt, teilweise in noch deftigeren Formulierungen.

Nachdem seine Rückkehr in den Auswärtigen Dienst am Widerstand Adenauers gescheitert war, habilitierte sich Erich Kordt für Völkerrecht und Staatsrecht an der Universität München unter dem Dekanat Erich Kaufmanns, der dem AA als Rechtsberater diente. Seit 1951 war er außerplanmäßiger Professor an der Universität Köln. Er wirkte bei der Ausbildung des Nachwuchses für den diplomatischen Dienst mit und beriet die nordrhein-westfälische Regierung Arnold in überstaatlichen und internationalen Angelegenheiten. Trotz seiner wissenschaftlichen Karriere und publizistischen Erfolge hat Erich Kordt es nicht verwunden, daß ihm die Tätigkeit im Auswärtigen Dienst der Bundesrepublik Deutschland nach 1950 versagt blieb. Im April 1970 schied er 56jährig freiwillig aus dem Leben.[59]

Der Fall Franz Krapf

Wie man als ehemaliger Legationssekretär mit SS-Führerrang im Sicherheitsdienst des Reichsführers SS gleichwohl die Hürden der Entnazifizierung überwinden und auch noch Karriere bis zu einem der höchstbezahlten Botschafterposten der Bundesrepublik Deutschland machen konnte, zeigt der folgende Fall.

Franz Krapf wurde am 22. Juli 1911 in München geboren. Nach dem Studium der Rechts- und Staatswissenschaften sowie der japanischen Sprache an den Universitäten München, Berlin und Tokio trat Krapf zum 1. Februar 1938 als Attaché in den Auswärtigen Dienst. Seine Japan-Kenntnisse trugen maßgeblich dazu bei, daß er 1938 und 1939 als Generalsekretär die Deutsch-Japanische Gesellschaft leitete. Im Jahre 1940 kam Krapf vorübergehend an die Botschaft Moskau, von wo er der deutsch-sowjetischen Grenzkommission zugeteilt wurde.[60]

Von 1940 bis 1945 arbeitete Krapf als Legationssekretär in der

Wirtschaftsabteilung der Botschaft Tokio. Das diplomatisch-konsularische Examen hat er – vermutlich kriegsbedingt – nicht abgelegt. Den vorliegenden Quellen ist jedenfalls kein positiver Hinweis zu entnehmen. Nach seiner Rückkehr aus Japan (1947) und erfolgreicher Entnazifizierung vor der Spruchkammer München, die ihn in die Gruppe V (Entlastete) einstufte, ging Krapf mit Genehmigung der amerikanischen Militärregierung nach Schweden, wo er bis 1950 kaufmännisch tätig war. Anfang 1950 wurde er ins Presse- und Informationsamt der Bundesregierung berufen, dessen Amerika-Referat er etwa ein Jahr lang leitete. Von 1951 bis 1953 fungierte Krapf als Konsul beim Generalkonsulat Paris.[61]

Mit seiner SS-Vergangenheit mußte sich Krapf von Amts wegen erst im August 1950 auseinandersetzen, das heißt *nach* seiner Wiedereinstellung. Sein Personalbogen enthält zur Frage der Parteizugehörigkeit folgenden Vermerk: »NSDAP 1. Juli 1936. 1. 2. 1938–30. 3. 1939: ›Ehren‹-Untersturmführer der SS auf Grund seiner damaligen Stellung als Geschäftsführer der deutsch-japanischen Gesellschaft, Rangniederlegung und Austritt aus der SS im März 1939«. Diese Darstellung stimmte mit der im Berlin Document Center eingeholten Auskunft nur hinsichtlich des Parteibeitritts überein. Seine im BDC überlieferte SS-Akte wies ihn auch noch als Angehörigen der Schutzstaffel seit Mai 1933 und SS-Untersturmführer im SD-Hauptamt seit Februar 1938 aus.[62]

Durch Aufzeichnung vom 24. August 1950 ergänzte Krapf den offensichtlich unvollständigen Personalbogen. In seiner Eigenschaft als Generalsekretär der Deutsch-Japanischen Gesellschaft habe ihm SS-Obergruppenführer Lorenz, der die Oberaufsicht über die sogenannten zwischenstaatlichen Verbände ausübte, den Rang eines »Ehrenuntersturmführers beim SS-Hauptamt« angetragen. Er, Krapf, solle bei »wichtigeren Veranstaltungen in Uniform erscheinen«. Nach seiner Ernennung zum »Ehrenuntersturmführer« am 1. Februar 1938 habe er dann einige Male bei Veranstaltungen der DJG die SS-Uniform getragen. Der einzige Kontakt, den er mit dem SS-Hauptamt gehabt habe, beschränkte sich angeblich auf den Empfang von Stempelmarken, die die Gültigkeit der Mitgliedskarte um jeweils 2 oder 3 Monate verlängerten. Bei seiner Versetzung nach Kairo im März 1939 habe er das

SS-Hauptamt schriftlich gebeten, von der weiteren Zusendung der Stempelmarken abzusehen, da er wegen der Versetzung ins Ausland nicht länger der SS angehören könne. Seitdem habe keine Verbindung mehr zwischen ihm und der SS bestanden.

Der NSDAP sei er am 1. Juli 1936 auf Rat des damaligen deutschen Botschafters in Tokio beigetreten, der diesen Schritt für empfehlenswert gehalten habe angesichts seiner Absicht, sich um Aufnahme in den Auswärtigen Dienst zu bewerben. Von der Spruchkammer München III sei er im Mai 1948 in die Gruppe der Entlasteten (V) eingestuft worden. Die amerikanische Militärregierung in Bayern habe den Spruch bestätigt. Mit Billigung amerikanischer Militärdienststellen in München und Frankfurt sei ihm im Juli 1948 ein Exit-Permit (Ausreisegenehmigung) für Schweden erteilt worden.[63]

Diese Aufzeichnung ergänzte Krapf einen Tag später um den Zusatz, daß er von Oktober 1933 bis Oktober oder November 1934 Mitglied des »SA/SS-Reitersturms Charlottenburg« gewesen sei. Der Reitersturm suchte, so Krapf, sprachkundige Leute zur Begleitung ausländischer Diplomaten bei Veranstaltungen wie »Erntedankfest, Parteitag etc.«. Er sei einmal dem japanischen Botschafter zugeteilt worden. Von Herbst 1934 an bis zum 1. Juli 1936 habe er keiner Organisation der NSDAP angehört. Irgendwelche Ämter in der NSDAP habe er nie bekleidet. Bei der SS habe er seine »Mitgliedschaft« endgültig im März 1939 aufgegeben. Abschließend erklärte Krapf wörtlich: »Sonstigen Organisationen der NSDAP habe ich wissentlich nicht angehört.«[64]

Krapfs Bekundungen halten quellenkritischer Nachprüfung nicht stand. Grundsätzlich ist zunächst anzumerken, daß die SS kein beliebiger Verein war, dessen Mitgliedschaft man ohne weiteres erwerben und wieder aufgeben konnte. Ebensowenig war die SS-Uniform eine beliebige Tracht, die man nach Gutdünken an- oder ablegen konnte, sondern signifikanter Ausdruck jener elitären Gliederung der NSDAP, die in einem engen Treueverhältnis zu Hitler stand.

Sodann widersprechen die überlieferten SS-Personalunterlagen der Selbstdarstellung Krapfs in mehrfacher Hinsicht: Krapf war im Mai 1933 unter der Nummer 102 283 in die Allgemeine SS aufgenommen worden. Seine Behauptung, Mitglied des »SA/SS-Reitersturmes Charlottenburg« gewesen zu sein, ließ sich aus den vorliegenden Akten *nicht* bestätigen. Abgesehen davon, daß ein solcher Reitersturm, bestehend aus SA und SS, nicht existierte, dürfte Krapfs Hinweis auf den vermeintlich gemischten Reitersturm vor allem apologetische Funktion gehabt haben: Nach dem Urteil des Internationalen Militärgerichtshofes in Nürnberg fiel die Reiter-SS im Unterschied zur Allgemeinen SS und zum SD *nicht* unter die verbrecherischen Organisationen. Am 1. Februar 1938 wurde er zum SS-Untersturmführer im SD-Hauptamt befördert, nicht im SS-Hauptamt, wie Krapf 1950 behauptete. Diese Tatsache erlaubt den Schluß, daß er auch für den Sicherheitsdienst des Reichsführers SS arbeitete, ebenso wie andere Generalsekretäre der zwischenstaatlichen Gesellschaften. Ziel der SS-Führung war es, diese Verbände nicht nur unter ihre Kontrolle zu bringen, sondern auch für nachrichtendienstliche Zwecke zu nutzen.[65]

Schließlich ist den vorliegenden Quellen auch nicht zu entnehmen, daß Krapf »im März 1939« die SS »endgültig« verlassen hat. Vielmehr teilte der Chef der Sicherheitspolizei und des SD dem SS-Personalhauptamt noch im Mai 1944 mit, daß SS-Untersturmführer Krapf neben vier weiteren Angehörigen des Auswärtigen Amts ehrenamtlicher Mitarbeiter des Reichssicherheitshauptamtes sei und zur Mitarbeit laufend herangezogen werden müsse. Aus diesem Grund sei »die formationsmäßige Bindung dieser SS-Führer an das Reichssicherheitshauptamt unerläßlich«.[66]

Trotz seiner Zugehörigkeit zu einer verbrecherischen Organisation, die den westalliierten Dienststellen bekannt war, wie aus zahlreichen Anfragen[67] im Berlin Document Center ersichtlich, machte Krapf nach 1950 eine beachtliche Karriere im Auswärtigen Dienst der Bundesrepublik Deutschland: Bis 1955 war er in der Politischen Abteilung des AA tätig, danach fungierte er als Ständiger Vertreter des deutschen Botschafters bei der NATO, von 1958 bis 1961 als Gesandter bei der Botschaft Washington, zwischen 1961 und 1966 als Leiter der II. Politischen (Ost-West-) Abteilung im AA und daran anschließend als Botschafter in Tokio. Krapf beendete seine Karriere als Ständiger Vertreter der

Bundesrepublik Deutschland beim NATO-Rat in Brüssel (1971 bis 1976).[68]

Die sich abschließend aufdrängende Frage, warum Krapf seit 1947 eine privilegierte Behandlung durch US-amerikanische Dienststellen erfuhr und trotz seiner allseits bekannten nationalsozialistischen Vergangenheit mit Billigung der westlichen Alliierten eine glänzende Karriere auf exponierten Posten anstandslos durchlaufen konnte, ist aus den vorliegenden Quellen nicht vollständig zu klären. Die gesicherten Daten und Fakten lassen immerhin den Schluß zu, daß besondere »Verdienste« bei der Berücksichtigung alliierter, vornehmlich amerikanischer Interessen seine Nachkriegskarriere begünstigten, wenn nicht begründeten. Grundlage für diese Protektion war Artikel 3 des sogenannten Überleitungsvertrages von 1952, der jedwede Diskriminierung wegen Zusammenarbeit mit westalliierten Dienststellen untersagte.[69]

Nach dem Erscheinen der Anzeige »In memoriam Franz Krapf« in der FAZ vom 9. Februar 2005 haben frühere Amtsangehörige dem Verfasser unaufgefordert mitgeteilt, daß mit Krapfs Billigung eine geheime Funkstation des Bundesnachrichtendienstes in der Botschaft Tokio installiert worden sei – ohne Genehmigung der japanischen Regierung. Dieser Vorgang hätte gegen die Wiener Konvention in der rechtsgültigen Fassung von 1962 verstoßen. Tatsächlich ist gemäß Art. 27, Absatz 1, der 1961 in Wien abgeschlossenen Konvention das »Errichten und Betreiben einer Funksendeanlage in der Mission jedoch nur mit Zustimmung des Empfangsstaats gestattet«.

Die voneinander unabhängigen Mitteilungen sind vom Verfasser nicht zu verifizieren. Ihre Glaubwürdigkeit aus den Akten des AA zu prüfen sei der künftigen Kommission unabhängiger Historiker überlassen. In diesem Zusammenhang könnte die bislang kaum bekannte Grauzone zwischen diplomatischen Missionen und nachrichtendienstlicher Tätigkeit aufgeklärt werden.

Entstehung des Auswärtigen Amts in Bonn

> »Sie vom A. A. halten mir zu sehr zusammen. Sie wissen,
> daß ich ein neues Amt aufbauen möchte, das mit den alten
> Leuten möglichst wenig zu tun hat.«
> *Konrad Adenauer gegenüber Herbert Blankenhorn am*
> 17. November 1949

> »Die meisten Beamten, die den Wiederaufbau des Auswär-
> tigen Amtes in die Hand genommen hatten, waren ge-
> brannte Kinder.«
> *Paul Frank, 1970–1974 Staatssekretär des AA,* 1981

In seinen Erinnerungen wies Konrad Adenauer zu Recht auf die
Paradoxie hin, daß sich die Alliierte Hohe Kommission zwar sämtliche außenpolitischen Angelegenheiten Deutschlands vorbehalten hätte, dennoch »jede Tätigkeit der Bundesregierung und des
Bundesparlaments auch in inneren Angelegenheiten Deutschlands irgendwie eine ausländische Beziehung in sich schloß«[1].
Deutschland sei infolge Besatzung, Ruhrstatut und Marshall-Plan
nach 1949 enger mit dem Ausland verflochten als jemals zuvor in
seiner Geschichte.

Zur Bearbeitung dieser vielfältigen Fragen mit außenpolitischem
Charakter schuf sich Adenauer auf Anregung der britischen Militärregierung im November 1949 eine Verbindungsstelle zur Alliierten Hohen Kommission. Mit deren Leitung beauftragte er
Herbert Blankenhorn, seinen persönlichen Referenten. Über die
Verbindungsstelle liefen alle Mitteilungen der Bundesregierung
an die Hohe Kommission. Der Auswärtige Dienst der Bundesrepublik Deutschland hatte verschiedene Keimzellen; die von Blankenhorn geleitete Verbindungsstelle bildete indes den eigentlich
politischen Kern des späteren Auswärtigen Amts.

Blankenhorn und die Verbindungsstelle

Herbert Blankenhorn, Jahrgang 1904, der von 1929 bis 1945 dem Auswärtigen Dienst des Deutschen Reiches angehört hatte, zuletzt als Legationsrat I. Klasse im Protokoll, war von 1946 bis 1948 stellvertretender Generalsekretär des Zonenbeirats für die britische Besatzungszone gewesen. In dieser Funktion hatte er Adenauer kennengelernt und dessen Vertrauen gewonnen. Als Generalsekretär der CDU in der britischen Zone folgte er Adenauer 1948 nach Köln, ehe er dessen persönlicher Referent im Parlamentarischen Rat wurde. Seit 1948 zählte Blankenhorn zu den engsten Mitarbeitern Adenauers.[2]

Michael Thomas, britischer Verbindungsoffizier und Gesprächspartner Blankenhorns in der Alliierten Hohen Kommission, hat dessen Aufstieg und Rolle an der Seite Adenauers treffend charakterisiert: »Blankenhorn war einer der ganz wenigen ehemaligen Angehörigen des Auswärtigen Amtes, denen es gelungen war, nach dem Krieg politisch Fuß zu fassen, was seine früheren Kollegen ihm zwar neideten, was sie jedoch nicht davon abhielt, bei ihm Schlange zu stehen, um ebenfalls einen Posten zu erhaschen. [...] Herbert Blankenhorn sprudelte von Temperament und Einfallsreichtum. Politik war seine Leidenschaft, die ihn Tag und Nacht fesselte und zu immer neuen Gedankengebäuden inspirierte.« Adenauer habe ihn jahrelang nicht von seiner Seite gelassen. »Zwar nahm Staatssekretär Globke, der große katholische Administrator, bei Adenauer die erste Stelle ein. Zwar machte er den systematischen, aber eher langweiligen Hallstein und nicht Blankenhorn zum Staatssekretär im Auswärtigen Amt. Doch ich bin sicher, daß Blankenhorns Ideen und Konzepte einen größeren Einfluß auf Adenauers außenpolitisches Verhalten hatten als die von irgend jemand anderem.«[3]

Schon im Frühjahr 1949, also mehrere Monate vor Bildung der ersten Bundesregierung unter Konrad Adenauer, sondierten ehemalige Diplomaten des Deutschen Reiches bei Blankenhorn die Chancen ihrer Wiederverwendung in einem künftigen Auswärtigen Dienst, teilweise mit ganz dezidierten Wünschen, wie das folgende Beispiel zeigt: Am 31. Mai 1949 teilte der frühere Botschafter in Santiago de Chile (1935–1943), Wilhelm Freiherr von Schoen, geb. 1886, Sohn des gleichnamigen AA-Staatssekretärs unter Kaiser Wilhelm II., dem »lieben Herrn Blankenhorn« brieflich mit, daß der einstige Reichskanzler Brüning und er unabhängig voneinander auf den Gedanken gekommen seien, daß er, von Schoen, sich um eine Verwendung im Außendienst nach Errichtung des »Westdeutschen Staates« bewerben sollte, wobei in erster Linie an Washington oder Paris gedacht sei, ohne daß er gerade auf einen dieser Posten versessen wäre. Schoen versäumte nicht, in seinem Schreiben auch darauf hinzuweisen, daß er zu den Gründungsmitgliedern der CSU in seiner Gemeinde gehörte und 1948 in den Miesbacher Kreistag gewählt worden sei.[4]

Das Antwortschreiben Blankenhorns vom 12. Juni 1949 an den »sehr verehrten Herrn Botschafter« ist insofern bemerkenswert, als es Hoffnungen und Befürchtungen ehemaliger Berufsdiplomaten im Jahre 1949 schlaglichtartig illustriert: »Der Aufbau eines auswärtigen Dienstes ist bisher noch nicht weit gediehen. Der Grund liegt einmal darin, daß nach dem Besatzungs-Statut die Alliierten sich die Behandlung außenpolitischer Fragen vorbehalten haben; andererseits haben sich die politischen Parteien auf die Ausarbeitung eines gemeinsamen Planes noch nicht einigen können. Bevor sich die Bundesregierung Ende August oder Anfang September konstituiert, ist wohl nicht damit zu rechnen, daß auf diesem Gebiet Entscheidungen getroffen werden.«[5] Einen auswärtigen Dienst im eigentlichen Sinne des Wortes werde es zunächst auch nicht geben. Er, Blankenhorn, nehme an, daß der Bundeskanzler einer Abteilung der Bundeskanzlei die Bearbeitung der entsprechenden Fragen übertragen werde.

Wörtlich fuhr Blankenhorn dann fort: »Auswärtige Missionen wird es vorläufig auch nicht geben, wir werden uns für das Erste mit Wirtschafts-Delegationen begnügen müssen, die die Hauptabteilung Außenhandel der Verwaltung für Wirtschaft in Frankfurt unter Leitung des Herrn von Maltzan aufzustellen im Begriffe ist. In diesen Wirtschaftsdelegationen werden Mitglieder des früheren Auswärtigen Dienstes nur in den seltensten Fällen Verwendung finden können; man wird vielmehr in erster Linie Kaufleute einstellen. [...] Ganz allgemein darf ich feststellen, daß innerhalb der politischen Parteien, vor allem in der SPD, wenig Neigung besteht, Mitglieder des früheren Auswärtigen Dienstes zu verwenden. Es müssen da eine ganze Anzahl von Vorurteilen und Ressentiments überwunden werden, die bei der SPD vor allem aus Emigranten-Kreisen immer wieder neue Nahrung finden. Letzten Endes bin ich aber überzeugt, daß der kommende Dienst ohne die Erfahrungen und das technische Können der früheren Beamten, soweit sie unbelastet sind, nicht wird auskommen können. Auch da wird die Zeit eine heilsame Wirkung ausüben; dazu der Umfang und die Schwierigkeiten der uns gerade auf außenpolitischem Gebiet gestellten Aufgaben.«[6] Selbstverständlich habe auch er, Blankenhorn, den Wunsch, im alten Beruf wieder tätig zu werden. Vorläufig werde er jedoch seine Arbeit als persönlicher Referent Dr. Adenauers fortsetzen, die ebenso umfangreich wie interessant sei und ihn mit allen aktuellen Problemen in Verbindung halte. Bemerkenswert ist, daß sich in den veröffentlichten Tagebuchblättern Blankenhorns weder die Anfrage von Schoens noch sein Antwortschreiben finden.[7]

Unverkennbar sind Blankenhorns Vorbehalte gegenüber den alliierten Beschränkungen der geplanten deutschen Auslandsmissionen auf Handelsvertretungen, in denen zumal noch »Kaufleute« – gemeint waren damit Wirtschafts- und Finanzsachverständige – den traditionell ökonomisch kaum vorgebildeten Karrierediplomaten den Rang abzulaufen drohten, sowie gegenüber Emigranten und der SPD, weil diese die Wiederverwendung ehemaliger Angehöriger der »Wilhelmstraße« überwiegend ablehnten. Gleichwohl war Blankenhorn davon überzeugt, daß die kommende Bundesregierung auf professionelle Erfahrungen der klassischen Berufsdiplomatie nicht würde verzichten können.

Blankenhorns Voraussage über die Notwendigkeit der Reaktivierung ehemaliger Berufsdiplomaten erscheint subjektiv verständlich und objektiv nicht unbegründet. Zum einen setzt die Wiedereinrichtung eines baldmöglich funktionsfähigen Auswärtigen Dienstes ein Mindestmaß diplomatischer und technischer Professionalität voraus, auf die eine neue Regierung jedweder Observanz angewiesen ist. Zum anderen zeichnete sich schon vor Bildung der ersten Bundesregierung ab, daß mit Herbert Blankenhorn und Vollrath Freiherr von Maltzan zwei frühere Karriere-diplomaten des Deutschen Reiches verschiedene Schlüsselpositionen innehatten, die sie befähigten, frühzeitig personalpolitische Weichenstellungen für den künftigen Auswärtigen Dienst vorzunehmen.

Fragwürdig bleibt jedoch, inwieweit sich gerade das frühere NSDAP-Mitglied Blankenhorn für eine solche Schlüsselposition eignete. Der christdemokratische Bundestagsabgeordnete Kurt Georg Kiesinger, ehemals auch NSDAP- und AA-Angehöriger, aber kein zünftiger Diplomat, äußerte 1952 Zweifel an dessen personalpolitischer Kompetenz: Blankenhorn sei zwar »ein guter Gehilfe des Bundeskanzlers für außenpolitische Einzelfragen«, aber »kein geeigneter Träger einer brauchbaren Personalpolitik, da er gegenüber dem Sog der Clique aus dem ehemaligen AA viel zu jung und zu verpflichtet sei«.[8] Diese Zweifel verdienen Beachtung, weil Kiesinger, der bis 1945 als stellvertretender Leiter der Rundfunkpolitischen Abteilung in der »Wilhelmstraße« und in den fünfziger Jahren als außenpolitischer Sprecher der CDU/CSU-Bundestagsfraktion fungierte, mit der Personalpolitik des alten wie des neuen AA sehr wohl vertraut war.

Wollte und konnte Blankenhorn der von Kiesinger beschriebenen Sogwirkung widerstehen? Bundeskanzler Adenauer wollte dagegen ein neues Auswärtiges Amt aufbauen, »das mit den alten Leuten möglichst wenig zu tun hat«, wie er Blankenhorn am 17. November 1949 erklärte.[9] Diese Zielvorgabe Adenauers mußte, so sie denn ernst gemeint war, mit dem drängenden Anspruch der alten Berufsdiplomaten auf Wiederverwendung im entstehenden Außenamt kollidieren – um so mehr, als Adenauer auf deren Professionalität angewiesen war, wenn er baldmöglich über einen funktionsfähigen außenpolitischen Apparat verfügen wollte.

Schon Ende 1949 zeichnete sich also ein Zielkonflikt ab, der dann nach zunehmender publizistischer und parlamentarischer Kritik an »restaurativen Tendenzen« 1951 und 1952 kulminierte mit der Einsetzung eines Untersuchungsausschusses durch den Deutschen Bundestag zur Aufklärung der »Mißstände im Auswärtigen Dienst«.

Kandidaturen

Unmittelbar nach Bildung der Bundesregierung am 20. September 1949 beauftragte Bundeskanzler Adenauer den CSU-Politiker Anton Pfeiffer, einen Organisationsplan des zunächst vorgesehenen »Bundesamtes für Auswärtige Angelegenheiten« auszuarbeiten.

Der ehemalige Studienrat Pfeiffer, geb. 1888, war bis 1933 Generalsekretär der Bayerischen Volkspartei gewesen. Im Jahre 1934 trat er dem NS-Lehrerbund bei. Einer politischen Beurteilung von 1939 zufolge, die vor Verleihung des Titels »Studienprofessor« eingeholt worden war, sei Pfeiffers Haltung gegenüber dem damaligen Staat »stets korrekt« gewesen. Er habe sich als stellvertretender Hauswart beim Reichsluftschutzbund betätigt. Nach dem Zweiten Weltkrieg wurde Pfeiffer Leiter der Staatskanzlei in München, vorübergehend auch Staatsminister »für die politische Befreiung« vom Nationalsozialismus in Bayern, und schließlich Mitglied des Parlamentarischen Rates in Bonn.[10]

Was qualifizierte den früheren Studienrat und späteren Staatsminister Pfeiffer für die organisatorische Vorbereitung des geplanten Außenamts? War seine Person ein politisches Zugeständnis an den Koalitionspartner CSU, oder war sie lediglich eine Galionsfigur für interessierte Hintermänner, die mittelbar Einfluß nehmen wollten auf die Neugestaltung des zu erwartenden Auswärtigen Amts?

Laut Tagebuchnotiz vom 22. September 1949 hat sich Herbert Blankenhorn persönlich bemüht, bei Adenauer die Kandidatur Pfeiffers für das Amt des Staatssekretärs durchzusetzen.[11] Am 24. September wurde Pfeiffer von Adenauer empfangen. Sozusagen als Entree für den Staatssekretärs-Posten bekam Pfeiffer eine »Hausaufgabe, in der ihm nahegelegt wurde, den Plan eines Aufbaus des zukünftigen Staatssekretariats für Auswärtige Angelegenheiten zu schreiben«. Blankenhorn vereinbarte mit Pfeiffer, daß sie sofort einen kleinen Arbeitsstab einsetzten, der sich auch mit den zahlreichen laufenden Fragen auf außenpolitischem Gebiet befassen könne.[12]

Die Begünstigung Pfeiffers durch Blankenhorn ging wahr-

scheinlich auf dessen Gespräche mit Hans Herwarth von Bittenfeld am 8. und 16. September 1949 zurück, in deren Verlauf die
»Gestaltung des kommenden Amts« und die »Kandidatur Staatsminister Pfeiffers für das Staatssekretariat für Auswärtige Angelegenheiten« erörtert wurde.[13] Herwarth von Bittenfeld, wie Blankenhorn Berufsdiplomat, diente als Regierungsdirektor unter dem
Staatsminister Pfeiffer in der Bayerischen Staatskanzlei und war
seit September 1949 Chef des Protokolls im Bundespräsidialamt,
dann im Bundeskanzleramt und schließlich im Auswärtigen Amt.[14]

Mit Anton Pfeiffer war Blankenhorn auch durch dessen Bruder
verbunden, den Berufsdiplomaten Peter Pfeiffer, der während des
Zweiten Weltkriegs als letzter Generalkonsul des Dritten Reiches
in Algier amtiert hatte und 1950 über das Deutsche Büro für Friedensfragen zum ersten Leiter der Ausbildungsstätte für den Auswärtigen Dienst in Speyer avancierte – trotz seiner einstigen Zugehörigkeit zur NSDAP.[15]

Zu seiner persönlichen Beratung bildete Anton Pfeiffer einen
Arbeitsstab, in den er ausschließlich Berufsdiplomaten der einstigen »Wilhelmstraße« berief – eine Entscheidung, die auf den ersten Blick nicht verwundern kann, da er ja selbst über keinerlei
Erfahrungen im Auswärtigen Dienst verfügte. Bei genauerer Betrachtung der Zusammensetzung ist freilich das enge Geflecht
verwandtschaftlicher, freundschaftlicher oder politischer Verbundenheit signifikant. Im Arbeitskreis fanden sich ein: Peter Pfeiffer,
der Bruder Anton Pfeiffers; die Brüder Theo und Erich Kordt, die
mit Wilhelm Haas und Gustav Strohm sowie Hasso von Etzdorf
(DNVP) 1922 beziehungsweise 1928 ihre Attachéausbildung begonnen hatten; Herbert Dittmann, ein Crew-Kamerad und Duzfreund Blankenhorns; Wilhelm Melchers, der seit seiner Jugendzeit in Bremen mit Haas befreundet war und wie dieser vor seiner
Wiederverwendung in Bonn beim Senat der Hansestadt Bremen
gearbeitet hatte.[16]

Wilhelm Haas, den Bundeskanzler Adenauer 1951 zum ersten
Personalchef des AA bestellte, weist in seinem offiziösen »Beitrag
zur Geschichte der Entstehung des Auswärtigen Dienstes der
Bundesrepublik Deutschland« besonders darauf hin, daß der Arbeitsstab Pfeiffers »aus ehemaligen Angehörigen des Auswärtigen

Dienstes *mit Erfahrungen aus der Weimarer Zeit*« gebildet worden sei.[17] Unerwähnt bleiben in diesem Zusammenhang deren Tätigkeit und Erfahrungen im »Dritten Reich«, ebenso deren Parteizugehörigkeit. Der Vollständigkeit halber sei hier hinzugefügt, daß, abgesehen von Haas, der 1937 wegen seiner Ehe mit einer Frau jüdischer Herkunft den Dienst verlassen mußte, alle in den Arbeitsstab berufenen Diplomaten Mitglieder der NSDAP, einer ihrer Gliederungen oder eines angeschlossenen Verbandes gewesen waren.[18]

Gleichwohl ist aus der Parteizugehörigkeit allein noch keine politische Überzeugungstreue im Sinne der NSDAP zu folgern. Mehrheitlich gemäßigt konservativ bis deutschnational eingestellt, standen diese Diplomaten der nationalsozialistischen Bewegung zunächst teils erwartungsvoll, teils reserviert, seit Beginn des Zweiten Weltkriegs jedoch zunehmend kritisch gegenüber, wenn sie auch zeitweise der Sogwirkung nationaler Begeisterung im Anschluß an außenpolitische oder militärische Erfolge des Regimes nicht widerstehen konnten. Sie traten vergleichsweise spät der NSDAP bei, vorwiegend mit dem Ziel, Position und Einfluß zu behaupten, womöglich Karriere zu machen, jedenfalls in der Erwartung, nicht übergangen zu werden. Die Mitgliedschaft in nationalsozialistischen Organisationen diente primär als Vehikel für politisches Überleben und berufliches Fortkommen, sekundär als Ausdruck politischer Anpassung.[19]

Nach dieser notwendigen Ergänzung zu dem historisch verkürzten Beitrag von Haas ist festzustellen, daß sich in Pfeiffers Arbeitsstab tatsächlich überwiegend Vertreter des Auswärtigen Dienstes Weimarer Prägung fanden.

Das vom Arbeitsstab vorgelegte Organisationsschema sah im Kern folgende Gliederung des »Bundesamtes für Auswärtige Angelegenheiten« vor:

Staatssekretär
Abteilung I (Organisation, Verwaltung, Personalien)
Abteilung II (Politische Abteilung)
Unterabteilung II A (Besatzungsangelegenheiten)
Unterabteilung II B (Friedensregelungen)

Unterabteilung II C (Länderabteilung)
Abteilung III (Handelspolitische Abteilung)
Unterabteilung III A (Grundsatzfragen)
Unterabteilung III B (Länderabteilung)
Abteilung IV (Kulturabteilung)
Abteilung V (Rechtsabteilung)
Protokollabteilung[20]

Diese Organisationsstruktur entsprach jener des Jahres 1936, als unter der Amtsführung des Reichsaußenministers von Neurath und seines Staatssekretärs von Bülow das im Zuge der Schüler-schen Reformen 1920 aufgehobene Realsystem mit seiner spezifischen Trennung von Politik und Wirtschaft wiederhergestellt worden war.[21]

Abgesehen von Erfordernissen der Nachkriegszeit, zum Beispiel »Besatzungsangelegenheiten« und »Friedensregelungen«, die im Laufe der fünfziger Jahre entfielen, wurde diese Organisations-struktur nicht nur auf die Dienststelle für Auswärtige Angelegen-heiten im Bundeskanzleramt übertragen, sondern auch nach Bil-dung des Auswärtigen Amts im März 1951 zunächst beibehalten.

Die naheliegende Erwartung der Berufsdiplomaten, daß Anton Pfeiffer nach Erledigung seines Auftrags von Adenauer zum Staats-sekretär für Auswärtige Angelegenheiten ins Bundeskanzleramt berufen würde, erfüllte sich indes nicht, wie Wilhelm Haas noch 20 Jahre später enttäuscht vermerkte. Adenauer habe nicht einmal anerkennende Worte für die Vorlage des Planes gefunden, mit dem er durchaus einverstanden gewesen sei. Anton Pfeiffer wurde dann 1950, auf Vorschlag von Haas, als Generalkonsul nach Brüssel ent-sandt, wo er 1954 als Botschafter in den Ruhestand getreten ist.[22] Den formalen Grund für die Ablehnung Pfeiffers offenbart Blan-kenhorn in seiner Tagebuchaufzeichnung vom 6. Oktober 1949: »Die Kandidatur Staatsministers Pfeiffers für den Staatssekretär des Äußeren im Bundeskanzleramt muß aufgegeben werden, da der Fraktionsvorstand der CDU sich einstimmig dagegen ausge-sprochen hat.«[23]

Die konkreten Bedenken gegen Pfeiffer waren aus den vorlie-genden Akten nicht zu ermitteln, sie sind nur zu erschließen. Die kühle Zurückhaltung Adenauers und die einstimmige Ablehnung Pfeiffers im Fraktionsvorstand lassen vermuten, daß nach der Präsentation eines außenpolitisch unerfahrenen Bewerbers für das Amt des Staatssekretärs durch erfahrene und ambitionierte Berufsdiplomaten Zweifel aufkamen hinsichtlich seiner persönlichen Unabhängigkeit im Amt und nicht zuletzt seiner politischen Loyalität gegenüber dem Bundeskanzler. Die Mißachtung der Fraktion bei der Designierung Pfeiffers für dieses außenpolitisch sensible Amt dürfte überdies zu dessen Ablehnung beigetragen haben.

Nächster Kandidat für den Staatssekretärs-Posten war Hermann Josef Abs, langjähriger Bankier, der von 1938 an die Auslandsabteilung der Deutschen Bank leitete und seit 1948 als Stellvertretender Vorsitzender des Verwaltungsrates der Kreditanstalt für Wiederaufbau fungierte. In diesem Falle war Blankenhorn zwar nicht auslösender, aber doch fördernder Faktor der Kandidatur. Unter dem 8. Oktober 1949, zwei Tage nach Aufgabe der Kandidatur Pfeiffers, notierte Blankenhorn in seinem Tagebuch: »Abs machte mir auch heute wieder einen überragenden Eindruck. Er beherrscht nicht nur die wirtschaftspolitischen Probleme, sondern versteht etwas von Außenpolitik und verfügt wie kein anderer Deutscher über die so nötige psychologische Einfühlungsgabe.« Und bereits am 10. Oktober vermerkte Blankenhorn, daß Abs von Bundeskanzler Adenauer zum Staatssekretär für Auswärtige Angelegenheiten ausersehen worden sei.[24]

Doch auch diese Kandidatur führte nicht zu dem gewünschten Erfolg. Am 22. Oktober 1949 ließ Botschafter André François-Poncet, der französische Repräsentant in der Alliierten Hohen Kommission, Blankenhorn mitteilen, »daß die Kandidatur Abs für den Posten des Staatssekretärs für Auswärtige Angelegenheiten sowohl von Frankreich als auch von USA ungern gesehen würde. Es bestehe ein Dossier Abs aus der Zeit der Besetzung Frankreichs durch die Deutschen. Vor allem in französischen Wirtschaftskreisen sei die Person Abs stark umstritten.« Der Aufbau des Auswärtigen Amts müsse mit größter Vorsicht vorgenommen werden, um eine Verstimmung Frankreichs zu vermeiden.[25]

Bundeskanzler Adenauer, den Blankenhorn sofort von der Haltung der Franzosen unterrichtete, sei sehr betroffen gewesen.

Wörtlich hielt Blankenhorn in seinem unveröffentlichten Tage-buchblatt vom 22. Oktober 1949 fest: »Die Frage des Staatssekre-tärs ist nunmehr völlig offen. Die Kandidatur Pfeiffers hat wieder etwas an Boden gewonnen.«[26]

Doch bereits am 2. November 1949 meldete die gewöhnlich gut informierte »Deutsche Zeitung und Wirtschaftszeitung« aus Bonn, daß Pfeiffer nach München zurückgekehrt sei. Zunächst sei nicht beabsichtigt, dessen Vorschläge zu verwirklichen. Der Bundes-kanzler wolle vielmehr die Angelegenheiten zwischenstaatlichen Charakters selbst in der Hand behalten und keinen Staatssekretär ernennen. Er habe seinen Kabinettschef, Ministerialdirigent Her-bert Blankenhorn, beauftragt, ein kleines Büro aus jüngeren Be-amten mit außenpolitischen Erfahrungen »im Rahmen der Bundeskanzlei zusammenzustellen«.[27]

Am 4. November 1949 nahm Bundeskanzler Adenauer an der Sitzung des Bundestagsausschusses für Besatzungsstatut und aus-wärtige Angelegenheiten teil, um den Abgeordneten über die Or-ganisation des geplanten Staatssekretariats und Probleme seiner personellen Besetzung zu berichten. Auf die scharfe Kritik der Abgeordneten wegen Nichtbesetzung des Staatssekretariats habe Adenauer laut Meldung der Deutschen Presse-Agentur vom 7. November 1949 erklärt, »daß er keine geeignete Persönlichkeit kenne, die diesen Posten bekleiden könne. Diplomaten der älte-ren Schule würden im Ausland wenig Anklang finden.« Er suche daher nach einer jüngeren Persönlichkeit und schlage in diesem Zusammenhang dem Ausschuß vor, seinen persönlichen Referen-ten, den früheren Legationsrat im Auswärtigen Amt, Blankenhorn, mit der vorläufigen Wahrnehmung der Geschäfte eines leitenden Beamten für auswärtige Angelegenheiten in der »Bundeskanzlei« zu betrauen. Der Vorschlag Adenauers sei von den Abgeordneten mit Schmunzeln aufgenommen und von einem großen Teil abge-lehnt worden. Adenauer habe noch darauf hingewiesen, daß es sich nur um eine provisorische Lösung handele, bis eine geeignete Per-sönlichkeit für den Posten des Staatssekretärs für auswärtige An-gelegenheiten gefunden sei.[28]

Umfassender und zugleich detaillierter erscheint der folgende Kurzbericht über die Ausschußsitzung, der von einem amtlichen

Beobachter gefertigt worden ist. Demnach habe Adenauer den Abgeordneten mitgeteilt, daß sich die Alliierten Hohen Kommissare einig seien in der Auffassung, vorerst noch kein Außenministerium zuzulassen. Zur Frage der Errichtung eines Staatssekretariats für auswärtige Angelegenheiten sei die Meinung bei der Hohen Kommission geteilt. In absehbarer Zeit müsse aber ein solches Sekretariat geschaffen werden, weil reichlich Arbeit anfalle, nur sei der Zeitpunkt noch nicht günstig, weil er mit den Hohen Kommissaren »erst etwas warm« werden wolle. Außerdem sei die Atmosphäre durch die Demontagefrage etwas getrübt. Auf keinen Fall dürfe der Eindruck entstehen, als ob die Bundesrepublik mit aller Gewalt beabsichtige, eine eigene Außenpolitik zu betreiben.

Er, Adenauer, habe die Hohen Kommissare gebeten, dem Ausland mitzuteilen, daß die Bundesrepublik Rechtsnachfolgerin des Deutschen Reiches sei. »Anlaß dazu wäre eine Anfrage der Bolivianischen Regierung gewesen, die nicht gewußt habe, wie sie sich zu der Entsendung eines Gesandten der Ostzonenrepublik verhalten solle.« Professor Carlo Schmid, der Ausschußvorsitzende, bemerkte hierzu, daß die Formulierung »Rechtsnachfolgerin des Deutschen Reiches« nicht ganz glücklich gewählt sei, weil damit auch das negative Erbe des Deutschen Reiches übernommen werde.

Dann habe Bundeskanzler Adenauer als Richtlinien für seine Außenpolitik bekanntgegeben, daß »1.) keine Prestige-Fragen aufgeworfen werden dürften« und »2.) Deutschland ›nicht den dicken Willy spielen‹ dürfe«.

Im Anschluß daran wurden Detailfragen der Organisation und Besetzung des Staatssekretariats für auswärtige Angelegenheiten erörtert. Auf die Vermutung des Abgeordneten Dr. Lütkens (SPD), »daß in der Bundeskanzlei schon ein größerer Stab von Personen arbeite, die sich mit auswärtigen Dingen beschäftigten«, erwiderte der Bundeskanzler, »daß sich bisher lediglich Ministerialdirigent Blankenhorn in der Bundeskanzlei mit auswärtigen Angelegenheiten befasse«. Adenauer betonte, »daß Blankenhorn lediglich eine beratende Funktion habe, daß er keine selbständigen Entscheidungen treffen könne und daß er nicht einmal zeichnungsberechtigt sei. Er, der Bundeskanzler, unterzeichne alles allein, bei Blankenhorn ›flössen die Sachen nur zusammen‹.«

Auf die Nachfrage des Abgeordneten Lütkens, ob sich Adenauer bei der Bestellung eines Staatssekretärs für das Äußere mit dem Ausschuß ins Benehmen setzen wolle, antwortete der Bundeskanzler ausweichend mit den Worten: »Lassen Sie mir Zeit für die Beantwortung dieser Frage.« Schließlich meinte Adenauer, »daß sich die Organisation eines Staatssekretariats für Auswärtiges nicht in einem so großen Kreise besprechen lasse«.[29]

Vergleicht man die Darstellung Adenauers mit der Faktizität der Ereignisse, ist zunächst bemerkenswert, daß er mit keinem Wort auf die Kandidaturen Pfeiffers und Abs' einging. Auch der von Pfeiffer und Blankenhorn mit Berufsdiplomaten besetzte Arbeitsstab, der bereits konkrete Pläne zur Organisation des künftigen Außenamts konzipiert hatte, blieb unerwähnt. Statt dessen versuchte Adenauer, die Alliierte Hohe Kommission mittelbar verantwortlich zu machen für die Probleme bei der Besetzung des Staatssekretariats. Daß er sodann Blankenhorn dem Ausschuß als zukünftig leitenden Beamten für auswärtige Angelegenheiten *vorschlug*, spiegelt ebensowenig die Realität wie die Beschränkung seiner bisherigen Tätigkeit auf das Niveau eines koordinierenden Sachbearbeiters. Tatsächlich fungierte Blankenhorn bereits als leitender Beamter und traf dabei durchaus selbständig Entscheidungen, wenn auch im Schatten Adenauers. Unverkennbar ist schließlich Adenauers Anspruch, über die Besetzung des Staatssekretärspostens allein, ohne Mitwirkung der Legislative, zu entscheiden, wozu er als Bundeskanzler nach der Verfassung zweifellos berechtigt war.

Erst im August 1950 entschloß sich Adenauer, einen Staatssekretär für auswärtige Angelegenheiten ins Bundeskanzleramt zu berufen. Seine Wahl fiel auf den Ordinarius für Handels-, Arbeits- und Wirtschaftsrecht an der Universität Frankfurt a. M., Professor Dr. Walter Hallstein, der sich im Juni 1950 als kurzfristig bestellter Sprecher der deutschen Delegation bei den Schuman-Plan-Verhandlungen bewährt hatte. Zunächst war Herbert Blankenhorn für diese Mission von Adenauer ausersehen worden. Dieser gab jedoch zu bedenken, daß er sich als Delegationsleiter nicht so frei bewegen, insbesondere nicht zur zwischenzeitlichen Berichterstattung nach Rhöndorf kommen könnte, ohne öffentliche

Kritik auszulösen. Folgt man der Tagebucheintragung Blankenhorns vom 15. Juni 1950, hat sich Adenauer davon überzeugen lassen und daraufhin Hallstein zum Sprecher der Delegation benannt. Hallstein wurde dann Staatssekretär, weil Adenauer in ihm einen kompetenten, aber unpolitischen Berater fand, der frei war von jeglicher Verbindung zur NSDAP und »Wilhelmstraße«.[30]

Aufbau des Auswärtigen Dienstes

Zwischen November 1949 und August 1950 fielen die grundlegenden Entscheidungen für den organisatorischen und personellen Aufbau des Auswärtigen Dienstes – so, wie es Herbert Blankenhorn am 4. Januar 1950 gegenüber einem Vertreter des amerikanischen Verbindungsstabes bei der Alliierten Hohen Kommission erklärte: Auf dessen Empfehlung, möglichst bald einen Staatssekretär des Äußeren zu ernennen, erwiderte Blankenhorn, »daß dies erst möglich ist, wenn die verschiedenen Abteilungen des Auswärtigen Amtes unter *Fachkräften* aufgebaut sind«[31]

Die Voraussetzungen für den Aufbau des Auswärtigen Dienstes der Bundesrepublik Deutschland wurden durch die Außenministerkonferenz der drei westlichen Besatzungsmächte am 9. und 10. November 1949 in Paris geschaffen. Bei seinem Zusammentreffen mit den drei Hohen Kommissaren auf dem Petersberg am 15. November 1949 erhielt Adenauer, der in Begleitung Blankenhorns erschienen war, Kenntnis von den Konferenzbeschlüssen. Der in diesem Zusammenhang wichtigste Passus lautete: »Auf der Konferenz sei beschlossen worden, Deutschland die Möglichkeit zu geben, konsularische und wirtschaftliche Vertretungen ins Ausland zu entsenden. Zur Organisation dieser Missionen und zur Koordinierung der von der Bundesregierung an diese Missionen zu erteilenden Instruktionen könne ein Büro eingerichtet werden.«[32]

Diese Ermächtigung fand im Petersberger Abkommen, Art. IV, vom 22. November 1949 ihren Niederschlag: »Die Hohe Kommission und die Bundesregierung sind übereingekommen, daß die Bundesregierung nunmehr die schrittweise Wiederaufnahme von konsularischen und Handelsbeziehungen mit den Ländern in An griff nehmen wird, mit denen derartige Beziehungen als vorteilhaft erscheinen.«[33]

Damit war der erste Schritt auf dem Weg zur außenpolitischen Souveränität der jungen Bundesrepublik Deutschland freigegeben, auch wenn die diplomatischen Befugnisse zunächst noch den Alliierten vorbehalten blieben.

Am 17. November 1949, zwei Tage nach der Konferenz mit den Hohen Kommissaren auf dem Petersberg, schlug Herbert Blankenhorn, der inzwischen auch offiziell bestellte Leiter des Verbindungsstabes zur AHK, dem Bundeskanzler vor, Wilhelm Haas mit dem Aufbau der Personalabteilung des künftigen Auswärtigen Dienstes zu beauftragen. Adenauer soll diesen Vorschlag zunächst mit Skepsis aufgenommen haben: »Sie vom A. A. halten mir zu sehr zusammen. Sie wissen, daß ich ein neues Amt aufbauen möchte, das mit den alten Leuten möglichst wenig zu tun hat.« Als einzigen Erfolg, den er habe erreichen können, vermerkte Blankenhorn in seinem Tagebuch vom 17. November 1949 die Überführung des Deutschen Büros für Friedensfragen von Stuttgart nach Bonn. Er werde dort alle jene Männer unterbringen, »die [für den Auswärtigen Dienst] nötig sind und die einstweilen noch nicht in ein ordentliches Amt überführt werden können – an der Spitze Peter Pfeiffer und Theo Kordt«.[34]

Blankenhorns Personalpolitik zugunsten ehemaliger Kollegen mag subjektiv uneigennützig und auch hilfreich im Einzelfall gewesen sein, sie öffnete indes der Protektion auf Grund persönlicher Verpflichtungen, verwandtschaftlicher Beziehungen und politisch-gesellschaftlicher Konnexionen Tür und Tor. Bundeskanzler Adenauer scheint diese Tendenzen in der Personalpolitik schon frühzeitig erkannt zu haben, wie verschiedene Äußerungen belegen, ist ihnen aber nicht konsequent entgegengetreten.[35]

Bereits am 18. November 1949 empfing Adenauer den früheren Berufsdiplomaten und damaligen Chef der Präsidialabteilung des Bremer Senats, Wilhelm Haas, zu einem persönlichen Gespräch über dessen bisherige Tätigkeit, ohne auf den konkreten Anlaß einzugehen. Wie sich Haas noch 20 Jahre später erinnerte, sei er freundlich verabschiedet worden mit der Bemerkung, daß er Näheres von Blankenhorn hören werde.[36] Auf Drängen Blankenhorns wurde Haas dann am 19. November 1949 von Adenauer zum Leiter des »Organisationsbüros für die konsularisch-wirtschaftlichen Vertretungen im Ausland« berufen.[37]

Das Organisationsbüro ressortierte im Bundeskanzleramt und war fortan zentrale Dienststelle für Personal-, Haushalts- und Verwaltungsangelegenheiten des entstehenden Außenamts. Mit der Leitung des Personalzweigs betraute Haas am 6. Dezember 1949 einen befreundeten Kollegen aus der Bremer Senatsverwaltung, Wilhelm Melchers, der bis 1945 als Vortragender Legationsrat Referatsleiter in der Politischen Abteilung des Auswärtigen Amts gewesen war. Den Verwaltungszweig übernahm Anfang Januar 1950 der bisherige Senatsrat in der Verwaltung des Vereinigten Wirtschaftsgebiets der Bizone, Werner Schwarz, ebenfalls ein Berufsdiplomat aus der »Wilhelmstraße«.[38]

Dienststelle für Auswärtige Angelegenheiten im Bundeskanzleramt

Neben der Verbindungsstelle zur Alliierten Hohen Kommission und dem Organisationsbüro für die konsularisch-wirtschaftlichen Vertretungen im Ausland bestanden Ende 1949 bereits die Protokollabteilung und der Sprachendienst. Am 6. Mai 1950 erhielt Herbert Blankenhorn von Bundeskanzler Adenauer den Auftrag, die auf dem Gebiet des zukünftigen Auswärtigen Dienstes tätigen Arbeitsgruppen zusammenzufassen. Im Juni 1950 wurden diese Arbeitseinheiten zur Dienststelle für Auswärtige Angelegenheiten im Bundeskanzleramt vereinigt mit folgender Geschäftsverteilung:

Abteilung I:	Organisation, Verwaltung, Personal. Leiter: Staatsrat Dr. Haas.
Abteilung II:	Verbindungsstelle zur Alliierten Hohen Kommission. Leiter: Ministerialdirektor Blankenhorn.
Abteilung III:	Konsularabteilung. Leiter: Botschaftsrat z. Wv. Dr. Theo Kordt.
Abteilung Protokoll:	Leiter: Ministerialdirigent von Herwarth.

Der Sprachendienst unterstand – wie schon vor 1945 – der Abteilung I. Im Laufe des Jahres 1950 wurde dann noch die Abteilung IV (Handelspolitische Abteilung) gebildet, die erstmals in der Geschäftsübersicht vom 10. Januar 1951 erschien.[39] In enger Verbindung zur Dienststelle für Auswärtige Angelegenheiten stand das Deutsche Büro für Friedensfragen, dessen damaliger Leiter, Peter Pfeiffer, Ende November 1949 von Adenauer beauftragt wurde, den Nachwuchs des Auswärtigen Dienstes heranzuziehen und auszubilden.[40]

Personalpolitik zwischen Neubeginn und Kontinuität

Die bisherigen Entscheidungen zum Wiederaufbau des Auswärtigen Dienstes lassen erkennen, daß die grundlegende Organisation und insbesondere die personelle Besetzung der Zentralbehörde bereits zum Jahreswechsel 1949/50, rund drei Monate nach Konstituierung der Bundesregierung, im Kern abgeschlossen waren. Auf die einflußreiche Stellung Blankenhorns bei Bundeskanzler Adenauer und seine Personalpolitik ist es vor allem zurückzuführen, daß ehemalige Berufsdiplomaten der »Wilhelmstraße« sämtliche Schlüsselpositionen in der Zentrale besetzten. Nach dem Scheitern der Kandidaturen von Pfeiffer und Abs für das Amt des Staatssekretärs nutzte Blankenhorn die anhaltende Vakanz, um Freunde und Kollegen seines Vertrauens in allen Arbeitseinheiten des entstehenden Außenamts mit verantwortlichen Funktionen zu betrauen – unbeschadet der Qualität ihrer Tätigkeit und Parteizugehörigkeit im »Dritten Reich«.

Blankenhorn bestätigte diese vorläufige Bilanz in seiner Tagebuchaufzeichnung vom 5. Januar 1950 mit den selbstbewußten Worten: Der Aufbau des neuen Auswärtigen Dienstes »erfolgte aus dem Nichts«, gegen das »Mißtrauen der Alliierten, die keine PG's zulassen wollten, das Mißtrauen des Parlaments, ja nicht zuletzt des Bundeskanzlers«. Am Abend des 5. Januar 1950 fand, so Blankenhorn, die »erste Konferenz der Direktoren des Auswärtigen Amtes« statt. Danach vermerkte er die denkwürdige Absichtserklärung: »Wir wollen unter uns alle entscheidenden Fragen koordinieren, damit ein Auseinanderfallen der einzelnen Abteilungen vermieden wird.«[41]

Am 19. Dezember 1949 hielt Wilhelm Haas, der Leiter des Organisationsbüros, dem Bundeskanzler erstmals Vortrag über die Grundzüge des zu errichtenden Auswärtigen Dienstes. Adenauer billigte die Rahmenplanung, spätestens bis zur Errichtung der ersten Auslandsmission eine arbeitsfähige Zentralbehörde zu schaffen, die mindestens eine Personal-und Verwaltungsabteilung, eine Handelspolitische Abteilung und eine Rechtsabteilung umfassen müsse. Auf die Frage, in welcher Weise die Bearbeitung politischer Fragen in der Zentralbehörde erfolgen solle, habe Adenauer geantwortet, daß man eine Abteilung einrichten könne, die, ohne als politisch bezeichnet zu werden, diese Aufgaben übernehmen könne. Der Hintergrund hierfür war die Festlegung im Petersberger Abkommen vom 22. November 1949, wonach der Bundesrepublik Deutschland lediglich die Aufnahme von konsularischen und Handelsbeziehungen mit dem Ausland erlaubt wurde. Die politisch-diplomatischen Beziehungen waren davon ausgenommen. Auf die in der Praxis aber kaum zu trennenden Aufgaben konsularischer und diplomatischer Auslandsvertretungen wies Adenauer in seinem Gespräch mit den Hohen Kommissaren am 22. März 1950 zu Recht hin.[42]

Zur Personalpolitik, so Haas, habe sich der Bundeskanzler damit einverstanden erklärt, daß Zurückhaltung bei der Berufung unerprobter Kräfte zu Beamten auf Lebenszeit geübt werde. Er habe grundsätzlich gebilligt, daß für das konsularische Personal das Beamtenverhältnis die Regel sein müsse, während für das Personal der Wirtschaftsabteilungen ein vertragliches Anstellungsverhältnis vorzuziehen sei, um eine ständige Auffrischung der sachverständigen Hilfskräfte zu ermöglichen.

Hinsichtlich der Auswahlgrundsätze habe der Bundeskanzler die Notwendigkeit anerkannt, auf bewährte und politisch einwandfreie Kräfte des ehemaligen Auswärtigen Dienstes zurückzugreifen, jedoch bemerkt, daß die höheren Beamten im allgemeinen bei der Entnazifizierung zu leicht entlastet worden seien. Besonders bei der Entsendung ins Ausland sei äußerste Vorsicht geboten. Er habe sodann auf die Zweckmäßigkeit hingewiesen, bei der Besetzung von Posten in Südamerika Beamte katholischer Konfession in erster Linie zu berücksichtigen. Schließlich habe der Bundeskanzler gegenüber der Presse »tunlichste« Zurückhaltung hinsichtlich der Planung und Beschränkung auf Mitteilungen grundsätzlicher Art empfohlen.[43]

Neben der restriktiven Pressepolitik, die Adenauer dem Leiter des Organisationsbüros zur Auflage machte, ist die von Haas induzierte Ermächtigung zur Reaktivierung »bewährter und politisch einwandfreier« Kräfte des ehemaligen Auswärtigen Dienstes für konsularische Missionen besonders bemerkenswert. Karrierebeamte hatten demnach von Anfang an Vorrang gegenüber den Wirtschaftsfachleuten, deren Tätigkeit auf das Niveau »sachverständiger Hilfskräfte« reduziert wurde, obschon die Wiederaufnahme handelspolitischer Beziehungen mit dem Ausland für die deutsche Exportwirtschaft herausragende Bedeutung besaß.

Nach einer ersten informellen Fühlungnahme am 17. Januar 1950 verhandelten Ministerialdirigent Blankenhorn und Staatsrat Haas mit Vertretern der Alliierten Hohen Kommission auf dem Petersberg am 23. Januar 1950 über den Aufbau konsularisch-wirtschaftlicher Missionen im Ausland. Folgt man dem von Haas gefertigten Protokoll, habe dieser zur Personalpolitik besonders darauf hingewiesen, daß konsularische und wirtschaftliche Funktionen in der ersten Phase grundsätzlich nur Personen ohne jegliche Bindung zur ehemaligen NSDAP übertragen würden. Ausnahmen würden nur in Einzelfällen nach vorheriger Fühlungnahme mit der Hohen Kommission in Frage kommen.[44]

Präziser fällt die in deutscher Übersetzung vorliegende englische Fassung aus: Von deutscher Seite »wurde eine formale Garantie abgegeben, daß niemand, der mit der Nazibewegung in Verbindung gestanden habe, als Konsulatsbeamter oder leitender Wirtschaftsvertreter ins Ausland geschickt würde.«[45]

Beide Protokolle hielten sodann übereinstimmend die Absicht fest, zunächst in den Ländern der drei Besatzungsmächte je eine konsularische Vertretung einzurichten. Die Eröffnung weiterer Konsulate in anderen Ländern sollte nach Absprache mit der Alliierten Hohen Kommission und Zustimmung der beteiligten Regierungen folgen. Den deutschen Missionen wurden konsularische Funktionen zugestanden – mit zwei Einschränkungen: Sie durften nicht als diplomatische Vertretungen handeln. Die deutschen Vermögenswerte im Ausland blieben außerhalb ihres Zuständigkeitsbereiches.

Die relevanten Kriterien der Personalauswahl wurden von Herbert Blankenhorn anläßlich seines Besuches beim Foreign Office in London Ende April 1950 konkretisiert. Einer »United Press«-Meldung vom 28. April 1950 zufolge, hat Blankenhorn erklärt, »daß keine ehemaligen Nazis in den Konsulardienst der Bundesregierung eingestellt würden. […] Selbst wenn eine Person nur nominelles Mitglied der Partei gewesen war, könnte dies im Ausland zu Reibungen führen. Da praktisch der gesamte ehemalige Konsulatsdienst in die Partei eintreten mußte, müssen wir neue Männer finden und ausbilden. Dies hat uns jedoch eine einmalige Gelegenheit gegeben, wir haben beschlossen, mit der alten vorhitlerschen Tradition zu brechen. Wir interessieren uns nicht im geringsten für die Klasse, den Reichtum oder den Einfluß des Kandidaten. Jeder muß eine Chance haben. In unserem Dienst wird kein Raum für Cliquenwirtschaft sein. Das gehört der Vergangenheit an. Ich selbst bin armer Werkstudent gewesen, und wir sind entschlossen, daß unsere Auslandsvertreter Vertreter des ganzen deutschen Volkes sein müssen. Wir interessieren uns nicht für ihre politische Überzeugung, solange sie Demokraten und für den Westen sind.«[46]

Für Blankenhorns Selbstdarstellung, er sei »armer Werkstudent« gewesen, findet sich in den vorliegenden Quellen keine Bestätigung. Seinen Erinnerungen ist lediglich zu entnehmen, daß er nach dem Abitur und vor Aufnahme des Jura-Studiums eine Banklehre absolviert hat.[47] Blankenhorns Herkunft aus einer großbürgerlichen Familie, in der Weingutbesitzer, Offiziere und höhere Beamte dominierten, erlaubte es ihm, das Studium ohne begleitende Berufstätigkeit in der üblichen Zeit abzuschließen. Der Bruder seiner Mutter, Hans Dieckhoff, gehörte seit 1912 dem Auswärtigen Dienst an. Er war Ministerialdirektor im AA (1930–1936), kommissarischer Staatssekretär (1936), Botschafter in Washington (1937/38) und schließlich in Madrid (1943 bis 1945).[48]

Blankenhorns Forderungen an den künftigen Auswärtigen Dienst bedürfen einer kritischen Nachprüfung ebenso wie der postulierte Neubeginn in der Personalpolitik. Dabei wird vornehmlich zu prüfen sein, inwieweit die Einstellungsbedingungen für den »Konsulardienst« Wirklichkeit geworden sind.

Einem Aktenvermerk der Personalabteilung vom 10. Januar 1950 zufolge lagen beim Organisationsbüro für die konsularisch-wirtschaftlichen Vertretungen etwa 3000 unbearbeitete Bewerbungen aus dem Jahre 1949. Weitere 4000 Vorgänge erwartete das Organisationsbüro nach Abgabe durch das Marshallplan-Ministerium und andere Dienststellen. Überdies gingen täglich mehr Bewerbungen ein als bewältigt werden könnten. Das Organisationsbüro schlug deshalb vor, weiteres Personal für die Sichtung der Bewerbungsschreiben einzustellen. Da hierzu nur Beamte in Frage kämen, die die Personalanforderungen des Auswärtigen Dienstes übersehen könnten, empfahl das Organisationsbüro, ehemalige Amtsangehörige zu beauftragen, die nicht belastet seien, erhebliche Erfahrungen hätten und mit einer dauernden Wiederverwendung kaum rechnen könnten. Mit Billigung Blankenhorns stellte das Organisationsbüro Ende Januar 1950 fünf weitere Berufsdiplomaten des alten Amtes ein, darunter die früheren Gesandten Werner von Grundherr und Curt Heinburg.[49]

Grundherr bearbeitete Bewerbungen für den höheren Auswärtigen Dienst, Heinburg solche für den wirtschaftlichen Außendienst. Nimmt man nur die Parteizugehörigkeit als Kriterium der politischen Belastung, könnten von Grundherr und Heinburg als unbelastet im Sinne der Einstellungsbedingungen gelten, da keiner von beiden der NSDAP angehört hatte. Wie vordergründig und untauglich dieses Kriterium an und für sich war, offenbart die Tatsache, daß sich sowohl von Grundherr als auch Heinburg vergeblich um die Parteizugehörigkeit bemüht haben, Heinburg überdies zwischen 1934 und 1939 Förderndes Mitglied eines SS-Reitersturmes gewesen ist.[50]

Beide fungierten im Zweiten Weltkrieg als Referatsleiter in der Politischen Abteilung des Auswärtigen Amts, von Grundherr für Skandinavien, Heinburg für Südosteuropa. Beide bearbeiteten u. a. auch »Judenangelegenheiten«, soweit diese in ihren Zuständigkeitsbereich fielen. Heinburg kannte nachweislich seit 1942 den mörderischen Charakter der »Endlösung«, hat aber dennoch keine Einwände gegen den Abtransport Tausender Juden aus dem südosteuropäischen Raum in die Vernichtungslager erhoben.[51] Nachdem diese Vorgänge im Herbst 1951 durch Presseberichte ruchbar geworden waren, nahmen Heinburg und von Grundherr, der unterdessen als erster Botschafter in Athen amtierte, 1952 auf Drängen des Untersuchungsausschusses Nr. 47 ihren Abschied – im Interesse des Ansehens der Bundesrepublik Deutschland. Dieses Ansehen war freilich zur fraglichen Zeit schon lädiert. Nicht nur die deutsche, sondern auch die internationale Presse berichtete breit über die Mißstände im Auswärtigen Dienst der jungen Republik.[52]

Am 25. Februar 1950 verfügte Wilhelm Melchers, Leiter der Personalabteilung im Organisationsbüro, daß »zur Beschleunigung des Geschäftsgangs« die eingehenden Bewerbungen mit sofortiger Wirkung nur noch nach den Kategorien A und B ausgezeichnet werden sollten. Unter A wurden Bewerbungen von früheren Amtsangehörigen aufgenommen, unter B solche fremder Verwaltungen und des Nachwuchses.[53] Die für Auswahl und Einstellung verantwortlichen Referenten entstammten ausnahmslos der »Wilhelmstraße«.

Nach den frühen Weichenstellungen Blankenhorns und angesichts dieser personalpolitischen Vorgaben, die auf eine Diskriminierung amtsfremder Bewerber hinausliefen, überrascht es nicht mehr, daß in der Personalübersicht der Dienststelle für Auswärtige Angelegenheiten vom 10. Januar 1951 unter den höheren Beamten und Angestellten nahezu ausschließlich ehemalige Amtsangehörige erscheinen. Die folgende Detailanalyse zeigt, daß neben den vielen »gewöhnlichen Parteigenossen« auch einige SS-Männer wiederverwandt wurden – trotz alliierter Vorbehalte und entgegen deutschen Zusagen.

Abteilung I (Organisation, Verwaltung, Personal)

Die Abteilung I leitete Wilhelm Haas, der 1922 als Attaché in den Auswärtigen Dienst eingetreten und 1937 wegen seiner Ehe mit einer Frau jüdischer Herkunft nach § 6 des »Gesetzes zur Wiederherstellung des Berufsbeamtentums« in den dauernden Ruhestand versetzt worden war. Von 1938 bis 1945 betätigte sich Haas als Wirtschaftsberater der I. G.-Farbenindustrie in China.[54] Seine Berufung zum Personalchef ging auf eine Empfehlung Blankenhorns vom 24. September 1949 gegenüber Bundeskanzler Adenauer zurück. Am 23. Januar 1950 führte Blankenhorn den inzwischen zum Leiter des Organisationsbüros ernannten Haas bei der Alliierten Hohen Kommission ein. Nach dem vorliegenden Protokoll vom 24. Januar 1950 akzeptierten die Vertreter der Alliierten Hohen Kommission den »von den Nazis 1937 entlassenen Sachverständigen des Auswärtigen Amts« ebenso wie dessen Vorschläge zur Organisation und Personalauswahl der künftigen deutschen Missionen im Ausland.[55]

Aus der Sicht Blankenhorns war Haas für den Posten des Personalchefs besonders geeignet, weil er als politisch Verfolgter des NS-Regimes ohne weiteres das Vertrauen der Alliierten Hohen Kommission für sich und seine Personalpolitik erwarten konnte. Sodann sollte Haas den – vorgeblichen – Neubeginn in der Personalpolitik des Auswärtigen Dienstes vertreten und repräsentieren. Schließlich mag bei seiner Berufung auch die Überlegung eine Rolle gespielt haben, daß Haas nach seiner Entlassung im Jahre 1937 keine oder nur unvollkommene Kenntnis hatte von personellen und politischen Interna in der Ära Ribbentrop, etwa von der »Massenflucht in die SS« seit 1937 und der Verstrickung mancher Diplomaten in die Verbrechen des Regimes während des Zweiten Weltkriegs.[56] So ist es vermutlich zu erklären, daß der nach 1949 auch in Kreisen der SPD-Bundestagsfraktion als honorig und integer geschätzte Abteilungsleiter Haas personalpolitische Empfehlungen seiner Ratgeber befolgte, von denen er bei genauerer Kenntnis Abstand genommen hätte. Entlastend für Haas kommt hinzu, daß zur Zeit seiner Tätigkeit als Personalchef noch nicht alle Akten des alten Amtes zur Verfügung standen.[57]

Das im thematischen Zusammenhang dieser Untersuchung wichtigste Referat »I Pers. A« (Personalien des höheren Dienstes) leitete Wilhelm Melchers, ein Vertrauter des Abteilungsleiters Haas. Ihm standen zur Seite Gottfried Hecker als Referent sowie Friedrich Pfisterer und Jobst Freiherr von Buddenbrock als Hilfsreferenten. Melchers, geboren 1900, Sohn eines Bremer Getreidegroßhändlers, trat nach dem juristischen Referendarexamen und der Promotion zum Doktor der Rechtswissenschaften 1925 als Attaché in den Auswärtigen Dienst ein. Die diplomatisch-konsularische Prüfung bestand er 1927 mit dem Ergebnis »genügend«. Während des Dritten Reiches avancierte er bis zum Vortragenden Legationsrat (1943) und Referatsleiter (Vorderer Orient) in der Politischen Abteilung des AA. Auf Antrag vom 6. Mai 1939 wurde er am 1. September 1939 Mitglied der NSDAP. Das Entnazifizierungsverfahren absolvierte er als »entlastet« (Gruppe V). Von 1946 bis 1948 war er beim Evangelischen Hilfswerk in Bremen und anschließend bis 1949 beim Senat der Freien Hansestadt Bremen tätig. Der vormalige Bremer Staatsrat Haas hat ihn dann im Dezember 1949 nach Bonn empfohlen und mit der Leitung des Personalreferats betraut. Melchers galt als Deutschnationaler.[58]

Der 1906 als Sohn eines Universitätsdozenten geborene Gottfried Hecker, Volljurist und Doktor der Rechtswissenschaften, war zunächst von 1932 bis 1935 als Assistent, dann als Referent am Institut für ausländisches öffentliches Recht und Völkerrecht an der Universität Berlin tätig. Am 1. Juni 1935 wurde er als Attaché in den Auswärtigen Dienst übernommen, 1938 bestand er die diplomatisch-konsularische Prüfung. Von 1933 bis 1936 gehörte Hecker der SA an, 1936 wurde er Mitglied der NSDAP. Während des Zweiten Weltkriegs bearbeitete er u. a. Personalangelegenheiten des höheren Dienstes in der Zentrale, seit 1943 als Legationsrat. Bis zum Herbst 1944 war Hecker unabkömmlich für das Auswärtige Amt, das heißt vom Kriegsdienst befreit (uk-gestellt). Nach dem Zweiten Weltkrieg betätigte sich Hecker als Anwaltsvertreter. Die Entnazifizierung durchlief er »entlastet« in der Gruppe V. Seit Oktober 1950 war Hecker dann als Legationsrat zur Wiederverwendung erneut im Personalreferat für den höheren Dienst tätig. Die Frage, durch wessen Fürsprache Hecker wieder ins Amt gelangte, läßt sich aus den vorliegenden Quellen nicht mit Sicherheit beantworten. Anzunehmen ist, daß der Stellvertreter Blankenhorns, Wilhelm Dittmann, der während des Zweiten Weltkriegs Heckers Vorgesetzter in der Personalabteilung des alten AA gewesen war, dessen Gesuch um Wiederverwendung unterstützt hat.[59]

Friedrich Pfisterer, geboren 1911 als Sohn eines Fabrikanten in Baden, studierte Volks- und Staatswissenschaften an den Universitäten Berlin, Innsbruck und Heidelberg. In Heidelberg schloß er sich 1933 der SA an, wo er es nach eigener Darstellung bis zum Truppführer brachte. Von 1933 bis 1935 war er überdies SS-Sturmmann im SS-Mannschaftshaus Heidelberg. Über die an den Hochschulorten institutionalisierten SS-Mannschaftshäuser verfolgte die Reichsführung-SS vor allem das Ziel, Nachwuchswissenschaftler für die verschiedenen Laufbahnen innerhalb des SS- und Polizeiapparates zu rekrutieren. Im April 1935 erwarb Pfisterer den Grad eines »Diplom-Kaufmanns« und ging dann als Lehrer an eine Public School nach England, um seine englischen Sprachkenntnisse zu vervollkommnen. Von 1938 bis 1939 arbeitete er in der Export-Abteilung der I. G.-Farbenindustrie. Nach der Promotion zum Dr. rer. pol. an der Universität Heidelberg im Mai 1939 übernahm ihn das Auswärtige Amt als Attaché. Die diplomatisch-konsularische Prüfung hat Pfisterer – infolge des Krieges – nicht abgelegt. Verwendung fand er von 1939 bis 1941 im Büro des Reichsaußenministers von Ribbentrop und dann bis 1942 als Vizekonsul bei der Gesandtschaft Stockholm. Im Juli 1942 wurde Pfisterer zur Wehrmacht einberufen und dann 1943 an der Ostfront so schwer verwundet, daß ihm beide Beine amputiert werden mußten. Als der Reichsführer SS Heinrich Himmler Ende 1943 das Lazarett Hohenlychen besuchte, sprach er u. a. auch mit dem Rekonvaleszenten Pfisterer. Dabei habe dieser »trotz seiner außerordentlich schweren Verwundung eine bemerkenswerte und vorbildliche Haltung an den Tag gelegt«. Diese Mitteilung Himmlers gegenüber seinem Verbindungsführer im AA, SS-Obersturmbannführer Horst Wagner, wurde dem Reichsaußenminister von Ribbentrop vorgelegt und zu den Akten der Personalabteilung genommen.

Nach dem Zweiten Weltkrieg hat Pfisterer bei einer US-amerikanischen Dienststelle gearbeitet. Auf Grund der Weihnachtsamnestie wurde er 1947 von der Spruchkammer Pforzheim als »entlastet« entnazifiziert. Wer Pfisterers Wiederverwendung in der Dienststelle für Auswärtige Angelegenheiten durchgesetzt hat, ließ sich aus den vorliegenden Akten nicht konkretisieren. Zu vermuten ist, daß Wilhelm Haas, Leiter der Abteilung I, der wie Pfisterer in der zweiten Hälfte der dreißiger Jahre für die I. G.-Farbenindustrie tätig war, diesen nicht zuletzt mit Rücksicht auf seine schwere Kriegsbeschädigung, das heißt aus Fürsorgegründen, erneut eingestellt hat. Für diese Vermutung spricht, daß die Personalabteilung des Auswärtigen Amts in dem 1952 für den Untersuchungsausschuß Nr. 47 des Deutschen Bundestages hergestellten Personalbogen ausdrücklich auf Pfisterers doppelte Beinamputation hinwies.[60]

Pfisterer arbeitete bis zum Frühjahr 1951 in der Personalabteilung des AA. Mit Wirkung vom 12. Mai 1951 wurde er als Konsul dem Generalkonsulat Zürich zugeteilt. Diese Versetzung ist insofern erwähnenswert, als sie im Widerspruch steht zur »Garantieerklärung« Blankenhorns und Haas' gegenüber der Alliierten Hohen Kommission, daß keine ehemaligen Nationalsozialisten in Auslandsmissionen entsandt würden.

Dieser Vorgang blieb kein Einzelfall. Auch der erste persönliche Referent des Staatssekretärs Hallstein, Ernst Ludwig Ostermann von Roth, der 1933 der SS und 1937 als Legationssekretär an der Botschaft Washington der NSDAP beigetreten war – wo er mit Herbert Blankenhorn zusammentraf, der ihn 1946 als Sachverständigen beim Zonenbeirat für die britische Zone empfahl und 1950 seine Wiederverwendung im Auswärtigen Dienst applanierte –, mußte 1952 als Botschaftsrat nach Buenos Aires und anschließend nach Santiago de Chile gehen, weil seine nationalsozialistische Vergangenheit Ende 1951 im Verlauf der Presseattacken gegen die restaurativen Tendenzen in der Personalpolitik des Auswärtigen Amts ruchbar wurde. Gleichwohl avancierte er noch 1964 zum Botschafter in Bogota (Kolumbien).[61]

Als weiterer Hilfsreferent neben Pfisterer war Jobst Freiherr von Buddenbrock, geboren 1913, im Personalreferat für den höheren

Dienst tätig. Seit 1933 Mitglied der NSDAP und der Reiter-SS, fand er nach Abschluß seines juristischen Studiums – wie vor ihm Hecker – zunächst Anstellung als Referent im Kaiser-Wilhelm-Institut für ausländisches öffentliches Recht und Völkerrecht in Berlin, bevor er 1939 zum Wehrdienst einberufen wurde.

Trotz seiner NSDAP- und SS-Zugehörigkeit hat es von Buddenbrock verstanden, das Entnazifizierungsverfahren vor der Hauptkammer in München 1949 auf Grund der Heimkehreramnestie mit dem Spruch »nicht betroffen« zu absolvieren. Über das Bundesministerium für den Marshall-Plan gelangte er dann 1950 in die Personalabteilung des Auswärtigen Amts. Eine Auskunft zu seiner politischen Vergangenheit ist beim Document Center in Berlin nicht eingeholt worden, obwohl diese Voraussetzung für seine Anstellung gewesen wäre. Nach der Kritik deutscher und ausländischer Zeitungen an der Wiederverwendung ehemaliger Nationalsozialisten im Auswärtigen Dienst ist von Buddenbrock dann im Zuge eines Revirements 1953 an die Gesandtschaft Montevideo (Uruguay) versetzt worden. Seine Karriere kulminierte mit der Berufung zum Botschafter (1970–1974) in Manila (Philippinen).[62]

Festzuhalten bleibt, daß Pfisterer und von Buddenbrock trotz ihrer nationalsozialistischen Vergangenheit als höhere Beamte in der Personalabteilung Verwendung fanden und dort Personalia des höheren Dienstes bearbeiteten, ohne selbst die Eingangsvoraussetzungen in toto erfüllt zu haben. Die Fälle Ostermann von Roth und von Buddenbrock lassen überdies die Praxis des AA erkennen, Beamte, deren Tätigkeit in der Zentrale wegen ihrer nationalsozialistischen Belastung oder aus persönlichen Gründen untragbar geworden war, in weit entfernte Auslandsmissionen zu entsenden, vorzugsweise nach Südamerika, Südafrika oder in den arabischen Raum – in der nicht unbegründeten Annahme, daß sie dort gleichwohl willkommen seien.

Von den bis Juni 1951 ständig beschäftigten 25 höheren Beamten und Angestellten der Abteilung I waren 21 aus dem alten Amt hervorgegangen, 19 hatten der NSDAP angehört.[63] Die Vehikel der personellen Kontinuität werden besonders deutlich am Beispiel der Karriere des im Organisationsreferat tätigen, für den Auf-

bau der Auslandsvertretungen zuständigen Regierungsrats Schwarzmann: Hans Schwarzmann wurde am 16. Februar 1913 als Sohn
eines Rechtsanwalts in Aschaffenburg geboren. Nach dem Abitur
studierte er von 1932 bis 1936 Rechtswissenschaften und Nationalökonomie an den Universitäten München, Königsberg und Erlangen. Am 1. Mai 1933 trat Schwarzmann der NSDAP bei. Im
Jahre 1936 bestand er das Referendarexamen und wurde zum
Doktor der Jurisprudenz promoviert. Bis zum Kriegsausbruch
1939 arbeitete Schwarzmann als Geschäftsführer bei der Internationalen Zement-Export-Konferenz in Paris. Seit Ende 1937 war
er mit Liselotte Schultz verheiratet, einer Cousine der Frau des
damaligen Botschafters in London, Joachim von Ribbentrop, der
Anfang Februar 1938 von Hitler zum Reichsaußenminister berufen wurde. Alexander Freiherr von Dörnberg, der langjährige Protokollchef und Duzfreund von Ribbentrops, bestätigte nach dem
Zweiten Weltkrieg, daß Schwarzmann durch seine Verlobte und
spätere Frau in den Kreis der Familie von Ribbentrop aufgenommen worden sei.[64]

Im Dezember 1939 trat Schwarzmann als Wissenschaftlicher
Hilfsarbeiter, das heißt höherer Angestellter, in die Dienste des
Auswärtigen Amts. Nach vorübergehender Tätigkeit in der Handelspolitischen Abteilung des AA und an der Gesandtschaft
Kopenhagen wurde er im Herbst 1940 zur Bearbeitung französischer Angelegenheiten ins Ministerbüro berufen. Dort fungierte
er als Verbindungsmann zwischen dem Botschafter Abetz (Paris)
und dem Reichsaußenminister. Ohne das diplomatisch-konsularische Examen abgelegt zu haben, wurde er im Mai 1941 zum Legationssekretär ernannt und damit ins Beamtenverhältnis übernommen.

Im Herbst 1941 entsandte ihn das Auswärtige Amt als Vizekonsul nach Casablanca und Anfang 1942 dann nach Algier, wo er im
November 1942 zusammen mit dem Generalkonsul Peter Pfeiffer von den Alliierten interniert wurde. Nach vollzogenem Diplo-
matenaustausch (April 1944) wurde Schwarzmann zum Legationsrat ernannt, erneut im Ministerbüro eingesetzt und schließlich
zum Kriegsdienst in einer bayerischen Gebirgsjägereinheit frei-
gestellt, mit der er 1945 kurzfristig in amerikanische Gefangen-

schaft geriet. Das Entnazifizierungsverfahren endete mit seiner Einstufung als Mitläufer (Gruppe IV).[65]

Durch Empfehlung seines früheren Vorgesetzten in Algier, Peter Pfeiffer, gelangte er 1947 als Regierungsrat in das Vorzimmer des Chefs der Bayerischen Staatskanzlei, Anton Pfeiffer, und schließlich 1950 in die Dienststelle für Auswärtige Angelegenheiten.

Am 1. September 1951 eröffnete der Journalist Michael Mansfeld in der Frankfurter Rundschau unter der Schlagzeile »Ihr naht euch wieder ...« eine Reihe kritischer Beiträge zur Personalpolitik des Bonner Auswärtigen Amts. Darin behauptete er u. a., daß Schwarzmann mit dem früheren Reichsaußenminister von Ribbentrop verschwägert gewesen sei. In einer persönlichen Stellungnahme vom 12. September 1951 widersprach Schwarzmann dieser Darstellung, räumte aber zugleich ein, daß die Mutter seiner Ehefrau eine Schwester der verstorbenen Frau Käthe Henkell, Mutter der späteren Frau von Ribbentrop, gewesen sei. Um dem unausgesprochenen Vorwurf der Protektion entgegenzutreten, erklärte Schwarzmann sodann in einer amtsinternen Vernehmung vom 4. Oktober 1951, er habe sich »ordnungsmäßig« im Auswärtigen Amt beworben und die Tatsache, daß seine Frau eine Cousine der Frau von Ribbentrop sei, könne unmöglich dazu beigetragen haben, daß er mit seiner Bewerbung Erfolg gehabt hätte.[66]

Die Tatsache, daß er jedoch schon ein Jahr nach seiner Einstellung als Wissenschaftlicher Hilfsarbeiter – ohne diplomatisch-konsularisches Examen – ins Beamtenverhältnis berufen worden ist und bald darauf im Büro des Reichsaußenministers von Ribbentrop Verwendung fand, deutet zweifellos auf besondere Protektion von höchster Stelle hin.

Der Untersuchungsausschuß Nr. 47 des Deutschen Bundestages, der 1951 auf Antrag der SPD-Fraktion gebildet worden ist zur Prüfung der Frage, ob durch die Personalpolitik Mißstände im Auswärtigen Dienst eingetreten seien, kam im Falle Schwarzmann zu folgendem Votum: »Der Untersuchungsausschuß sieht in Dr. Schwarzmann keinen Fachbeamten, dessen Kenntnisse und dienstliche Erfahrungen für den Aufbau des AA unentbehrlich gewesen wären. Angesichts der besonderen Umstände, unter denen er in das AA eingetreten und verwendet worden ist, hält es der Ausschuß in seinem und im allgemeinen Interesse für geboten, daß er zunächst in der Zentrale und nicht im Auslandsdienst verwendet wird.«[67]

Trotz dieses Votums, das politisch beachtenswert, verfassungsrechtlich aber für die Exekutive nicht bindend war, konnte Schwarzmann gleichwohl eine bemerkenswerte Karriere machen: 1952 Legationsrat I. Klasse, 1953–1956 Leiter des Konsulats Kapstadt, 1956–1958 Botschaftsrat I. Klasse in Buenos Aires, 1958 bis 1961 Leiter des Ausbildungsreferats im AA, 1961–1964 Botschafter in Beirut, 1964–1966 Leiter der Dienststelle Berlin, 1966–1971 Chef des Protokolls im AA, 1971–1975 Botschafter in Mexiko und schließlich 1975–1978 Botschafter in Rabat.[68]

In einer Anlage zu seiner offiziösen Darstellung »Beitrag zur Geschichte der Entstehung des Auswärtigen Dienstes der Bundesrepublik Deutschland« rechtfertigte Wilhelm Haas die Wiederverwendung Schwarzmanns unverhohlen mit den Worten: »Die Feststellung des UA 47, er sähe in Sch. keinen Fachmann, dessen Kenntnisse und dienstliche Erfahrungen für den Aufbau des AA unentbehrlich gewesen wären, dürfte durch die weitere Laufbahn von Sch. überholt sein.«[69]

Nur die Wahl der Auslandsmissionen, mit deren Leitung Schwarzmann betraut wurde, läßt eine, wenn auch fragwürdige Rücksichtnahme auf dessen politische Vergangenheit erkennen, sein Einsatz in der Zentrale zeugt hingegen nicht von personalpolitischer Sensibilität. Die Berufung eines ehemaligen Nationalsozialisten, der dank seiner weitläufigen verwandtschaftlichen Beziehung zu dem früheren Reichsaußenminister von Ribbentrop ohne Laufbahnprüfung in den Auswärtigen Dienst gelangt war, zum Leiter des Ausbildungsreferats spiegelt neben historisch-politischer Indolenz vor allem die bedenkliche Wirkung einer weniger an Eignung und Leistung, denn an Protektion orientierten Personalpolitik. Einflußreichster Protektor der Karriere Schwarzmanns nach dem Zweiten Weltkrieg war der ihm seit ihrer gemeinsamen Internierung durch die Alliierten (1942–1944) freundschaftlich verbundene ehemalige Generalkonsul in Algier, Peter Pfeiffer, gewesen, der 1952 als Ministerialdirektor die Leitung der

Personalabteilung im Auswärtigen Amt übernahm und 1958 Chef des Ausbildungswesens für den gesamten Auswärtigen Dienst wurde.[70]

Abteilung II (Politische Abteilung)

Die Abteilung II der Dienststelle für Auswärtige Angelegenheiten, vormals Verbindungsstelle zur Alliierten Hohen Kommission, aus der 1951 die Politische Abteilung des Auswärtigen Amts hervorging, leitete von Anfang an Herbert Blankenhorn. Seine exponierte, die anderen Abteilungsleiter überragende Stellung brachte Blankenhorn durch die folgende Mitteilung vom 10. Februar 1951 an den Leiter der Abteilung I, Ministerialdirektor Haas, besonders deutlich zur Geltung: »Der Herr Bundeskanzler hat angeordnet, daß alle an ihn gerichteten Vorlagen der Dienststelle für Auswärtige Angelegenheiten über mich oder meinen Stellvertreter geleitet werden sollen.« Haas machte dazu einen handschriftlichen Vermerk, indem er die Anordnung so interpretierte, »daß die Vorlagen über H. MD Blankenhorn u. St. S. an den BK gehen sollen.« Die Wortgruppe »u. St. S.« (und Staatssekretär) unterstrich Haas. Offenbar sah er durch diese Weisung Blankenhorns die Stellung des Staatssekretärs eingeschränkt, wenn nicht ausgeschaltet. Schließlich verfügte er Wiedervorlage zur Besprechung mit dem Staatssekretär.[71]

Nachdem die »Behandlung bedeutsamer Geschäftsvorfälle« bereits in der Direktorenbesprechung am 3. April erörtert worden war, wies Staatssekretär Hallstein durch Rundschreiben vom 9. April 1951 alle Arbeitseinheiten des Auswärtigen Amts darauf hin, daß Ministerialdirektor Blankenhorn ihn, den Staatssekretär, vertrete und über alle bedeutsamen Vorgänge zu unterrichten sei, damit er diese Funktion erfüllen könne. Er, Hallstein, behalte sich die Entscheidung vor, welche Ein- und Ausgänge dem Bundeskanzler vorzulegen seien.[72]

Durch diese Regelung wurde der Abteilungsleiter Blankenhorn in der Amtshierarchie dem Staatssekretär ausdrücklich untergeordnet, wie in allen Ressorts üblich, gleichwohl aber durch die

Funktion der ständigen Vertretung des Staatssekretärs gegenüber den anderen Abteilungsleitern ausgezeichnet. Da die zahlreichen Konferenzen und Vertragsverhandlungen zwischen 1951 und 1955 den Staatssekretär des AA zu häufigen Reisen ins Ausland führten, behielt Blankenhorn de facto seine Immediatstellung zum Bundeskanzler und fungierte über kurz oder lang als Staatssekretär.

Zu seinem Stellvertreter wählte Blankenhorn einen Crew-Kollegen, Herbert Dittmann – geboren 1904, promovierter Volljurist –, der schon im Dritten Reich eine beachtliche Karriere gemacht hatte: 1933–1936 Legationssekretär bei der Botschaft Moskau, 1936–1938 Vizekonsul beim Generalkonsulat Jerusalem, 1939 Legationsrat im AA, 1940/41 Gesandtschaftsrat in Teheran, 1942 Legationsrat I. Klasse in der Personalabteilung des AA (Pers. I A),1943/44 Generalkonsul in Izmir. Die 1934 beantragte und 1937 bestätigte Mitgliedschaft in der NSDAP war für Dittmanns Karriere ein ebenso notwendiges wie hilfreiches Vehikel gewesen.[73]

Folgt man Dittmanns eigener Darstellung, wurde er 1946, nach zweijähriger Internierung, von der britischen Militärbehörde in Minden mit dem Entscheid »may be employed« (kann angestellt werden) entlassen und wenig später als Richter beim Landgericht Dortmund eingestellt. Aus dem Entnazifizierungsverfahren ging Dittmann 1947 als »entlastet« (Gruppe V) hervor. Im Juli 1948 erhielt er eine Stelle als Oberlandesgerichtsrat beim OLG Hamm. Auf Empfehlung Blankenhorns trat Dittmann dann am 1.Oktober 1949 in die Dienste der Verbindungsstelle zur Alliierten Hohen Kommission im Bundeskanzleramt, wo er mit Wirkung vom 10. Oktober 1950 zum Vortragenden Legationsrat ernannt wurde.[74]

Als der protestantische Personalchef Haas nach zunehmenden Presseattacken, ausgehend vom katholischen Wochenblatt »Das Zentrum«, wegen der angeblichen Benachteiligung katholischer Amtsangehöriger sowie nach seiner Weigerung, zwei versorgungsbedürftige, fachlich aber ungeeignete CDU-Politiker auf Wunsch Adenauers in den Auswärtigen Dienst zu übernehmen, im Juli 1951 die Leitung der Personalabteilung abgeben mußte, trat der Katholik und bisherige Stellvertreter Blankenhorns, Herbert Dittmann, seine Nachfolge an. Damit wurde ein ehemaliger Parteigenosse, der bereits unter Ribbentrop in der Personalabteilung tätig gewesen war, Personalchef des Bonner Auswärtigen Amts – obgleich ein Beschluß der Bundesregierung die Verwendung ehemaliger NSDAP-Mitglieder als Leiter der Personalabteilungen in Bundesbehörden untersagte.[75]

Doch Dittmanns Amtszeit als Personalchef war nur von kurzer Dauer. Dem Untersuchungsausschuß Nr. 47 des Deutschen Bundestages erschien es 1952 »höchst bedenklich«, daß ein Mann mit solcher Vergangenheit »als Chef der Personalabteilung des AA der Bundesrepublik tätig sein konnte. Das würde, abgesehen von der persönlichen Seite des Falles, unter objektiven Gesichtspunkten zu einer Schädigung des Ansehens der Bundesrepublik und des Auswärtigen Dienstes führen.« Der Ausschuß empfahl, ihn deshalb nicht in der Personalabteilung zu verwenden und überdies wegen des Verdachts falscher uneidlicher Aussagen auch nicht weiter im Auswärtigen Dienst zu beschäftigen. Gegen seine Verwendung in einer anderen Bundesbehörde hatte der Untersuchungsausschuß keine Bedenken.[76]

Von den 1951 in der Abteilung II tätigen 17 Beamten und Angestellten des höheren Dienstes kamen 11 aus dem alten Amt, 13 waren Mitglieder der NSDAP oder einer ihrer Gliederungen gewesen. Unter den leitenden Beamten befanden sich ausschließlich vormalige Amtsangehörige und Parteigenossen.[77] Deutlich stärker als in anderen Arbeitseinheiten des Auswärtigen Amts waren Mitglieder studentischer Korporationen in der Abteilung II vertreten (8 von 17). Dabei dominierte quantitativ wie qualitativ der Kösener Senioren Convent (S. C.). Neben dem stellvertretenden Abteilungsleiter Dittmann gehörten z. B. die Referatsleiter Ernst-Günther Mohr (Ref. I: Politische Fragen) und Hans Ulrich von Marchtaler (Ref. III: Finanzen) dem S. C. an. Auch in anderen Abteilungen des Auswärtigen Amts hatten ehemalige oder aktive Mitglieder des Kösener Senioren Convents politisch bedeutsame oder personalpolitisch einflußreiche Stellungen inne, so zum Beispiel Hasso von Etzdorf, stellvertretender Leiter der Länderabteilung (III b); Wilhelm Melchers, Personalreferent für höhere Beamte und Angestellte (I Pers A); Walter Zimmermann, stellvertretender Leiter der Nachwuchsausbildung, und nicht zuletzt Wilhelm Haas, Leiter der Personal- und Verwaltungsabteilung.[78]

Vor diesem Hintergrund wird verständlich, daß der Bundesminister für gesamtdeutsche Fragen Jakob Kaiser auf der 87. Kabinettssitzung der Bundesregierung am 28. Juli 1950 das Kabinett dringend bat, »die Berufungen in den konsularischen Dienst zu überprüfen. Es mehrten sich die Klagen, daß die Auswahl der Persönlichkeiten unter dem Gesichtspunkt ihrer Verbundenheit mit einem bestimmten Kreis erfolge.« Vizekanzler Franz Blücher hielt indes eine Beratung dieses Punktes in Abwesenheit des Bundeskanzlers für untunlich.[79]

Abteilung III (Konsularabteilung)

Die Abteilung III gliederte sich 1950/51 in die Rechtsabteilung (III a) und in die Länderabteilung (III b). Im Oktober 1951 entstand dann aus der Unterabteilung III a die selbständige Rechtsabteilung des Auswärtigen Amts (Abteilung V).[80]

Geleitet wurde die Konsularabteilung von Theo Kordt, einem promovierten Juristen, der 1922 mit Wilhelm Haas in den Auswärtigen Dienst eingetreten war. Als stellvertretender Abteilungsleiter fungierte Hasso von Etzdorf, ein Crew-Kamerad von Erich Kordt, dem Bruder Theo Kordts. Erich Kordt und von Etzdorf gehörten dem Auswärtigen Amt seit 1928 an. Während Theo Kordt auf Empfehlung Blankenhorns im Mai 1950 in die Dienststelle für Auswärtige Angelegenheiten beim Bundeskanzleramt berufen wurde, lehnte Bundeskanzler Adenauer die Wiederverwendung Erich Kordts ab. Nach übereinstimmender Aussage verschiedener Zeitgenossen hegte Adenauer Zweifel an der Loyalität Erich Kordts, weil dieser dem früheren Reichsaußenminister von Ribbentrop als Leiter des Ministerbüros gedient hatte, auf dessen Empfehlung 1938 SS-Sturmbannführer geworden sei und dennoch, um angeblich »Schlimmeres zu verhüten«, die Außenpolitik von Ribbentrops insgeheim durch vertrauliche Mitteilung an britische Diplomaten zu konterkarieren versucht hatte.[81]

Daß Erich Kordts ambivalente Rolle auch in Kreisen unabhängiger Berufskollegen schon frühzeitig auf deutliche Vorbehalte stieß, zeigt die folgende Charakterisierung, die Hans Kroll, der spätere Botschafter in Moskau, 1948 einem Vertreter des amerikanischen Konsulats in Bremen anvertraute:»... people who wore the party badge and an honorary dagger of the SS cannot be admitted, even though they belonged to the resistance movement. Men of honor cannot play such double parts as chief of the Minister's office, at the same time working for the enemy. It is feared that such men will play a similar part again. There are enough young men capable to enter the diplomatic service who have a clear resistance record withouth any support of the Nazis.«[82]

Folgt man den im Berlin Document Center überlieferten NSDAP-Personalunterlagen, war Theo Kordt mit Wirkung vom 1. August 1939 der NSDAP beigetreten (Nr. 7 054 874). In seiner amtsinternen Vernehmung vom 15. Oktober 1951 bestritt Kordt zwar, Parteigenosse gewesen zu sein, räumte aber ein, daß ihm im Februar 1940 eine Anwärterkarte ausgehändigt worden sei. Die Entnazifizierung absolvierte er im Juni 1947 vor der Spruchkammer Bonn-Land als »entlastet« (Gruppe V).[83]

Im Jahre 1947 übernahm Theo Kordt einen Lehrauftrag an der Rechts- und Staatswissenschaftlichen Fakultät der Universität Bonn, 1948 wurde er Vertreter des Landes Nordrhein-Westfalen im Verfassungskonvent für die Ausarbeitung des Grundgesetzes, danach Beobachter beim Parlamentarischen Rat und schließlich Leiter des Referats für internationales Recht beim Ministerpräsidenten des Landes Nordrhein-Westfalen, Karl Arnold (CDU), bevor er 1950 ins Bundeskanzleramt wechselte.[84]

Erwähnenswert, weil bisher kaum bekannt, sind die vertraulichen Bemühungen Theo Kordts im Jahre 1949, durch Vermittlung hochrangiger Persönlichkeiten in Großbritannien und den USA die Freilassung Ernst von Weizsäckers zu erreichen. Der frühere Staatssekretär des AA (1938–1943) war bekanntlich im Wilhelmstraßen-Prozeß, den die USA gegen die höchsten Beamten des Dritten Reiches geführt hatten, im Frühjahr 1949 zu sieben Jahren Freiheitsentzug verurteilt worden wegen Vorbereitung eines Angriffskrieges und Beteiligung an der Deportation von Juden aus Frankreich nach Auschwitz.[85]

Mit Schreiben vom 13. Dezember 1949 an den ehemaligen britischen Außenminister Lord Halifax, den er seit seiner Tätigkeit als deutscher Geschäftsträger in London vor dem Zweiten Weltkrieg kannte, wies Theo Kordt u. a. auf den »übergesetzlichen Notstand« (superlegal emergency) hin, in dem sich der Staatssekretär von Weizsäcker angeblich befunden habe, sowie auf den Umstand, daß das Auswärtige Amt mehr Opfer der Nazi-Tyrannei zu beklagen hätte als irgendein anderes Ministerium. Wörtlich fuhr er fort: »All those who gave their lives, most of them personal friends of mine, considered Weizsäcker as their example and their spiritual leader.«[86]

In seinem nur wenige Zeilen umfassenden Brief vom 13. Januar 1950 erwiderte Lord Halifax wörtlich: »After a good deal of reather anxious thought I have acted as you desire and written to President Truman on the subject of Herrn von Weizsäcker.« Anfang Februar 1950 wurde Ernst von Weizsäcker durch Berichtigungsbeschluß des erkennenden Militärgerichts vom Anklagepunkt I (Vorbereitung von Angriffskriegen) freigesprochen und das Strafmaß auf fünf Jahre reduziert. Im Oktober 1950 ordnete der amerikanische Hohe Kommissar McCloy seine vorzeitige Freilassung an.[87] Damit hatten jene Diplomaten des Deutschen Reiches, die sich zur »Widerstandsgruppe« um von Weizsäcker rechneten, nicht nur dessen partielle Rehabilitierung erreicht, sondern mittelbar auch ihrem Anspruch auf Wiederverwendung im Auswärtigen Dienst die politisch-moralische Rechtfertigung verliehen.

Hasso von Etzdorf, der Stellvertreter Theo Kordts, wurde 1900 als Sohn eines Landrats in Elbing geboren. Nach dem Abitur (1917) leistete er Kriegsdienst in einem Kürassierregiment (1918 Leutnant der Reserve) und nahm anschließend als Ordonnanzoffizier im Freikorps Lüttich an der Niederwerfung des Spartakus-Aufstands teil. Im Jahre 1919 trat von Etzdorf der Deutschnationalen Volkspartei (DNVP) bei. Während seiner juristischen Ausbildung, die er 1925 mit dem Assessor-Examen abschloß, betätigte er sich in verschiedenen Studentenkompanien sowie im »Stahlhelm«, dessen Ortsgruppe Königsberg (Ostpreußen) er 1924 gründete.[88]

Nach kurzfristigem Einsatz als Hilfsrichter beim Amts- und

Landgericht Königsberg trat von Etzdorf 1928 in den Auswärtigen Dienst und bestand 1931 die diplomatisch-konsularische Prüfung. Am 1. Juni 1933 wurde er Mitglied der NSDAP. Von 1934 bis 1936 diente er dem Reichsaußenminister von Neurath als persönlicher Sekretär. Weitere Stationen seiner Laufbahn waren die Botschaft Rom (Quirinal), die Personalabteilung des Auswärtigen Amts in Berlin (1938/39), die Vertretung des AA beim Oberkommando des Heeres (1939–1944) und die kommissarische Leitung des Generalkonsulats Genua (Februar bis Mai 1945).

Auf Antrag vom 14. Dezember 1937 war von Etzdorf am 30. Januar 1938 der SA als Sturmbannführer beigetreten und 1941 zum Obersturmbannführer befördert worden. Wenn man seiner eigenen Darstellung von 1947 folgen kann, seien die Beamten der Botschaft in Rom angehalten worden, bei offiziellen Besuchen und Veranstaltungen eine Uniform zu tragen. Er habe die SA-Uniform gewählt, um eine »Rückendeckung gegenüber der Partei« zu gewinnen und außerdem der SS auszuweichen.[89]

Von 1945 bis 1947 war von Etzdorf im Lager Ludwigsburg interniert. Im anschließenden Entnazifizierungsverfahren hat der öffentliche Kläger zwar beantragt, von Etzdorf als Hauptschuldigen in die Klasse I einzustufen, doch die Hauptspruchkammer Kaufbeuren erklärte ihn durch Spruch vom 28. Mai 1948 für »entlastet« (Gruppe V), weil er »nach Maß seiner Kräfte« Widerstand gegen das nationalsozialistische Regime geleistet und Nachteile erlitten habe. In ihrer Begründung stützte sich die Kammer auf zahlreiche eidesstattliche Erklärungen vornehmlich aus dem Kreis früherer Kollegen von Etzdorfs, die ihm bescheinigten, daß er anti-nationalsozialistische Druckschriften verfaßt und tätigen Anteil bei der Vorbereitung des Attentats auf Hitler am 20. Juli 1944 gehabt habe.[90]

Unabhängig von diesen Versicherungen, deren Wahrheitsgehalt hier nicht zu prüfen ist, bestätigen neuere Befunde der zeitgeschichtlichen Forschung die oppositionelle Haltung von Etzdorfs nach 1938.[91] Dagegen mag seine Anpassungsbereitschaft gegenüber dem NS-Regime zwischen 1933 und 1938 auf einem anderen Blatt stehen. Der Fall Etzdorf illustriert beispielhaft den allmählichen Übergang nationalistisch anfälliger Karrierediplomaten des

Deutschen Reiches von anfänglicher Akkomodation zur Resistenz nach 1938.[92]

Über eine leitende Stellung im Deutschen Büro für Friedensfragen gelangte Hasso von Etzdorf dann 1950, wie die meisten seiner Kollegen aus dem Friedensbüro, erneut in den Auswärtigen Dienst. Mit Wirkung vom 1. Juli 1950 übernahm er die Leitung der Länderabteilung im AA.[93]

In der Rechtsabteilung (Abt. III a) waren 1951 insgesamt 17 höhere Beamte und Angestellte tätig. Von diesen kamen 11 aus dem alten Amt, 11 hatten der NSDAP oder einer ihrer Gliederungen angehört. Unter den 10 leitenden Beamten befanden sich 9 ehemalige Parteigenossen. Auch in der Länderabteilung (Abt. III b) dominierten die ehemaligen Amtsangehörigen (12 von 15) und NSDAP-Mitglieder (9 von 15). Von den 6 leitenden Beamten hatten 4 eine nationalsozialistische Vergangenheit.[94]

Protokoll

Die Protokollabteilung setzte sich 1951 aus drei Beamten und einem Angestellten des höheren Dienstes zusammen. Der Protokollchef, Ministerialdirigent Hans Herwarth von Bittenfeld, kam ebenso aus dem alten Amt wie seine Vertreterin, Legationsrätin I. Klasse Erica Pappritz, die bereits vor 1945 als Angestellte im Protokoll der »Wilhelmstraße« Verwendung gefunden hatte. Frau Pappritz war die erste höhere Beamtin im deutschen Auswärtigen Dienst – zugleich einziges vormaliges Mitglied der NSDAP unter den vier leitenden Bediensteten des Protokolls.[95] Mit Herwarth von Bittenfeld sowie den Referenten Hans Erich Graf Carmer und Bernhard von Tieschowitz dominierten Aristokraten preußischer Provenienz im Protokoll.

Hans Heinrich Herwarth von Bittenfeld wurde 1904 in Berlin als Sohn eines Gardeoffiziers geboren, dessen Vorfahren seit Generationen den Hohenzollern gedient hatten. Nach dem juristischen Referendarexamen gelangte er 1927 in den Auswärtigen Dienst auf Grund der Empfehlung eines Onkels, der zu dieser Zeit ebenfalls im AA tätig war.[96] Nach dem diplomatisch-konsularischen Examen (1929) wurde er zunächst der Botschaft Paris und dann 1931 der Botschaft Moskau zugeteilt, wo er bis 1939 verblieb. In Moskau freundete er sich u. a. mit seinen Kollegen Peter Pfeiffer und Herbert Dittmann an, die, wie bereits dargestellt, nach 1950 einflußreiche Positionen im Bonner Auswärtigen Amt übernehmen sollten.

Am 24. August 1939, das heißt unmittelbar nach Abschluß des deutsch-sowjetischen Nichtangriffsvertrages, bat Herwarth um seinen Abschied und Einberufung zur Wehrmacht. Seinen Erinnerungen zufolge habe er dem Grafen von der Schulenburg wörtlich erklärt: »Herr Botschafter, ich glaube, meine Zeit ist abgelaufen. Ich will nicht länger im Auswärtigen Dienst bleiben und so schnell wie möglich Soldat werden.«[97] Wie ist dieser beispiellose Entschluß zu erklären? Welche Gründe bewogen Herwarth von Bittenfeld zu diesem ungewöhnlichen Schritt?

Franz Josef Strauß, der den Diplomaten Herwarth von Bittenfeld gut kannte und auch schätzte, bemerkte über ihn in seinen Erinnerungen: »Er war ein hoch angesehener Diplomat, der in den dreißiger Jahren an der Deutschen Botschaft in Moskau tätig gewesen war und am Tage nach dem Hitler-Stalin-Pakt aus Protest in das Heer eintrat, ein mutiger Schritt, aus dem er nie Aufhebens machte.«[98] Dagegen ist festzustellen, daß sich aus den vorliegenden Quellen ein wie auch immer gearteter »Protest« nicht bestätigen läßt. Differenzierter als Strauß stellte Herwarth von Bittenfeld die Hintergründe seiner Entscheidung dar. Nach dem »Reichsbürgergesetz« von 1935 galt er – wegen eines jüdischen Großelternteils – als »Mischling 2. Grades«. Im Jahre 1939 sei er der »letzte Nichtarier im Auswärtigen Dienst« gewesen – ein Selbstzeugnis, das zwar nicht ganz mit der historischen Wirklichkeit übereinstimmt, gleichwohl aber bemerkenswert erscheint.[99] Sein Verbleiben im Amt bis 1939 habe er dem Personalchef Hans Schroeder und drei besonderen »Schutzengeln« zu verdanken: Theo Kordt, der im Vorzimmer des Staatssekretärs von Bülow saß, seinem jüngeren Bruder Erich Kordt, der von 1938 an das Büro des Reichsaußenministers von Ribbentrop leitete, und Hasso von Etzdorf in der Personalabteilung.[100] Eigenen Angaben zufolge ist Herwarth von Bittenfeld erst auf

Druck des Botschafters von der Schulenburg zum Legations-
sekretär ernannt worden: »Im Februar 1938, einige Tage vor der
Ernennung Ribbentrops zum Außenminister, überreichte mir
Schulenburg meine Ernennungsurkunde zum Legationssekretär,
eine der letzten Urkunden, die Neurath noch unterzeichnet hatte.
Gleichzeitig wurde mir mitgeteilt, daß ich in keine leitende Stellung aufsteigen und nicht Behördenchef werden könnte.«[101] Im
letzten Satz dieser Darstellung offenbart Herwarth das für seinen
Wechsel vom Auswärtigen Amt zur Wehrmacht entscheidende
Motiv, das er auch in einer amtsinternen, bislang unveröffentlichten Vernehmung vom 3. Oktober 1951 als maßgeblich bestätigte:
»Wegen meiner nichtarischen Abstammung wurde ich erst ver-
spätet zum Legationssekretär ernannt und mir meine nur beschränkte Verwendungsmöglichkeit bescheinigt. Aus diesem
Grunde legte ich bei Ausbruch des Weltkrieges keinen besonderen Wert darauf, im Auswärtigen Dienst zu verbleiben und meldete mich zur Wehrmacht.«[102] Weniger Protest gegen den Hitler-
Stalin-Pakt, wie von Strauß unterstellt, als vielmehr der Wunsch
nach beruflichem Fortkommen gab mithin den Ausschlag für den
Übertritt zur Wehrmacht.

Trotz seiner »nichtarischen« Abstammung wurde Herwarth im
Juni 1940 Leutnant und avancierte schließlich noch zum Rittmeister der Reserve beim Generalstab des Heeres, in dessen Oberkommando sein Freund Hasso von Etzdorf mittlerweile als Vertreter
des Auswärtigen Amts fungierte. Freimütig bekennt Herwarth in
seinen Erinnerungen, wem er diese zweite Karriere zu verdanken
habe: »Meine Protektoren Schulenburg und Etzdorf hatten schwer
um meine Beförderung kämpfen müssen. Ich wurde zwar Offizier,
aber mit dem Vorbehalt, daß über mein endgültiges Schicksal nach
dem Kriege entschieden werden würde.«[103]

Bekenntnisse in der Memoirenliteratur mögen bemerkenswert
sein, mehr noch sind es Auslassungen. Unerwähnt läßt Herwarth
z. B., daß er mit Wirkung vom 25. November 1939 zum Gesandtschaftsrat ernannt worden war, mithin also Beamter des Auswärtigen Dienstes geblieben ist – eine Tatsache, die auch dadurch
bestätigt wird, daß von Herwarth noch 1940 über einen Diplo-
matenpaß verfügte.[104]

Aufschluß über den widersprüchlichen Status von Herwarths geben die Akten der Reichskanzlei. Mit Schreiben vom 2. November 1944 unterrichtete Martin Bormann, der »Sekretär des Führers« und Leiter der Parteikanzlei, den Chef der Reichskanzlei, Reichsminister Lammers, von der Weisung Hitlers, nach der »Beamte, die jüdische Mischlinge oder die mit Juden oder mit jüdischen Mischlingen verheiratet sind, in obersten Reichsbehörden nicht mehr tätig sein dürfen, auch wenn früher ihre oder ihrer Ehegatten Gleichstellung mit Deutschblutigen ausgesprochen wurde.«[105] Auf diese von der Reichskanzlei an das Auswärtige Amt übermittelte Anordnung Hitlers berichtete der Staatssekretär des AA, Steengracht von Moyland, durch geheimes Schreiben vom 20. November 1944 der Reichskanzlei, daß drei höhere Beamte des Auswärtigen Dienstes bezüglich Abstammung oder Verheiratung unter die erwähnten Kategorien fielen: Gesandtschaftsrat Thorner, Gesandtschaftsrat Herwarth von Bittenfeld und Botschafter Gaus. Die Fälle Thorner und Gaus, auf die schon in anderem Zusammenhang hingewiesen wurde[106], verdienen an dieser Stelle keine weitere Beachtung. Über den Gesandtschaftsrat Herwarth von Bittenfeld berichtete Staatssekretär Steengracht, daß dieser, obschon »Mischling zweiten Grades«, mit Genehmigung Hitlers »im Auswärtigen Amt weiter beschäftigt und unter Zustimmung des Führers vom 17. Januar 1938 zum Legationssekretär ernannt« worden sei. »Seit Kriegsbeginn befindet Herwarth von Bittenfeld sich bei der Wehrmacht. Er hat sich dort besonders ausgezeichnet, frühzeitig das EK I. bekommen und ist inzwischen vom Feldwebel zum Hauptmann aufgerückt. Der Führer hat seinerzeit erklärt, daß die Deutschblütigkeitserklärung von Herwarth von Bittenfeld, um die die Wehrmacht eingekommen war, zurückgestellt werden solle bis nach Kriegsende, woraufhin der Führer dann je nach seiner Bewährung einen Entscheid hierüber treffen wolle. Grund zu der positiven Einstellung des Führers ist, daß Herwarth von Bittenfeld sich seinerzeit Verdienste um die Schwarze Reichswehr erworben und im Kapp-Putsch gegen die Kommunisten sich hervorragend bewährt hat. Nach seinen Verdiensten ist anzunehmen, daß der Führer nach Kriegsende seine Deutschblütigkeitserklärung endgültig genehmigen wird.«[107]

Der Akte ist nicht zu entnehmen, welche spezifischen Verdienste sich von Herwarth um die »Schwarze Reichswehr« oder beim Kapp-Putsch erworben haben soll. Immerhin räumt er in seinen Memoiren ein, daß er 1920 von zu Hause weggelaufen und in die Einwohnerwehr eingetreten sei. Auch über das Ausmaß der militärischen Zusammenarbeit zwischen dem Deutschen Reich und der Sowjetunion gegen Ende der Weimarer Republik schien Herwarth eingeweiht gewesen zu sein.[108] Gleichwohl ist nicht auszuschließen, daß diese angeblichen Verdienste in dem Bericht Steengrachts besonders herausgestrichen wurden mit dem Ziel, die Anerkennung seiner »Deutschblütigkeit« durchzusetzen.

Unabhängig von den Akten der Reichskanzlei ergibt sich aus einer mündlichen Überlieferung, daß Herwarth von Bittenfeld auf Fürsprache des Chefs der Präsidialkanzlei, Staatssekretär Otto Meissner, von Hitler vorläufig zum »Ehrenarier« ernannt worden sei.[109] In seinen Erinnerungen bestätigt Herwarth, daß Staatssekretär Meissner ihn 1940 »mit väterlicher Freundlichkeit empfangen« habe.[110]

Ohne Herwarth beim Namen zu nennen, aber mit deutlichen Anspielungen auf seine Person, wies auch der Bundestagsabgeordnete Bernhard Reismann (Zentrum) Anfang 1951 in einem Beitrag über den Auswärtigen Dienst in Bonn – »Geschlossene Gesellschaft« – auf einen »Ehrenarier« hin, der es verstanden habe, mit Hilfe guter Beziehungen im Kriege noch Offizier zu werden, also nicht wie andere »Halbarier« ausgebootet worden sei. Wörtlich fuhr der Abgeordnete Reismann dann fort: »Als er unter Adenauer an die Macht kam, ließ er in erster Linie seine früheren Crewskollegen kommen […], alles NSDAP-Mitglieder. Es sieht so aus, als ob er keine Nicht-Pgs in seiner Nähe wünschte, weil sie zu sehr eine Art von lebendem bösem Gewissen für ihn sein würden. Seine Crewskollegen gehören meist zu dem ›Neurath-Kreis‹.«[111]

Nach dem Zweiten Weltkrieg hatte es von Herwarth verstanden, sich der Gefangenschaft zu entziehen und auf Grund persönlicher Beziehungen zu amerikanischen Diplomaten beziehungsweise Offizieren bei US-Militärbehörden als dienstverpflichteter Mitarbeiter unterzukommen. Im November 1945 berief ihn dann Anton Pfeiffer – ein Bruder seines Freundes Peter Pfeiffer –, der inzwischen Staatsminister und Chef der Bayerischen Staatskanzlei geworden war, nach München. Von der Staatskanzlei in München, wo er zuletzt im Range eines Ministerialrats tätig war, ging er dann Anfang September 1949 als erster Protokollchef nach Bonn.[112]

Neben Herbert Blankenhorn, mit dem er bereits am 8. September 1949 die »Gestaltung des kommenden Amts« eingehend und dann wiederholt wichtige Personalfragen besprach, gehörte Hans Herwarth von Bittenfeld zu den einflußreichsten Diplomaten in der frühen Ära Adenauer.[113] Welchen Personenkreis er vorrangig förderte, offenbarte Herwarth in seiner Vernehmung vom 3. Oktober 1951 mit den Worten: »Es ist für mich selbstverständlich, daß ich denjenigen Beamten des Auswärtigen Amtes, die für mich eingetreten sind, als ich mich von 1933–1945 in einer schwierigen Lage befand, eintrete [sic]. Dies gilt insbesondere für diejenigen Angehörigen des Auswärtigen Amtes, die aktiv Widerstand geleistet haben. Zu diesen rechne ich in erster Linie die Herren von Etzdorf, von Kessel, von Nostitz und die Gebrüder Kordt.«[114]

Albrecht von Kessel und Gottfried von Nostitz waren Crewkameraden Herwarths (Attachélehrgang 1927–1929). Hasso von Etzdorf und Erich Kordt absolvierten den folgenden Attachékurs (1928–1930). Mit Ausnahme von Kessels, der sich 1934 vergeblich um die Parteimitgliedschaft bemüht hatte, gehörten alle der NSDAP an, Erich Kordt und Gottfried von Nostitz überdies der SS, letzterer als förderndes Mitglied. Hasso von Etzdorf, vor 1933 Deutschnationaler und »Stahlhelmer«, diente dem Reichsaußenminister von Neurath zwischen 1934 und 1936 als persönlicher Sekretär.[115]

Herwarth von Bittenfeld unterstützte diesen Kollegenkreis im Entnazifizierungsverfahren und beim Wiedereintritt in den Auswärtigen Dienst der Bundesrepublik Deutschland. Seine eidesstattlichen Versicherungen und persönlichen Empfehlungen hatten Gewicht, da er dank einer jüdischen Großmutter kein Parteimitglied geworden war und nach 1945 den Status eines Verfolgten des NS-Regimes erfolgreich in Anspruch nahm. Die »Gnade der jüdischen Großmutter«, diesen von ihm nicht verschuldeten Umstand, hat er dann ausgiebig zu seinen und seiner Freunde Gunsten verwertet. Die meisten seiner Protegés beendeten ihre Karrieren als Botschafter. Nur die Wiederverwendung Erich Kordts, dessen beschleunigte Entnazifizierung Herwarth mit deutlichem Hinweis auf seine angeblich führende Rolle unter den »deutschen Antifaschisten« 1947 schriftlich gegenüber dem Vorsitzenden der zuständigen Spruchkammer angemahnt hatte, scheiterte, wie schon dargestellt, am Veto Bundeskanzler Adenauers.[116]

Im Gefolge von Herwarths wechselten auch Erica Pappritz 1949 und Hans Schwarzmann 1950 von der Bayerischen Staatskanzlei nach Bonn. Frau Pappritz avancierte zur beamteten Vertreterin des Protokollchefs Herwarth und gab nach dessen Ernennung zum Botschafter in London (1955) über viele Jahre den protokollarischen Ton im Bonner Auswärtigen Amt an. Hans Schwarzmann, dessen Karriere auf Protektion durch die Familie des Reichsaußenministers von Ribbentrop zurückzuführen ist, wirkte als Chef des Protokolls von 1966 bis 1971, das heißt zur Zeit der Großen Koalition und der ersten sozial-liberalen Koalition.[117]

Das Protokoll des Auswärtigen Amts in der Ära Adenauer ist weitgehend durch seinen ersten Chef, den Karrierediplomaten Hans Herwarth von Bittenfeld, geprägt worden. In dieser Eigenschaft soll sich von Herwarth als »Sunnyboy« der deutschen Diplomatie allseitiger Beliebtheit erfreut und bleibende Verdienste erworben haben, auch nach Auffassung kritischer Beobachter auf der diplomatischen Bühne.[118]

Sozialstruktur

In den 1951 noch nicht voll entwickelten Abteilungen IV (Handelspolitische Abteilung) und VI (Kulturabteilung) war der Anteil früherer Amtsangehöriger und ehemaliger Parteigenossen geringer als in den vorgenannten großen Abteilungen. Hinsichtlich der Konfessionszugehörigkeit ist signifikant, daß allein in der entstehenden Kulturabteilung mehr Katholiken als Protestanten unter den höheren Beamten und Angestellten festzustellen sind. In allen anderen Abteilungen dominieren hingegen Protestanten, besonders deutlich in der Personal- und Verwaltungsabteilung (18 von 25), in der Politischen Abteilung (12 von 17) und in der Länderabteilung (12 von 15). In diesen Abteilungen nahmen, wie nachgewiesen, Karrierediplomaten aus der »Wilhelmstraße« die Schlüsselpositionen ein. Offenbar korreliert die Herkunft aus dem alten Amt mit protestantischer Konfession und vormaliger Mitgliedschaft in der NSDAP. Andere Bekenntnisse sind in den Personalübersichten, die dieser vorläufigen Erhebung zugrunde lagen, nicht verzeichnet. Die Rubrik »Konfession« unterschied lediglich zwischen »kath.« und »ev.«.[119]

Soweit die soziale Herkunft zu ermitteln war, bleibt festzuhalten, daß sich die große Mehrheit der leitenden Beamten in der Zentrale aus Familien des akademisch gebildeten und vermögenden Bürgertums rekrutierte. Nimmt man den Beruf des Vaters als entscheidendes Kriterium, dominieren höhere Beamte (einschließlich Professoren), ehemalige Offiziere, Selbständige mit akademischem Abschluß und Unternehmer. Insofern gibt es zwar Parallelen zur Sozialstruktur des Auswärtigen Dienstes gegen Ende der Weimarer Republik, doch ist der Anteil des Adels und des nobilitierten Bürgertums unter den leitenden Beamten in der frühen Ära Adenauer deutlich rückläufig.[120]

Berücksichtigt man die landsmannschaftliche Herkunft, überwiegen Heimatvertriebene und Zugewanderte aus Ostdeutschland unter den planmäßigen Beamten und Angestellten des höheren Dienstes. Auch insoweit ähnelt die Personalstruktur jener des alten Amtes, in dem ebenfalls Protestanten und Preußen deutlich stärker vertreten waren als Katholiken und Süddeutsche. Die Frage, ob und inwieweit sich diese Zusammensetzung im Laufe der Ära Adenauer veränderte, bleibt einer weitergehenden Analyse vorbehalten.

Bildung des Auswärtigen Amts (1951)

Am 20. Dezember 1989 hat die Bundesregierung den Entwurf für ein Gesetz über den Auswärtigen Dienst (GAD) verabschiedet, das mit Wirkung vom 1. Januar 1991 in Kraft getreten ist. In der Begründung zu § 2 des Gesetzentwurfs, der den Auswärtigen Dienst definiert, wird die Wahl der Bezeichnung »Auswärtiges Amt« wie folgt legitimiert: »Die Bezeichnung ›Auswärtiges Amt‹ geht auf die entsprechende Titulierung des Ministeriums für Auswärtige Angelegenheiten des Norddeutschen Bundes durch allerhöchste Kabinettsorder vom 01. Januar 1870 zurück. Während andere Ressorts die Bezeichnung »Bundesminister« mit dem Zusatz des Geschäftsbereiches führen, wurde die Bezeichnung »Auswärtiges Amt« für das Bundesministerium für Auswärtige Angelegenheiten aus Traditionsgründen – ohne Unterschiede in der staatsrechtlichen Stellung – beibehalten.«[121]

Die Berufung auf Traditionsgründe unterstreicht die institutionelle Kontinuität des Auswärtigen Amts über alle Regierungssysteme hinweg: vom Norddeutschen Bund über das Kaiserreich, die Weimarer Republik und das »Dritte Reich« bis zur Bundesrepublik Deutschland. Insoweit unterscheidet sich das Auswärtige Amt unübersehbar von allen anderen Ressorts, die bekanntlich ihre Behördenbezeichnungen sowohl 1918/19 als auch 1949 den jeweils neuen Staatsformen angepaßt haben. Daß sich das AA auch in den Übergangsphasen zwischen Kaiserreich und Weimarer Republik sowie zum »Dritten Reich« durch weitgehende personelle Kontinuität auszeichnete, gehört inzwischen zu den gesicherten Erkenntnissen der zeitgeschichtlichen Forschung.

Signifikant für das ungebrochene Traditionsbewußtsein ist die lapidare Feststellung eines ehemaligen Botschafters der Bundesrepublik Deutschland in einem jüngst erschienenen Beitrag zur Entstehungsgeschichte des Auswärtigen Amts: »1951 wählte man wie selbstverständlich den alten Namen.«[122]

Wie wenig reflektiert das überlieferte Traditionsbewußtsein im Auswärtigen Amt war und teilweise noch ist, offenbart der Rückblick auf Ursprünge und Grundströmungen jener Traditionen. Neben sozialer Homogenität, sensiblem Korpsgeist und selbstbewußter Überlegenheit kennzeichnen Exklusivität, Nepotismus und Konservativismus den diplomatischen Dienst des Deutschen Reiches ebenso wie Weltmachtstreben beziehungsweise Revisionismus in der Außenpolitik zwischen 1912 und 1938, Anpassung und Resistenz im Dritten Reich, antisemitische Disposition von Anfang an und partielle Verstrickung in die Gewaltpolitik des NS-Regimes zwischen 1938 und 1945. Diese Traditionsstränge sind überwiegend nicht geeignet als Vorbilder für das Außenamt eines demokratischen Rechtsstaates, zu dessen unbestritten wichtigsten Zielsetzungen in der Außenpolitik das Bemühen um die Sicherung des Friedens in Freiheit, die Wahrung des Fortschritts und das Werben um vertrauensvolle Partnerschaft gehören.[123]

So fragwürdig die amtliche Begründung für die Wahl der Behördenbezeichnung »Auswärtiges Amt« im Lichte historisch-kritischer Retrospektive erscheint, so sehr vernachlässigt sie bedeutsame Begleitumstände, die die Namensgebung unmittelbar und maßgeblich beeinflußt haben.

Aus den Akten lassen sich die Bildung des Auswärtigen Amts und die Entscheidung für diese Ressortbezeichnung wie folgt rekonstruieren: Mit Wirkung vom 7. März 1951 trat eine »kleine Revision« des Besatzungsstatuts in Kraft, der zufolge die Bundesregierung von der Alliierten Hohen Kommission ermächtigt wurde, ein Ministerium für auswärtige Angelegenheiten zu errichten.[124] Am 10. März 1951 wies der Staatsrat Haas, Leiter der Abteilung I, den Staatssekretär Hallstein auf die Notwendigkeit hin, auf deutscher Seite alsbald die formalen Voraussetzungen dafür zu schaffen. »Hierzu bedarf es der organisatorischen Herausnahme der Dienststelle für Auswärtige Angelegenheiten aus dem Bundeskanzleramt und der Schaffung eines selbständigen Ministeriums, die durch das Kabinett zu beschließen ist.« Aus dem beigefügten Entwurf für eine Kabinettsvorlage ergibt sich, daß allein die Bezeichnung »Auswärtiges Amt« vorgeschlagen wurde. Die Begründung dafür lautet wörtlich: »Es wird hierdurch der Anspruch der Bundesrepublik auf Führung der deutschen Außenpolitik sowie der Gegensatz zu der Bezeichnung Ministerium für Auswärtige Angelegenheiten der Deutschen Demokratischen Republik zum Ausdruck gebracht.«[125] Demnach gaben der außenpolitische Führungsanspruch der Bundesregierung und das Bedürfnis nach Abgrenzung vom – seit Oktober 1949 bestehenden – Ministerium für Auswärtige Angelegenheiten der DDR den Ausschlag für die Wahl der Bezeichnung »Auswärtiges Amt«.

In einem undatierten Vermerk für Bundeskanzler Adenauer machte Staatssekretär Hallstein – vermutlich am 12. März 1951 – darauf aufmerksam, daß es im Hinblick auf die am 16. März 1951 beginnende Ministerratssitzung des Europarats erforderlich sei, »sofort von der durch die Alliierte Hohe Kommission erteilten Befugnis zur Errichtung eines Außenministeriums Gebrauch zu machen. Ist die Errichtung des Außenministeriums bis Freitag nicht verfügt und bekannt gegeben, so könnten hieraus Einwände gegen eine Vollmitgliedschaft Deutschlands im Europarat abgeleitet werden.«[126] Das Bundeskabinett beschloß daraufhin am 13. März 1951 die Errichtung des Auswärtigen Amts. Am 15. März 1951 übernahm Bundeskanzler Adenauer in Personalunion das Amt des Außenministers. Noch am selben Tage gab er der Alliierten Hohen Kommission davon Kenntnis.[127]

Die Entscheidung Adenauers, das Auswärtige Amt neben dem Bundeskanzleramt zu leiten, löste nicht nur bei der parlamentarischen Opposition (SPD), sondern auch beim Koalitionspartner FDP lebhafte Kritik aus. Einwände der freidemokratischen Bundesminister wies Adenauer laut Protokoll der Kabinettssitzung vom 13. März 1951 mit der lapidaren Bemerkung zurück: »Der Bundeskanzler kann sich den Bedenken der beiden Minister nicht anschließen.«[128] Einem Pressebericht zufolge sollen die Freien Demokraten »als zweitstärkste Regierungspartei alles aufgeboten haben, um Dr. Adenauer nicht auch noch Außenminister werden zu lassen. Dabei spielt der Anspruch auf den neuen Kabinettssitz offensichtlich eine ebenso große Rolle wie die Sorge darüber, daß sich die außerordentliche Machtfülle, die das Grundgesetz dem Kanzler ohnehin verleiht, noch verstärke.« Außenpolitik sei keine Nebenbeschäftigung. Adenauer werde bei der Beanspruchung, der er allein auf innenpolitischem Gebiet ausgesetzt sei, tatsächlich nicht in der Lage sein, das Außenministerium aufzubauen und zu führen, wie es die deutsche Lage erfordere. Er werde Außenpolitik, *seine* Außenpolitik machen, wie er es bisher als Regierungschef im Verkehr mit der alliierten Hochkommission getan habe, aber alle aus der Bildung des Ministeriums zusätzlich erwachsenden Aufgaben und Verpflichtungen werden von ihm nicht erledigt werden können. Über diesen bedauerlichen Mangel könne man sich nur mit der von Adenauer selbst gegebenen Erklärung hinwegtrösten, daß die Koalitionsparteien eben keinen Mann zu präsentieren hätten, der ein wirklicher Außenminister wäre.[129]

Wie kaum anders zu erwarten, begrüßte dagegen der offizielle Sprecher des US-Außenministeriums noch am 15. März 1951 die Ernennung Adenauers zum Minister des Auswärtigen der Bundesrepublik Deutschland: »Dank seiner weiten und umfassenden Erfahrung im öffentlichen Dienst und zuletzt als Bundeskanzler bringt er für diese neue Stellung eine wertvolle Grundlage mit, die für die künftigen Beziehungen zwischen der Bundesrepublik einerseits und den Völkern Westeuropas und den Vereinigten Staaten andererseits das Beste erhoffen läßt.«[130]

Bundeskanzler Adenauer blieb in Personalunion Außenminister bis zum 6. Juni 1955. Als das alliierte Besatzungsregime nach Inkrafttreten des Deutschland-Vertrags (5. Mai 1955) endete und die Bundesrepublik Deutschland »volle Macht über ihre inneren und äußeren Angelegenheiten« erlangte, trat Heinrich von Brentano, der bisherige Vorsitzende der CDU/CSU-Bundestagsfraktion, am 7. Juni 1955 seine Nachfolge als Bundesminister des Auswärtigen an. Walter Hallstein, der für auswärtige Angelegenheiten zuständige Staatssekretär im Bundeskanzleramt, wurde am 2. April 1951 zum Staatssekretär des AA ernannt und verblieb in dieser Stellung, bis er Anfang 1958 der Berufung zum Präsidenten der EWG-Kommission folgte. Zum Staatssekretär wählte von Brentano den Berufsdiplomaten Hilger van Scherpenberg (1958 bis 1961).[131]

Einflußnahme auf die Personalpolitik

Sowohl der Staatssekretär des Innern im Bundeskanzleramt als auch die Alliierte Hohe Kommission versuchten von Anfang an, auf Personalentscheidungen im Bereich des entstehenden Auswärtigen Dienstes Einfluß zu nehmen. Wenn diese Bemühungen auch nur wenig erkennbaren Erfolg hatten, bleibt die Wechselwirkung zwischen Intentionen und Abwehrmechanismen historisch gleichwohl erwähnenswert.

Bereits am 20. November 1949 ließ Hans Globke, Stellvertreter des Staatssekretärs im Bundeskanzleramt, der Verbindungsstelle zur Alliierten Hohen Kommission mitteilen, daß auf Wunsch des Bundeskanzlers alle Einstellungen an seine, Globkes, Zustimmung gebunden seien. Und in einem persönlich gezeichneten Schreiben vom 24. November 1949 wies Globke die Verbindungsstelle darauf hin, »daß alle Entschließungen, die finanzielle Auswirkungen haben, vorher mit dem Staatssekretariat für Inneres im Bundeskanzleramt erörtert werden müssen.« Doch schon wenige Tage später konnte Herbert Dittmann, der stellvertretende Leiter der Verbindungsstelle, nach Gesprächen mit Globke eine bemerkenswerte Revision dieser Weisung festhalten. Laut handschriftlicher Notiz Dittmanns vom 3. Dezember 1949 habe Vizepräsident Globke »diese Weisung dahin eingeschränkt, daß ihm nach Abschluß der Einstellungen eine Liste vorgelegt wird.«[132]

Damit verblieb die Kompetenz zur Auswahl und Einstellung des Personals für den Auswärtigen Dienst zunächst bei der Verbindungsstelle, das heißt in den Händen Blankenhorns und Dittmanns. Der Staatssekretär des Innern im Bundeskanzleramt beanspruchte lediglich das Recht der Nachprüfung.

Die Gründe für den Sinneswandel Globkes sind aus den vorliegenden Akten nicht zu ermitteln, sie lassen sich jedoch erschließen. Am 9. November 1949 vermerkte Herbert Blankenhorn in einer bislang unveröffentlichten Tagebucheintragung »sehr schwerwiegende Angriffe gegen Globke. Die Frankfurter Presse rächt sich für die Untersuchung, die Globke kurz vor der Entscheidung in der Frage Bonn [oder] Frankfurt [als künftige Hauptstadt] im Bundestag angestellt hat, indem sie ihm nunmehr den Kommentar zum [Nürnberger] Rassegesetz zur Last legt. Diese Angriffe werden gleichzeitig von der SPD in Hannover aufgenommen, so daß die Stellung Globkes zweifelhaft wird.«[133]

Mitte und Ende November 1949 übten weitere Zeitungen Kritik an Globkes Kommentierung der Rassengesetzgebung und seiner exponierten Verwendung im Bundeskanzleramt. Als auch das der früheren US-Militärregierung nahestehende Organ »Die Neue Zeitung« einen kritischen Beitrag über die Vergangenheit Globkes vorbereitete, hat Herbert Blankenhorn über den ihm gut bekannten Gesandten und Direktor der politischen Abteilung in der amerikanischen Hohen Kommission, James W. Riddleberger, interveniert mit dem Ziel, die Veröffentlichung dieses Beitrags zu verhindern. Nur so erscheint die folgende Tagebucheintragung Blankenhorns vom 19. November 1949 plausibel: »Riddleberger ruft mich an und teilt mit, daß er alles getan habe, um die Kampagne [sic!] gegen Globke, die [der Journalist Louis P.] Lochner in »Die Neue Zeitung« plant, abzuwehren.«[134]

Blankenhorns Intervention zugunsten Globkes dürfte dazu beigetragen haben, daß dieser seinen ursprünglichen Versuch zur Einflußnahme auf die Personalpolitik der von Blankenhorn geleiteten Verbindungsstelle schließlich aufgab und sich mit einer kaum wirksamen Nachprüfung begnügte. Bereits am 30. November 1949 hielt Blankenhorn in seinem Tagebuch fest: »Der Haushaltsplan für die Verbindungsstelle wird genehmigt.«[135] Und am 2. Februar 1950 billigte auch der Haushaltsausschuß des Deutschen Bundestages die Personalplanung der Verbindungsstelle.[136]

Nach den vorliegenden Quellen haben es die leitenden Berufsdiplomaten in der Verbindungsstelle zur Alliierten Hohen Kommission, der Keimzelle des späteren Auswärtigen Amts, verstanden, den Kompetenzanspruch Globkes bei der Personalauswahl für ihren Bereich dadurch zu konterkarieren, daß sie die öffentliche Kritik an seiner politischen Vergangenheit abzubiegen versuchten und ihn sich so zum Wohlverhalten verpflichteten. Ein weiterer Versuch Globkes, personelle Entscheidungen im Bereich des Auswärtigen Dienstes von vornherein an seine Zustimmung zu binden, ist den zugänglichen Akten nicht zu entnehmen.

Gleichwohl blieb Globke bemüht, vermutlich auf Weisung Adenauers, mit der Forderung nach konfessioneller Parität bei Neueinstellungen Einfluß auf die Personalpolitik zu nehmen. Wilhelm Haas, der erste Personalchef des AA, berichtete freimütig, daß Bewerbungslisten, die nicht annähernd 50 % Katholiken enthielten, ihm auf Anordnung Globkes zur Herstellung der konfessionellen Ausgewogenheit zurückgegeben worden seien. Diese Forderung mußte unweigerlich zu einer Qualitätsminderung führen: »Da nur etwa 27 % der Bewerber Katholiken waren, konnte die Parität nur durch eine Benachteiligung evangelischer Bewerber mit gleicher oder gar besserer Qualifikation hergestellt werden.«[137]

Daß Globke personalpolitische Angelegenheiten im Auswärtigen Dienst auch fortan kritisch verfolgte, belegen die im Bundeskanzleramt entstandenen Akten betreffend das Auswärtige Amt. Darunter befinden sich neben organisatorischen und haushaltsrechtlichen Vorgängen auch Beschwerden und Eingaben abgelehnter Bewerber aus dem »Bund der Verfolgten des Naziregimes«, die auf personalpolitische Mißstände im entstehenden Auswärtigen Dienst hinwiesen, sowie Aktennotizen über die »regelmäßige Beteiligung von alten Fachbeamten des AA an Vernichtungsmaßnahmen gegenüber Juden« im Zweiten Weltkrieg. Letztere entstanden im Zusammenhang mit der Tätigkeit des Untersuchungsausschusses Nr. 47 des Deutschen Bundestages und als Reaktion auf das Strafverfahren gegen den früheren Judenreferenten im Auswärtigen Amt, Legationsrat I. Klasse Rademacher, der 1952 vom Landgericht Nürnberg-Fürth wegen Beihilfe zum Totschlag von 1300 Juden zu drei Jahren und fünf Monaten Freiheitsstrafe rechtskräftig verurteilt worden ist.[138]

Das ursprünglich unter dem Vorwurf der Mordbeihilfe laufende Strafverfahren erhielt zusätzlich politische Brisanz, als neben ehemaligen auch aktive Diplomaten als Zeugen vernommen wurden. Der folgende Kommentar der »Süddeutschen Zeitung« vom 29. Februar 1952 gibt den Tenor in der unabhängigen Presse wieder: »Es scheint uns, daß im Auswärtigen Amt zu Bonn am Rheine ein kräftiges Über-Soll an allzu glatten, wo nicht gar skrupellosen Fachleuten besteht. Wir meinen, es sollte uns für die Zukunft weniger auf perfekte Könner des internationalen Parkett-Telemarks und Beherrscher von fünf bis sieben Sprachen ankommen als – denn es gibt ja schließlich Dolmetscher – auf untadelige Männer mit Bildung, Substanz und ohne Rückgratverkrümmung!«[139]

Auch der vertrauliche Bericht des Generalkonsuls Theophil Kaufmann über personelle und organisatorische Mißstände im Auswärtigen Amt, den dieser am 22. März 1952 dem Bundeskanzler und Außenminister Adenauer unmittelbar zusandte, ging zunächst durch die Hände Globkes.[140]

Insgesamt hinterlassen die Akten den Eindruck, daß das gesammelte Material nicht nur zur Unterrichtung des Bundeskanzlers dienen sollte, sondern auch als Nachweis für Mißstände im Auswärtigen Amt – womöglich für den Fall einer Konfrontation zwischen leitenden Vertretern des Bundeskanzleramts und des AA.

Dazu kam es jedoch nicht, wenn man den vorliegenden Akten vertrauen kann. Eingaben und Gesuche der im Dritten Reich verfolgten und nach 1949 nicht mehr verwendeten Diplomaten blieben entweder unbeantwortet oder wurden dilatorisch behandelt. Anklageschriften und Urteile aus Strafverfahren gegen frühere Amtsangehörige wurden zu den Akten geschrieben. Bemerkenswerte Reaktionen oder gar Folgewirkungen auf diese Verfahren sind nicht erkennbar.

Die Einflußnahme der Alliierten Hohen Kommission auf die Personalpolitik beschränkte sich nahezu ausschließlich auf die Besetzung der ersten deutschen Auslandsvertretungen, vornehmlich jener in Großbritannien, Frankreich und in den Vereinigten Staaten von Amerika. Sieht man von den schon genannten Bedenken ab, die der französische Hochkommissar gegen die Berufung des Bankiers Hermann J. Abs zum Staatssekretär erhoben hatte, ist ein wie auch immer gearteter Versuch der Alliierten zur Einwirkung auf die Stellenbesetzung in der Zentrale aus den vorliegenden Akten nicht nachweisbar.

Die Rahmenbedingungen zur Auswahl des Personals in den deutschen Auslandsmissionen wurden festgelegt am 23. Januar 1950 in der Besprechung zwischen Repräsentanten der Alliierten Hohen Kommission sowie Herbert Blankenhorn und Wilhelm Haas als Vertreter der Bundesregierung. Der englischen Protokollfassung zufolge sei »eine formale Garantie abgegeben« worden, »daß niemand, der mit der Nazibewegung in Verbindung gestanden habe, als Konsulatsbeamter oder leitender Wirtschaftsvertreter ins Ausland geschickt würde. Eine Liste von Bewerbern für diesen Dienst würde der Hohen Kommission vorgelegt werden, bevor irgendwelche Ernennungen erfolgten; aus einer anschließend vorgelegten zweiten Liste würde ersichtlich sein, wer für die einzelnen Posten vorgeschlagen sei, damit die betreffenden Länder auch befragt werden könnten.«[141]

Dagegen wirkt die deutsche, von Wilhelm Haas gefertigte Aufzeichnung über die Besprechung in der entscheidenden Frage der Übernahme ehemaliger Nationalsozialisten weniger verbindlich: In der ersten Phase sollten konsularische und wirtschaftliche Funktionen nur Personen ohne jegliche Bindung zur ehemaligen

NSDAP übertragen werden. »Nur in Einzelfällen würden Ausnahmen in Frage kommen nach vorheriger Fühlungnahme mit Vertretern der Hohen Kommission.« Haas »stellte ferner in Aussicht, daß der Politischen Kommission Einblick in die personelle Planung gegeben werde, bevor die Ernennungen erfolgten, um ihr Gelegenheit zur Stellungnahme zu geben.«[142]

Vergleicht man den Anspruch dieser Vereinbarung mit der praktizierten Personalpolitik, ergeben sich nicht wenige Diskrepanzen: Am 27. Januar 1950 vertraute Herbert Blankenhorn seinem Tagebuch an, daß Bundeskanzler Adenauer ihm »in aller Form« angeboten habe, das Generalkonsulat in Washington zu übernehmen. Es spricht für Blankenhorns politische Sensibilität, daß er dieses Angebot »unter Hinweis auf die eventuell mögliche Reaktion in der amerikanischen Öffentlichkeit« abgelehnt hat.[143] Die Selbstzweifel Blankenhorns an seiner Eignung für diesen exponierten Posten resultierten vermutlich aus seiner Tätigkeit an der Botschaft Washington zwischen 1936 und 1939 sowie aus dem 1938 vollzogenen Beitritt zur NSDAP. An Blankenhorns Stelle wurde dann ein Außenseiter, der nordrhein-westfälische Landtagsabgeordnete Heinz Krekeler (FDP), als erster Generalkonsul nach New York entsandt.[144]

Auch an die Spitze der Generalkonsulate in London und Paris berief Adenauer zwei politisch unbelastete Außenseiter: den Kunstsachverständigen Wilhelm Hausenstein (Paris) und einen seiner innenpolitischen Widersacher, den ehemals volkskonservativen Reichsminister Hans Schlange-Schöningen (London).[145]

Doch unterhalb dieser Ebene wurden frühere Angehörige der »Wilhelmstraße« den Alliierten zur Verwendung in den ersten Auslandsmissionen der Bundesrepublik Deutschland vorgeschlagen – unbeschadet der Qualität ihrer politischen Vergangenheit im Dritten Reich. Am 16. Mai 1950 übersandte Herbert Blankenhorn zum Beispiel eine Liste von Beamten und Angestellten, deren Einsatz bei den Generalkonsulaten in London, Paris und New York erwogen wurde, an den Generalsekretär der Alliierten Hohen Kommission. Von den vier höheren Beamten, die für den konsularischen Dienst in Großbritannien vorgesehen waren (Schmidt-Horix, Kaßler, von Stolzmann, Traut), hätte allein Hans

Traut, der 1941 als Konsul bei der Botschaft Tokio aus »rassischen Gründen« in den Wartestand versetzt worden ist, der deutsch-alliierten Vereinbarung vom 23. Januar 1950 entsprochen. Die drei anderen Beamten waren hingegen schon 1933 oder 1934 der NSDAP beziehungsweise der SS beigetreten.[146] Wenn auch von deren Entsendung nach Großbritannien schließlich abgesehen und statt ihrer eine Ergänzungsliste mit unbelasteten Kandidaten der Alliierten Hohen Kommission übermittelt wurde, offenbart dieser Vorgang doch ein beachtliches Maß ursprünglicher Indolenz bei den für die Personalpolitik verantwortlichen Beamten in der Zentrale.

Die Grundsätze der französischen Haltung ergeben sich aus einer Aufzeichnung, die Herbert Dittmann, der stellvertretende Leiter der Verbindungsstelle zur Alliierten Hohen Kommission, am 8. Juli 1950 nach einem Gespräch mit dem Generaldirektor für politische Angelegenheiten beim französischen Hohen Kommissar, Louis Marie de Guiringaud, fertigte: »Die Listen der für die deutschen konsularischen Vertretungen vorgesehenen Beamten und Angestellten seien auf Grund einer zwischen den Alliierten getroffenen Vereinbarung von jeder Besatzungsmacht gesondert geprüft worden. Die Französische Hohe Kommission habe sich bei der Prüfung von dem Grundgedanken leiten lassen, daß an der deutschen Vertretung in Frankreich niemand tätig sein solle, der in irgendeiner Weise während des Krieges in Frankreich tätig gewesen sei. Die strikte Durchführung dieses Prinzips sei aus innerpolitischen französischen Gründen sowie ferner um der Presse jeden möglichen Vorwand für einen Angriff gegen die deutschen Vertreter zu nehmen, unbedingt erforderlich.«[147]

Auf der Basis dieser Prinzipien lehnte das französische Hochkommissariat am 8. Juli 1950 die Entsendung ehemaliger Diplomaten und Sonderführer der Wehrmacht, die zwischen 1940 und 1944 in Frankreich tätig waren, als für Paris untragbar ebenso ab wie die früherer Agenten und Sekretärinnen der Abwehr oder Gestapo.[148]

Auch auf die Besetzung der ersten deutschen Mission in Spanien nahm das französische Hochkommissariat Einfluß. Am 9. August 1951 mußte Herbert Blankenhorn in einem Gespräch mit dem stellvertretenden Hochkommissar Bérard zur Kenntnis nehmen, daß die beabsichtigte Wahl Peter Pfeiffers zum Botschafter in Madrid »von der französischen Regierung sehr ungern gesehen werde. Herr Pfeiffer sei während des Krieges als deutscher Generalkonsul in Algier tätig gewesen und habe damals einer Politik gedient, die die Auflösung Frankreichs zum Ziel gehabt habe. Eine solche Persönlichkeit sollte heute nicht deutsche Interessen auf einem Posten wie Madrid vertreten.« Nach eigener Darstellung habe er, Blankenhorn, erwidert, »daß eine Entscheidung über die Besetzung des deutschen Botschafterpostens in Madrid noch nicht getroffen sei und daß ernsthaft an eine Kandidatur Peter Pfeiffers für diesen Posten nicht gedacht werde.«[149]

Erst ein Jahr später, im August 1952, wurde dann – nach Sondierungen Blankenhorns beim bayerischen Ministerpräsidenten Ehard (CSU) – Adalbert Prinz von Bayern, ein ehemaliger Offizier und Onkel des spanischen Thronfolgers, als erster deutscher Botschafter nach Madrid entsandt. Zuvor hatte Prinz Adalbert die nach dem Wittelsbachischen Hausgesetz zur Annahme des Postens erforderliche Zustimmung seines Vetters, des Kronprinzen Rupprecht von Bayern, eingeholt, die mit dem bemerkenswerten Zusatz endete, daß diese Genehmigung selbstverständlich in keiner Weise eine Anerkennung der republikanischen Staatsform in Bayern bedeute.[150] Obschon Prinz Adalberts Eignung als Vertreter der neuen deutschen Republik zweifelhaft erscheint, war der katholische, aber diplomatisch gänzlich unerfahrene Offizier gleichwohl persona grata am Hofe Francos.

Trotz des relativ engmaschigen Netzes der französischen Kontrollmechanismen gelangten Anfang der fünfziger Jahre manche Diplomaten nach Paris, deren Auslandsverwendung im deutlichen Widerspruch stand zur deutsch-alliierten Vereinbarung vom 23. Januar 1950. Hans-Christian Halter, Mitglied der NSDAP seit 1937, überdies förderndes Mitglied der SS, der dem alten AA von 1938 bis 1945 angehörte, zuletzt in der Stellung eines Vizekonsuls, fungierte 1951 als Konsul und zweiter Mann in der Rechtsabteilung des Generalkonsulats Paris.[151] Als Halter wenig später an das Generalkonsulat Ottawa versetzt wurde, folgte ihm Franz Krapf nach Paris, der bereits 1933 in die SS und 1936 in die NSDAP eingetreten war.

Seit 1938 SS-Untersturmführer im Sicherheitsdienst, wurde der Legationssekretär Krapf noch 1944 vom Reichssicherheitshauptamt als ehrenamtlicher Mitarbeiter in Anspruch genommen.[152] Sucht man nach den Gründen, die dazu beigetragen haben können, daß ehemalige Diplomaten des Deutschen Reiches mit unbestritten nationalsozialistischer Vergangenheit trotz erklärter Vorbehalte der Alliierten frühzeitig wieder eingestellt und ins Ausland entsandt wurden, ist neben unzureichender Kenntnis der Personalakten infolge lückenhafter Überlieferung auch anzunehmen, daß die Alliierte Hohe Kommission jene Kandidaten akzeptierte, wenn nicht förderte, die sich zwischen 1945 und 1951 für die Belange der Alliierten, etwa ihrer Geheimdienste, eingesetzt und womöglich aus deren Sicht verdient gemacht haben.

Rechtliche Grundlage für diese unheilige Protektion war Artikel 3 des sogenannten Überleitungsvertrages von 1952, der jedwede Diskriminierung wegen Zusammenarbeit mit den drei alliierten Westmächten strikt untersagte: »Niemand darf allein deswegen unter Anklage gestellt oder durch Maßnahmen deutscher Gerichte oder Behörden in seinen Bürgerrechten oder einer wirtschaftlichen Stellung nur deswegen beeinträchtigt werden, weil er vor Inkrafttreten dieses Vertrags mit der Sache der Drei Mächte sympathisiert, sie oder ihre Politik oder Interessen unterstützt oder den Streitkräften, Behörden oder Dienststellen einer oder mehrerer der Drei Mächte oder einem Beauftragten einer dieser Mächte Nachrichten geliefert oder Dienste geleistet hat. Das gleiche gilt zugunsten von Personen, die den Verbündeten der Drei Mächte bei ihren gemeinsamen Bestrebungen vor Inkrafttreten dieses Vertrags Sympathien bezeugt, Unterstützung gewährt, Nachrichten geliefert oder Dienste geleistet haben. Die deutschen Behörden haben alle ihnen zur Verfügung stehenden Mittel anzuwenden, um sicherzustellen, daß der Zweck dieses Absatzes erreicht wird.«[153]

Für diese Annahme liegen naturgemäß noch keine zitierwürdigen Nachweise im Einzelfall vor, aber doch glaubwürdige Indizien, auf die Professor Kurt Rheindorf, der frühere Berater des Bundesamtes für Verfassungsschutz, in einem Privatschreiben an den leitenden Archivar des AA 1960 hingewiesen hat.[154]

Die Grenzen der Einflußnahme alliierter Dienststellen auf die Personalpolitik des deutschen Auswärtigen Dienstes in der frühen Ära Adenauer umschrieb Charles W. Thayer, ein US-Diplomat, der 1949 als Verbindungsbeamter des amerikanischen Hochkommissars zur Bundesregierung fungierte, mit den folgenden Worten: »Als letztes der traditionellen Ministerien war das Auswärtige Amt zu besetzen, und wieder einmal versuchten die Alliierten, ein wachsames Auge auf die Auswahl der auf ihre Posten zurückkehrenden Diplomaten zu haben. Eines Abends erschienen in meinem Hause der Personalchef des Auswärtigen Amts, Dr. Dittmann, und der Assistent [sic!] des Bundeskanzlers für Auswärtige Angelegenheiten, Herbert Blankenhorn, um gegen Einwendungen von amerikanischer Seite betreffend eine Reihe von Ernennungen im Ministerium zu protestieren. ›Wir brauchen diese Männer‹, erklärten sie mir, ›weil sie die einzigen sind, die die nötige Ausbildung haben. Was haben Sie gegen sie?‹ – ›Daß sie unter Hitler die Probe nicht bestanden haben‹, erwiderte ich. ›Aber wer hat diese Probe schon bestanden?‹, fragten sie. […] Am Schluß gaben wir nach, und am Ende saßen die alten Beamten […] wieder an ihren alten Schreibtischen. In ihrer großen Mehrheit waren sie nie echte Nazis gewesen, und ich war überzeugt, daß keiner von ihnen je wieder einer werden würde. Aber sie waren – und sind es zum großen Teil geblieben – deutschnational. Sie denken in Begriffen der ›Realpolitik‹, mit einem vagen Mißtrauen gegen die parlamentarische Demokratie und voll sehnsüchtigen Heimwehs nach dem neunzehnten Jahrhundert.«[155]

Zu dieser Bilanz paßt auch, daß das Auswärtige Amt 1951 erneut, wie schon nach dem Ende des Ersten Weltkriegs, Professor Dr. Erich Kaufmann als Rechtsberater für völkerrechtliche Angelegenheiten engagierte. Kaufmanns 1917 publizierte Schrift »Bismarcks Erbe in der Reichsverfassung« reflektiert den Geist des 19. Jahrhunderts: Ihm war der Krieg »ein Glied der göttlichen Weltordnung, das Gottesgericht, in dem die wahre Macht der Staaten offenbar wird […], die große Probe, ob die bisherige internationale Machtverteilung eine richtige war […], der blutige Bringer aller größten weltgeschichtlichen Fortschritte«.[156]

Kritik

>Vor allem aber fürchten wir, daß unter den Diplomaten der Ribbentrop'schen Ära allzu viele einer bloßen Opportunität weiter verhaftet bleiben werden, weil diese ihnen zur zweiten Natur, zu einem Attribut ihrer Substanz geworden ist. Wie will das heutige Deutschland seinen Friedenswillen, seine Metanoia beweisen, wenn es seine Vertretung Männern in die eidbereiten Hände legt, Männern, welche den Kreisen angehören, die wesentlich das Dritte Reich mitgeschaffen haben?«

Allgemeine Wochenzeitung der Juden
in Deutschland vom 28. April 1950

Frühe Kritik am Wiederaufbau des Amtes

Die liberal-konservativ orientierte schwedische Tageszeitung »Svenska Dagbladet« veröffentlichte in ihrer Ausgabe vom 3. August 1951 einen aufschlußreichen Bericht über die Entstehung des Auswärtigen Amts in Bonn und die Vielfalt der damit einhergehenden Probleme. Die im thematischen Kontext wichtigsten Passagen lassen sich wie folgt zusammenfassen: Das Auswärtige Amt sei erst einige Monate alt, sein Geburtstag ominös, in den Iden des März 1951, sein bisheriges Dasein ein dornenvoller Weg. Nur wenigen Ministerien sei es geglückt, in so kurzer Zeit sich so vielfältiger Kritik von so verschiedenen Kreisen auszusetzen.

Die Aufgabe des neuen Ministeriums sei eine der schwierigsten in diesem provisorischen Neubau, den die Bundesrepublik Deutschland darstelle. Die Kontinuität sei abgerissen, das alte Personal des Auswärtigen Amts zum großen Teil politisch kompromittiert, die Anzahl fähiger und unverbrauchter Kräfte nach so vielen Jahren der Isolierung und so schweren Verlusten gering und schließlich die Bewegungsfreiheit des neuen Auswärtigen Amts in dem noch besetzten Land stark begrenzt. Das schwerwiegendste der Probleme liege im finanziellen Bereich. Die Gehälter der Beamten seien so niedrig, daß das Budgetproblem das vordringlichste für jeden deutschen Diplomaten im Ausland werden müsse.[1]

Tatsächlich war der Auswärtige Dienst im allgemeinen und seine Personalstruktur im besonderen von Anfang an mehr oder minder heftiger Kritik ausgesetzt. Das Spektrum der Kritiker reichte von den Oppositionsfraktionen im Deutschen Bundestag und den ihnen nahestehenden Presseorganen, die vornehmlich auf bedrohliche Tendenzen politischer Restauration hinwiesen, über orthodox-katholische Kreise, die zudem die Dominanz protestantischer Diplomaten preußischer Herkunft in den Schlüsselpositionen des Auswärtigen Amts monierten, bis zu Interessenvertretern der Exportwirtschaft, die über die aus ihrer Sicht allzu schleppende Wiedereröffnung deutscher Auslandsmissionen lebhaft Klage führten. Dagegen erscheinen die Vorbehalte der Alliierten Hohen Kommission gegen die Stellenbesetzung in deutschen Auslandsmissionen vergleichsweise diskret und schließlich resignierend.

Wie ernst Bundeskanzler Adenauer, seit März 1951 in Personalunion auch Außenminister, diese sich häufende Kritik nahm und wie mißtrauisch er den alten Berufsdiplomaten zunehmend begegnete, unterstreicht die Tatsache, daß er im August 1951 einen hohen Beamten des Auswärtigen Dienstes beauftragte, Beobachtungen über Mißstände im Amt ihm unmittelbar und vertraulich zu berichten. Dieser höchst ungewöhnliche, in den Akten des Bundeskanzleramtes erstmals erschlossene Vorgang wird im folgenden Kapitel detailliert ausgebreitet.

Die nachfolgenden Beispiele illustrieren Ursprung und Stoßrichtung der frühen, relevanten Kritik am Auswärtigen Dienst der Bundesrepublik Deutschland.

Kritik an restaurativen Tendenzen

Unter der Schlagzeile »Die Herren in Lauerstellung« bedauerte die katholische Wochenzeitung »Rheinischer Merkur« in ihrer Ausgabe vom 1. April 1950, daß sich der Wiederaufbau des Auswärtigen Dienstes für Westdeutschland nicht gerade im vollen Lichte demokratischer Kontrolle vollziehe. Es sei verhängnisvoll, wenn die Bundesregierung durch Mißgriffe beim Aufbau des Auswärtigen Dienstes alle Vorwürfe wegen nationalistischer Restauration und wegen Fortsetzung einer »Politik der Wilhelmstraße« rechtfertigen würde. Es müsse ein »neuer Typus von Auslandsvertretern geschaffen werden«; und niemand sei ungeeigneter, dabei mitzuwirken, als die weitaus meisten Mitglieder des ehemaligen Auswärtigen Amtes.[2]

»Die Neue Zeitung«, ursprünglich Presseorgan der US-amerikanischen Besatzungsmacht, publizierte am 20. April 1950 eine Übersicht mit konkreten, aber nicht immer korrekten Hinweisen auf die Mitgliedschaft leitender Berufsdiplomaten in der NSDAP und im »Senioren-Convent« (SC) der schlagenden Studentenverbände.[3] Diese Pressemeldung, der weitere folgten, war auch Gegenstand der Erörterung in der Kabinettssitzung am 21. April 1950. Bundeskanzler Adenauer erklärte, »daß er von dieser ganzen Angelegenheit erst durch die Zeitung etwas erfahren habe und daß es unrichtig sei, wenn gemeldet werde, er habe einen Untersuchungsausschuß für die Überprüfung der personellen Verhältnisse des Bundeskanzleramtes bestellt.«[4]

Die Meldung der »Neuen Zeitung« löste die erste öffentliche Diskussion über restaurative Tendenzen in der Personalpolitik der Bundesregierung aus. Bereits am 21. April 1950 berichtete die »Frankfurter Allgemeine Zeitung« unter der Schlagzeile »Der Vorkampf um das Außenamt«, daß ein Angriff aus parlamentarischen Kreisen gegen die Personalpolitik in den Ämtern vorgetragen worden sei, die als Keimzelle eines Außenamtes gelten könnten. Seit einiger Zeit seien innerhalb der CDU-Fraktion Bedenken dagegen geäußert worden, daß im Verbindungsstab zur Alliierten Hohen Kommission und im Organisationsbüro für die konsularischen Vertretungen viele ehemalige Parteigenossen beschäftigt würden. Aus unterrichteten Kreisen habe die Redaktion erfahren, »daß alle diese ehemaligen Parteigenossen nur formale Angehörige der Partei gewesen seien, deren Mitgliedschaft sich aus der zwangsweisen Zugehörigkeit gerade der meisten Beamten des Auswärtigen Amtes zur Partei ergeben habe«. Nach Auffassung parlamentarischer Kreise müsse einmal grundsätzlich geklärt werden, »daß sich unter dem Begriff der ehemaligen Parteigenossen zweierlei verberge, nämlich die wirklich aktiven Parteigenossen und die Fachmänner, die Parteigenossen geworden seien. Ein Aus-

147

scheiden aller ehemaliger Parteiangehöriger würde die Fachmänner in den auswärtigen Vertretungen zu seltenen Erscheinungen machen. Damit könne der Auswärtige Dienst seine Funktionen nicht voll erfüllen. Eine solche Lähmung liege weder im deutschen noch im Interesse der Alliierten.«[5]

Mit dieser Darstellung folgte die »Frankfurter Allgemeine Zeitung« weitgehend den amtlichen Verlautbarungen. Dagegen bleibt festzuhalten, daß die Annahme einer »nur formalen« Mitgliedschaft in der NSDAP ebenso realitätsfremd ist wie eine »zwangsweise Zugehörigkeit«. Jeder Antrag zur Aufnahme in die NSDAP war individuell zu stellen. Nicht wenige Gesuche wurden abgelehnt. Aus der Mitgliedschaft erwuchsen gleiche Rechte und Pflichten. Eine Unterscheidung zwischen »formalen«, »nominellen« oder anderen Mitgliedern läßt sich aus den Personalunterlagen der NSDAP nicht bestätigen.[6] Die unterstellte »formale« oder »zwangsweise« Zugehörigkeit zur NSDAP entsprang vielmehr apologetischer Intention, wie sie im Zuge der Entnazifizierung und auch danach häufig zu beobachten war.[7]

Unabhängig von amtlichen Verlautbarungen und wesentlich differenzierter kommentierte die »Allgemeine Wochenzeitung der Juden in Deutschland« am 28. April 1950 die von der »Neuen Zeitung« ausgelöste Diskussion um die restaurativen Tendenzen im Auswärtigen Dienst. »Erfahrung und Kenntnis der Gepflogenheiten des außenpolitischen Verkehrstones sind sicher ein nicht zu unterschätzender Vorteil für Beamte des diplomatischen Dienstes.« Zukünftige Diplomaten sollten freilich ein weit stärkeres Positivum aufweisen können: das des wirklichen Unbelastetseins, wobei dieser Begriff nicht im Sinne der Entnazifizierung zu verstehen sei.

Bei der personellen Besetzung des entstehenden Auswärtigen Amts hätten neben der Herkunft aus dem alten Amt auch die Zugehörigkeit zum Kösener S. C. sowie die Verbindung zu Adelskreisen den Ausschlag gegeben. »Ein gut Teil der Männer, die im diplomatischen Dienste der Bundesrepublik stehen oder sich auf diesen vorbereiten, haben ihren Beamteneid […] zwei, die älteren sogar dreien Herren geschworen. Nun heben sie wieder einmal die Hand, um ›bei Gott dem Allmächtigen‹ sich dem deutschen Volke zu verpflichten.« Das Ausland wolle indes weniger Beamte als vielmehr Menschen. »Gerade jene Nur-Sachlichkeit hat ja diese Typen geboren, die jedem Herren dienen, wenn er einmal ›legal‹ ist. Und solche Legalität ist gefährlich, weil sie nicht untermauert ist von Moralität, von jener Moralität, meinen wir, die auf dem Boden echter Toleranz gedeiht: ohne das eigene Postulat aufzugeben, so doch das des anderen als gleichberechtigt zu werten. Vor allem aber fürchten wir, daß unter den Diplomaten der Ribbentrop'schen Ära allzu viele einer bloßen Opportunität weiter verhaftet bleiben werden, weil diese ihnen zur zweiten Natur, zu einem Attribut ihrer Substanz geworden ist.«[8]

Mit ähnlichem Tenor, aber politisch pointierter formulierte Robert M. W. Kempner, der ehemalige US-Ankläger im Wilhelmstraßen-Prozeß, am 22. September 1950 seine öffentliche Kritik an der bisherigen Personalpolitik, die er mit bemerkenswerten Reformvorschlägen verknüpfte:

»Das neue Auswärtige Amt und der neue Auswärtige Dienst gehören dem deutschen Volk und nicht einer Clique von Möchtegern-Diplomaten, belastet mit einer außenpolitischen Vergangenheit, die zweimal innerhalb von 25 Jahren das Volk an den Rand des Ruins brachte.«[9] Es gelte, ein Außenministerium zu formen, das diesen Namen wirklich verdiene: ein Gremium aus Kennern fremder Völker, von Männern und Frauen mit Menschenerfahrung, von erfolgreichen Persönlichkeiten aus Handel, Industrie und Geisteswelt, aus Gewerkschaftsbewegung und Presse, aus Staats- und Stadtverwaltung.

Deutschland habe genug solcher Talente für das wichtigste Ministerium der Bundesrepublik. Man müsse nur den Mut haben, sie für ihre Mithilfe am Neuaufbau der deutschen außenpolitischen Beziehungen gewinnen zu wollen. Der Zeitpunkt dafür sei jetzt gekommen, nachdem soeben die Schaffung eines deutschen Außenministeriums zugestanden worden sei. Es sei ein historischer Zeitpunkt, wie er noch niemals in der Geschichte der Institution bestanden habe, die seit 1871 die deutsche Außenpolitik verwaltet hat.

Nach Bismarcks Rücktritt sei das kaiserliche Auswärtige Amt ein das Schicksal des deutschen Volkes ständig gefährdendes Intrigennest von Ehrgeizlingen gewesen, von denen keiner vor seiner Berufung auf höchste diplomatische Posten als Kaufmann, Gutsbesitzer, Politiker oder Jurist Erfolg gehabt hätte. Seit dieser Zeit habe die Aufnahme in das diplomatische Korps im wesentlichen nur adligen Mitgliedern des Kösener S. C. offengestanden. In der Weimarer Republik hätten sich das Zentrum unter Matthias Erzberger, aber auch die Sozialdemokraten und später Gustav Stresemann bemüht, wirkliche Kenner fremder Völker auf die wichtigsten außenpolitischen Posten zu bringen. Dies sei nur in einigen Fällen unter größten Schwierigkeiten gelungen. Nicht einmal Stresemann habe sich, so Kempner, »gegen die alte Clique« durchsetzen können. Während des Dritten Reiches seien die leitenden Amtsangehörigen – von wenigen rühmlichen Ausnahmen abgesehen – teils Schwächlinge und Opportunisten ohne Charakter und Zivilcourage gewesen, teils ausgesprochene Verbrecher: Handlanger der Hitlerschen Kriegspolitik und der Himmlerschen Ausrottungskampagne.

Es sei ein offenes Geheimnis, daß die Qualifikation vieler Personen, die bereits als Kern für das zukünftige Auswärtige Amt engagiert sind, weit unter dem teilweise sehr hohen Beamtenniveau anderer Ministerien stehe. Leitende Politiker und Abgeordnete der Regierungsparteien und der Opposition seien darüber höchst beunruhigt. Nunmehr bestehe für sie die letzte Gelegenheit, eine Änderung durchzusetzen. Das neue Deutschland habe genug Talente, die am Neuaufbau der deutschen Außenpolitik mitwirken könnten.[10]

Zu den Mitgliedern des Deutschen Bundestages, die mit besonderer Aufmerksamkeit die Personalpolitik im Auswärtigen Dienst verfolgten, gehörte der Zentrumsabgeordnete Bernhard Reismann (Münster/Westfalen).[11] In einem an Bundeskanzler Adenauer persönlich gerichteten Privatschreiben vom 13. April 1950 beklagte Reismann vor allem »die schon wieder evident werdende Vorherrschaft der Corps und ihres ›weißen Kreises‹ im werdenden Auswärtigen Amt. Die Corps, insbesondere der Cösener SC, halten schon wieder alle Schlüsselstellungen in Personalfragen inne. Ganz wie im A. A. der Weimarer Zeit.« Praktizierende Katholiken hätten darin nur eine nebensächliche Rolle spielen können. »Was kann es nützen, daß mal hier und da ein Konsul oder Botschafter Katholik ist oder sonst einer mal nicht zum Cösener SC gehört.« Es komme darauf an, so Reismann, »daß der Cösener SC nicht die Personalreferate in der Hand hat, die Schlüsselstellung, die über die personelle Zusammensetzung des Auswärtigen Amtes für die nächsten Jahre entscheidet. […] Herr Dr. Globke, der hinsichtlich seines guten Willens für seine diesbezügliche Aufgabe durchaus mein Vertrauen hat, ist dem gegenüber nach meiner Meinung ziemlich machtlos, solange er nicht selber die Personalstelle ist.« Es gebe auch in den Reihen des Auswärtigen Amts Personen, die nicht zu diesem weißen Kreis gehörten und für ein Personalreferat durchaus geeignet wären. Er, Reismann, habe aber den Eindruck, daß diese mit Überlegung geradezu ferngehalten würden. Dieses geschehe mittels gleichartiger Intrigen, wie sie für das alte Auswärtige Amt üblich und typisch gewesen seien.

Reismann schloß seinen Brief mit der Feststellung, daß er bei keiner der »überspielten« Personen ein parteipolitisches Interesse verfolge, da diese der Zentrumspartei nicht angehörten. Er könne aber nicht schweigend zusehen, wie sich wieder eine »katholikenfeindliche Verwaltung« etabliere, die im Ausland Ansehen zu gewinnen denkbar wenig geeignet sei, den Erklärungen Adenauers nicht entspreche und auch für sachliche Erfolge nicht besonders geeignet erscheine.[12]

Dieses Schreiben ging zwar am 18. April 1950 im Bundeskanzleramt ein, wurde aber nach seinem Umlauf in den Abteilungen I und II der Dienststelle für Auswärtige Angelegenheiten am 19. Juni 1950 von Herbert Blankenhorn »einstweilen« zu den Akten genommen[13] – und blieb monatelang unbeantwortet. Nachdem der Abgeordnete Reismann zwischenzeitlich an die überfällige Stellungnahme erinnert hatte, forderte das Büro des Bundeskanzlers im November 1950 eine Abschrift des Briefes an. Daraus kann man schließen, daß die Urschrift dem Bundeskanzler zunächst vorenthalten worden ist. Am 23. November 1950 übersandte Reismann die erbetene Abschrift. In seinem Begleitschreiben an Bundeskanzler Adenauer akzentuierte Reismann die Kritik an den nach seiner Auffassung restaurativen Tendenzen in der Personalpolitik des entstehenden Auswärtigen Dienstes: »Inzwischen bin ich in die Materie noch mehr eingedrungen und glaube feststellen zu können, daß es sich nicht bloß um einen übermäßigen Einfluß des SC, sondern um eine Restauration der Vorherrschaft der alten im AA dominierenden Schicht handelt, die auf Leistungsfähigkeit offenbar keine Rücksicht nehmen zu müssen glaubt.«[14]

Auch dieser Brief blieb zunächst unbeantwortet. Ein Antwortschreiben Adenauers, entstanden in Blankenhorns Abteilung, ist zwar im Entwurf überliefert, aber offenbar nicht abgeschickt worden.[15] Daraufhin sah sich der Abgeordnete Reismann nach eigener Darstellung gezwungen, die Öffentlichkeit zu unterrichten. Anfang 1951 publizierte er einen kritischen Beitrag über die restaurativen Tendenzen im Auswärtigen Dienst (»Geschlossene Gesellschaft«) in der Wochenzeitung »Das Zentrum«. Seine Kritik richtete sich hauptsächlich gegen die dominierende Rolle der Mitglieder des Kösener SC in den Schlüsselpositionen der Zentrale, die vermeintliche Benachteiligung katholischer Amtsangehöriger sowie gegen die Wiederverwendung ehemaliger »Mitläufer« aus der Wilhelmstraße, die sich nach 1945 als »Oppositionelle« und »Opfer« des NS-Regimes gerierten.[16]

In einem historischen Rückblick stellte Reismann einleitend fest, daß der deutsche Auswärtige Dienst seit Bismarcks Zeiten durch gesellschaftliche Exklusivität gekennzeichnet gewesen sei. Der Zugang zu den leitenden und repräsentativen Stellungen sei weitgehend durch Herkunft, Familie und Vermögen bestimmt worden. Eine wichtige Rolle bei der Besetzung führender Positionen spiele die Zugehörigkeit zum Kösener SC. Besonderes Merkmal dieses Verbandes sei die außerordentliche Protektion seiner Mitglieder untereinander. Der im Auswärtigen Amt herrschenden Schicht hätten die Korps ihren Stempel aufgedrückt. Ausfluß dieser Prägung sei eine konfessionelle Disparität gewesen. Da Katholiken die Zugehörigkeit zu Korps wegen deren Duellzwanges verboten sei, hätten Protestanten nicht nur in der höheren Beamtenschaft, sondern vor allem in den Schlüssel- und Spitzenstellungen dominiert – vor 1939 ebenso wie nach 1950.

Gegenüber den Briefen an Bundeskanzler Adenauer unterscheidet sich der Artikel Reismanns durch größere Ausführlichkeit und peinliche Konkretion. Reismann belegt seine Kritik mit erstaunlicher Detailkenntnis an verschiedenen Einzelfällen. Wenngleich diese »Fälle« anonym bleiben oder allenfalls mit Initialen erscheinen, sind sie doch auf Grund des Umfeldes oder ihrer Chiffren identifizierbar.[17]

Sobald nach dem Ende des Zweiten Weltkriegs die ersten Anhänger der Kreise um Constantin Freiherr von Neurath (1932 bis 1938 Reichsaußenminister) und Ernst Freiherr von Weizsäcker (1938–1943 Staatssekretär des AA) wieder handlungsfähig geworden seien, habe die gegenseitige Entlastung durch sogenannte Persilscheine eingesetzt, vergleichbar einer Kettenreaktion.

Der Artikel endete mit dem Vorwurf an die Adresse des Bundeskanzlers, daß dieser für die Restauration einer »kastenmäßig abgeschlossenen Kamarilla« allein verantwortlich sei, da er trotz starken Druckes durch den Bundestag bislang weder einen Staatssekretär noch einen Minister des Auswärtigen berufen habe. Er, Adenauer, habe es dieser Kamarilla ermöglicht, »sich abzurunden und häuslich einzurichten«.[18]

Der Beitrag fand die von seinem Verfasser gewünschte Resonanz. Im Januar 1951 berichtete die deutsche und Schweizer Presse ausführlich über den »scharfen Artikel« (FAZ) des Zentrumsabgeordneten Reismann, der die bisherige Personalpolitik des Bonner Auswärtigen Dienstes »einer äußerst scharfen Kritik unterzogen« habe (»National-Zeitung«, Basel).[19] Auch das Bundeskanzleramt kam nunmehr nicht umhin, auf diese Anwürfe zu reagieren. Mit Schreiben vom 26. Januar 1951 an den Abgeordneten Reismann stellte Staatssekretär Hallstein zunächst fest, daß die »Eingabe« Reismanns vom 13. April 1950 dem Bundeskanzler vorgelegen und dessen besondere Aufmerksamkeit gefunden habe. Der Brief sei im Zusammenhang mit ähnlichen Vorwürfen in der Presse Anlaß gewesen, eine Untersuchung anzuordnen. Das Ergebnis dieser Untersuchung habe der Bundeskanzler am 21. April 1950 in einer Pressemitteilung veröffentlichen lassen. Hallstein bedauerte sodann, daß eine besondere Bestätigung des Schreibens vom 13. April 1950 nicht erfolgt sei, und bat, diese Unterlassung zu entschuldigen. Alle Fragen, die er, Reismann, an den Bundeskanzler gerichtet habe, seien zwischenzeitlich durch einen Unterausschuß des Ausschusses für das Besatzungsstatut und auswärtige Angelegenheiten, dem Reismann angehörte, im Deutschen Bundestag beantwortet worden.[20]

Die erwähnte Pressemitteilung vom 21. April 1950 hatte folgenden Wortlaut:»Zu den Veröffentlichungen in der Presse über die Zugehörigkeit von Mitgliedern der Stelle, die im Bundeskanzleramt mit Aufgaben aus dem Arbeitskreis eines Auswärtigen Amtes beschäftigt sind, ist folgendes zu bemerken: Es sind Behauptungen kolportiert worden, dahingehend, daß Angehörige bestimmter früherer Studentenverbände bevorzugt eingestellt würden. Diese Angabe hat sich als falsch erwiesen. Es ist ferner bemängelt worden, auch in Sitzungen des Bundestages, daß im großen Maße frühere PG's dort tätig seien. Diese Behauptung ist übertrieben. Es kann bei der geringen Anzahl von Bewerbern, die geeignete technische Vorbildung haben, auf frühere PG's nicht absolut verzichtet werden. Es wird naturgemäß peinlichst darauf geachtet, daß die betreffenden Herren entlastet sind und sich überhaupt nicht als Nationalsozialisten betätigt haben. [...]«[21]

Diese vom Presse- und Informationsamt der Bundesregierung herausgegebene Mitteilung hält kritischer Nachprüfung nicht stand. Sie ist ein Gemisch aus Rechtfertigung, Verharmlosung und Desinformation. Wie bereits nachgewiesen, dominierten in den Schlüsselpositionen der Dienststelle für auswärtige Angelegenheiten frühere Mitglieder der NSDAP und des Kösener SC. Außerdem ist die Entlastung ehemaliger Diplomaten im Zuge der Entnazifizierung kein hinreichendes Kriterium für deren Eignung und Wiederverwendung im Auswärtigen Dienst der Bundesrepublik Deutschland. Gab es doch neben Diplomaten, die trotz ihrer frühen Zugehörigkeit zur NSDAP oder einer ihrer Gliederungen dem Regime nach 1938 Widerstand leisteten, auch solche, die, ohne je Mitglied der NSDAP gewesen zu sein, beim Vollzug nationalsozialistischer Gewaltpolitik im Zweiten Weltkrieg mitgewirkt haben, und schließlich jene, die sich im Dritten Reich um die Parteimitgliedschaft bemüht hatten, teilweise sogar mehrfach, jedoch abgelehnt worden waren und nach 1945 ihren Nicht-Pg.-Status als Beweis für persönlich geleisteten »Widerstand« gegen das Regime hinstellten.[22]

In seinem Antwortschreiben vom 8. Februar 1951 an Staatssekretär Hallstein bekräftigte und belegte Reismann den Vorwurf, daß seine Schreiben vom 13. April und 28. September 1950 dem Bundeskanzler zunächst nicht vorgelegt worden seien. Er sei auch nicht auf den Gedanken gekommen, »daß der Herr Bundeskanzler Briefe an ihn persönlich durch das Amt und dieses durch eine öffentliche Verlautbarung an die Presse beantworten läßt, und daß er und die auswärtige Dienststelle es für richtig halten könnten, in solchem Zusammenhang von ›kolportierten Behauptungen‹ zu sprechen.«[23] Auch vermisse er in dem Schreiben Hallsteins »Eingehen auf die sachliche Seite der Angelegenheit«.

Tatsächlich ist Staatssekretär Hallstein auf die ebenso massiven wie detaillierten Anwürfe Reismanns nicht eingegangen. Er widersprach zum Beispiel auch nicht dem Vorwurf, daß der zwischen 1937 und 1945 amtierende Gesandte des Deutschen Reiches in Dublin (Irland), der Anfang 1950 wieder eingestellt worden ist, seine diplomatischen Vorrechte für Spionagezwecke während des Zweiten Weltkriegs mißbraucht habe.

Zur Frage, woher der Zentrumsabgeordnete Reismann seine Kenntnisse über personalpolitische Interna des Auswärtigen Dienstes bezogen hat, liegen keine schlüssigen Beweise vor, jedoch Indizien. Neben den Erkenntnissen, die er als Mitglied des Ausschusses für das Besatzungsstatut und Auswärtige Angelegenheiten gewinnen konnte, stützte sich Reismann auch auf vertrauliche Personalberichte der amerikanischen Hohen Kommission, in deren Besitz er – Presseberichten zufolge – gelangt sei.[24] Überdies konnte Reismann mit großer Wahrscheinlichkeit von den Personalkenntnissen des früheren Zentrumsabgeordneten Georg Schreiber profitieren, der ebenfalls in Münster wohnte und durch Publikationen ebenso wie durch Privatschreiben regen Anteil nahm an der Personalpolitik des entstehenden Auswärtigen Dienstes. Prälat Prof. Dr. Schreiber war als Hochschullehrer an der Attachéausbildung im Auswärtigen Amt der Weimarer Republik beteiligt. Seine Veröffentlichungen beruhen auf intimen Kenntnissen der Personal- und Sozialstruktur des Auswärtigen Dienstes.[25]

Nun mag man einwenden, daß die Kritik an der Personalpolitik des entstehenden Auswärtigen Dienstes von katholischer Seite ebenso wie aus Kreisen ehemaliger Emigranten weniger sachliche als persönliche Motive zur Grundlage hatte, da beide Gruppen sich gegenüber den beati possidentes im diplomatischen Korps unterrepräsentiert, wenn nicht diskriminiert fühlten. So berechtigt deren Kritik an der zügigen und bevorzugten Wiederverwendung früherer Berufsdiplomaten mit nationalsozialistischer Vergangenheit erscheint, so wenig kann dieser Einwand indes überzeugen. Bereits Robert M. W. Kempner hatte in seiner öffentlichen Kritik vom 22. September 1950 die Entsendung erfahrener Persönlichkeiten aus Handel und Industrie in die zu errichtenden deutschen Auslandsmissionen gefordert. Auch der Abgeordnete Reismann beklagte im Schlußteil seiner Anfang 1951 publizierten Kritik die schleppende Eröffnung deutscher Konsulate im Ausland, obwohl die Genehmigungen durch die Alliierten seit Monaten vorlägen und die deutsche Exportwirtschaft nach amtlichen Vertretungen im Ausland rufe. Er, Reismann, habe rasche Aktivität bisher nur in der Stellenbesetzung der Zentrale feststellen können.

Hinzu kamen unausgesprochene Vorwürfe aus den Reihen der deutschen Exportwirtschaft, die ihre Interessen durch die Bundesregierung ungenügend vertreten sah. Es wurde von »Bonner Versäumnissen« hinsichtlich der Konsulate gesprochen. Die Wirtschaft sah sich von ihren Partnern im Ausland abgeschnitten und forderte die Errichtung deutscher Auslandshandelskammern.[26]

Erste parlamentarische Untersuchung

Zur Prüfung der öffentlichen Vorwürfe, die mit zunehmender Tendenz gegen die Personalpolitik erhoben wurden, beschloß der Ausschuß für das Besatzungsstatut und Auswärtige Angelegenheiten des Deutschen Bundestages in seiner Sitzung vom 20. Juli 1950, einen Unterausschuß »Auswärtiger Dienst« einzusetzen. Am 15. September 1950 hat sich dieser Unterausschuß konstituiert. Er bestand aus den Abgeordneten Günther Henle (CDU), Gerhard Lütkens (SPD), Karl Georg Pfleiderer (FDP), Karl von Campe (Deutsche Partei) und Gebhard Seelos (Bayernpartei) als Vorsitzendem.[27]

Trotz ihrer Zugehörigkeit zu verschiedenen Fraktionen verfügten die Ausschußmitglieder über eine bemerkenswerte Gemeinsamkeit, die in der offiziösen Darstellung von Wilhelm Haas zur Entstehungsgeschichte des Auswärtigen Dienstes unerwähnt geblieben ist: Alle kamen aus dem alten Amt in der Berliner Wilhelmstraße, und mancher hoffte auf seine Wiederverwendung im Auswärtigen Dienst der Bundesrepublik Deutschland. Tatsächlich wurde von Campe 1952 Botschafter in Chile, Seelos 1955 in Portugal und Pfleiderer 1957 in Belgrad.[28]

Bereits am 14. September 1950, das heißt einen Tag vor Konstituierung des Ausschusses, unterrichtete Bundeskanzler Adenauer den Leiter der Verbindungsstelle zur Alliierten Hohen Kommission, Ministerialdirektor Blankenhorn, durch ein geheimes Schreiben über die personelle Zusammensetzung des Ausschusses. Wörtlich fügte Adenauer hinzu: »Ich glaube, daß die Zusammenarbeit mit diesem Ausschuß uns unsere Aufgabe nur erleichtern kann und bitte, die Verbindung mit Herrn Seelos aufzunehmen.«[29]

So genehm dem Bundeskanzler die Mitglieder dieses Ausschusses erschienen, so wenig war diese Zusammensetzung dazu angetan, eine unvoreingenommene und rückhaltlose Überprüfung der Vorwürfe gegen die Personalpolitik im Auswärtigen Dienst zu gewährleisten. Die vom Ausschußvorsitzenden Seelos an die Dienststelle für Auswärtige Angelegenheiten gerichteten 19 Fragen berücksichtigten überwiegend nicht den Kern der öffentlichen Kritik. So wurde zum Beispiel weder die Zugehörigkeit der leitenden Beamten zur NSDAP oder einer ihrer Gliederungen ermittelt noch deren Mitgliedschaft im Kösener Seniorenkonvent – Aspekte, an denen sich die frühe Kritik besonders häufig entzündet hatte.

Statt dessen wurden – ungefragt – Beamte und Angestellte des höheren Dienstes in der Bonner Zentrale, also jene, die zur Ausübung von Hoheitsakten berechtigt waren, und solche, die dieses Recht nicht hatten, gemeinsam in einer Übersicht erfaßt, so daß sich deren nationalsozialistische Vergangenheit und berufliche Herkunft relativierten: Von den insgesamt 96 höheren Beamten und Angestellten kamen demnach 49 aus dem alten Amt, 47 waren Neuzugänge, 55 gehörten der NSDAP an, 41 nicht. Eine Differenzierung zwischen Beamten und Angestellten hätte dagegen ein deutlich größeres Übergewicht der ehemaligen Amtsangehörigen und NSDAP-Mitglieder in den Schlüsselstellungen der Zentrale ergeben.[30]

Die geringe Relevanz der Fragestellung und die Unverbindlichkeit in der Beantwortung illustrieren folgende Beispiele: »Frage 1: Wieviel Gesuche für höhere Beamtenstellen sind eingegangen?« Antwort: »Es läßt sich nicht angeben, wieviele Gesuche für den höheren Dienst eingegangen sind. Es steht lediglich die Summe sämtlicher für den Auswärtigen Dienst eingegangener Bewerbungen fest, deren überwiegender Teil allerdings auf Einstellung in den höheren Dienst abzielt. Die Summe der Gesuche beläuft sich nach dem Stand vom 30. 9. 1950 auf etwa 20 200 (darunter etwa 1000 Bewerbungen von Beamten des höheren, gehobenen und mittleren Dienstes des ehemaligen A. A.) […].«[31]

Angesichts der im Auswärtigen Dienst traditionell streng hierarchischen Trennung zwischen Beamten des höheren Dienstes auf der einen Seite sowie jenen des gehobenen und mittleren Dienstes auf der anderen Seite, deren Personalien zumal noch in getrennten Referaten (I Pers. A für den höheren Dienst, I Pers. B für die übrigen Dienste) bearbeitet wurden, hätte man eine spezifizierte Antwort auf die Frage 1 erwarten können. Die Auskunft erscheint dagegen eher verwirrend als aufklärend. Den Akten ist nicht zu entnehmen, daß die Ausschußmitglieder eine nachträgliche Spezifikation im Sinne ihrer ursprünglichen Fragestellung verlangt hätten.

Kaum erkennbar ist die Relevanz der Frage 2: »Wieviel Gesuche sind einer engeren Prüfung unterzogen worden?« Laut Antwort wurden 1700 Bewerber, die nicht Beamte des alten AA waren, für den höheren Dienst vorgemerkt oder in die engere Auswahl genommen. Ungenannt bleibt die Zahl der davon eingestellten Bewerber. Zum Vergleich hätte sich die Zahl der ursprünglichen und dann eingestellten Bewerber aus dem früheren Auswärtigen Amt angeboten. Doch auch diese Angabe fehlt. Erkenntnisinteresse und Quintessenz blieben mithin diffus.

Andere Fragen betrafen die vormalige und zukünftige Personalplanung des Auswärtigen Dienstes, hatten also mit dem originären Untersuchungsauftrag wenig zu tun.

Da die Erhebungen des Ausschusses teils vertraulichen, teils geheimen Charakter hatten, ist zunächst kein Untersuchungsergebnis veröffentlicht worden. Folgt man der 1969 erschienenen Darstellung des ersten Personalchefs im AA, Wilhelm Haas, habe der Unterausschuß »Auswärtiger Dienst« keinen Anlaß zu Beanstandungen gesehen, vielmehr der personalpolitischen Praxis vorbehaltlos zugestimmt.[32] Erst nachdem der Zentrumsabgeordnete Reismann durch Publikation seines Beitrags »Der Auswärtige Dienst in Bonn – Geschlossene Gesellschaft« Anfang Januar 1951 dem geheimgehaltenen Untersuchungsbefund offensichtlich widersprochen hatte, gab die Presse- und Informationsstelle des Deutschen Bundestags am 25. Januar 1951 die folgende Pressenotiz heraus, in der das Untersuchungsergebnis mit einem Satz bilanziert wurde: »Der Ausschuß für das Besatzungsstatut und Auswärtige Angelegenheiten hat sich in seiner Sitzung vom 24. Januar 1951 u. a. mit den von dem Abgeordneten Dr. Reismann in der Zeitschrift ›Zentrum‹ erhobenen Vorwürfen gegen die Personalpolitik der Dienststelle für Auswärtige Angelegenheiten im Bundeskanzleramt befaßt. Es wurde festgestellt, daß diese Personalpolitik in größter Ausführlichkeit in einem Unterausschuß des Auswärtigen Ausschusses behandelt worden war, dem Dr. Reismann angehörte. Der Ausschuß hat sämtliche Vorwürfe geprüft und für unbegründet befunden. Es erschien dem Ausschuß um so bedauerlicher, daß diese Vorwürfe nach Abschluß der Tätigkeit des Unterausschusses erneut erhoben worden sind.«[33]

Die Veröffentlichung dieser Notiz erfolgte vermutlich auf Betreiben, zumindest aber mit Billigung der meisten Mitglieder des Unterausschusses »Auswärtiger Dienst«, um den Abgeordneten Reismann zurechtzuweisen und dessen deutlich abweichende Darstellung zu erschüttern. Es überrascht nicht, daß Haas diese »Zurechtweisung« als »ungewöhnlich« apostrophierte und als Argument zur Rechtfertigung seiner Personalpolitik heranzog.[34]

Die Kernaussage der Pressenotiz, der zufolge *sämtliche* Vorwürfe gegen die Personalpolitik geprüft und für unbegründet befunden worden seien, läßt sich, wie nachgewiesen, nicht aufrechterhalten. Geringe Relevanz und unzureichende Präzision in der Fragestellung sowie mangelndes Insistieren auf vollständige und spezifizierte Antworten zum Fragenkatalog haben dazu beigetragen, daß die Untersuchung wie das Hornberger Schießen ausging. Der Mißerfolg war freilich schon mit der Zusammensetzung des Ausschusses angelegt. Angesichts des im diplomatischen Dienst verbreiteten Korpsgeistes konnte von diesem Ausschuß, dem mehrheitlich ehemalige Diplomaten als Mitglieder angehörten, die zumal noch auf ihre spätere Wiederverwendung hofften, keine unabhängige und rückhaltlose Aufklärung der öffentlichen Vorwürfe gegen die Personalpolitik im entstehenden Auswärtigen Dienst der Bundesrepublik Deutschland erwartet werden.

Daß die relativ unabhängigen Abgeordneten des 1951 eingesetzten Untersuchungsausschusses Nr. 47 des Deutschen Bundestages bei ihrer Prüfung der in neuerlichen Presseberichten verschärften Kritik gegenüber dem Auswärtigen Amt und seiner Personalpolitik zu deutlich abweichenden Befunden kamen, zeigt das folgende Kapitel.

Artikelserie der »Frankfurter Rundschau«: »Ihr naht euch wieder ...«

> »Ihr naht euch wieder, schwankende Gestalten,
> Die früh sich einst dem trüben Blick gezeigt.«
> *Goethe, Faust, Zueignung*

Die geringe Wirkung der frühen Kritik an der Personalpolitik im Auswärtigen Dienst regte den Journalisten Michael Mansfeld an, nach mehrmonatigen Recherchen in Archiven und Bibliotheken eine fünfteilige Serie unter dem Titel »Ihr naht euch wieder... ...« vom 1. bis 6. September 1951 in der Frankfurter Rundschau zu veröffentlichen. Diese Artikelserie erregte nicht nur in der deutschen, sondern auch in der internationalen Presse großes Aufsehen, hatte überdies peinliche Reaktionen im Auswärtigen Amt zur Folge und führte schließlich auf Verlangen der SPD-Fraktion im Deutschen Bundestag zur Einsetzung des parlamentarischen Untersuchungsausschusses Nr. 47.

Die Personalpolitik des Auswärtigen Amts war seit dem Kaiserreich schon mehrfach Gegenstand parlamentarischer Anfragen und Untersuchungen gewesen. Bis zum Frühjahr 1951 hatte es die Amtsspitze stets verstanden, Kritik und Vorwürfe als unbegründet zurückzuweisen – mehr oder weniger überzeugend.[1] Den Abgeordneten des Untersuchungsausschusses Nr. 47 gelang es erstmals, maßgebliche Faktoren in der Personalpolitik dieses klassischen Ministeriums offenzulegen und diverse Mißstände aufzuklären.

Da die Artikelserie von Michael Mansfeld Ausgangspunkt und Arbeitsgrundlage für die parlamentarische Untersuchung bildete, wird sie im folgenden vollständig wiedergegeben. Neu erschlossene Aktenbestände, darunter die bislang unter Verschluß gehaltenen vertraulichen Protokolle des Untersuchungsausschusses, sowie Personalunterlagen aus dem Berlin Document Center erlauben es, die Vorwürfe Mansfelds ebenso zu prüfen wie die Voten des Untersuchungsausschusses.

»Ihr naht euch wieder ...«

Einblicke in die Personalpolitik des Bonner Auswärtigen Amtes (I)
Von Michael Mansfeld

Die Besetzung des neuen Auswärtigen Amtes muß einen besonderen Takt verlangen. Mit gutem Recht kann der Bürger der Bundesrepublik erwarten, daß seine Repräsentanten dem Ausland gegenüber über die vielgepriesene »weiße Weste« verfügen. Zahlreiche Stimmen erhoben sich schon und warnten davor, das neue »AA«, Koblenzer Straße-Bonn, zu einer Wiedergeburt der Wilhelmstraße-Berlin werden zu lassen. Tatsächlich waren die Vorwürfe gegen die Personalpolitik der Koblenzer Straße nie detailliert. Lediglich drei anonyme Schreiben, die im Frühjahr dieses Jahres versandt wurden, befaßten sich im einzelnen mit den Hintergründen der Stellenbesetzung im Auswärtigen Amt. Diese Schreiben, eine bösartige Karikatur und zwei hektographierte Rundbriefe, deren Herkunft dunkel bleibt, bildeten vorübergehend Gesprächsstoff im Bundestag und in der Koblenzer Straße. Es lohnte nicht, darauf einzugehen, wenn sich nicht herausgestellt hätte, daß ein Teil der darin aufgestellten Behauptungen tatsächlich auf Wahrheit beruht.

Nun lenkt eine andere Tatsache die Aufmerksamkeit von neuem auf dies umstrittene Amt: Der Leiter der Personalabteilung, Staatsrat Dr. Wilhelm Haas, wurde durch Generalkonsul a. D. Dr. Herbert Dittmann ersetzt. Um die Mitarbeiter von Haas, Dr. Wilhelm Melchers und Dr. Rupprecht von Keller, schwebt ein Hauch der Ungewißheit. In eingeweihten Bonner Kreisen wird jedoch angenommen, daß beide nicht ins Amt zurückkehren. Einschließlich Haas rechnen sie wohl mit einer Auslandsvertretung.

Neben Dittmann steht bisher nur noch die Besetzung des Leiters der Abteilung II, der »Politischen Abteilung«, mit Ministerialdirektor Dr. Herbert Blankenhorn fest. Weitere vier Abteilungen sind nur »provisorisch« besetzt. Man spricht von ihnen im Rühr-mich-nicht-an-Ton. Die Abteilungsleiter müssen erst durch Kanzler und Kabinett bestätigt werden. Außerdem liegt noch eine Liste von 24 Generalkonsuln vor, über die zudem noch die Regierungen der Länder, bei denen sie arbeiten sollen, zu entscheiden haben.

Bevor nun Entschlüsse gefaßt werden, sei auf einige Tatsachen hingewiesen, die bemerkenswert sind. Unter der Ära Haas sind Pannen passiert. Im Vorläufer des »AA«, der sogenannten Verbindungsstelle zur alliierten Hochkommission, waren eine Reihe Persönlichkeiten aufgetaucht, deren Auftreten in der in- und ausländischen Presse beanstandet wurde. Ein Teil dieser Leute ist trotzdem heute bereits auf Posten im Ausland. Angesichts der oben erwähnten Liste von Konsuln und angesichts der Tatsache, daß in den heutigen Provisorien Persönlichkeiten tätig sind, die vielleicht bestätigt und dann wiederum Angriffen ausgesetzt werden, muß auf die Zusammenhänge eingegangen werden.

Haas selbst bot keine Angriffsflächen. Er ist allerdings SCer. SC ist die Abkürzung für Senioren-Convent = Altherrenverbände der studentischen Corps. Das AA-Wilhelmstraße war immer stark durchsetzt mit Angehörigen des SC.

Haas schied 1937 wegen seiner »nichtarischen« Frau aus dem AA aus. Er übernahm einen hochdotierten Posten als politischer Beobachter bei der von der IG finanzierten Defag in Ostasien. Die Tätigkeit in China konnte er nur mit ausdrücklicher Genehmigung der NSDAP antreten, die der damalige Gauleiter und Chef der NS-Auslandsorganisation, Staatssekretär E. W. Bohle, sofort erteilte. Haas hatte engsten Kontakt mit der deutschen Botschaft in Peking, ließ sich jedoch nach Kriegsende als DP [displaced person] erklären und auf Kosten der IRO nach Europa zurücktransportieren. Der Vorwurf, Haas habe sich bei seiner Tätigkeit in Bonn inoffiziell vom Hess-Protégé und ehemaligen Chef der Personalabteilung bei Ribbentrop, Ministerialdirektor a. D., einst SA-Brigadeführer und Landesgruppenleiter in Ägypten, Hans Schröder, dem »Mann mit dem phänomenalen Gedächtnis« beraten, ist offensichtlich nicht unberechtigt.

Die Mitarbeiter von Haas waren jedoch massiveren Anfeindungen ausgesetzt. Dr. Wilhelm Melchers, Pg., als Vortragender Legationsrat bis 1945 im Dienst, nahm bei Ribbentrop die Proteste des Mufti von Jerusalem entgegen, der »immer nur kam, wenn mal ein paar Juden gerettet werden sollten«. Ab 1943 erscheint sein Name auf dem umfangreichen Verteilerschlüssel des AA, und es klingt unglaubhaft, wenn Melchers in seiner Vernehmung in Nürnberg – unter Eid – behauptet, sein Amt habe mit Terror- und Deportationsmaßnahmen nichts zu tun gehabt. Er wird bei dieser Vernehmung auch gleich durch Vorhalt von Dokumenten, auf denen sein Name steht, eines Besseren belehrt.

Dr. Rupprecht von Keller, Pg. und SCer, hatte große Schwierigkeiten bei seiner Entnazifizierung in München. Über diese half ihm Dr. Anton Pfeiffer, damals bayerischer Staatsminister, hinweg, der später von derselben Personalabteilung, der von Keller angehörte, als Botschafter nach Brüssel empfohlen und inzwischen bestätigt wurde. Seinen Bruder, Dr. Peter Pfeiffer, Pg., letzter NS-Generalkonsul in Algier, findet man heute als Leiter der Diplomatenschule in Speyer. Von ihm stammt der viel belächelte Funkspruch, den er nach Landung der Alliierten in Nordafrika dem Äther anvertraute und der etwa lautete: »Stadt unter Artilleriefeuer. Dies ist mein letztes Telegramm. Es lebe der Führer. Pfeiffer«. Beide Pfeiffers übrigens beförderten Dr. Hans von Herwarth aus dem alten AA nach Kriegsende in die bayerische Staatskanzlei, und von Herwarth ist heute Chef des Protokolls in der Koblenzer Straße. Er wiederum zog in die Staatskanzlei den mit Ribbentrop verschwägerten Dr. Hans Schwarzmann, Pg., nach, der ihm auch nach Bonn folgte. Bis jetzt saß er im Vorzimmer von Haas. Man vergaß wohl dabei, daß Schwarzmann als Verbindungsmann von Botschafter Abetz (Paris) zu Ribbentrop laufend völkerrechtswidrige Aufträge weitergab und daß durch seine Hände der berüchtigte Vorgang über die geplante Ermordung der französischen Minister Mandel und Reynaud ging. Diese Tatsachen vergaß er nämlich selbst bei seiner Entnazifizierung.

Zurück nun zum Personaltriumvirat Haas – Melchers – Keller: Ohne Rücksicht auf den zeitlichen Ablauf der Geschehnisse seien hier drei Fälle genannt, die der deutschen Öffentlichkeit bisher vorenthalten wurden und die man wohl als Pannen bezeichnen kann:

Heribert von Strempel sollte als Botschaftsrat und Vertreter im Amt dem deutschen Missionschef in Rio de Janeiro, Dr. Fritz Oellers, folgen. Einen Tag vor der Ausreise auf dem italienischen

Dampfer »Conte Grande« wurde Strempel zurückgepfiffen. Strempels Name ist noch aus mehreren gegen ihn angestrengten Untersuchungsverfahren in den USA zu bekannt. Als 1. Sekretär der deutschen Botschaft in Washington hatte er während des Krieges maßgebend die Finanzierung der Nazipropaganda in den USA dirigiert. Und dort hatte man das noch nicht vergessen.

Dann geschah ein Unglück mit Dr. Gottfried von Nostitz. Nostitz, auf den in diesem Zusammenhang noch einmal zurückzukommen ist, sollte zur deutschen Auslandsvertretung nach Paris. Trotz erfolgreicher Entnazifizierung verweigerte die französische Regierung das Visum. Begründung: Nostitz habe als Konsul II. Klasse in Genf mit dem SD zusammengearbeitet. So mußte er vorläufig in der Koblenzer Straße bleiben.   (Wird fortgesetzt.)

»Ihr naht euch wieder ...«

Einblicke in die Personalpolitik des Bonner Auswärtigen Amtes (II)
Von Michael Mansfeld

Die dritte Panne nun scheint zu einer ernsthaften Krise zu werden: Angriffsflächen bietet der deutsche Botschafter in Athen, Dr. Werner Ferdinand Karl Alexander von Grundherr. Der Gesandte und Geheimrat von Grundherr (SCer) unter Ribbentrop sagte in öffentlicher Verhandlung im Gerichtssaal von Nürnberg unter Eid aus, daß er als Sachbearbeiter für die skandinavischen Länder die ersten Gelder an Quisling geleitet habe, daß er Mord- und Terrormaßnahmen des deutschen Generalbevollmächtigten in Dänemark, SS-Obergruppenführer Dr. Best, gedeckt habe. Ihm sei bekannt gewesen, daß Best weitere völkerrechtswidrige Maßnahmen vornehmen würde, die er, Grundherr, dann auch hätte decken müssen. Auch bei den Judendeportationen »einschließlich Frauen und Kindern« und der völligen Knebelung Dänemarks hatte »der kleine Herr Grundherr«, wie er sich (lt. Protokoll) nennt, »seine Finger im Kuchen«, so sagt der verhörende Beamte. Dieses Protokoll, aus dem hervorgeht, daß Grundherr erst auf Vorhalt von Dokumenten bereit ist, die Wahrheit zu sagen, wurde bereits am 18. Januar 1951 dem Bundespräsidialamt und dem Bundeskanzleramt zugeleitet. Es kam wohl nicht ganz in die richtigen Hände. Deshalb zitierte MdB Dr. Bernhard Reismann (Zentrum) in der 145. Bundestagssitzung am 31. Mai 1951 Auszüge aus diesem Dokument. Am 14. Juni 1951 wurde jedoch aus dem Generalkonsul ein Botschafter von Grundherr. Am 4. Juli wurde der Bundespräsident nochmals in dieser Sache unterrichtet. Da diese Information auch an verschiedene Mitglieder des Bundestages ging, wird die Opposition wohl eine massive Anfrage in der kommenden Sitzungsperiode starten. Im Juli wurde Grundherr übrigens noch vom Kanzler auf dem Bürgenstock empfangen.

Was den aufmerksamen Beobachtern im Falle Grundherr entging, ist zunächst, daß noch eine ganze Reihe von Originaldokumenten erhalten sind, aus denen hervorgeht, daß Grundherr immerhin aktiv in die Terrorpolitik des »Dritten Reiches« eingriff und daß er trotzdem seine Entnazifizierung gut überstand. Diese zweite Tatsache ist symptomatisch für alle Namen, die im Laufe dieser Ausführungen noch genannt werden. Unter diesen Umständen war es natürlich nicht möglich, Grundherr wieder in Skandinavien einzusetzen. Was allerdings ein Mann, der seit 1925 ausschließlich die nordischen Länder bearbeitete, nun plötzlich auf dem Balkan soll, bleibt unerfindlich. Oder ist die Diplomatie von heute so wenig differenziert, daß es nur auf eine geschäftsmäßige Routine ankommt?

Was dem AA noch bevorsteht, wenn bekannt wird, daß Dr. Ullrich von Marchthaler, Pg. und SCer, der sich als Gesandtschaftsrat der deutschen Botschaft in Tokio bis 1945 sofort nach Kriegsende in Tokio den Amerikanern für Aussagen gegen seine ehemaligen Kollegen zur Verfügung stellte, mittlerweile als Botschaftsrat an der deutschen Vertretung in Rio gelandet ist, ist kaum abzusehen.

Dieses schwere Erbe hat nun der zum kommissarischen Leiter der Personal- und Verwaltungsabteilung im AA ernannte Ministerialdirektor Dr. Herbert Dittmann zu übernehmen. Er bringt dazu zunächst zwei bemerkenswerte Eigenschaften mit: Er ist sowohl Katholik als auch … SCer. An sich werden Katholiken exkommuniziert, wenn sie schlagenden Verbindungen angehören. Außerdem hat Dittmann noch eine Eigenschaft: Er war Pg. In der

Personalabteilung bei Ribbentrop 1938/39 tätig, wurde er von diesem noch zum Generalkonsul gemacht und hat somit noch einmal Seltenheitswert: Das AA ist die einzige Bundesbehörde, die in Dittmann einen Pg. als Personalchef hat. Diese Tatsache widerspricht einem Kabinettsbeschluß.

Am Rande sei erwähnt, daß auch der andere bestätigte Abteilungsleiter des AA, Min.-Dir. Dr. Herbert Blankenhorn, Pg. war und SCer ist. Er seinerseits nimmt den Ruhm für sich in Anspruch, bei seiner Ernennung zum Leiter der Verbindungsstelle zur alliierten Hochkommission im Frühjahr 1950 der erste Ministerialdirektor-Ex. Pg. der Bundesregierung gewesen zu sein.

Aber um die Hintergründe dieser Personalpolitik zu erforschen, ist man gezwungen, einen Blick in die jüngste Vergangenheit zu tun. Und es klingt wie ein Treppenwitz der Weltgeschichte, wenn man zu der Erkenntnis kommt, daß in den Zeugenständen und im Zeugenflügel der Kriegsverbrecherprozesse in Nürnberg die Wiege der heutigen Koblenzer Straße zu suchen ist.

Um diese Behauptung zu beweisen, muß man auf einen Mann näher eingehen, der vielleicht weniger im Prozeß selbst, als am Rande und hinter den Kulissen in Erscheinung trat: Acht Jahre war der Gesandte Erich Kordt Ribbentrops rechte Hand. Im Nürnberger Prozeß saß er mit dunkler Brille auf der Zuhörerbank und assistierte der Anklage gegen Ribbentrop, dem er seine unwahrscheinlich schnelle Karriere verdankte, und Neurath. Dieser SS-Obersturmbannführer aus »Scherz« – so nennt er es heute – und Pg. half dem internationalen Gerichtshof, durch die buchstäblich lastwagenweise angefahrenen Tonnen von Akten hindurchzufinden. Der bekannte Nürnbergverteidiger Dr. Carl Haensel äußerte später einmal, Erich Kordt »habe Neurath ans Messer geliefert«. Erich Kordt machte eine Kehrtwendung, als Staatssekretär Weizsäcker im Wilhelmstraßen-Prozeß auf die Anklagebank kam, und wurde zum ersten Mitarbeiter der Verteidigung! Hier, wo das »physische Risiko geringer als bei Hitler war« (so sagte später Weizsäcker in seinen »Erinnerungen«), erwachte auch die Tatkraft Erich Kordts. Mit den Methoden dieses Gerichtes vertraut, erkannte er seine Chance und stellte nun sein Bleiben im Amt, wie das seiner Kollegen und Vorgesetzten, als Widerstand dar. Er verstärkte diesen Eindruck später durch seinen »Mammut-Persil-schein von 441 Seiten« (»Spiegel« 48/50: »Nicht aus den Akten«).

Die Reihe der Zeugen, die nun genannt werden, ist nicht vollständig, jedoch finden wir die Zeugen aus den Jahren 46/48 Dr. Theo Kordt, Dr. Hasso von Etzdorf, Dr. Gottfried von Nostitz, Albrecht von Kessel, Dr. Werner von Bargen, Dr. Kurt von Kamphoevener, Dr. Trützschler von Falkenstein und die schon genannten Dr. Werner von Grundherr, Dr. Wilhelm Melchers, Dr. Hans Schwarzmann, Dr. Rupprecht von Keller, der, wie Erich Kordt, vom Anklage- zum Verteidigungsassistenten wechselte, alle wieder. Und zwar 1951 im Bereich des neuen Auswärtigen Amtes, Koblenzer Straße in Bonn! (Wird fortgesetzt.)

»Ihr naht euch wieder ...«

Einblicke in die Personalpolitik des Bonner Auswärtigen Amtes (III)
Von Michael Mansfeld

Man kann diese Liste vervollständigen und wird dann feststellen, daß weitere Zeugen, die damals für die Wilhelmstraße aussagten, heute in anderen Bonner Ministerien zu finden sind. Kein Stand in Deutschland hatte es so leicht, sich wieder zusammenzufinden. Während andere reisen und suchen mußten, um alte Bekannte wiederzutreffen, die sie vielleicht über die Klippen der Spruchkammer hinwegbringen konnten, wurde den Diplomaten des ehemaligen AA gratis ein historischer Treffpunkt geboten: Der Internationale Militärgerichtshof in Nürnberg.

Der »Manchester Guardian« nannte dieses Aufgebot an Wilhelmstraße-Prominenz »Die Tillergirls von Nürnberg« und bewunderte »während der Verhandlung den tadellosen Rhythmus der Beinchen«.

»Ballettmeister« Erich Kordt studierte seinerseits Kessel, Etzdorf und Nostitz ein. Nostitz legte bei seiner Entnazifizierung ein Schreiben von Erich Kordt vor; vor seiner Vernehmung in Nürnberg hat er dauernd Verbindung mit Kordt, Kessel und Etzdorf, sieht die Protokolle der anderen ein, die ihm sogar nach Stuttgart

168

nachgeschickt werden, und schickt seine eigenen Affidavits (in diesem Zusammenhang wohl am besten mit Persilschein zu übersetzen) in mehreren Exemplaren herum. Kessel seinerseits hält engsten Kontakt mit Kordt und Etzdorf und hat die Aussage von Erich Kordt gelesen, die unmittelbar vor seiner eigenen Aussage protokolliert wurde. Setzen wir nun noch voraus, daß zwischen Erich Kordt und seinem Bruder Theo ein ununterbrochener Erfahrungsaustausch stattfand, so ist »der tadellose Rhythmus« der Gruppe garantiert.

Bevor man sich nun die einzelnen Personen des »Balletts« ansieht, sei darauf aufmerksam gemacht, daß im alten AA Ribbentrops kein Beamter aufgefordert oder gezwungen wurde, der NSDAP beizutreten. Als einzige Beamtengruppe des Dritten Reiches war von der Tatsache der Mitgliedschaft der Partei die Karriere nicht abhängig. Erst ab Sommer 1939 wurde es schwierig, über den vortragenden Legationsrat hinauszukommen, wenn man nicht Pg. war. Bis dahin galt jedoch die Devise: Wer wollte, der konnte. Und ob sie wollten! Manch einer durfte auch nicht. So bemühten sich die schon genannten Werner von Grundherr und Heribert von Strempel je einmal, in die NSDAP aufgenommen zu werden. Sie wurden abgelehnt. Annähernd ein halbes dutzendmal – ohne Erfolg – bewarb sich auch eines der Mitglieder des alten AA, den wir heute zwar nicht in der Koblenzer Straße, sondern nur als Leiter des Bundespresse- und Informationsamtes finden: Nürnbergzeuge Dr. Fritz von Twardowski, vormals Gesandter in der Kulturabteilung bei Ribbentrop.

Erich Kordt selbst ist offensichtlich zu geschickt, um sich schon in den Vordergrund zu schieben. Er begnügt sich zunächst mit einem Dozentenposten an der Diplomatenschule in Speyer und mit dem Posten eines Auslandsberaters beim Ministerpräsidenten Karl Arnold in Düsseldorf. Als Vorhut hat er in die Koblenzer Straße seine Cousine und Hausdame, Frau Susanne Simonis, geschickt, die dort den weiblichen Nachwuchs betreut. In seinem »Nicht aus den Akten« ist sie Mitwisserin des Widerstandes. Daß sie einst in Ostasien der NS-Frauenschaft sehr nahestand und über Radio Tokio Reden an die deutschen Frauen hielt, steht dort allerdings nicht. Bedingung für den Eintritt des Nachwuchses, den

Frau Simonis zu betreuen hat, ist u. a. ein abgeschlossenes Hochschulstudium. Über diesen Nachweis verfügt Frau Simonis nicht.

Dr. Theo Kordt, der provisorische Leiter der Länderabteilung, war Pg. Er hatte diese Tatsache allerdings vergessen, als er im April 1950 in der Dienststelle für Auswärtige Angelegenheiten tätig wurde. Erst die automatische Rückfrage im Document Center in Berlin erwies seine vollgültige Parteimitgliedschaft. Zu derselben Zeit stellte sich das Bundesinnenministerium auf den Standpunkt, daß jeder Bewerber – gleichgültig für welchen Posten –, bei dem sich eine Differenz zwischen eigener Angabe und Document-Center-Auskunft ergab, nicht eingestellt wurde. So genau nahm man es offensichtlich in der damaligen Dienststelle für auswärtige Angelegenheiten, dem Vorläufer des AA, nicht.

Auch er ist – nach Erich Kordt – Widerständler. Etwas merkwürdig mutet an, daß er am 3. Dezember 1939 als Botschaftsrat in Bern von dort nach Mailand fährt, um aus der britischen Botschaft gestohlene Dokumente für das Ribbentrop-AA anzukaufen. Abgesehen davon, daß hierdurch das Strafdelikt einer soliden Sachhehlerei erfüllt ist, beweist der Vorgang, der im internationalen Diplomatischen Corps absolut ungewöhnlich ist, wie weit die Manieren der Nazis bereits im alten Corps des AA eingerissen waren. Auch die Weiterleitung von reinen Spionagetelegrammen mit Angaben von Bombenzielen in England für die deutsche Luftwaffe ist nicht unbedingt Aufgabe eines Diplomaten, der noch dazu Widerstand leistet. (Wird fortgesetzt.)

»Ihr naht euch wieder …«

Einblicke in die Personalpolitik des Bonner Auswärtigen Amtes (IV)
Von Michael Mansfeld

Aber die Dokumentenaffäre in Mailand gibt noch einen anderen, bemerkenswerten Hinweis: Theo Kordt sieht die Dokumente durch und meldet nach Berlin, daß sie »aufschlußreiche Fehlurteile und falsche Prognosen über die deutsche und italienische Politik« enthielten. Da Erich Kordt nun – nach dem Krieg – berichtet, daß sein Bruder bis Kriegsanfang und noch nachher die britische Regierung laufend informiert habe, stimmt die Feststellung von Theo Kordt aus den britischen Dokumenten bedenklich. Hinzu kommt noch, daß die Zeugen der britischen Seite für die Verbindung Theos zum Foreign Office, welche Erich angibt, nach dem Krieg nichts von sich hören lassen. Jedenfalls nichts Freundliches über die Gebrüder Kordt. Andere, sonst von Erich Kordt zum Thema Widerstand genannte Zeugen, sind tot. Sie haben ihren Widerstand während des Krieges mit dem Leben bezahlt. Oder aber sie gehören der oben genannten Reihe der Nürnbergzeugen an.

Dr. Hasso von Etzdorf, den wir heute neben Theo Kordt in der Länderabteilung finden, war Pg. und SA-Standartenführer. Auch er erinnert sich, als er im April 1950 nach Bonn kommt, dieser Tatsache nur in dem Zusammenhang, daß er diesen Rang »repräsentativ« verliehen bekommen habe. An sich ist dies erstaunlich, denn das Datum seines Eintritts in die SA ist historisch: Es war der 30. Januar 1933 (vor oder nach dem Fackelzug?). Nach Kriegsausbruch fungiert er als Verbindungsmann vom AA zum OKH. Juli 1940 ist er im Hauptquartier in Fontainebleau am organisatorischen Einsatz des »Kommandos Künzberg« beteiligt. Dieses hatte den Auftrag, Kunstschätze zu plündern. Ein Verstoß gegen die Haager Landkriegsordnung Art. 46 und 56. Seine Mittäterschaft gibt Etzdorf in seiner Vernehmung in Nürnberg nach Leugnen zu. Außerdem ist er der Überbringer des Handschreibens Weizsäckers an die Generale im Jahre 1942, »ja nicht militärisch zu erlahmen«. »Merkwürdige Sprache eines Widerständlers«, kommentiert der verhörende Beamte. In dem Tagebuch des nach dem 20. Juli hingerichteten Vertreters des alten AA, Ulrich von Hassell, wird Etzdorf als Nachrichtenträger öfters genannt. Von einem aktiven Widerstand steht dort nichts.

Auch Dr. Gottfried von Nostitz finden wir in diesem Tagebuch. Er zeigt schon damals eine starke Tendenz, Weizsäcker zu verteidigen. Seine Vernehmung in Nürnberg steht unter dem Zeichen »Ich erinnere mich nicht«. Dieses Nichterinnern setzt automatisch bei peinlichen Fragen ein, gleichgültig ob es um Vorgänge geht, die neun oder ein Jahr zurückliegen. So erinnert er sich z. B. nicht mehr daran, daß er einst die Bombardierung der offenen

Stadt Warschau befürwortete und vorschlug, das Angebot des Heiligen Vaters, Weihnachten 1939 eine Waffenruhe zu veranstalten, hinhaltend zu behandeln, damit es nicht zu einer Waffenruhe komme. Auf 13 Seiten Protokoll taucht 20mal die Formulierung auf: »Ich erinnere mich nicht.« Zum Schluß war der Konsul II. Klasse und Pg. im Ribbentrop-AA »nur ein Postbote«. Da diese Formulierung auch beim Verhör von Dr. Wilhelm Melchers auftaucht, der Vortragender Legationsrat war und diese Bezeichnung gleich auf Gesandte und Botschafter ausdehnt, darf man nur hoffen, daß die Koblenzer Straße nicht zu einem Postamt wird. Wieviel biedere Postbeamten waren wohl bei ihrer Entnazifizierung in der Lage, 35 »Persilscheine« vorzulegen, wie sie Herr von Nostitz nötig zu haben glaubte? Wir finden ihn heute in der Länderabteilung der Koblenzer Straße.

Das Kreuzverhör von Albrecht von Kessel, Legationsrat a. D. bei Ribbentrop, ist bemerkenswert. Der Verhörbeamte des IMTC gibt Kessel, der engsten Kontakt mit Weizsäcker hatte, die Chance, eindeutig und ausführlich auf die Widerstandtätigkeit des Weizsäcker-Kreises einzugehen. Der Verhörende stellt 49 ins Detail gehende präzise Fragen, die – positiv beantwortet – das Bild echten Widerstands geben könnten. Kessel muß sie alle unter Eid verneinen, oder er »war nicht anwesend«, »weiß nicht genau«, »kann sich nicht erinnern«. Der einzige markante Zeuge, den er angeben kann, ist »leider« gestorben. Und effektiv bleibt nichts, als eine Warnung an eine befreundete Jüdin in Rom. Frage: »Die ist von Ihnen gewarnt worden?« Antwort: »Die ist indirekt gewarnt worden. Ich konnte nicht mehr mit ihr in Verbindung treten.«

(Wird fortgesetzt.)

»Ihr naht euch wieder ...«

Einblicke in die Personalpolitik des Bonner Auswärtigen Amtes (V)
Von Michael Mansfeld

Kessel, der NSKK-Obersturmführer war, versuchte zweimal, in die NSDAP aufgenommen zu werden. Heute ist er stellvertretender Generalkonsul in Paris.

Lohnend ist auch ein Blick in das Provisorium der Rechtsabteilung des AA. Dr. Werner von Bargen, Pg und vor dem Krieg Botschaftsrat in Brüssel, während des Krieges mit dem Gesandtenrang ausgestattet und zum Vertreter des AA beim Mil.-Bef. in Brüssel ernannt. 1933/44 ist er Frankreichreferent im AA. Auch er erinnert sich an viele Dinge nicht mehr, bestreitet in seiner Vernehmung energisch, daß das AA mit Deportationen etwas zu tun gehabt habe und bleibt auch nach Vorlage seiner eigenen Berichte bei dieser Meinung. Den Begriff »Beihilfe zum Mord« scheint er offensichtlich nicht zu kennen. Die Frage, ob er zur Widerstandsbewegung gehört habe, könne er zunächst nicht mit ja oder nein beantworten, muß sie dann schließlich verneinen. Seine Behauptung, er habe gegen Deportationen und völkerrechtswidrige Geiselerschießungen protestiert, können durch Dokumente in seinem Verhör nicht bewiesen werden. »Ich weiß nicht, ob meine Berichte vollständig vorhanden sind.« Frage: »Gibt es Berichte, in denen Sie nicht dagegen protestiert haben?« Antwort: »Daran kann ich mich nicht erinnern.«

Es sei noch Dr. Kurt von Kamphoevener, Botschaftsrat a. D. und SCer, erwähnt, einst Chef der Telegrammkontrolle bei Ribbentrop, heute deutscher Generalkonsul in der Türkei. Dieser gibt in Nürnberg an, er sei 1942 in die NSDAP eingetreten, weil »es mir unmöglich gewesen wäre, meinem Wunsch gemäß, zur Front zu gehen, wenn es mir nicht zumindest gelang, ein politisches Unbedenklichkeitszeugnis zu erhalten«. Abgesehen davon, daß diese Formulierung für Kenner der innerdeutschen Verhältnisse gewagt klingt, steht diese Aussage unter Eid im Gegensatz zu seinem jetzt in der Presse veröffentlichten Lebenslauf, in dem es heißt, er sei als politisch unzuverlässig an die Front abgeschoben worden.

In der handelspolitischen Abteilung der Koblenzer Straße finden wir noch Heinz Trützschler von Falkenstein, SCer, Legationsrat a. D., aus der Politischen Abteilung Ribbentrops von 1939 bis 1945. Dort hatte er einst die Aufgabe, die gutgefärbten Weißbücher für die Ribbentrop-Außenpolitik zu verfassen und Presseinformationen und Propaganda zu bearbeiten.

In derselben Abteilung ist heute auch Dr. Alois Tichy tätig, Pg, bis August 1945 Gesandtschaftsrat bei der deutschen Botschaft in

Tokio und Parteirichter, d. h. Funktionär der NSDAP von 1938 bis 1943.

Dr. Emil von Rintelen, Pg, Botschafter z. b. V. bei Ribbentrop, ist sogar im Urteil im Wilhelmstraßen-Prozeß genannt. Es heißt dort: »Am 19. August 1942 berichtet Rintelen von Ribbentrops Büro in einem Telegramm an das AA, daß die Abtransporte aus Rumänien am 10. September anfangen werden; die Juden würden nach dem Lubliner Ghetto verbracht werden, wo der arbeitsfähige Teil arbeitseinsatzmäßig angesetzt, während der Rest der Sonderbehandlung unterzogen werden solle. Weiter sei Vorsorge getroffen, daß die Juden beim Überschreiten der rumänischen Grenze ihre Staatsangehörigkeit verlieren. Verhandlungen mit dem AA seien seit einiger Zeit im Gange, ihr günstiger Ausgang erscheine gesichert. Zum Schluß bittet Rintelen um Genehmigung für die Durchführung der Abschiebungsarbeiten.« Man findet Rintelens Namen außerdem noch auf einer Reihe ähnlicher Originaldokumente. Heute ist er Dozent an der Diplomatenschule in Speyer.

Wenn in dieser Aufzählung nicht das vielleicht notwendige Maß der Vollständigkeit erreicht wurde, so liegt es nur daran, daß man in Bonn mit »Provisorien« arbeitet und nicht einmal die Namen aller Besetzungen offiziell zu erfahren sind.

Alle Illusionen über die Verwendbarkeit der alten AA-Leute dürften endgültig vergehen, wenn die jetzt aus alliiertem Besitz wieder in deutsche Hand übergehenden Personalakten der Wilhelmstraße gesichtet werden. Unter diesen befindet sich nämlich eine Liste, die Ribbentrop für Himmler anfertigen ließ, um die politische Zuverlässigkeit seines Amtes zu bekunden. Diese Liste enthält nur die Namen derjenigen Beamten, die dem SD angehörten.

Nach Aufzählung dieser Tatsachen jedoch sei ein Absatz zitiert, der bei Beginn des Aufbaus der Dienststelle für Auswärtige Angelegenheiten in der »Neuen Zeitung« vom 15. Dezember 1949 zu finden ist:

»Gleichzeitig wird in den beteiligten Kreisen betont, daß politisch einwandfreie und sachlich qualifizierte Kräfte aus dem alten AA mit eingesetzt werden sollten. Voraussetzung für diese wäre, so betont man, daß sie eindeutig für den neuen Staat eintreten und gewillt sind, ›mit Händen und Füßen‹ für diesen Staat zu kämpfen.«

174

Gerade dieser letzte Satz sollte uns beim heutigen Stand der Dinge bedenklich stimmen. Auf der Suche nach Fachleuten kann man doch wohl nicht auf Personen zurückgreifen, die sich an ein Amt klammerten – mit Händen und Füßen –, im vollen Bewußtsein dessen, daß dieses Amt sich mit dem verbrecherischen Regime identifizierte.

Über das AA Wilhelmstraße, über seine Tätigkeit im Dritten Reich und über das Auftreten seiner Mitglieder vor den Schranken des Gerichtes sollte man vielleicht den Mantel der Nächstenliebe decken. Die grauenhaften Originaldokumente werden fast noch übertroffen durch die peinlichen Ausreden und Lügen der Zeugen. Es sei aber nachdrücklich davor gewarnt, mit dem Ruf nach Fachleuten der Wilhelmstraße ein neues Heim in der Koblenzer Straße in Bonn zu geben. Man hüte sich davor, noch einmal eine »geschlossene Gesellschaft« zu legitimieren; es könnte – um bei Jean Paul Sartre zu bleiben – wiederum »schmutzige Hände« geben.

Abgesehen davon, daß von verschiedenen Seiten tatsächlich einwandfreie Fachleute vorgeschlagen wurden, beweisen die Berichte aus dem Ausland, daß auch die Nichtfachleute in den Auslandsvertretungen gleichwertige Arbeit leisten.

Die Vertreter der deutschen Bundesrepublik im Ausland geben ihre Visitenkarten als Repräsentanten eines Volkes ab, das aus seiner Vergangenheit gelernt haben sollte. Eine Entwicklung, wie sie uns jetzt zu drohen scheint, ließe im Ausland böse Rückschlüsse auf die innerdeutsche Lage zu.

Oder soll das nachfolgende Wort eines Historikers weiterhin Gültigkeit behalten? »In unsere Diplomatie sich hineinbegeben, das heißt, dem gesunden Menschenverstand, dem Recht und der Kraft auf ewig entsagen; ein solches Sortiment von verhunzten Menschenfiguren hat es wohl noch nie gegeben; es wäre im höchsten Grade komisch, wenn es nicht so traurig wäre.«

So schrieb Carl von Grolmann an seinen Schwager, als dieser Diplomat werden sollte. Das war im Jahre 1809.

(Ende.)

Reaktionen in der Presse

Unter der Schlagzeile »Bonner ›AA‹ muß seine Personalpolitik verteidigen« berichtete die Tageszeitung »Die Welt« am 11. September 1951 u. a., daß das Auswärtige Amt einen Gegenangriff vorbereite, »der die Haltlosigkeit einer umfangreichen Kritik der ›Frankfurter Rundschau‹ an der Personalpolitik des ›AA‹ beweisen soll«. Der in Düsseldorf herausgegebenen »Allgemeinen Wochenzeitung der Juden in Deutschland« vom 14. September 1951 zufolge bildete die »Renaissance der Nazis« im Auswärtigen Amt das Tagesgespräch im Bonner Bundeshaus. Die britischen Tageszeitungen »Daily Express« und »Manchester Guardian« veröffentlichten ebenfalls am 14. September 1951 groß aufgemachte Berichte über »Adenauer Hunts The Old Gang« beziehungsweise »Germany's New Diplomatists – Return of Ex Nazis«.[2]

Aus dem Rahmen dieser und anderer Reaktionen fiel die Kommentierung der Hamburger Wochenzeitung »Die Zeit« vom 20. September 1951, die der Chefredakteur Richard Tüngel mit der folgenden Schlagzeile einleitete: »Abermals: Robert Kempner. Einem Schädling muß das Handwerk gelegt werden«. Tüngel zufolge habe die »Frankfurter Rundschau« ausgerechnet »jetzt den Versuch unternommen, die deutsche Regierung über die Personalpolitik des Auswärtigen Amtes zu torpedieren, in dem gleichen Augenblick also handlungsunfähig zu machen, in dem die wichtigsten diplomatischen Verhandlungen mit den Westmächten stattfinden sollen«. Robert Kempner, der ehemalige US-Ankläger im Wilhelmstraßen-Prozeß, habe die Artikelserie inspiriert. Die Verantwortlichen der »Frankfurter Rundschau« seien viel zu unbegabt, um sein Spiel zu durchschauen.

Wörtlich fuhr Tüngel dann fort: »Unsere Leser wissen, wer er [Kempner] ist. Er hat den Staatssekretär von Weizsäcker ins Gefängnis und in den Tod gehetzt [sic!]. […] Schon während der Nürnberger Prozesse war er so großmäulig, rundherum zu verkünden, nur er allein sei auf Grund seiner Aktenkenntnis fähig, das neue Auswärtige Amt aufzubauen. Man hat ihn nicht berufen, und nun rächt er sich.« Tüngel appellierte schließlich »sehr ernsthaft« an den amerikanischen Hochkommissar, dafür zu sorgen, »daß

Amerikaner, denen es offensichtlich darauf ankommt, die guten Beziehungen zwischen den Vereinigten Staaten und der Bundesrepublik mit McCarthy-Methoden zu stören, innerhalb unserer Landesgrenzen nicht mehr geduldet werden.«[3]

Robert M. W. Kempner nahm zu den Beschuldigungen Tüngels in einer Erklärung, die am 21. September 1951 von der »Frankfurter Rundschau« abgedruckt wurde, wie folgt Stellung: »Mir ist es als ehemaligem Hauptankläger der Nazi-Diplomaten in Nürnberg stets eine Ehre, von der ›Zeit‹ angegriffen zu werden. Solche Angriffe sind für meine Freunde und mich eine ehrenvolle Bestätigung, daß wir in Nürnberg unsere Pflicht gegenüber der Menschlichkeit getan haben, denn ›Die Zeit‹ hat sich ständig für Verbrecher eingesetzt, die in Nürnberg wegen ihrer Beteiligung an Massenmorden und ähnlichen Verbrechen verurteilt worden sind. Es ist daher auch durchaus in der Linie der Zeitschrift ›Die Zeit‹, wenn sie jetzt die von der ›Frankfurter Rundschau‹ durchleuchteten ehemaligen Angestellten des Nazi-Außenamtes dadurch zu schützen versucht, daß sie nach der bekannten Methode ›Haltet den Dieb!‹ den Anklagevertreter angreift, der die Beteiligung von Beamten des Auswärtigen Amtes an zahllosen Massenmorden des Dritten Reiches mit pflichtmäßiger Energie aufgedeckt hat.

Zu den in der ›Frankfurter Rundschau‹ veröffentlichten Artikeln über das Auswärtige Amt, die ich übrigens nicht inspiriert habe, kann ich übrigens der ›Zeit‹ zu ihrer besseren Information mitteilen, daß diese Artikel zahlreiche Tatsachen enthalten, deren Richtigkeit mir und vielen anderen aus zahlreichen Dokumenten des Auswärtigen Amtes persönlich bekannt sind.«[4]

Auch die »Frankfurter Rundschau« wandte sich am 21. September 1951 in einem Kommentar »gegen die einfältige Unterstellung, als ob Kempner oder irgend jemand anderes als der Verfasser [d. h. Michael Mansfeld] und die Redaktion hinter der Artikelserie stünden. Diese Behauptung, die in Ermangelung eines besseren Arguments von der angegriffenen Clique des Bonner AA in die Welt gesetzt wurde, wird durch ständige Wiederholung nicht wahrer.«[5]

Neben den sachlichen Irrtümern und falschen Schuldzuweisungen ist das eigentlich Erschreckende indes die menschenverachtende Sprache, deren sich der Chefredakteur der angesehenen Wochenzeitung »Die Zeit« bediente, um den unbequemen Nürnberger Ankläger Robert M. W. Kempner, einen ehemals preußischen Verwaltungsjuristen und Sozialdemokraten jüdischer Herkunft, der 1933 von den nationalsozialistischen Machthabern seines Amtes enthoben wurde und später emigrieren mußte, erneut als »Schädling« ins Exil zu verbannen.

Vokabular und Tenor des Kommentars erinnern an Gepflogenheiten der NS-Presse. Tüngel war zwar kein Nazi gewesen – während des Dritten Reiches schlug er sich als Schriftsteller unter dem Pseudonym Martin Rabe durch[6] –, aber ein Konservativer, der nach 1950 ehemaligen Nationalsozialisten ein publizistisches Forum in der ZEIT bot, so zum Beispiel Paul Karl Schmidt, dem früheren Pressechef im Ribbentropschen AA.[7]

Anfang der fünfziger Jahre stießen Kempner und Tüngel zufällig in Badenweiler aufeinander. Kempner habe ihm »an Ort und Stelle Maulschellen für einige seiner journalistischen Schandtaten« angeboten. Tüngel »bedankte sich ängstlich und wurde vorsichtiger mit seiner AA-Entlastungskampagne«.[8]

Sosehr der damalige Chefredakteur Tüngel den Bundeskanzler und Außenminister vor Presseattacken gegen das Auswärtige Amt in Schutz nahm, so wenig teilte Adenauer die Ausfälle Tüngels gegen Kempner. Im Gespräch mit Kempner habe Adenauer sogar bedauert, daß die Amerikaner ihm bei den Nürnberger Gerichtsverhandlungen nicht mehr abgenommen hätten, als dies bei den Prozessen tatsächlich geschehen sei.[9]

Reaktionen im Auswärtigen Amt

Besonders aufschlußreich sind die internen Reaktionen des Auswärtigen Amts auf die Artikelserie der »Frankfurter Rundschau«. In einer für Bundeskanzler Adenauer bestimmten Aufzeichnung vom 7. September 1951 vermerkte Herbert Blankenhorn wörtlich: »Gestern hatte ich Gelegenheit, den Herrn Bundeskanzler auf eine Artikelserie in der ›Frankfurter Rundschau‹ der letzten Tage aufmerksam zu machen, die in besonders übler Weise Angriffe auf einzelne Mitglieder des Auswärtigen Amtes in neuer Form wiederholt, die die Hetzschrift ›Inside Germany‹ vor einiger Zeit verbreitete. Herr Dr. Dittmann [Leiter der Personalabteilung im AA] hat mit Herrn Dr. von Twardowski [Leiter des Presseamtes, Berufsdiplomat] die anliegende kurze Presseerklärung ausgearbeitet, um deren Genehmigung ich bitten darf.« Bundeskanzler Adenauer stimmte dieser Erklärung am selben Tag zu, so daß sie noch am Abend des 7. Septembers 1951 vom Presse- und Informationsamt der Bundesregierung zur Verbreitung an die Nachrichtenagenturen gegeben werden konnte.[10]

Die »Mitteilung an die Presse« lautete wie folgt: »Das Auswärtige Amt gibt bekannt: In der Frankfurter Rundschau ist in diesen Tagen unter der Überschrift ›Ihr naht Euch wieder …‹ eine Artikelserie veröffentlicht worden, deren Verfasser Michael Mansfeld in ungewöhnlich scharfer und gehässiger Form zahlreiche im Auswärtigen Amt tätige Beamte und Angestellte angegriffen und als politisch und charakterlich unzuverlässig dargestellt hat. Bei dem Inhalt dieser Artikelserie handelt es sich im Wesentlichen um die Wiederholung von Angriffen, die schon früher mehrfach in der Presse aufgetaucht und auch von den anonymen ›Inside Germany Informations‹ gebracht worden sind.

Der angegriffene Personenkreis ist nicht nur vom Auswärtigen Amt, sondern in der Mehrzahl der Fälle auch von einem Unterausschuß des Bundestages eingehend überprüft worden. Beanstandungen haben sich dabei nicht ergeben. Es handelt sich bei den Angriffen entweder um objektiv unwahre Behauptungen oder um entstellte Wiedergaben von Protokollauszügen des Nürnberger Prozesses oder um reine Kombinationen. Es ist nie bestritten worden, daß auch im Auswärtigen Amt ehemalige Pg's tätig sind. Bei ihnen hat eine besonders strenge Nachprüfung ihrer politischen Vergangenheit stattgefunden. Dieser Versuch, den besonders schwierigen personellen Aufbau des Auswärtigen Amtes zu stören, ist unverantwortlich.«[11]

Daß die Artikelserie der »Frankfurter Rundschau« in der Presseerklärung des AA als »gehässige« Schmähschrift hingestellt wurde, deren Vorwürfe bereits durch einen Unterausschuß des Deutschen Bundestages widerlegt worden seien, überrascht nicht, weil dessen Befund für das AA erwartungsgemäß entlastend ausgefallen ist. Dieses Ergebnis überzeugt freilich nicht, da die Ausschußmitglieder, wie bereits nachgewiesen, überwiegend befangen und ihre Erhebungen unvollkommen waren.

Die Darstellung, daß es sich bei den »Angriffen entweder um objektiv unwahre Behauptungen oder um entstellte Wiedergaben von Protokollauszügen des Nürnberger Prozesses [sic!] oder um reine Kombinationen« handelte, ist durch die Vernehmungen und den Abschlußbericht des Untersuchungsausschusses Nr. 47 zum großen Teil widerlegt worden. Auch nach Durchsicht der im Document Center überlieferten Personalunterlagen der betroffenen Diplomaten, auf deren Heranziehung der Untersuchungsausschuß Nr. 47 verzichtete, hält diese generelle Darstellung kritischer Prüfung nicht stand, wie noch zu zeigen sein wird. Die Rigorosität der Presseerklärung sowie der Verzicht auf »diplomatische« Flexibilität in der Diktion und potentielle Rückzugsmöglichkeiten in der Sache lassen erkennen, daß diese Erklärung sehr überstürzt und wenig bedacht zustande gekommen ist.

Auf diese Presseerklärung reagierte die Chefredaktion der »Frankfurter Rundschau« mit eingeschriebenem Brief vom 8. September an das Auswärtige Amt, den sie am 10. September 1951 veröffentlichte. Der Brief hatte folgenden Wortlaut: »Wir erhielten soeben Kenntnis von einer ›Mitteilung an die Presse‹, die das Auswärtige Amt bezüglich unserer Artikelserie ›Ihr naht euch wieder …‹ am 7. September 1951 herausgegeben hat. In der ›Mitteilung‹ wird erklärt, unsere Zeitung habe in diesen Artikeln 1. ›objektiv unwahre Behauptungen‹ aufgestellt, 2. ›Protokollauszüge des Nürnberger Prozesses entstellt wiedergegeben‹, 3. ›reine Kombinationen veröffentlicht‹.

In der ›Mitteilung an die Presse‹ wird die Artikelserie als ein ›Versuch, den besonders schwierigen personellen Aufbau des Auswärtigen Amtes zu stören‹ und daher ›unverantwortlich‹ bezeichnet. Wir fordern Sie hiermit auf, uns bis spätestens zum 15. September 1951 schriftlich zu erklären, welche Angaben in den genannten Artikeln die oben erwähnten Behauptungen rechtfertigen. Wir sind selbstverständlich bereit, objektiv unrichtige Angaben zu berichtigen. Sollten wir bis zu dem genannten Zeitpunkt nicht im Besitze einer befriedigenden Antwort sein, so sind wir gezwungen, gerichtliche Schritte zu unternehmen.«[12]

Dieser offene Brief der »Frankfurter Rundschau« muß, nach den vorliegenden Quellen zu urteilen, hektische Betriebsamkeit im Auswärtigen Amt ausgelöst haben. Noch am 10. September ersuchte der Personalchef Dittmann durch geheimes Rundschreiben die in der Artikelserie genannten Amtsangehörigen um dienstliche Stellungnahme zu den gegen sie erhobenen Vorwürfen. Insbesondere bat er um Mitteilung objektiv unwahrer Behauptungen und entstellter Wiedergaben aus den Nürnberger Gerichtsprotokollen. Mit Rücksicht auf die Eilbedürftigkeit der Angelegenheit sollten die Stellungnahmen innerhalb 48 Stunden der Personalabteilung zugehen.[13] Da offenbar nicht alle Äußerungen rechtzeitig eintrafen, mahnte Dittmann am 12. September den Gesandten König, Referatsleiter »Wiedergutmachung« in der Personalabteilung des Auswärtigen Amts, schriftlich mit den folgenden Worten:»Wir müssen unbedingt bis morgen einiges Material darüber haben, welche Behauptungen der Artikelserie objektiv unwahr sind.«[14]

Zur gleichen Zeit ließ das Auswärtige Amt – auf nicht erkennbarem Weg – vertrauliche Erkundigungen über den Verfasser der Artikelserie einholen. Das Erkenntnisinteresse zielte, wie aus dem Aktenvorgang zu erschließen ist, auf die persönlichen Lebensverhältnisse Mansfelds, seine politische, womöglich kommunistische Einstellung und seinen Leumund. Doch der offensichtliche Zweck der Ermittlungen, Mansfeld persönlich oder politisch zu diskreditieren, um die Glaubwürdigkeit seiner Artikelserie zu erschüttern, wurde nicht erreicht. Mansfeld war nicht vorbestraft, ebensowenig ließ sich eine »kommunistische Einstellung« nachweisen. Mit dem Vermerk »Geheim« legte der Personalchef Dittmann am 13. September die schriftliche Auskunft über Mansfeld dem Staatssekretär Hallstein vor. Wörtlich fügte er hinzu:»Das Material erscheint mir ziemlich dürftig.«[15] Dem Vorgang ist nicht zu entnehmen, daß der Volljurist Dittmann oder der Rechtsprofessor Hallstein Anstoß an den dubiosen Ermittlungsmethoden genommen hätten.

Bis zum 14. September 1951 gingen zwar rund ein Dutzend

dienstliche Äußerungen betroffener Amtsangehöriger in der Personalabteilung ein, die daraufhin vermeintliche Unrichtigkeiten der Artikelserie mit Rotstift und angebliche Entstellungen mit Blaustift in einer Übersicht markierte.[16] Sei es, daß diese Zusammenstellung unvollkommen oder nicht beweiskräftig erschien, Tatsache ist, daß das Auswärtige Amt von ihrer Veröffentlichung absah. Anstelle einer unmittelbaren, richtigstellenden Antwort auf den offenen Brief der »Frankfurter Rundschau« vom 8. September ließ das Auswärtige Amt am 14. September 1951 die folgende, von Staatssekretär Hallstein entworfene Mitteilung durch das Presse- und Informationsamt der Bundesregierung an die Öffentlichkeit geben: »Die in der Artikelserie der Frankfurter Rundschau vom 1.–6. September d. Js. angegriffenen Angehörigen des Auswärtigen Amts in Bonn haben zur Klarstellung ein Dienststrafverfahren gegen sich selbst beantragt.«[17]

Auf die ultimative Forderung der »Frankfurter Rundschau« ging Staatssekretär Hallstein erst durch ein ausweichendes Schreiben vom 17. September 1951 an die Redaktion dieser Zeitung ein, das nachstehenden Wortlaut hatte: »Auf das Schreiben vom 8. September 1951 teile ich Ihnen mit, daß auf Anregung der in der Artikelserie der Frankfurter Rundschau vom 1. bis 6. September dieses Jahres angegriffenen Angehörigen des Auswärtigen Amts der Herr Bundeskanzler und Bundesminister des Auswärtigen ein dienststrafrechtliches Ermittlungsverfahren angeordnet hat. Das Auswärtige Amt wird im allseitigen Interesse das Ergebnis mitteilen.«[18]

Während dieses Schreiben Hallsteins am 19. September von der »Frankfurter Rundschau« veröffentlicht wurde, hatte das Auswärtige Amt die Pressemitteilung vom 14. September 1951 noch am selben Abend ohne Begründung wieder zurückgezogen. Einem vertraulichen Bericht des Parlamentarisch-Politischen-Pressedienstes vom 18. September 1951 zufolge »scheint es sich so zugetragen zu haben, daß eine Reihe der Beschuldigten in einer Unterredung mit dem Staatssekretär des A. A., Prof. Hallstein, die Einleitung eines Dienststrafverfahrens gegen sich selbst beantragten und daß daraufhin jene Pressemitteilung formuliert und herausgegeben wurde. Später scheint man sich anders besonnen und es für richtiger gehalten haben, diese Dienststrafverfahren besser von Amts wegen einzuleiten. Angeblich sieht die alte Dienststrafordnung keine Bestimmungen vor, nach denen ein Beamter gegen sich selbst ein Verfahren einleiten kann. Er könne nur eine Anregung dazu geben, daß ein Verfahren gegen ihn eingeleitet werde. [...] Aufgrund dieser Überlegungen sei dann jene erste Pressemitteilung wieder zurückgezogen worden.«

In politischen Kreisen Bonns sehe man in der Ankündigung von Dienststrafverfahren lediglich ein Ablenkungsmanöver gegenüber den eigentlichen Anschuldigungen der »Frankfurter Rundschau«. Denn es handele sich nicht darum, »im Einzelfall nachzuprüfen, ob jeder der Betroffenen seinen Entnazifizierungsbescheid zu Recht erhalten habe oder nicht, sondern es gehe vielmehr um die Feststellung, daß es eine Clique ehemaliger Nazi-Belasteter verstanden habe, sich gegenseitig die Bälle zuzuspielen und sich in entscheidende Stellen des Auswärtigen Amtes hineinzulancieren, in denen sie heute eine Belastung des politischen Prestiges unserer jungen Demokratie darstellten«.

Wie der Parlamentarisch-Politische-Pressedienst noch nachträglich erfahren haben will, »sollen sich die Betroffenen, als sie merkten, daß es ernst wurde, an den Kanzler gewandt haben: Du merkst doch, aus welcher ›unseriösen‹ Ecke der Wind gegen uns und unsere weißen Westen (SPD, Amerikaner, Kempner!) weht ... Durch diesen Versuch einer Diffamierung des Autors [d. h. Mansfelds] wollten sie der Sache beim Bundeskanzler von vornherein die Spitze abzubrechen versuchen. Adenauers ausweichende Antwort soll darauf jedoch gewesen sein, sie sollten doch dann die ›Frankfurter Rundschau‹ verklagen. So weit soll der Mut dann aber doch wieder nicht gereicht haben. Für eine ›spontane‹ Protest- und Solidaritätserklärung aller Mitarbeiter des AA sollen sich ebenfalls nicht genügend Männer zusammengefunden haben. So sei es schließlich zu jenem lahmen Communiqué gekommen, das nun umgekehrt der ›Frankfurter Rundschau‹ Gelegenheit zur Androhung einer gerichtlichen Klage gegen das AA gegeben hat.«

Der Bericht des Parlamentarisch-Politischen-Pressedienstes schloß mit der Feststellung: »In Bonn ist man der Meinung, daß Adenauer und seine Behörde versuchen werde, die Sache wieder auf die lange Bank zu ziehen und im Sande verlaufen zu lassen. Man glaubt aber nicht, daß solchem Versuch – nach den zahlreichen vorhergehenden Angriffen in gleicher Sache – ein Erfolg beschieden sein kann.«[19] Diese Prognose sollte sich bewahrheiten.

Auf das Schreiben Staatssekretär Hallsteins vom 17. September reagierte der Chefredakteur der »Frankfurter Rundschau«, Karl Gerold, mit einem Leitartikel, der am 19. September 1951 unter der Schlagzeile »Wanken jetzt die schwankenden Gestalten?« erschien. Seine Stellungnahme zur Sachlage und die daraus resultierenden Forderungen der »Frankfurter Rundschau« faßte Gerold in vier Punkten zusammen:

»1. Hinter der Artikelserie der ›FR‹ steht nichts anderes als sorgfältige Arbeit, das journalistische Gewissen und die Verantwortung der Redaktion gegenüber der Öffentlichkeit sowie die Sorge um eine saubere Vertretung des deutschen Volkes gegenüber dem Ausland.

2. Wir begrüßen die vom Kanzler angeordneten Dienststrafverfahren. Wir sind aber weit davon entfernt, damit zufrieden zu sein. Solche Verfahren pflegen sich in die Länge zu ziehen; sie sind weder in der Ermittlung noch in der Durchführung öffentlich, und niemand kann kontrollieren, ob dem Richter wirklich *alle* Beweisdokumente für sein Urteil zur Verfügung gestanden haben. Schließlich hat der Disziplinarrichter ja nicht über die Artikelserie der ›Frankfurter Rundschau‹, sondern darüber zu befinden, ob den betreffenden Beamten Verfehlungen in ihrer früheren Amtstätigkeit *nachgewiesen* werden können.

3. Die Verlautbarung des Presse- und Informationsamtes der Bundesregierung vom 7. September enthält Vorwürfe (›objektive Unrichtigkeiten‹ usw.), die geeignet sind, die ›Frankfurter Rundschau‹ und ihre Mitarbeiter in der öffentlichen Meinung herabzuwürdigen. Wer solche Vorwürfe erhebt, hat den *Wahrheitsbeweis* anzutreten, andernfalls er sich eines vom Strafgesetzbuch mit Geldstrafe bedrohten Beleidigungsdeliktes schuldig macht. Das Auswärtige Amt hat die von uns geforderten Wahrheitsbeweise für seine Behauptungen nicht präsentiert – offensichtlich, weil es dazu nicht in der Lage ist –, sondern die Sorge dafür den in der Artikel-

serie genannten Beamten und dem Disziplinarrichter zugeschoben. Wir stellen fest, daß dieses Vorgehen ein leichtfertiges Spiel mit der Ehre einer Zeitung und ihrer Mitarbeiter darstellt.

4. Die Angelegenheit der ›schwankenden Gestalten‹ ist allzusehr in die Weltöffentlichkeit gedrungen, als daß sie durch – nichtöffentliche – Disziplinarverfahren geklärt werden könnte. Wir haben in unserer Serie nur eine beschränkte Zahl von exponierten Vertretern des neuen auswärtigen Dienstes genannt und auch bei diesen durchaus nicht alles Material vorgelegt. Noch gibt es etwa 60 weitere ehemalige Angehörige des Ribbentropschen Amtes, die Wiederverwendung im auswärtigen Dienst gefunden haben. Auch sie müssen bei dieser Gelegenheit gründlich überprüft werden. Grundsätzlich aber muß eine *öffentliche* Überprüfung durch einen *Untersuchungsausschuß des Bundestages* verlangt werden. Es geht uns nicht um Sensationen, aber das Ansehen der deutschen Außenpolitik in der Welt ist zu wichtig, als daß durch eine nichtöffentliche Behandlung Zweifel an der politischen Integrität ihrer Repräsentanten übrigbleiben dürften.«[20]

Das Verlangen nach Einsetzung eines parlamentarischen Untersuchungsausschusses wurde von der SPD-Fraktion aufgegriffen und am 12. Oktober 1951 im Deutschen Bundestag eingebracht. Bevor sich dieser Untersuchungsausschuß am 16. Oktober 1951 konstituierte, beauftragte Bundeskanzler Adenauer am 26. September 1951 den ehemaligen Kölner Oberlandesgerichtspräsidenten Dr. Rudolf Schetter, Ermittlungen »in bezug auf diejenigen Beamten und Angestellten des Auswärtigen Amts anzustellen, gegen deren Verwendung in der Öffentlichkeit wegen ihrer angeblichen Haltung unter dem Nationalsozialismus Bedenken erhoben worden sind«. Bei der Durchführung dieser Aufgabe wäre »das gesamte Verhalten der angegriffenen Personen in der Zeit von 1933 bis 1945 unter Verwendung allen erreichbaren Materials und unter Berücksichtigung der in der Presse erwähnten Umstände einer Prüfung zu unterziehen und das Ergebnis der Ermittlungen in einem Bericht niederzulegen, der in bezug auf jede der angegriffenen Personen zur Frage der Verwendbarkeit und insbesondere dazu Stellung nimmt, ob die Einleitung eines Disziplinarverfahrens gerechtfertigt ist.«[21]

Als Beweismaterial zog Schetter bei seinen Ermittlungen hauptsächlich heran:

1. Veröffentlichungen der »Frankfurter Rundschau« und des Nachrichtenmagazins »DER SPIEGEL«,

2. Urteil und ausgewählte Dokumentenbände des Wilhelmstraßen-Prozesses sowie Protokolle der Kreuzverhöre,

3. Memoiren, Tagebücher und Darstellungen der Diplomaten Erich Kordt, Ulrich von Hassell und Ernst von Weizsäcker,

4. Personalakten, soweit überliefert, und Einlassungen der betroffenen Diplomaten.

Auf die Auswertung der im Berlin Document Center zugänglichen Personalunterlagen der NSDAP, ihrer Gliederungen und angeschlossenen Verbände verzichtete Schetter.

Mit Schreiben vom 24. November 1951 legte Oberlandesgerichtspräsident a. D. Schetter auf 61 Seiten dem Bundeskanzler die Ergebnisse seiner Ermittlungen vor. Wörtlich stellte er in seiner Zusammenfassung fest:

»Die durch Presseerzeugnisse verschiedener Art [...] gegen das Bonner Auswärtige Amt und seine Angehörigen verbreiteten Beschuldigungen haben sich zum großen Teil als tatsächlich unrichtig, unvollständig und entstellt erwiesen. Soweit ihnen wahre Tatsachen zugrunde liegen, sind diese tendenziös aufgemacht, so daß oftmals ein völlig falsches Bild entstanden ist.

I. Die gegen die Personalpolitik erhobenen allgemeinen Angriffe, daß im Bonner Auswärtigen Amt die Restauration einer geschlossenen Gesellschaft entstanden sei, daß diese Gesellschaft auf die Zeugenvernehmungen im Nürnberger Prozeß zurückgehe, daß die Zahl ehemaliger Pg's verhältnismäßig zu groß sei, daß bei der Auswahl der Bewerber alte Fachkräfte gegenüber Anwärtern besonderer politischer Eignung ungerechtfertigt bevorzugt worden seien, haben sich nicht als zutreffend erwiesen.

II. Die Beanstandungen der einzelnen Mitglieder des Amtes haben in der Mehrzahl der Fälle eine solche Aufklärung erfahren, die Bedenken gegen eine Wiederverwendung nicht aufkommen läßt, wenn man nicht schon die Tatsache der nominellen Parteizugehörigkeit als Hindernis betrachtet. [...]

III. Die Einleitung eines Dienststrafverfahrens ist nicht zu empfehlen, da bei den meisten Betroffenen die Voraussetzung des objektiven Tatbestandes der Pflichtverletzung nicht gegeben ist, im übrigen ein subjektives Verschulden nicht nachweisbar sein wird.«[22]

Die Ergebnisse der Ermittlungen Schetters fielen zwar differenzierter aus als die vom Auswärtigen Amt am 7. September 1951 in eigener Sache herausgegebene Pressemitteilung. Nicht wenige Vorwürfe blieben indes ungeklärt, da subjektives Verschulden angeblich nicht nachzuweisen war. Diese Defizite erklären sich zum einen durch die schmale Basis dokumentarischen Materials, auf der Schetter seine Ermittlungen anstellte, und zum anderen durch seine großzügige Bereitschaft, den schriftlichen und mündlichen Einlassungen der betroffenen Diplomaten ungeprüft Glauben zu schenken. Da diese Diplomaten in eigener Sache aussagten, wäre ein kritischer Vergleich ihrer Bekundungen mit den im Berlin Document Center überlieferten Personalunterlagen sowie mit den – inzwischen von den Alliierten zurückgegebenen – Sachakten im Auswärtigen Amt unbedingt notwendig gewesen – um so mehr, als der Untersuchungsauftrag Adenauers forderte, das gesamte Verhalten der angegriffenen Personen in der Zeit von 1933 bis 1945 unter Verwendung *allen* erreichbaren Materials einer Prüfung zu unterziehen.

Schetters Verzicht auf kritische Nachprüfung dieser persönlichen Aussagen ermöglichte es manchen Diplomaten, ihre Zugehörigkeit zur NSDAP oder SS zu »vergessen« beziehungsweise zu verheimlichen und ihre Verstrickung in den Vollzug nationalsozialistischer Gewaltverbrechen zu camouflieren.[23] Eklatant erscheint in diesem Zusammenhang die Fehleinschätzung der Tätigkeit des früheren Gesandten Curt Heinburg, der bis 1943 als Referatsleiter »Südosteuropa« in der Politischen Abteilung des alten AA an der »Evakuierung« von Juden in die Vernichtungslager mitgewirkt hatte und seit 1950 als Referent in der Personalabteilung des neuen AA fungierte.

Obschon Heinburg sowohl seine Mitwirkung bei der »Evakuierung« von Juden aus Südosteuropa in die Vernichtungslager als auch die Kenntnis ihres Schicksals gegenüber dem Ankläger im Wilhelmstraßen-Prozeß, Robert M. W. Kempner, 1947 eingeräumt hatte, kam Schetter auf Grund wahrheitswidriger Aussagen

Heinburgs zu folgendem Ergebnis: »Da er [Heinburg] bis zum Schluß des Krieges unter die Beförderungssperre fiel, weil er nicht Pg war und auch tatsächlich nicht befördert worden ist, kann mit Recht angenommen werden, daß er innerlich das System und alle seine Ausschweifungen [sic!] abgelehnt hat. Wenn er auch zugibt, einmal einen Erlaß mitgezeichnet zu haben, der Ausweisungen aus der Slowakei betraf, dessen Inhalts er sich aber nicht mehr erinnert, so bleibt auch hier zumindest eine Beweislücke dafür, daß er in irgendeiner Weise aktiv fördernd in die Judenverfolgungen eingegriffen hat. Ich halte ihn daher als Nicht-Pg für nicht belastet.«[24] Die Tatsache, daß auch Nichtparteigenossen in die nationalsozialistischen Gewaltverbrechen verstrickt waren, lag offenbar außerhalb der Vorstellungskraft Schetters.

Von der Einleitung disziplinarischer Verfahren gegen die beschuldigten Diplomaten riet Schetter ab – nicht zuletzt mit Rücksicht auf das »Staatsinteresse«: »Soweit sich überhaupt Pflichtverletzungen ergeben haben, was nur in ganz geringem Maße festgestellt werden konnte, ist die Schuld der davon Betroffenen in Anbetracht der damaligen Zeitverhältnisse so gering, daß eine nachträgliche disziplinarische Verfolgung nicht im Staatsinteresse liegen würde. In den wenigen der verbleibenden Fälle scheint es mir aber auch an der objektiven Rechtswidrigkeit der Handlung oder Unterlassung zu fehlen. Insgesamt komme ich daher zu dem Ergebnis: Für eine Einleitung eines Disziplinarverfahrens ist der individuelle Sachverhalt nicht danach angetan, eine Aussicht zu eröffnen, daß ein Verfahren zu einer disziplinarischen Ahndung führen würde.«[25] Mit dieser Argumentation offenbarte Schetter nicht nur eine in der Sache unangemessene Rücksichtnahme gegenüber seinem Auftraggeber, dem Bundeskanzler, sondern führte auch seinen Untersuchungsauftrag letztlich ad absurdum. Ermittlungen gegen beschuldigte Repräsentanten der Exekutive können schlechterdings nicht mit Rücksicht auf vermeintliche Interessen ebendieser Exekutive eingestellt werden.

Aus der Sicht betroffener Diplomaten galt Robert M. W. Kempner, der ehemalige Ankläger im Wilhelmstraßen-Prozeß, als maßgeblicher »Drahtzieher« der Presseangriffe gegen Angehörige des Auswärtigen Dienstes, die dann zu den Ermittlungen Schetters führten. Am 22. November 1951 fertigte der frühere Gesandte Heinburg eine Aufzeichnung für den Personalchef Dittmann, die er als Durchdruck auch dem Oberlandesgerichtspräsidenten a. D. Schetter vorlegen ließ – womöglich in der Absicht, dessen Untersuchungsbericht an Bundeskanzler Adenauer (abgeschlossen am 24. November 1951) noch zu beeinflussen.

Heinburg zufolge habe sich an Kempners feindseliger Einstellung gegenüber Angehörigen des ehemaligen Auswärtigen Amts, die er bereits in Nürnberg angegriffen habe, nichts geändert. Die namentliche Publikation der wiederverwandten Diplomaten – unter Angabe ihrer früheren Dienststellung – in einem jüdischen Informationsblatt sei nichts anderes als »eine jüdische schwarze Liste«. Wenngleich die dann folgenden Bemerkungen grotesk anmuten, rechtfertigen sie eine wörtliche Wiedergabe, weil sich in ihnen die vorurteilsbefangene Mentalität des Verfassers spiegelt: »Es muß damit gerechnet werden, daß in der Bundesrepublik eine israelitische Abwehrorganisation, vielleicht mit Herrn Kempner an der Spitze, besteht mit der Aufgabe, den Antisemitismus in der Bundesrepublik zu beobachten und zu bekämpfen sowie darauf hinzuarbeiten, daß – vom jüdischen Standpunkt aus – antisemitisch verdächtige Personen nicht in maßgebende Stellen hineinkommen bzw. daraus entfernt werden, und das insbesondere im Auswärtigen Dienst. Antisemitisch verdächtig sind bei den Juden diejenigen, die der NSDAP und ihren Gliederungen angehört haben, da sie sich durch ihren Beitritt zu der antisemitischen Einstellung Hitlers bekannt haben. Verdächtig sind aber auch die Angehörigen des früheren AA, soweit sie – ob sie Pg waren oder nicht – von jüdischer Seite irgendwie mit der Judenverfolgung in der Hitlerzeit in Verbindung gebracht werden.«[26]

Heinburgs Darstellung ist nicht nur Ausdruck einer nach wie vor antisemitischen Disposition, sondern auch entlarvendes Selbstzeugnis der Verstrickung eines Nichtparteigenossen in die Verbrechen des nationalsozialistischen Regimes. Erst auf Drängen des Bundestagsuntersuchungsausschusses Nr. 47, der ihn »bereits auf Grund der urkundlich vorliegenden Tatsachen als untragbar für das Auswärtige Amt« bezeichnete, schied der Personalreferent Heinburg mit Wirkung vom 31. Mai 1952 aus dem Amt.

Untersuchungsausschuß Nr. 47

>»Es gibt kein Bundesministerium, das in dieser Weise die
>Kontinuität der Berliner Tradition fortsetzt wie das Aus-
>wärtige Amt.«
>
>*Fritz Erler, MdB, am 14. 2. 1952 in der nichtöffentlichen*
>*Sitzung des Untersuchungsausschusses*

Gemäß Artikel 44 des Grundgesetzes beantragte die Fraktion der
SPD im Deutschen Bundestag am 12. Oktober 1951 die Einsetzung
eines Untersuchungsausschusses zur Prüfung der Frage, »ob durch
die Personalpolitik Mißstände im Auswärtigen Dienst eingetreten
sind«. Im einzelnen sollte der Untersuchungsausschuß prüfen:

>»1. Wurden oder werden im Auswärtigen Dienst, insbesondere
>auch im Auswärtigen Amt, Personen beschäftigt, deren Ver-
>halten während der nationalsozialistischen Gewaltherrschaft
>geeignet ist, künftig das Vertrauen des In- und Auslandes zur
>demokratischen Entwicklung der Bundesrepublik Deutschland
>zu gefährden?
>2. Auf welche Einflüsse ist eine Beschäftigung solcher Personen
>zurückzuführen?
>3. Welche Maßnahmen sind getroffen worden, um Mißgriffe in
>dieser Personalpolitik aufzudecken und zu verhüten oder An-
>griffe auf Verwaltungsangehörige des Auswärtigen Dienstes ab-
>zuwehren?«[1]

Der Untersuchungsausschuß ist durch Beschluß des Bundestages
vom 24. Oktober 1951 gebildet und mit den folgenden sieben Abgeordneten besetzt worden: Dr. Arndt (SPD), Dr. Becker-Hersfeld (FDP), Dr. Brill (SPD), Erler (SPD), Fürst Fugger von Glött
(CSU), Dr. Gerstenmaier (CDU) und Dr. Köhler (CDU). Auf seiner konstituierenden Sitzung am 16. November 1951 wählte der
Ausschuß den Abgeordneten Becker (FDP) zum Vorsitzenden,
den Abgeordneten Köhler (CDU) zum stellvertretenden Vorsitzenden und den Abgeordneten Brill (SPD) zum Berichterstatter.[2]

Nach seiner Konstituierung richtete der Ausschuß an den Oberlandesgerichtspräsidenten a. D. Schetter das sehr bemerkenswerte Ersuchen, die bei ihm befindlichen Personalakten nicht dem Auswärtigen Amt zurückzugeben, »um ein Frisieren zu vermeiden, sondern bis auf weitere Weisungen bei sich zu behalten«. Überdies beschloß der Ausschuß, das Auswärtige Amt zu ersuchen, »keine personellen Entscheidungen im gegenwärtigen Stadium zu treffen«.[3] In deutlich abgeschwächter Diktion wiederholte der Ausschuß seine Beschlüsse in einem Schreiben vom selben Tage (16. November 1951) an den Bundeskanzler und Bundesaußenminister Adenauer, das im ersten Teil des schriftlichen Berichts vom 18. Juni 1952 abgedruckt wurde.[4]

In diesem Schreiben an Adenauer bat der Ausschuß außerdem um Übersendung einer Liste aller Personen des höheren, gehobenen und mittleren Dienstes mit folgenden Angaben: derzeitige Beschäftigung, Eintritt in das neue Auswärtige Amt, letzte Beschäftigung vor dem 8. Mai 1945, Mitgliedschaft bei der NSDAP oder deren Gliederungen sowie Erkenntnisse aus dem Document Center (Berlin).

Festzuhalten bleibt an dieser Stelle, daß die Mitglieder des Untersuchungsausschusses von Anfang an bemüht waren, die berufliche und politische Vergangenheit der betroffenen Diplomaten einer systematischen und kritischen Prüfung zu unterziehen. Dieses Verfahren unterschied sich schon in der Anlage deutlich von den »Ermittlungen« des Oberlandesgerichtspräsidenten a. D. Schetter.

In seiner 2. Sitzung am 23. November 1951 hörte der Untersuchungsausschuß in Gegenwart Staatssekretär Hallsteins den Oberlandesgerichtspräsidenten a. D. Schetter über die bisherigen Maßnahmen zur Klärung der gegen das Auswärtige Amt erhobenen Vorwürfe. Am Ende der Sitzung beschlossen die Ausschußmitglieder, grundsätzlich *nicht* öffentlich zu tagen. Allein die Vernehmung des für die Artikelserie »Ihr naht euch wieder …« verantwortlichen Journalisten Michael Heinze-Mansfeld sollte öffentlich durchgeführt werden. Konkrete Gründe für den Ausschluß der Öffentlichkeit ließen sich nicht ermitteln. Die Vermutung liegt jedoch nahe, daß Staatssekretär Hallstein als Vertreter des AA Bedenken gegen die öffentliche Erörterung personalpolitischer Interna seiner Behörde vorgebracht hat.[5]

Vernehmung des Journalisten Michael Heinze-Mansfeld

In seiner 3. Sitzung vernahm der Untersuchungsausschuß am 18. Dezember 1951 den als Zeugen geladenen Journalisten Michael Heinze-Mansfeld, dessen Artikelserie »Ihr naht euch wieder …« in der »Frankfurter Rundschau« Anfang September 1951 den Antrag auf Einsetzung des Untersuchungsausschusses Nr.47 ausgelöst hatte. Heinze-Mansfeld war damals 29 Jahre alt. Auf Rückfrage des Ausschußvorsitzenden bestätigte er, daß die Artikelserie ausschließlich von ihm stamme.[6]

Die weiteren Fragen der Ausschußmitglieder kreisen in der Hauptsache um die Quellen seiner Erkenntnisse, die Überlieferung der Akten des AA und die Glaubwürdigkeit seiner Darstellung im Einzelfall. Nach Mansfelds eigener Aussage stützte sich seine Artikelserie vornehmlich auf die im Internationalen Militärprozeß verwandten Dokumente, die im Wilhelmstraßen-Prozeß vorgelegten Materialien, Auskünfte des Berlin Document Centers sowie auf Entnazifizierungsakten der betroffenen Diplomaten – sekundär auch auf deutsche, amerikanische und israelische Presseberichte aus den Jahren 1950 und 1951.[7]

Auf die Frage des CSU-Abgeordneten Fürst Fugger von Glött, »in welchem Auftrag er eigentlich gehandelt hat«, antwortete Heinze-Mansfeld, er habe ohne Auftrag gehandelt, aus eigener Überzeugung. Nach den Motiven befragt, die ihn dabei geleitet hätten, erklärte Heinze-Mansfeld wörtlich: »Diese Frage wird jetzt sehr spät am Abend an mich gerichtet, aber ich gebe darüber gern Auskunft. Ich muß dazu aber längere Ausführungen machen. Ich war 5 Jahre lang Soldat, und als ich zurückkam, hatte ich persönlich das Gefühl, als ich den ersten britischen Soldaten auf der Straße sah, daß nun etwas vollkommen Neues anfangen müßte von hier und heute. […] Ich habe geglaubt, daran, daß wir aus diesem fürchterlichen Dreck, aus dieser Lorke, aus der wir herausgekommen sind, etwas erkennen müssen, daß nun etwas Neues anfangen müßte, und ich habe gedacht, die anderen müßten auch so denken. Aber ich habe offensichtlich falsch gedacht. Ich habe als Journalist nur nach dem Prinzip gehandelt, daß die erste Freiheit der Presse darin liegt, kein Gewerbe zu sein. [...]

Ich habe seit anderthalb Jahren einen Fall gesucht, woran ich die Restaurierungspolitik, wie sie ist, persönlich mit aufrollen kann, und da kam mir der Fall des Auswärtigen Amtes im Frühjahr dieses Jahres durch eine anonyme inside information, die ich in die Hand bekam. Da habe ich mir gesagt: wenn das stimmt, was da drinsteht, ist das der Aufhänger, da sind sie wieder. Und das bin ich nach meiner Ansicht meiner Generation schuldig, daß es eben nicht wiederkommt, daß nicht all die Ewiggestrigen wiederkommen, sondern daß nun endgültig etwas Neues kommt. Deshalb habe ich angegriffen. Ich habe zunächst angegriffen über den großen Kriegsverbrecherprozeß. Also ich habe zunächst die Akten durchgesehen und die verschiedensten Leute angeschrieben. Ich habe versucht, die Verfasser der inside information herauszubekommen, habe sie aber nicht herausbekommen. Ich habe die verschiedensten Quellen aufgerissen, und schließlich bin ich an die Originalquellen gekommen [...]. Das ist der Weg.«[8]

Vor dem Untersuchungsausschuß: Wilhelm Haas, der Personalchef

Die 5. Sitzung des Untersuchungsausschusses fand am 18. Januar 1952 unter Vorsitz des Abgeordneten Köhler (CDU) statt. Als Vertreter der Bundesregierung (Auswärtiges Amt) wohnten der Sitzung bei: Staatssekretär Hallstein, Ministerialdirektor Haas, OLG-Präsident a. D. Schetter, Senatsrat Schwarz und Vortragender Legationsrat Wilde.

Vor Eintritt in die Tagesordnung beschloß der Ausschuß, den ersten Personalchef des AA, Haas, darüber zu vernehmen, weshalb in den Personalakten kein Register, kein Inhaltsverzeichnis und keine Numerierung vorhanden seien. Außerdem kritisierte der Ausschuß auf Veranlassung des Abgeordneten Fürst Fugger von Glött (CSU) die Tatsache, daß »Dr. Dittmann als ehemaliger Pg die Stellung als Personalchef im jetzigen Auswärtigen Amt inne habe; dies widerspreche dem politischen Geschmack.«[9]

Staatssekretär Hallstein hingegen erkannte die Kritik des Ausschusses nicht an. Er führte aus, »daß Dr. Dittmann das volle Vertrauen des Bundeskanzlers genieße. Er sei ein erfahrener Beamter; gegen seine politische Vergangenheit seien Einwendungen nicht zu erheben. Für einen Leiter der Personalabteilung brauche man einen Mann, der den Auswärtigen Dienst in allen Einzelheiten kenne. Es habe keine andere Wahl bestanden. In der Unterabteilung der Personalabteilung sei dagegen bereits ein Außenstehender, nämlich Herr Dr. Wilde, eingesetzt. Er selbst schalte sich in wichtigen Angelegenheiten oft ein und führe auch Korrekturen, soweit erforderlich, herbei.«[10]

In der dann folgenden Vernehmung des ersten Personalchefs im Bonner Auswärtigen Amt, Haas, erklärte dieser auf die Frage des Ausschußvorsitzenden Köhler, ob er bestimmte Weisungen des Bundeskanzlers für die Beachtung von Grundsätzen erhalten habe, wörtlich: »Ich habe die Weisungen in der Weise erhalten, daß ich etwa vier Wochen, nachdem ich meinen Auftrag erhalten hatte und an die Arbeit gegangen war, mit einer Planung von mir zu dem Herrn Bundeskanzler gegangen bin, ihm die Planung vorgetragen habe und seine volle Billigung für die Planung erhalten habe. [...] Die Planung erstreckte sich auf das Organisatorische und auf das Personalpolitische. [...]

Abg. Dr. Brill (SPD): In den Akten findet sich eine Punktierung verschiedener Gedanken; die beginnt also beispielsweise damit, daß keine Nationalsozialisten eingestellt werden sollen, daß keine Emigranten verwendet werden sollen in den Ländern, in denen sie sich in der Emigration befunden haben, usw. [...] Stammt dieser Entwurf von Ihnen? [...]

Z. Dr. Haas: Der Entwurf stammt von mir. Er ist vom Herrn Bundeskanzler gebilligt. Er hat bei der Gelegenheit noch einige besondere Wünsche zum Ausdruck gebracht, die aber nicht irgendwie eine Korrektur der Planung, der Vorschläge bedeuten, sondern er unterstrich einige Gesichtspunkte als besonders wichtig. [...]

Vors. Dr. Köhler: Sind dabei besondere Anweisungen seitens des

Herrn Bundeskanzlers auf die Wiederverwendung früherer Angehöriger des Auswärtigen Amtes, in Sonderheit solcher, die früher der NSDAP angehört haben, ergangen?

Z. Dr. Haas: Noch nicht beim ersten Vortrag beim Herrn Bundeskanzler; ich glaube, beim zweiten oder dritten. [...]«[11]

Auf die Frage nach den Grundsätzen der Personalpolitik antwortete der Zeuge Haas: »Das eine Prinzip war die unbedingte Verläßlichkeit, politische Verläßlichkeit [...] im Sinne des demokratischen Staatsgedankens. Der zweite Satz war: charakterliche Festigkeit. Und der dritte Satz war: soziales Verantwortungsgefühl. Diese drei Sätze erscheinen bereits in der Denkschrift des Herrn Pfeiffer. Sie sind wörtlich übernommen worden in unsere Grundsätze, so wie ich sie auch dem Herrn Bundeskanzler vorgetragen habe und wie der Herr Bundeskanzler sie genehmigt hat. Dazu treten natürlich weitere Gesichtspunkte; die fachliche Eignung selbstverständlich, das überparteiliche Moment, überhaupt die völlige Loslösung von irgendwelchen Bindungen an Interessengruppen, die eventuell den Aufbau des Dienstes beeinflussen wollten. [...]

Vors. Dr. Köhler: Gehörte zu dem Begriff der politischen Verläßlichkeit oder Zuverlässigkeit im Sinne des demokratischen Staatsgedankens auch eine Überprüfung der früheren Tätigkeit der gegebenenfalls zur Einstellung einzuberufenen Persönlichkeiten? Also, verstanden Sie darunter nicht nur das Bekenntnis zum demokratischen Staatsgedanken, sondern auch eine Nachprüfung der Handlungsweisen der einzelnen Einzustellenden während ihrer früheren Tätigkeit im Naziregime?

Z. Dr. Haas: Herr Vorsitzender, ein Lippenbekenntnis bedeutet uns gar nichts. Dies ist eine Vertrauensfrage. [...] Wir haben uns keineswegs damit begnügt, auf irgendwelche Äußerlichkeiten zu achten, was der Betreffende gesagt hat, auch nicht damit, was etwa aus den Spruchkammerverhandlungen hervorging; denn wir waren uns darüber klar, wie lückenhaft die ganze Spruchkammertätigkeit war, und vor allem wie schematisch sie war. Uns hat eine Klassifizierung etwa in die Gruppe V oder gar ein Nichtbetroffensein keineswegs ohne weiteres davon überzeugt, daß der Mann zuverlässig im Sinne des demokratischen Staatsgedankens ist. *Das*

Entscheidende für uns war die Kenntnis seiner Persönlichkeit, soweit wir ihn von früher her kannten. Das gilt natürlich insbesondere für die ehemaligen Beamten des Auswärtigen Dienstes. Bezüglich der vielen Neuen aber wurden die nötigen Recherchen angestellt, um ein gewisses Äquivalent dafür zu finden, daß wir eine persönliche Anschauung, eine persönliche Erfahrung mit diesen Herren von früher nicht hatten. [...]

Vors. Dr. Köhler: Nach welchen Gesichtspunkten haben Sie die weiteren Berufungen sowohl in den Innendienst des Auswärtigen Amts wie in den auswärtigen Dienst [...] vorgenommen? Ist das nach Bewerbungen gegangen oder ist das nach Berufungen Ihrerseits gegangen an frühere Angehörige des Amts? [...]

Z. Dr. Haas: Es ist zu unterscheiden der Aufbau des inneren Dienstes und der Aufbau des Dienstes im Ausland. Solange wir noch in den ersten Anfängen der organisatorischen Planung steckten, haben wir selbstverständlich unsere ersten Mitarbeiter [...] nach eigenem Ermessen ausgesucht, vorgeschlagen und die Billigung erhalten für ihre Arbeit.

Vors. Dr. Köhler: Durch den Herrn Bundeskanzler?

Z. Dr. Haas: Durch den Herrn Bundeskanzler. Wenn ich ihn persönlich nicht erreichen konnte [...], pflegte ich mir die Billigung von Herrn Blankenhorn für den Herrn Bundeskanzler geben zu lassen. [...]

Vors. Dr. Köhler: Hat Herr Blankenhorn, wenn er Ihnen Ihre Vorschläge zurückgegeben hat, ausdrücklich in jedem Einzelfall erklärt, daß dieser Vorschlag die Billigung des Herrn Bundeskanzlers gefunden hat, oder hat er nur jeweils zum Ausdruck gebracht, die Vorschläge sind genehmigt? Haben Sie den Eindruck gehabt [...] oder in jedem Einzelfall die Überzeugung gehabt, daß Herr Blankenhorn, wenn er Ihnen die Billigung des Vorschlags übermittelt hat, in Wirklichkeit auch die Billigung durch den Herrn Bundeskanzler zum Ausdruck gebracht hat?

Z. Dr. Haas: Herr Vorsitzender, das mußte ich annehmen; bei dem vertrauensvollen Arbeitsverhältnis zwischen Herrn Blankenhorn und Herrn Bundeskanzler möchte ich auch wirklich der Meinung sein, daß er im Sinne des Herrn Bundeskanzlers seine Antwort gegeben hat. [...]

Abg. Dr. Brill (SPD): Haben Sie damals in den Beratungen des Auswärtigen Ausschusses die Formulierung gebraucht: ›Wir stellen zwar Pgs ein, aber keine Nazis‹?

Z. Dr. Haas: Richtig. Ich habe diesen Ausdruck bei der Gelegenheit gebraucht. Ich habe ihn auch bei vielen anderen Gelegenheiten gebraucht, besonders auch, wenn ich von Ausländern gefragt wurde: ›Wieviel Nazis habt Ihr denn eigentlich?‹. Meine Antwort darauf ist immer gewesen: Wir nehmen keine Nazis, wir haben keine, wir haben vielleicht ehemalige Pgs; aber wir sind überzeugt, daß sie keine Nazis waren. [...]

Vors. Dr. Köhler: [...] Nach welchen Gesichtspunkten haben Sie bei der Auswahl des Personals für den Innen- und Außendienst den Begriff des Nazi geklärt? [...]

Z. Dr. Haas: Wenn ich es zunächst einmal bezüglich der alten Angehörigen des alten Auswärtigen Dienstes sagen darf. Wenn wir einem Kollegen in der Nazizeit völlig ungezwungen gegenübertreten konnten, jedes politische Gespräch, auch das ketzerischste mit ihm führen konnten, wo wir nicht zu befürchten brauchten, daß ein Verrat auch nur eines Wortes oder ein Zweifel [...] zu einem Verderben führen könnte, dann sind wir der Meinung, daß der Mann charakterlich zuverlässig ist, weil wir ihm wirklich vertrauen durften. Und vielleicht noch etwas banaler: wenn einer am Abend der Einnahme von Paris [1940] das Gehirn noch an der richtigen Stelle sitzen hatte, dann hat er auch gezeigt, nicht wahr, daß er politisch einen kühlen Blick in politisch schwierigen Situationen zu wahren weiß und nicht dem damaligen Taumel anheimgefallen ist. [...]

Vors. Dr. Köhler: Dann wollen wir noch auf einen anderen Fall eingehen, um klarzustellen [...], nach welchen Gesichtspunkten die Einberufungen in das Auswärtige Amt erfolgt sind. Ich nenne den Namen des Herrn von Bargen. Herr von Bargen ist doch jetzt in irgendeiner Abteilung des Auswärtigen Amtes. [...]

Z. Dr. Haas: Ja, in der Rechtsabteilung.

Vors. Dr. Köhler: Ich möchte Sie fragen, Herr Zeuge: Haben seinerzeit Sie oder Ihr Arbeitskreis Herrn von Bargen berufen?

Z. Dr. Haas: Ja.

Vors. Dr. Köhler: Ist Ihnen bekannt gewesen, daß Herr von Bargen der Verweser oder Leiter der Deutschen Gesandtschaft in Brüssel während der Nazizeit gewesen ist?

Z. Dr. Haas: Jawohl.

Vors. Dr. Köhler: Ist Ihnen bekannt, daß er in dieser Eigenschaft eine Reihe von Berichten über Deportationen belgischer Juden eingereicht hat?

Z. Dr. Haas: Ich habe neuerdings davon gehört. Ich nehme an, daß Herr von Bargen selbst sich bereits protokollarisch dazu geäußert hat. Die Vorgänge erscheinen dann in einem ganz anderen Licht, als die Vorwürfe es wahrhaben wollen.

Vors. Dr. Köhler: Das interessiert uns weniger, Herr Zeuge. Ich meine, wir wollen ja von Ihnen Fragen beantwortet haben.

Abg. Dr. Brill (SPD): Sie haben damals nicht gewußt, daß diese Berichte von Bargens über Judendeportationen aus Belgien vorlagen?

Z. Dr. Haas: Nein.

Abg. Dr. Brill (SPD): Auch nicht, daß Berichte über Arbeiterdeportationen vorlagen?

Z. Dr. Haas: Nein.

Abg. Dr. Brill (SPD): Auch keine Anregungen von Bargens, daß in bezug auf die Arbeiterdeportationen eine bessere Organisation geschaffen werden müsse, daß man aus Belgien viel mehr herausholen müsse, Herr Dr. Haas?

Z. Dr. Haas: Nein, von diesen Einzelheiten habe ich nichts gewußt.

Abg. Dr. Brill (SPD): Sie haben auch nicht gewußt, daß er gegenüber dem Militärbefehlshaber in Belgien als – wie soll ich sagen? – ungefragter Ratgeber in bezug auf Geiselerschießungen aufgetreten ist,

(Z. Dr. Haas: Nein)

daß er also beispielsweise sich beruhigt hat, als man ihm gesagt hat: die Leute, die erschossen werden, sind keine ordentlichen Bürger; das sind Leute, die sowieso ein Todesurteil zu gewärtigen gehabt hätten?

Z. Dr. Haas: Nein.

Vors. Dr. Köhler: Gut. Weitere Fragen dazu?

Abg. Dr. Arndt (SPD): Ja, doch, ich darf darum bitten. – Ich wäre gern unterrichtet darüber, wann Herr von Bargen wieder in den Auswärtigen Dienst einberufen worden ist und warum. Ich komme da zurück auf das, was der Herr Zeuge uns allgemein ausführte. Er sagte ja: wir kannten die alten Kollegen des Auswärtigen Amtes; wir wußten, mit wem wir hatten sprechen können usw. Ich erinnere Sie an den Eingang Ihrer Aussage. Nun wüßte ich gern: Wie ist Herr von Bargen wieder aufgetaucht? Wer kannte ihn? Wer hat für ihn gutgesagt? Und warum sind Sie seiner Tätigkeit in Belgien – denn Belgien war doch ein sehr heikler Punkt – nicht näher nachgegangen? Können Sie uns das noch etwas erläutern?

Z. Dr. Haas: Ich persönlich habe Herrn von Bargen, ich glaube, früher überhaupt nicht gesehen, ich kannte ihn nicht. Meine Mitarbeiter, die während der Nazizeit im Auswärtigen Amt gearbeitet haben, kennen ihn natürlich alle und waren übereinstimmend der Meinung, daß er befähigt ist.

Abg. Dr. Arndt (SPD): Können Sie uns sagen, wer dieser Meinung war?

Abg. Dr. Brill (SPD): Bescheidener Dreierjurist!

Z. Dr. Haas: Seine Examina kenne ich nicht.

Abg. Dr. Arndt (SPD): Nein, es ist jetzt die Frage nach der politischen Befähigung. Es ist ja nicht die Frage, ob er ein guter Jurist war. Es kann ja jemand vor dem Assessorexamen abgehen und wird ein solcher Diplomat und Politiker, wie es Bismarck geworden ist. Das ist ja nicht unbedingt mit der juristischen Karriere übereinstimmend. [...] Die Frage ist doch die: wer hat politisch und charakterlich für Herrn von Bargen gutgesagt und gesagt: das ist der Mann, den wir wieder brauchen können!?

Z. Dr. Haas: Ausgangspunkt für die Einstellung von Bargens war nicht etwa, daß Bargen untergebracht werden sollte, sondern daß dringend eine Kraft in der Rechtsabteilung benötigt wurde, wie das auch der Herr Staatssekretär noch im Anfang dieses Jahres, d. h. Anfang 1951, erlebt hat. Da wurde die Sache spruchreif. Wir brauchten eine Verstärkung der Rechtsabteilung, besonders auf dem Gebiet des Völkerrechts.

Vors. Dr. Köhler: Ach, auf dem Gebiete des Völkerrechts?

Z. Dr. Haas: Das ist doch wohl richtig?

Dr. Schwarz: Er ist nur für Zivilrecht eingesetzt worden.

Z. Dr. Haas: Ich kann mich irren. Ich kenne seine Einzelqualifikation nicht so genau. Jedenfalls war eine Verstärkung unbedingt notwendig. Wir haben uns umgesehen, und wir wußten, daß er natürlich bereit war und gern wieder in den Dienst wollte, und da keine Bedenken auftauchten, im Gegenteil, viele derer, die ihn von früher kannten, sich sehr für ihn als einen brauchbaren Mann einsetzten, ist er wieder einberufen worden.

Abg. Dr. Arndt (SPD): Sie sagten, Herr Zeuge, Sie haben sich umgesehen. Sind Sie damit dem Bundesjustizministerium einmal in Verbindung getreten? Denn ich glaube, das könnte eine ganze Menge von Juristen, auch aus den Landesjustizverwaltungen, Ihnen nennen, die sehr geeignet wären und nicht in Belgien waren.

Z. Dr. Haas: Mit dem Justizministerium habe ich von Anfang an Verbindung gehabt. Allerdings, die Leute, die wir brauchten, wurden da auch nicht freigegeben, und die, die sie uns schicken möchten, wollen wir nicht immer gern haben. [...] Wir haben ja fortlaufend Empfehlungen bekommen, auch aus dem Justizministerium. Besonders der Herr Justizminister selbst hat mir eine Fülle von guten Hinweisen gegeben, und sehr viele sind auch verwirklicht worden.

Vors. Dr. Köhler: Aber im Fall Bargen hat dieser Hinweis nichts genützt, und man ist auf Herrn von Bargen wieder zurückgekommen. Er muß also wahrscheinlich doch besondere Qualifikationen auf zivilrechtlichem oder völkerrechtlichem Gebiet haben. Ist seine Einberufung unter diesem Gesichtspunkt geprüft worden?

Z. Dr. Haas: Seine sachliche Qualifikation stand außer Zweifel. Aber daneben war eben immerhin eine große Berufserfahrung vorhanden, und ich glaube, es ist auch einmal notwendig, das Positive zu betonen, was bezüglich Bargens politischer Vergangenheit in der Nazizeit zu sagen ist. Soviel ich weiß [...], liegen sehr warme Urteile von ausländischer Seite über Bargen vor, soviel ich weiß, von belgischer und französischer Seite. [...]

Abg. Dr. Brill (SPD): Ich glaube aus den Akten folgendes feststellen zu dürfen: Am 27. Oktober 1949 hat sich Herr von Bargen an den jetzigen Ministerialdirektor Dr. von Maltzan gewandt. Dr. von Maltzan hat am 7. November 1949 diesen Brief an Herrn Ministerialdirektor Dr. Klaiber ins Bundespräsidialamt geschickt, und ich glaube [...], daß diese beiden Briefe, die in den Akten sind, dann an Herrn Melchers gegeben worden sind. Herr Melchers hat dann an Bargen geschrieben und ihn sozusagen aufgefordert, sich zu bewerben. [...]

Abg. Dr. Arndt (SPD): Meine Frage war übrigens die, ob der Herr Zeuge uns sagen kann [...], ob die Einstellung des Herrn von Bargen von irgendeiner Seite besonders empfohlen oder betrieben wurde. Können Sie uns sagen, wie es dazu kam? Denn [...] wir erleben immer wieder folgendes: Ich selbst kenne eine Reihe sehr qualifizierter Juristen, die sich in jeder erdenklichen Weise bemüht haben, in die Rechtsabteilung, auch des Auswärtigen Amts, zu kommen, aber immer nur an Gummiwände gestoßen sind, und es fällt dann auf, daß jemand, bei dem sich nachher derlei Dinge herausstellen, wie bei Herrn von Bargen, [...] daß ausgerechnet dann ein verkehrter Mann da hineinkommt. Dafür hätte ich gern eine Erklärung. [...]

Z. Dr. Haas: Es liegt ja doch nichts näher, als daß diejenigen, die früher in diesem Beruf gearbeitet haben, das Interesse zeigen, wieder in ihrem Beruf verwendet zu werden. Das ist eine rein menschliche Frage. [...] Das Gesetz zu Art. 131 [Grundgesetz] verpflichtet uns ja neuerdings sogar, in großem Umfange die alten Beamten wieder zu verwenden. Wir haben also nichts anderes getan als das, was jetzt auch gesetzlich angeordnet ist. [...] Selbstverständlich sind vom alten Auswärtigen Amt diejenigen, gegen die irgend etwas Belastendes, in unseren Augen Belastendes nicht vorlag, nach unserer damaligen Kenntnis, wieder in den Dienst hineingenommen worden. Das bedarf nicht einer besonderen Empfehlung [...]. Wir sind immer wieder mit dem Finger an der Liste heruntergefahren und haben gesagt: wir brauchen wieder Leute, wer kommt davon eventuell in Frage?

Abg. Dr. Arndt (SPD): Aber sind Sie nicht nach dem, was Sie gerade jetzt sagen, selbst bewußt oder unbewußt von der Vorstellung einer Art Kontinuität des Auswärtigen Dienstes ausgegangen, aus dem Sie nur die eliminiert haben, die nach Ihrer Auffassung politisch oder charakterlich nicht mehr tragbar waren? [...] Haben Sie die Vorstellung einer Kontinuität des Auswärtigen Dienstes gehabt, eines Personalkörpers, der da war, oder haben Sie die Vor-

201

stellung gehabt: hier muß ein neuer Personalkörper geschaffen werden, also auch dann, wenn Beamte aus dem früheren Auswärtigen Dienst dadurch gezwungen werden, nun, was weiß ich, in der Verkehrsverwaltung oder sonst in einer anderen Verwaltung tätig zu werden?

Z. Dr. Haas: Ich bekenne mich durchaus zu der Überzeugung, daß wir einen neuen Beamtenkörper aufzubauen haben. Ich bin aber auch der Ansicht, daß man einen Auswärtigen Dienst mit Erfolg nur dann aufbauen kann, wenn man auf die verwendbaren Kräfte, die Erfahrungen aus der Vergangenheit mitbringen, mit zurückgreift. Das Problem ist, die richtige Relation zu finden zwischen den Kräften, die wir brauchen als, ich möchte sagen, Gerippe für das, was werden soll, und den Kräften, die aus anderen Berufsbezirken neu zu uns hereinkommen. Im Stadium des ersten Aufbaues ist es unvermeidlich, daß man möglichst berufserfahrene Kräfte heranzieht [...]. Es ist aber ganz selbstverständlich, daß bereits in wenigen Jahren das Bild des neuen Auswärtigen Dienstes in keiner Weise mehr ein Abklatsch des alten Weimarer Auswärtigen Amtes sein kann. Für uns gilt als Vergleich nur das Weimarer Auswärtige Amt, niemals das Auswärtige Amt der Nazizeit. Bereits der Alterslage nach ist es so, daß die weitaus meisten Beamten des alten Auswärtigen Dienstes bereits in den höheren Altersstufen zu finden sind und in absehbarer Zeit aus dem Dienst ausscheiden. Sie haben vielleicht noch 5, 10 oder 15 Jahre. Nach 15 Jahren wird kaum noch jemand zu finden sein, der aus dem alten Amt stammt, so daß man sagen kann, er verkörpert gewissermaßen noch die Tradition, die Kontinuität des alten Amtes.

Vors. Dr. Köhler: Verzeihung, Herr Zeuge, ich darf Sie mal unterbrechen. Das steht an sich ja nicht zur Debatte, diese Zukunftsperspektive, die Sie hier malen. Das, was uns hier interessiert, ist: Wie ist es in einer Reihe von Einzelfällen [...] möglich gewesen, Persönlichkeiten aus der Ribbentrop-Zeit hier wieder in mehr oder weniger einflußreiche Stellungen hineinzubringen, Persönlichkeiten, bei denen zumindest die Frage geprüft werden muß, ob sie in der einen oder anderen Richtung als individualschuldig [...] anzusehen sind? [...] Ich gebe Ihnen zu, daß in 10 oder 15 Jahren die Lage – das liegt ja in der Natur der biologischen

Entwicklung – anders sein wird. Aber uns interessiert ja der augenblickliche und bisherige Zustand. Ich sage Ihnen das nur, Herr Zeuge, damit Sie nicht allzu großen Wert auf die Zukunft legen, sondern sich mehr auf das Bisherige und Augenblickliche bei der Beantwortung der Fragen konzentrieren.

Z. Dr. Haas: Herr Vorsitzender, darf ich dann vielleicht noch eins bemerken. Wir waren ja zunächst darauf angewiesen, ausschließlich Beamte ins Ausland zu schicken, die nicht der Partei angehört haben. Wir sind eine Verpflichtung [...] nach innen und außen eingegangen. Ich habe bereits bei meinem ersten Vortrag vor dem Auswärtigen Ausschuß und vor dem Haushaltsausschuß gesagt, daß wir aus wohlverstandenem eigenem politischem Interesse heraus keine Leute ins Ausland schicken wollen, die dort als Pg's angeprangert werden können.

Vors. Dr. Köhler: Das ist ja eine Selbstverständlichkeit!

Z. Dr. Haas: In der Zusammenarbeit mit der Alliierten Hohen Kommission hat dieses Thema ebenfalls eine Rolle gespielt. Als zum erstenmal von uns mit der Politischen Kommission gesprochen wurde über die Einrichtung unserer Vertretungen draußen, spielte die Frage der Verwendung ehemaliger Pg's im Ausland eine sehr wesentliche Rolle, und in dem Protokoll ist verzeichnet, daß ich erklärt habe, wir hätten nicht die Absicht, Pg's ins Ausland zu schicken, einstweilen, abgesehen von einigen Ausnahmefällen, nachdem wir vorher mit der Alliierten Hohen Kommission über diese Ausnahmefälle gesprochen hätten. [...] Wir waren also auf einen sehr beschränkten Personenkreis angewiesen und griffen natürlich in erster Linie nach denen, die nicht in der Partei gewesen waren.

Nun komme ich auf Herrn von Grundherr zurück. Herr von Grundherr gehört zu denen, die der Partei nicht angehört haben.[12] Ich habe nachher gehört [...], daß er mal um seinen Eintritt in die Partei nachgesucht habe.

(Abg. Dr. Brill: 1940!)

Die Möglichkeit, das nachzuprüfen, stand uns im damaligen Zeitpunkt noch nicht zur Verfügung.

Abg. Dr. Arndt (SPD): Da brauchte man doch bloß seinen Fragebogen anzusehen!

Z. Dr. Haas: Ja, der Fragebogen enthielt diese Frage nicht. In dem Fragebogen war nur gefragt: Waren Sie in der Partei?, und da stand: Nein. Die Frage: Haben Sie sich etwa bemüht, in die Partei hineinzukommen? hätte vielleicht noch hineingedruckt werden müssen, aber sie ist nicht hineingedruckt worden. Außerdem hätte man da kaum sehr viele klare und ehrliche Antworten bekommen. In dieser Hinsicht erleben wir fortlaufend –

Vors. Dr. Köhler: Das ist aber ... Darf ich Sie an dieser Bemerkung festhalten! Sie sagten, auf diese Frage hätte man wohl nie oder selten eine klare Antwort bekommen. Herr Zeuge, diese Bemerkung ist von sehr großer Tragweite. Es kommt darin doch Ihre Auffassung zum Ausdruck, daß eine ganze Reihe von Personen, denen man im gegebenen Fall diese Frage vorgelegt hätte, eine klare Beantwortung nicht vorgenommen hätten.

Z. Dr. Haas: Die Erfahrung zeigt es leider, Herr Vorsitzender.

Stellv. Vors. Dr. Köhler: Dann muß ich daraus ja weiter den Schluß ziehen, daß Sie solche Erfahrungen gemacht haben?

Z. Dr. Haas: Ja.

Stellv. Vors. Dr. Köhler: Bitte?

Z. Dr. Haas: Aber in dem ganzen Bereich der Bewerber, das bezieht sich auf alle. *Die Zahl der Fälle, in denen die Angaben über die Parteizugehörigkeit nicht den Tatsachen entsprechen, ist doch erschreckend groß.*[13]

Abg. Dr. Brill (SPD): Ich habe nur eine ganz kleine Sachfrage. In den Akten des Herrn von Bargen ist kein Entnazifizierungsbescheid. Hat er vielleicht vorgelegen und ist er verschwunden?

Z. Dr. Haas: Das kann ich nicht sagen, denn ...

Abg. Dr. Brill (SPD): Er ist aufgefordert, ihn nachzureichen. Er hat es nie getan. Es ist nichts da.

Z. Dr. Haas: Das kann ich nicht beantworten. Er ist ungefähr zu einer Zeit ins Amt getreten, als ich meine Arbeit einstellte.

Stellv. Vors. Dr. Köhler: Aha.

Abg. Dr. Brill (SPD): Nun eine wichtige allgemeine Frage, Herr Dr. Haas: Wann sind Sie in den Besitz der Akten des alten Auswärtigen Amtes gekommen? Von welchem Zeitpunkt an haben Sie die Akten des alten Auswärtigen Amtes, des Ribbentrop-Amtes, bei Ihrer Arbeit verwenden können?

Z. Dr. Haas: Die Personalakten?

Abg. Dr. Brill (SPD): Jawohl.

Z. Dr. Haas: Wenn ich recht erinnere, glaube ich, von März 51. [...] Ich persönlich habe sie gar nicht mehr verwendet. Im April wurde ich krank, nachher hatte ich einen längeren Urlaub, und dann wurde ich abgelöst von meinem Posten. Ich bin tatsächlich praktisch seit 1. April kaum noch in die Arbeit hineingekommen. Ich erinnere aber, daß ich, ich glaube kurz vor meiner Erkrankung, also im März, von dem Archivar, der die Akten ordnete, ...

Stellv. Vors. Dr. Köhler: Wer war das, bitte?

Z. Dr. Haas: Damals Herr Dr. Haack.[14] Der kam zu mir und zeigte mir meine eigenen Personalakten aus meiner dienstlichen Jugendzeit und einige andere Akten, und ich nahm damit Kenntnis: nun sind die Dinge da. [...]

Stellv. Vors. Dr. Köhler: [...] Ich möchte dann eine weitere Frage an Sie, Herr Zeuge, richten: Ist Ihnen bekannt, wer Herrn Dr. Theo Kordt eigentlich wieder in das Auswärtige Amt berufen hat und wann das gewesen ist?

Z. Dr. Haas: Der Herr Bundeskanzler.

Stellv. Vorsitzender Dr. Köhler: Der Herr Bundeskanzler unmittelbar?

Z. Dr. Haas: Ja.

Stellv. Vors. Dr. Köhler: Da sind Sie oder der Kreis der Herren, den Sie genannt haben, gar nicht beteiligt gewesen?

Z. Dr. Haas: Nein, das ist ein Entschluß des Bundeskanzlers, und soviel ich weiß, hat der Herr Bundeskanzler Herrn Kordt selbst empfangen und ihn beauftragt. Ich nehme an, daß der Vorschlag ihm gemacht worden ist, aber er kannte Herrn Kordt wohl auch selbst schon.

Stellv. Vors. Dr. Köhler: [...] Könnte Ihnen bekannt sein, ob vielleicht Herr Blankenhorn den Herrn Bundeskanzler auf Herrn Dr. Theo Kordt hingewiesen hat?

Z. Dr. Haas: Ich möchte sagen, das halte ich eigentlich für selbstverständlich. Ich glaube nicht, daß irgendeine Einberufung vorgenommen worden ist, ohne daß Herr Blankenhorn vom Herrn Bundeskanzler dazu gefragt worden ist.

Abg. Dr. Brill (SPD): Es gäbe auch noch eine andere Möglichkeit. Bei der Leitung der CDU für die britische Zone hat sich so eine Art Auswärtiges Amt in Köln befunden. Es wäre möglich, daß da ein Sog stattgefunden hat.

Z. Dr. Haas: Da hat aber Herr Kordt nichts mit zu tun gehabt.

Stellv. Vors. Dr. Köhler: Gut, das müßten wir in einem anderen Untersuchungsausschuß prüfen.

Darf ich eine weitere Frage stellen an Sie, Herr Zeuge: Haben Sie bereits, als Sie in die Geschäfte eintraten, Herrn von Etzdorf vorgefunden, oder wann?

Z. Dr. Haas: Herr von Etzdorf kommt aus dem Friedensbüro, das Deutsche Büro für Friedensfragen [...] hat sich ja bereits 1948 gebildet.

Abg. Dr. Brill (SPD): 1947, im März.

Z. Dr. Haas: Es stand unter der Aufsicht eines Verwaltungsrats, dem je ein Vertreter der Länder der amerikanischen Zone angehörten, Herr Professor Brill für Hessen, Pfeiffer für Bayern, Staatssekretär Eberhard für Württemberg, und ich selber war für Bremen nachher drin. Das Personal wurde von diesem Verwaltungsrat geprüft und gebilligt. [...]

Stellv. Vors. Dr. Köhler: [...] Gewiß, daß Herr von Etzdorf auch aus dem Friedensbüro stammt, das weiß ich. Ich wollte nur gern wissen, wer ihn nun nach Bonn geholt hat.

Abg. Dr. Brill (SPD): Die sind alle übernommen.

Z. Dr. Haas: Das Friedensbüro ist auf Weisung des Herrn Bundeskanzlers en bloc übernommen worden, ohne daß irgendwelche Einzelentscheidungen getroffen wären. [...]

Stellv. Vors. Dr. Köhler: [...] Dann möchte ich eine andere Frage an Sie richten: Haben Sie den Assessor Dr. Gaerte zu sich einberufen ins Amt?

Z. Dr. Haas: Ja, Gaerte gehörte, glaube ich, in den zweiten Nachwuchslehrgang.

Stellv. Vors. Dr. Köhler: War Ihnen bekannt, daß Gaerte dem Reichssicherheitshauptamt als SS-Sturmführer [sic] angehört hat?[15]

Z. Dr. Haas: Nein.

[...]

Stellv. Vors. Dr. Köhler: Warum haben Sie den Gaerte berufen? Haben Sie seine Personalakten geprüft?

Z. Dr. Haas: Gaerte ist wie alle Speyerer Nachwuchsleute durch ein Gremium ausgewählt worden, in dem außer mir selbst Peter Pfeiffer, Herr von Keller, der Referent für den Nachwuchs, und, ich glaube, Herr Zimmermann und Herr Melchers [...] zusammengearbeitet haben. Als die Einberufung von Herrn Gaerte in den Ausschuß erfolgte, hat dieses Material jedenfalls nicht vorgelegen. Jedenfalls hat man aus dem vorliegenden Material nicht entnehmen können, daß in politischer Hinsicht irgend etwas Bedenkliches war. Ich habe gehört, daß nachher solches Material angefallen ist. Aber soviel ich weiß, hat auch Herr Gaerte die Sachen zum großen Teil widerlegt, nicht wahr?

Z. Dr. Schwarz: Ja.

Stellv. Vors. Dr. Köhler: Was hat Herr Gaerte widerlegen können, Behauptung ad 1: SS-Angehöriger, ad 2: Reichssicherheitshauptamt, und ad 3: Reichssiedlungshauptamt [d. i. Rasse- und Siedlungshauptamt] usw.? Hat er diese Behauptungen widerlegen können?

Z. Dr. Haas: Das kann ich nicht mehr sagen. Ich habe das jedenfalls nicht bearbeitet.

Stellv. Vors. Dr. Köhler: Aber er ist doch zu Ihrer Zeit einberufen worden!

Z. Dr. Haas: Ja. Damals waren diese Einzelheiten jedenfalls nicht bekannt. [...]

Stellv. Vors. Dr. Köhler: [...] Innerhalb der Artikelserie »Ich sehe diese würdigen Peers« ist in der Ausgabe [der »Frankfurter Rundschau«] vom 18. November vorigen Jahres u. a. die Behauptung aufgestellt worden, es sei im mittleren und gehobenen Dienst ein ganzes Korps politischer Leiter wiedereingestellt worden. [...] Da werden also 20 bis 25 Namen von Personen genannt, bei denen jeweils hinzugefügt wurde, daß sie Ortsgruppenamtsleiter in der Türkei, Amtsleiter der Landesgruppe in Rom, politischer Leiter der Landesgruppe Dänemark gewesen seien. [...] Sind die genannten Personen während Ihrer Amtszeit und von Ihnen berufen worden? [...] Trifft das zu, was im Einzelfall bezüglich der parteipolitischen Funktionen behauptet wird, die der Betreffende gehabt haben soll? [...]

Z. Dr. Haas: Der Aufbau des mittleren Beamtenkorps ist besonders delikat und schwierig. Einmal sind wir da vor allem in der ersten Zeit sehr stark auf berufserfahrene Kräfte angewiesen. Wir sehen, wie außerordentlich schwer es ist, aus der inneren Verwaltung Kräfte zu gewinnen, die die nötigen Voraussetzungen für den Dienst im Ausland, nicht nur in sprachlicher Hinsicht, sondern auch in vielen anderen Beziehungen, bieten. [...]

Wir haben deshalb in starkem Maße auf die mittleren Beamten des alten Auswärtigen Amtes zurückgreifen müssen. Nun ist es ja eine bekannte Erscheinung, daß der Subalternbeamte ein besonders geeignetes Opfer für das Hitler-Regime als Mitläufer war, daß, ich möchte sagen, der weit überwiegende Teil der deutschen Subalternbeamten sich sehr gern als Mitläufer im Nazistaat betätigt hat. Also werden wir zweifellos eine ganze Reihe ehemaliger Mitläufer, nicht nur im Auswärtigen Amt, sondern in jedem anderen Ministerium – in anderen Ministerien wahrscheinlich noch mehr als bei uns –, heute wieder in Amt und Würden sehen.

Bei unserem Aufbau hat sich zunächst gezeigt, daß unter den mittleren Beamten eine sehr starke Verfilzung vorhanden war. Wenn man uns vorgeworfen hat, daß im höheren Dienst eine Cliquenwirtschaft bestehe, so möchte ich das verneinen. Dagegen habe ich festgestellt – ich bekenne das hier ganz offen –, daß eine *Cliquenwirtschaft im mittleren Dienst sehr ausgeprägt war*. Das ging so weit, daß zweifellos eine bestimmte Gruppe von mittleren Beamten auf Grund ihrer umfassenden Personalkenntnis in der Lage war, gewisse ehemalige Kollegen wieder in den Vordergrund zu schieben. Das ist auch einmal im Bundestag gerügt worden, ich glaube von einem Redner der Sozialdemokratischen Partei. Ich habe mich damals der Sache selbst angenommen. Es ist ein gründlicher Personalwechsel in dem Referat durchgeführt worden. [...]«[16]

Die Aussagen des ersten Personalchefs im AA vor dem Untersuchungsausschuß bestätigen und illustrieren den überragenden Einfluß, den Herbert Blankenhorn kraft seiner vertrauensvollen Immediatstellung zu Bundeskanzler Adenauer auf personalpolitische Entscheidungen im entstehenden Auswärtigen Amt ausübte. Bewerbungen und Berufungsvorschläge für Schlüsselpositionen gingen zunächst durch seine Hände, bevor sie den Bundeskanzler erreichten. Blankenhorns Votum gab im Zweifel den Ausschlag. Letztlich trug jedoch Adenauer die Verantwortung dafür, daß Blankenhorn und Haas weitgehend selbständig personal-politische Entscheidungen treffen konnten. Außenpolitik betrieb Adenauer *allein*. Die ausführende und unterstützende Arbeit überließ er Blankenhorn und nachgeordneten Beamten. Diese Symbiose war Grundlage für die interne Machtstellung Blankenhorns.

Als Haas sich weigerte, den personalpolitischen Wünschen Blankenhorns in Einzelfällen zu entsprechen, wurde er seines Amtes enthoben und nach Ankara entsandt. Statt seiner avancierte der Crewkollege und Stellvertreter Blankenhorns, Herbert Dittmann, trotz vormaliger Mitgliedschaft in der NSDAP zum Leiter der Personalabteilung im Auswärtigen Amt. Nicht zuletzt dieses Revirement offenbart die dominierende Rolle Blankenhorns in Personalangelegenheiten des frühen AA.

Die verantwortliche Steuerung der Personalplanung im entstehenden Auswärtigen Dienst der Bundesrepublik Deutschland lag von Anfang an ausschließlich in den Händen ehemaliger Berufsdiplomaten des Deutschen Reiches. Da Bundeskanzler Adenauer nolens volens auf deren Personalkenntnis und Empfehlungen Rücksicht nahm, kann es angesichts des vorherrschenden Korpsgeistes im höheren Auswärtigen Dienst nicht verwundern, daß fast ausnahmslos Karrierediplomaten der einstigen Wilhelmstraße Schlüsselpositionen in der Bonner Zentrale besetzten.

Ausschlaggebend für die Wiederverwendung eines Berufsdiplomaten war nach Haas' Darstellung »die Kenntnis seiner Persönlichkeit, soweit wir ihn von früher her kannten«. Dieses Verfahren schloß amtsfremde Bewerber von vornherein weitgehend aus. Die von Haas postulierte Richtschnur seiner Personalpolitik, der zufolge er zwar Parteigenossen, aber keine Nationalsozialisten einstellte, mag auf den ersten Blick sinnvoll gewesen sein, da tatsächlich nicht alle Parteimitglieder auch überzeugte Nationalsozialisten gewesen waren. Die Anwendung dieser personalpolitischen Maxime konnte in der Praxis jedoch nur schwerlich zum gewünschten Erfolg führen. Unabdingbare Voraussetzung dafür wären sehr differenzierte Kenntnisse der Personalveränderungen im Ribbentropschen Auswärtigen Amt gewesen, über die Haas nicht verfügte, weil er 1937 aus dem Amt scheiden mußte und die Zeit von 1938 bis 1945 als Vertreter der IG-Farben in Ostasien verbracht hatte.

Außerdem ließ sich eine durchgängige Trennungslinie zwischen Parteigenossen und Nationalsozialisten um so weniger ziehen, als die Übergänge in vielen Fällen fließend waren. Wie schon verschiedentlich nachgewiesen, gab es im Auswärtigen Dienst neben frühen und begeisterten Anhängern der NSDAP, die von 1938 an allmählich in Opposition zum Regime gerieten, auch solche Diplomaten, die dem Regime zunächst mit Skepsis begegneten, dann aber der Sogwirkung nationaler Begeisterung über die außenpolitischen und militärischen Erfolge Hitlers zwischen 1938 und 1940 erlagen.

Die willkürliche Scheidung der »formalen« Parteigenossen von den überzeugten Nationalsozialisten erwies sich überdies als untaugliches Einstellungskriterium, weil viele Bewerber nach 1949 wohlweislich die Angaben über ihre Partei- oder SS-Zugehörigkeit unterschlugen oder beschönigten. Haas räumte selbst unumwunden ein, daß die Zahl dieser Fälle »doch erschreckend groß« gewesen sei. Nicht erfaßt wurden durch dieses grobe Raster schließlich jene Opportunisten, sei es mit oder ohne Parteibuch, die das Regime durch Verbleiben und Willfährigkeit im Amt unterstützt, sich in privaten Gesprächen aber als Gegner des Nationalsozialismus geriert hatten.

Haas' Aussagen über die Umstände der Wiederverwendung des ehemaligen Gesandten Werner von Bargen erfordern eine Ergänzung und Konkretion, weil sich Haas bei den dezidierten Fragen des Abgeordneten Arndt nach den Protektoren von Bargens auffallend zurückhielt, obwohl ihm diese ebenso bekannt gewesen sein dürften wie die Hintergründe der Anstellung von Bargens. In seiner Vernehmung durch den OLG-Präsidenten a. D. Schetter am 5. Oktober 1951 äußerte sich von Bargen über die Umstände seiner Rückkehr in den Auswärtigen Dienst wie folgt: »Im Herbst 1950 war ich im Falkenhausen-Prozeß in Brüssel als Zeuge vernommen worden und benutzte die Gelegenheit der Rückfahrt mich in Bonn über den Aufbau der Bundesbehörden zu informieren. Ich traf dort meinen Duzfreund Melchers, der mit mir zusammen im Jahre 1925 in das Auswärtige Amt eingetreten war, und auch den Herrn Staatsrat Haas. Durch diese Verbindung erging an mich die Aufforderung, mich für den Auswärtigen Dienst zur Verfügung zu stellen, nachdem schon früher, wie mir Herr Melchers gesagt hatte, meine Wiederverwendung in Aussicht genommen war.«[17] Melchers bestätigte im September 1952, daß von Bargen auf seinen Vorschlag hin eingestellt worden sei.[18]

Die Reaktivierung von Bargens verlief indes nicht so problemlos, wie sie in diesen Selbstzeugnissen erscheint. Werner Schwarz, der stellvertretende Leiter der Personal- und Verwaltungsabteilung im AA, erklärte in seiner Vernehmung durch den Untersuchungsausschuß am 14. Februar 1952, daß er *gegen* die Einberufung von Bargens votiert habe. Dadurch habe sich dessen Einstellung um ein Jahr verzögert. Erst nach Erlaß des Gesetzes zu Artikel 131 Grundgesetz sei von Bargen eingestellt worden, da er einen Anspruch auf Wiederverwendung gehabt hätte.[19]

Im Anschluß an diese Vernehmung kam der Abgeordnete Erler in einer Zwischenbilanz zu folgendem Befund: »Überall, wo wir hinsehen, stellen wir fest, daß zwar der Grundsatz aufrechterhalten bleibt: Das Deutsche Reich ist nicht untergegangen, und die Bundesrepublik ist jetzt der Nachfolger. Aber nirgend können wir feststellen, daß sich die alten Ministerien als fortbestehend betrachten, mit der einen Ausnahme, daß man sich des Eindrucks nicht erwehren kann: das Auswärtige Amt betrachtet sich als weiterbestehend. [...] Es gibt kein Bundesministerium, das in dieser Weise die Kontinuität der Berliner Tradition fortsetzt wie das Auswärtige Amt.«[20]

Die Vernehmung des Personalreferenten für den höheren Dienst, Melchers, am 29. Februar 1952 durch den Untersuchungsausschuß enthält neben der deutlich spürbaren Tendenz zur Rechtfertigung einige erwähnenswerte Facetten, die das Bild der tatsächlich verfolgten Personalpolitik ergänzen. Auf die Frage der Abgeordneten Vogel und Köhler (CDU), wie der hohe Anteil ehemaliger Parteigenossen unter den Referatsleitern und in höheren Schlüsselpositionen zu erklären sei, antwortete Melchers u. a. wörtlich: »Wir mußten in Amerika, in Holland, in Belgien, in Norwegen und den Ländern, die unter unserer Kriegführung gelitten haben, zunächst erst einmal Nicht-Pgs einsetzen, und wir haben uns alle große Mühe gegeben, die Nicht-Pgs *zusammenzukratzen* und sie gerade in diese Länder zu schicken. Folglich blieb an alten Beamten für das Inland nur das übrig, was ich vorhin in unseren Grundsätzen vorgelesen habe.«[21]

Und auf die Frage des Abgeordneten Erler (SPD), ob in jedem Falle vor der Einstellung eine Auskunft im Document Center (Berlin) eingeholt worden sei, erklärte Melchers: »Ja, das ist später gemacht worden. Im Anfang, also in den ersten Wochen – das muß ich offen gestehen – war mir eine Existenz des Document Center und die Art, es zu benutzen, noch gar nicht klar. Das habe ich erst durch unsere engere Fühlung mit dem Petersberg [Alliierte Hohe Kommission] herausbekommen, und dann haben wir auch listenweise an den Petersberg gesandt. Das habe ich aber für mittlere Beamte nicht mehr gemacht.

Abg. Erler (SPD): Nun sprechen wir von den höheren Beamten. Ich habe die Liste sämtlicher höherer Beamten durchgearbeitet und festgestellt, daß etwa in einem Drittel aller Fälle keine Auskunft vom Document Center eingeholt worden ist. Warum nicht? Gibt es bestimmte Fälle, bei denen Sie sagen: Das ist überflüssig, wir kennen den Mann?

Z. Dr. Melchers: Das ist mir nicht bekannt, Herr Abgeordneter. Alles, was mir unter den Lauf gekommen ist [sic], habe ich mit rübergegeben. Möglich, daß die Unterlagen nicht mehr vorhanden sind oder daß wir keine Antwort bekommen haben.

Abg. Erler (SPD): Nein, es stand direkt da: ›Keine Auskunft vom Document Center eingeholt‹. Punkt.«[22]

Eine quellenkritische Überprüfung dieses Sachverhalts führt zu folgendem Ergebnis: Die Liste der Beamten und Angestellten des höheren Dienstes, die das Auswärtige Amt mit Stand vom 22. November 1951 dem Untersuchungsausschuß zur Verfügung stellte, umfaßte insgesamt 237 Personen. In 110 Fällen wurden nachweislich keine Auskünfte vom Berlin Document Center eingeholt. Diese Bilanz bestätigt weitgehend die Beobachtung des Abgeordneten Erler. Und sie widerlegt insoweit auch die Stellungnahme des ehemaligen Personalreferenten Melchers vom 1. September 1952, der zufolge die Personalabteilung den Grundsatz beachtet habe, »für alle eingestellten und einzustellenden Personen« eine Auskunft beim Document Center anzufordern.[23]

Zwischentöne

Die Ermittlungen des Untersuchungsausschusses Nr. 47 wurden nicht nur im Auswärtigen Amt und in parlamentarischen Kreisen, sondern auch in den Medien sehr aufmerksam verfolgt. Als dann Anfang 1952 überdies das Strafverfahren gegen den früheren Legationsrat und Judenreferenten in der »Wilhelmstraße«, Franz Rademacher, wegen Beihilfe zum Mord an mehreren tausend Juden vor dem Landgericht Nürnberg-Fürth eröffnet wurde, wuchs das Interesse der Medien um so mehr, als dort auch aktive Diplomaten als Zeugen aussagen mußten.[24]

Hörfunksendung des Bayerischen Rundfunks

Die folgenden Beispiele illustrieren erste Reaktionen auf die Tätigkeit des Untersuchungsausschusses. Größte Beachtung fand die halbstündige Hörfunksendung von Helmut Hammerschmidt im Bayerischen Rundfunk am 17. März 1952. Nach dem in den Akten des Untersuchungsausschusses überlieferten Manuskript hatte die Sendung u. a. folgenden Wortlaut:
»In Bonn tagt zur Zeit ein Untersuchungsausschuß. Er ist nur klein, aber seine Mitglieder gehören zu den angesehensten des Bundestages. Die Materie, mit der sie sich befassen müssen, ist außerordentlich kompliziert und für das deutsche Volk von so großer Bedeutung, daß jeder Fehler nicht nur das Prinzip der parlamentarischen Untersuchung, sondern überhaupt den ganzen Aufbau unseres jungen Staates in Frage stellen würde. Der Bonner Untersuchungsausschuß ist dabei, den vielleicht größten politischen Skandal unserer Nachkriegsentwicklung aufzudecken. Ein Skandal, der sich in Pressenotizen, Dementis, Behauptungen und Gegenbehauptungen bereits abzuzeichnen beginnt. [...]
Aber beschäftigen wir uns nicht mit diesen Widersprüchen. Sie sind verständlich, denn es ist peinlich, zuzugeben, was viele Zei-

tungsleser im Ausland schon vor Monaten erfuhren, was wenige Eingeweihte in Deutschland seit Jahren wissen müßten und was doch bei uns erst jetzt bekannt zu werden beginnt: Das Auswärtige Amt ist eine Hochburg ehemaliger Handlanger des Dritten Reiches. Das ist der nüchterne Tatbestand. Wenn man diese Vorgänge richtig erkennen will, dann muß man sich zunächst einmal mit der Tätigkeit des alten Auswärtigen Amtes unter Ribbentrop beschäftigen. […]

Im Auswärtigen Amt gab es eine besondere Abteilung, eine Mammut-Abteilung mit Hunderten von Beamten und Angestellten, die sich Deutschland-Abteilung nannte.«

Das Judenreferat in der Deutschland-Abteilung des Auswärtigen Amtes habe regelmäßig den Maßnahmen zur »Endlösung der Judenfrage«, die ja vor allem ausländische und staatenlose Juden betraf, zugestimmt. Unterstaatssekretär Luther, der Leiter der Deutschland-Abteilung, habe an der Wannsee-Konferenz (20. Januar 1942) teilgenommen. Das Protokoll dieser Besprechung sei später auch von anderen leitenden Beamten des AA zur Kenntnis genommen worden.

Nicht nur die zuständigen Mitarbeiter der Deutschland-Abteilung hätten sich in die Verbrechen des Regimes verstrickt. Auch Beamte der politischen Abteilung und der Rechtsabteilung seien in zahllosen Fällen von Judentransporten, Geiselerschießungen und anderen völkerrechtswidrigen Maßnahmen gutachtlich gehört worden. Bei Maßnahmen gegen ausländische und staatenlose Juden habe das Reichssicherheitshauptamt das Auswärtige Amt grundsätzlich um Stellungnahme gebeten. Das Auswärtige Amt habe indes keine Bedenken geäußert.

Die Kenntnis der Massenmorde sei zwar nach 1945 immer bestritten worden. Die Handzeichen der leitenden Beamten auf den seit Dezember 1941 im AA verbreiteten Einsatzgruppenberichten bestätigten jedoch die frühzeitige Kenntnisnahme der Massenexekutionen in den besetzten Gebieten der UdSSR. Deportation und Ermordung, Einsatzgruppenberichte und Liquidation seien Bestandteile des Planes zur »Endlösung der Judenfrage« gewesen. Sie bildeten ein untrennbares Ganzes.

Es müsse den Gerichten überlassen werden, die schwierige

Frage zu entscheiden, ob und inwiefern sich ein Beamter vor dem Gesetz schuldig gemacht habe und wie seine Handlungen auf Grund der für ihn bindenden Weisungen zu beurteilen sei. Man sollte dem alten Auswärtigen Amt zwar keine Kollektivschuld zuweisen, indem man sagte, wer unter diesen Umständen geblieben sei, habe sich für eine Wiederverwendung unmöglich gemacht. Aber »man sollte unterstellen, daß jeder, der pflichtgemäß von diesen Untaten wissen mußte oder nach der Art seiner Stellung wissen konnte, heute nicht mehr für eine Stellung im auswärtigen Dienst geeignet ist. Und man muß fordern, daß jeder, der einer Beteiligung an diesen Untaten dokumentarisch überführt werden kann, aus jeglicher öffentlichen Stellung entfernt wird. Damit sind wir aber schon mitten in der Diskussion um das Auswärtige Amt zu Bonn.«[25]

Nach Darstellung der politischen Vergangenheit einiger Diplomaten, deren Wiederverwendung besonders bedenklich erschien (Fälle Dittmann, Melchers, von Grundherr und von Bargen), klang die Sendung mit den folgenden appellativen Fragen aus: »Wie lange noch? Wie lange wird es noch dauern, bis der Untersuchungsausschuß des Bundestages sich durch diesen Wust von Dokumenten hindurcharbeiten kann, bis er unvollständige Personalakten, fliegende Blätter vervollständigt, die unübersehbare Kette von Verwandtschaften, Schwägerschaften, Freundschaften und Feindschaften unter den Cliquen des Auswärtigen Amtes übersieht und die unglaublichen Fehler in der Besetzung dieses Amtes beseitigt? Eine mühselige, undankbare, aber außerordentlich wichtige Aufgabe. Denn, erinnern wir uns: Postboten, echte Postboten, die den Inhalt der von ihnen beförderten Schriftstücke nicht mitunterzeichneten oder auch nur kannten, und Trambahnschaffner hat man aus ihren Stellungen entfernt, weil sie sich nicht weigerten, das Parteibuch anzunehmen. Diese Männer des Auswärtigen Amts aber sollen weiterarbeiten, sollen künftig die Souveränitätsrechte wahrnehmen, die der Bundesrepublik zuerkannt werden, sollen das Vertrauen in die deutsche Politik wiederherstellen, das auch durch ihre Handlangerdienste so nachhaltig zerstört worden ist! Wie lange noch?«[26]

Auf Grund dieser überaus heftigen Kritik an der Personalpolitik des Auswärtigen Amts im allgemeinen und der politischen Belastung verschiedener Diplomaten im besonderen hätte man Gegendarstellungen der öffentlich angegriffenen Personen oder juristische Schritte des Amtes zugunsten seiner Bediensteten erwarten können, vor allem aus Fürsorgegründen. Doch nichts dergleichen ist den vorliegenden Akten zu entnehmen.

Ermittlungen im Auftrag des Amtes

Nicht minder bemerkenswert erscheint die interne Reaktion des Auswärtigen Amts. Ähnlich wie im Falle des Kritikers Michael Mansfeld ließ das Amt insgeheim Ermittlungen durch die Kriminalpolizei über die Vergangenheit des Redakteurs Helmut Hammerschmidt anstellen. Auf Grund eines vertraulichen Hinweises vermutete die Personal- und Verwaltungsabteilung des AA, daß Hammerschmidt 1945 mit der amerikanischen Armee nach Stuttgart gekommen, dort eine Zeitlang leitender Beamter beim Polizeipräsidium gewesen, wegen krimineller Verfehlungen entlassen worden sei und dem amerikanischen Geheimdienst CIC angehört habe. Möglicherweise handele es sich in diesem Falle um »ein Subjekt, das von irgendeinem außerdeutschen Land bezahlt wird und in politisch-interessiertem Auftrag die Rundfunksendung aufgegeben hat, um die deutsche Außenpolitik zu schädigen«.

Am 16. April 1952 wandte sich der Dirigent der Organisationsabteilung im AA, Gesandter I. Klasse Schwarz, an die Landespolizei-Direktion Stuttgart mit der Bitte um kurzfristige Übersendung der Akten betreffend Hammerschmidt. Wörtlich fügte er hinzu: »Da ein erhebliches dienstliches Interesse an der Einsicht dieser Akten vorliegt, darf erforderlichenfalls um eingehende Nachforschungen nach deren Verbleib gebeten werden.« Der Versuch des AA, den verantwortlichen Redakteur des Bayerischen Rundfunks zu diskreditieren, schlug jedoch fehl, da offensichtlich eine Personenverwechslung vorlag. Das verdächtigte »Subjekt« mit CIC-Vergangenheit hieß Otto, der verantwortliche Redakteur dagegen Helmut Hammerschmidt.[27]

Letzterer war das Gegenteil dessen, was man sich im Bonner AA erhofft hatte: Helmut Hammerschmidt gehörte der CSU an und leitete von 1949 bis 1961 die Abteilung Hörfunk beziehungsweise Information beim Bayerischen Rundfunk in München. Nach vorübergehender Tätigkeit als Chefredakteur Fernsehen beim Süddeutschen Rundfunk wurde der inzwischen zur CDU übergetretene Hammerschmidt 1965 Intendant des Südwestfunks in Baden-Baden.[28]

Die Sendung des Bayerischen Rundfunks fand in der Presse eine sehr breite und überwiegend zustimmende Resonanz, regional wie überregional. Die »Stuttgarter Zeitung« zum Beispiel kommentierte am 19. März 1952 unter dem Titel »Mußte es soweit kommen?«, daß die schweren Beschuldigungen der »Frankfurter Rundschau« gegen die Personalpolitik des Auswärtigen Amts von offizieller Seite nie widerlegt worden seien.

Weder die Presseberichte noch die bisherigen Ergebnisse des Untersuchungsausschusses könnten der Bundesregierung verborgen geblieben sein. Diese reichten aber offenbar nicht aus, maßgebende Stellen in Bonn zu bewegen, auch von sich aus Untersuchungen durchzuführen oder gar entsprechende Reinigungsmaßnahmen einzuleiten. Der Skandal habe weiterschwelen können, bis jetzt durch eine Veröffentlichung des Bayerischen Rundfunks ein Eitergeschwür aufgestochen worden sei, das wirklich zum politischen Himmel unserer Nachkriegs-Demokratie zu stinken scheine. Wenn der Bericht des Münchener Rundfunks stimme, »dann sitzen im Auswärtigen Amt in Bonn an führender Stelle Leute, die verwaltungsmäßig an der Ausrottung von Juden in West- und Osteuropa beteiligt gewesen sind«.

Und wenn auch nicht gegen alle in Bonn amtierenden Angehörigen des alten Auswärtigen Amtes ähnliche Beschuldigungen vorgebracht werden könnten, so scheine doch der Geruch der Ära Ribbentrop penetrant genug, um jenen ein Leben in Diskretion nahezulegen, denen schon allein wegen ihrer Stellung im AA zu viel von diesem Geruch anhafte. Wer ein Jahrzehnt lang mit Ribbentrop zusammengearbeitet habe, könne nicht dadurch für die außenpolitische Vertretung der Bundesrepublik qualifiziert werden, daß er sich von einem andern mit ebenso zweifelhafter Vergangenheit bescheinigen lasse, er habe schon seit 1930 nicht gut über Hitler gedacht.[29]

217

Selbst der »Rheinische Merkur«, dem man gewiß keine unfreundliche Grundhaltung gegenüber der Regierung Adenauer nachsagen konnte, kommentierte im Anschluß an die Hörfunksendung des Bayerischen Rundfunks den buchstäblichen »Wiederaufbau« des (alten) Auswärtigen Amts in Bonn als »Skandal« und »Politikum ersten Ranges«.[30]

Allein das Hamburger Wochenblatt »Die Zeit« nahm wie gewohnt prononciert zugunsten des AA Stellung. Unter dem Titel »Heckenschützen gegen Bonn« verstieg sich Chefredakteur Richard Tüngel zu der Behauptung, daß der Bayerische Rundfunk seine Sendung auf gefälschtes Material des früheren US-Anklägers im »Wilhelmstraßen-Prozeß«, Robert M. W. Kempner, stütze. »Intriganz, Verlogenheit, verletzter Ehrgeiz und politische Naivität« seien, so Tüngel, die Hauptursachen der Angriffe gegen das Auswärtige Amt. Im Schlußteil seines Kommentars appellierte Tüngel an Bundeskanzler Adenauer, sich endlich vor seine Beamten zu stellen. Er, Adenauer, und Staatssekretär Hallstein hätten »die Treuepflicht gegenüber ihren Beamten schwer verletzt«.[31]

Tüngels Vorwurf ist auch vor dem Hintergrund einer – ihm vermutlich zu »schlapp« erschienenen – Ansprache Hallsteins anläßlich des Presseempfangs am 25. März 1952 im Palais Schaumburg zu werten. Zu dieser Ansprache hatte das Auswärtige Amt in eigener Sache dem Staatssekretär am 24. März detaillierte »Vorschläge für eine Entgegnung auf die Angriffe des Bayerischen Rundfunks und der Presse« unterbreitet. Punkt 3 dieser Vorschläge stellte fest, daß die Sendung des Bayerischen Rundfunks zahlreiche Verzerrungen und unrichtige Angaben enthalte. »Die Behauptung, das Auswärtige Amt sei eine Hochburg ehemaliger Handlanger des Dritten Reiches, ist unhaltbar«.

Punkt 4 vermerkte die Grundsätze zur Personalpolitik des AA. Demnach seien die formal unbelasteten Kräfte in erster Linie im Ausland verwendet worden. Daraus ergebe sich »zwangsläufig, daß im ersten Stadium des Aufbaus in der Zentrale ein verhältnismäßig hoher Prozentsatz ehemaliger PG's verwendet werden mußte«. Es sei vorgesehen, »daß im Zuge des weiteren Aufbaus der Auslandsvertretungen diese allmählich in das Ausland abfließen und durch neue Kräfte ersetzt werden«.

In Punkt 5 der Entlastungsvorschläge versuchte das AA schließlich, die Quellengrundlage der Artikelserie in der »Frankfurter Rundschau« und der Sendung des Bayerischen Rundfunks zu erschüttern: Die Nürnberger Materialien bestünden – dem amerikanischen Gerichtsverfahren entsprechend – aus einseitig ausgewählten, vielfach aus dem Zusammenhang gerissenen Dokumenten und aus Vernehmungsprotokollen. Die entlastenden und ergänzenden Dokumente befänden sich noch in der Hand der Alliierten. Aus diesem Material habe der Journalist Mansfeld das ihm besonders belastend erscheinende herausdestilliert und anhand von Kombinationen zu einem »Großangriff« auf die Angehörigen des Auswärtigen Amts verarbeitet. »Hieraus wiederum hat der Bayerische Rundfunk ein noch einseitiger und noch demagogischer wirkendes Hörspiel gemacht.«[32]

Auf die Mitwirkung des Auswärtigen Amts bei der euphemistisch »Endlösung« genannten Vernichtung der Juden und die Verstrickung verschiedener Diplomaten in die nationalsozialistischen Gewaltverbrechen, die gleichwohl nach 1950 Wiederverwendung fanden – Aspekte, die in der Hörfunksendung des Bayerischen Rundfunks breiten Raum einnahmen –, gingen die Entlastungsvorschläge des AA für Staatssekretär Hallstein nicht ein.

Hallsteins Ausführungen zur Personalpolitik des AA beim Presseempfang am 25. März 1952 folgten weitgehend den Vorschlägen seiner leitenden Beamten. Dem schwerwiegenden Vorwurf des Bayerischen Rundfunks, das Auswärtige Amt in Bonn sei »eine Hochburg ehemaliger Handlanger des Dritten Reiches« widersprach er ausdrücklich nicht – das konnte er wohl auch nicht, mußte er doch einräumen, daß zwar nicht 85 %, wie behauptet, aber immerhin über 65 %, also rund zwei Drittel der leitenden Beamten und Angestellten im AA ehemals Parteigenossen gewesen seien.

Im übrigen hielt Hallstein »von all diesen Zahlen verhältnismäßig wenig«. Wörtlich fuhr er dann fort: »[…] wenn es sich bei diesen 65 % um Nazis handelte, so würde ich sagen, wäre das Ergebnis ungeheuerlich, und ich sage Ihnen ganz offen: Das Ergebnis wäre sogar ungeheuerlich, wenn es sich nur um 1 % handelt. Das ist ein Punkt, in dem wir ja doch mit all unserer Kritik einig sind, daß jemand, der durch irgendeine Art von Mitwirkung an diesem Regime irgendwie belastet ist, in keiner Weise geeignet ist, im öffentlichen Dienst, insbesondere im öffentlichen Dienst dieses Amtes tätig zu sein. [...] Wir wollen nicht pharisäerhaft sein. Sehen Sie in die Verwaltungen hinein und in alle Betriebe [...], irgendwo haben wir einen bestimmten Prozentsatz, in dem sich einfach ein Stück des deutschen Schicksals spiegelt.«

Als »beamtenmäßiger Leiter dieser großen Behörde« könne er nicht mit ansehen, wenn seine »Mitarbeiter durch eine solche nicht namentlich stattfindende Attacke, die mit allgemeinen Vorstellungen arbeitet, sich natürlich getroffen fühlen«. »Ein solches Trommelfeuer von Kritik bleibt nicht ohne lähmende Wirkung auf den Dienst, ganz abgesehen davon, daß es natürlich die Anziehungskraft dieses Dienstes auf Kräfte von außerhalb noch weiter herabsetzt; und dann natürlich auch aus dienstlichen Gründen, denn es kann nicht ohne Schaden für die Behandlung des außenpolitischen Geschäfts bleiben, wenn in Bausch und Bogen eine Verwaltung in der Weise, wie es mancherorts geschehen ist [...] in Mißkredit gebracht wird.«[33]

Daß Hallstein als Staatssekretär die Personalpolitik des AA weitgehend rechtfertigte, überrascht nicht, da er für diese letztlich auch verantwortlich war, selbst wenn Ministerialdirektor Blankenhorn vor wie nach der Berufung Hallsteins wesentlich größeren Einfluß auf personalpolitische Vorgänge ausübte. Daß Hallstein seine Ausführungen auf Vorlagen der leitenden Beamten stützte, kann ebensowenig verwundern. Im Grunde war Hallstein über die politische Vergangenheit eines großen Teils der höheren Beamtenschaft entweder nicht oder nur unvollkommen unterrichtet. Diese partielle Unkenntnis und das Gebot der Fürsorgepflicht hatten zur Folge, daß Hallstein den apologetischen Bekundungen seiner von der öffentlichen Kritik betroffenen Beamten allzu leichtfertig Glauben schenkte. Die Tatsache, daß neben Diplomaten, die der NSDAP oder einer ihrer Gliederungen angehörten, auch solche, die der nationalsozialistischen Bewegung reserviert gegenüberstanden, an Gewaltverbrechen des NS-Regimes mitgewirkt hatten, lag offenbar vollends außerhalb der Vorstellungskraft des Outsiders Hallstein.

Kritik der CSU

Nicht nur der größte Teil der deutschen Presse, sondern auch die CSU begleitete die Personalpolitik des Auswärtigen Amts mit kritischen Kommentaren. Unter der Schlagzeile »Strauß kritisiert Hallstein« berichtete die Tageszeitung »Die Welt« am 27. März 1952, daß CSU-Generalsekretär Strauß die Vorwürfe gegen die personelle Besetzung des AA für angebracht halte. »Die schützende Stellungnahme Hallsteins müsse als verfehlt bezeichnet werden. Sie beweise das Unvermögen des Staatssekretärs, ›die Wirkung solcher Erklärungen im In- und Ausland zu übersehen‹.« Vor dem Presseklub in München bedauerte Strauß, »daß Bundeskanzler Adenauer sich trotz Warnungen aus Kreisen der CDU/CSU-Fraktion hinsichtlich der Personalpolitik im Auswärtigen Amt auf einzelne Persönlichkeiten verlassen habe. Mit Rücksicht auf die allzu große Belastung des Kanzlers sei eine Trennung der Personalunion zwischen Bundeskanzler und Außenminister dringend zu empfehlen.«[34]

Straußens Äußerungen sind naturgemäß mit Vorbehalt zu werten, da er offensichtlich die verbreitete Kritik an der Personalpolitik der Bundesregierung mit eigennützigen Intentionen verknüpfte, die gleichermaßen auf das Auswärtige Amt wie auf die Dienststelle Blank zielten, aus der 1955 das Bundesministerium für Verteidigung hervorging. Seine Kritik an der Personalstruktur des AA traf sich mit jener des CDU-Bundestagsabgeordneten Kiesinger, der den sehr einflußreichen Ministerialdirektor Blankenhorn im vertrauten Kreis als ungeeigneten »Träger einer brauchbaren Personalpolitik« bezeichnete, »da er gegenüber dem Sog der Clique [sic!] aus dem ehemaligen AA viel zu jung und zu verpflichtet sei«. Und bei Staatssekretär Hallstein »mache sich immer störender bemerkbar, daß seine personelle und politische Vorstellungswelt den Anschauungen der stärksten Regierungsfraktion vollständig fremd sei«.[35]

Selbst wenn Kiesingers überlieferte Kritik an Blankenhorn und Hallstein von persönlichen Ambitionen getragen wurde, verdient sie doch Beachtung, weil der ehemals stellvertretende Leiter der Rundfunkpolitischen Abteilung in der »Wilhelmstraße« und spätere außenpolitische Sprecher der CDU/CSU-Bundestagsfraktion mit personalpolitischen Interna des alten wie des neuen AA besser vertraut war als Hallstein oder gar Strauß.

Stellungnahme Adenauers

Eine unmittelbare, öffentliche Stellungnahme Bundeskanzler Adenauers auf die Pressekritik und Straußens Empfehlungen ist nicht nachweisbar. Diese Zurückhaltung darf freilich nicht als Desinteresse an der umstrittenen Personalpolitik des AA mißverstanden werden. Anläßlich eines Tee-Empfangs für ausgewählte Chefredakteure deutscher Zeitungen am 2. April 1952 erläuterte Adenauer vertraulich seine Auffassung zur Kontroverse um das Bonner AA: »Die Klagen über das Auswärtige Amt sind ja nicht jungen Datums, und sie sind zweifellos auch nach meiner Überzeugung zum Teil berechtigt.« Er habe sich absichtlich zurückgehalten und kein Wort in der Öffentlichkeit gesagt, um den Anschein zu vermeiden, als wolle er in eine schwebende Untersuchung eingreifen. Er wolle auch deswegen der Öffentlichkeit gegenüber nichts sagen, sondern erst dann Stellung nehmen, wenn das Ergebnis der Untersuchung vorliege. Folgt man dem inzwischen veröffentlichten Protokoll der Teegespräche, erklärte Bundeskanzler Adenauer dann wörtlich: »Ich bin nicht gerade glücklich über die Zusammensetzung des Auswärtigen Amtes, keineswegs, aber [...] es gibt ein rheinisches Wort, das besagt: ›Man schüttet kein dreckiges Wasser aus, wenn man kein reines hat!‹ Deswegen will ich nicht sagen, daß es dreckiges Wasser ist, aber ich möchte damit sagen, daß ich natürlich ein Instrument brauche, um die Arbeit zu tun und daß ich, solange ich kein besseres Instrument habe, mich eben eines Instrumentes bedienen muß, so wie es da ist.«

Adenauers Meinung zufolge sei das Auswärtige Amt keine »Nazizentrale«. Der entstandene Eindruck schade den deutschen Interessen im Ausland. Vielmehr hätten persönliche und berufliche Beziehungen bei der Übernahme ehemaliger Diplomaten mitgespielt, die gar nicht nationalsozialistischer Tendenz gewesen seien. Diese Leute hätten zwischen 1945 und 1950 bittere Not gelitten und sich gegenseitig unterstützt. Auf Grund gesellschaftlicher Beziehungen und eines »Gemeinsamkeitsgefühls« hingen nicht nur die deutschen, sondern auch die ausländischen Diplomaten »alle wie Kletten zusammen«.[36]

Diese von Adenauer skizzierte enge Verbundenheit der Berufsdiplomaten auf der Basis gesellschaftlicher, beruflicher und persönlicher Konnexionen läßt sich aus den Akten ohne weiteres bestätigen. Adenauers partielles Einstimmen in die Klagen über Mißstände im Auswärtigen Amt kann freilich nicht von der Tatsache ablenken, daß letztlich er als Bundeskanzler und Bundesminister des Auswärtigen für ebendiese Zustände verantwortlich war.

Mit welchem Mißtrauen Adenauer den leitenden Karrierediplomaten begegnete, seitdem die ersten Klagen über das AA ruchbar wurden, offenbart ein außergewöhnlicher Fund in den Akten des Bundeskanzleramtes, der hier erstmals ausgebreitet werden kann. Im März 1952 legte Generalkonsul Theophil Kaufmann, einer der wenigen Außenseiter, dem Bundeskanzler einen vertraulichen Bericht vor über seine Beobachtungen im Bonner Auswärtigen Amt – weisungsgemäß unmittelbar, das heißt unter Umgehung des sonst obligatorischen Dienstweges. Kaufmann, Gründungsmitglied der CDU in Nordbaden, kannte Adenauer aus gemeinsamer Tätigkeit im Parlamentarischen Rat (1948/49).[37] Vor der Berufung zum Leiter des Generalkonsulats Basel hielt sich Kaufmann von August 1951 bis Februar 1952 zur Einarbeitung in der Bonner Zentrale auf. Sein Immédiat-Bericht, der ebendiesen Zeitraum umschloß, gibt persönliche Eindrücke zur Personalstruktur im AA ungeschminkt wieder:

»Die Männer, die die Personalabteilung des Auswärtigen Amts aufgebaut haben, sind, sowohl in den leitenden Stellungen wie auch in vielen mittleren Stellungen, von vornherein Leute gewesen, die in der gleichen Funktion unter Herrn von Ribbentrop die gleiche Verantwortung getragen haben.« Nach der Abberufung des Staatsrates Haas, des ersten Personalchefs im AA, seien wiederum Männer berufen worden, die bereits unter Ribbentrop ähnliche Aufgaben an gleicher Stelle durchgeführt hätten. Aus seinen Feststellungen ergebe sich, daß zwei »Generationen« in der Personalabteilung des Bonner AA fast völlig identisch wären mit der

Personalabteilung des alten Amtes. Diese Herren hätten versucht, »ihnen gesinnungsmäßig nahestehende Leute im neuen Auswärtigen Amt unterzubringen« – ohne Rücksicht auf das Prestige des Bundeskanzlers und Außenministers sowie der Bundesrepublik Deutschland.

»Hauptsammelbecken« für die Neubesetzung seit 1949 seien das Evangelische Hilfswerk und das sogenannte Friedensbüro in Stuttgart gewesen. Einige dieser Leute hätten »einen sehr schlechten sittlichen Ruf, falls man vermutliche homosexuelle Aktivität so bezeichnen will. So wurden z. B. in der Länderabteilung die Herren von N[...] und von E[...] unter dem ganzen Personal als homosexuell bezeichnet.« Er, Kaufmann, könne natürlich über diese vorsichtige Feststellung hinaus keine Tatbestände angeben. Es solle übrigens mehr solcher Leute im Auswärtigen Amt gegeben haben, die auch noch in Diensten des Amtes stünden. In den Vereinigten Staaten beobachte man diese Leute besonders scharf, nicht um ihnen aktive Homosexualität nachzuweisen und daraus deren Entlassung zu veranlassen, sondern um zu verhüten, daß sie Erpressern zum Opfer fielen und dadurch ihre Dienstobliegenheiten verletzten.

Zur Organisation des Amtes bemerkte Kaufmann, daß sich Staatssekretär Hallstein um diese »niemals gekümmert hat. Die täglichen Frühkonferenzen, Morgenandachten genannt, sind für Derartiges kein Ersatz«. Die unentwegten Angriffe auf das Auswärtige Amt hätten den Staatssekretär veranlassen müssen, »Dispositionen zu erzwingen, die ernsthaft angeschuldigte Personen zunächst aus den leitenden Aufgaben der einzelnen Abteilungen heraushielten. Es gehört für mich zu den unvermeidbaren Vorwürfen gegenüber dem Herrn Staatssekretär, daß er sich in dieser Angelegenheit nicht eingeschaltet und sich insbesondere nicht dadurch schützend vor seinen Chef [d. h. Adenauer] gestellt hat.«

Viele »maßgebende Leute« gingen »täglich unter Zittern in ihr Amt«, weil sie nicht wüßten, »wann sie die Sichel des Untersuchungsausschusses usw. erreichte. Keiner aber von all diesen hatte den Mut, von selbst sein Verhältnis zu den früheren Zuständen und Gesinnungen auszusprechen und von selbst die natürlichen Konsequenzen anheimzustellen!«[38]

Die »entscheidenden Schwierigkeiten im Auswärtigen Amt« faßte Generalkonsul Kaufmann in zwei Punkten zusammen:

1. »die bisherige Besetzung des Personalamts sowie leitender Stellungen der Organisation;

2. das Fehlen eines die Organisation durcharbeitenden Staatssekretärs«. Kaufmanns Kritik an der Zusammensetzung der Personalabteilung wurde von zeitgenössischen Beobachtern, die mit der Personalstruktur des AA vertraut waren, zum Beispiel dem Bundestagsabgeordneten Kurt Georg Kiesinger und dem französischen Hohen Kommissar André François-Poncet, weitgehend bestätigt. Selbst Bundeskanzler Adenauer teilte diese Kritik in vertraulichen Gesprächen.[39]

Auch die Kritik an dem für die Organisation des AA verantwortlichen Staatssekretär erscheint nicht unbegründet. Sie trifft den vormaligen Professor für Handels-, Arbeits- und Wirtschaftsrecht Hallstein freilich nur mittelbar, weil dieser erst zum Staatssekretär des AA berufen worden ist, als dessen Personalstruktur im Kern schon fest gefügt war durch die von Blankenhorn vorangetriebene Wiederverwendung zahlreicher Diplomaten des Dritten Reiches. Als Außenseiter und Neuling hatte Hallstein überdies nur wenig Einblick in personalpolitische Interna des alten und neuen Amtes.

Überdies ging Hallsteins frühe Amtszeit einher mit langwierigen Vertragsverhandlungen (zum Beispiel über Schuman-Plan, Pleven-Plan und Deutschlandvertrag), die ihm kaum Zeit ließen zur intensiven Beschäftigung mit Personal- und Organisationsangelegenheiten. So sei er bis Mitte des Jahres 1951 nur selten in Bonn und daher nicht in der Lage gewesen, »sich seinen Funktionen als Leiter der Dienststelle [für Auswärtige Angelegenheiten im Bundeskanzleramt] zu widmen«. Vor diesem Hintergrund wird verständlich, wenn die »Süddeutsche Zeitung« am 21. September 1954 unter dem Titel »Sand im Getriebe des Auswärtigen Amtes« rückblickend feststellte: »Dem Ministerium fehlt ein Chef.«[40] Hinter den Kulissen dominierte Herbert Blankenhorn mit seiner Klientel aus der »Wilhelmstraße« das Bonner Auswärtige Amt.

Eine unmittelbare Reaktion Adenauers auf Kaufmanns Bericht ist den vorliegenden Akten nicht zu entnehmen. Dennoch darf mit

Sicherheit angenommen werden, daß der von Ministerialdirektor Globke abgezeichnete Bericht in dessen regelmäßigen Vortrag beim Bundeskanzler eingeflossen ist. Mittelbar überliefert sind jedoch Kommentare Adenauers auf diverse Hinweise zur homosexuellen Veranlagung exponierter Vertreter des AA. Eines Tages soll der Bundeskanzler seinen Ratgeber Blankenhorn gefragt haben, wie viele der leitenden Beamten denn so veranlagt seien. Als Blankenhorn daraufhin die Zahl der Betroffenen auf etwa »ein Dutzend« einzuschränken versuchte, habe Adenauer lakonisch bemerkt: »Hoffentlich meinen wir dieselben!«. Auf Blankenhorns Ergänzung, daß wohl auch Herr von E. dazugehöre, soll der Bundeskanzler wörtlich erwidert haben: »Bei mir hat er es noch nicht versucht.«[41] Der Alte hatte Humor.

Anders als der sittenstrenge und um die Sicherheit der Bundesrepublik Deutschland besorgte Generalkonsul Kaufmann nahm der Rheinländer Adenauer diese spezifische Veranlagung nicht so ernst, auch wenn sie zur fraglichen Zeit noch sehr verpönt war. Im Gegenteil, Bundeskanzler Adenauer schätzte es, wenn er um die politisch dunklen Flecken und persönlichen Schwächen seiner Mitarbeiter wußte, konnte er dann doch um so mehr deren Loyalität beanspruchen und instrumentalisieren. So mußte selbst Herbert Blankenhorn, der engste Berater Adenauers in außenpolitischen Fragen, sich nach Friktionen mit dem Bundeskanzler die Frage gefallen lassen: »Sagensemal, Herr Blankenhorn, weiß dat eijentlich Ihre Frau Jemahlin, dat Se abends so oft nach Köln fahren?«[42]

Nach den vielfältigen Reaktionen auf die Hörfunksendung des Bayerischen Rundfunks vom 17. März 1952 kam auch der Untersuchungsausschuß Nr. 47 des Deutschen Bundestages nicht umhin, sich mit dieser Sendung auseinanderzusetzen. Um zu verhindern, daß in der Öffentlichkeit der Eindruck entstehe, der Ausschuß habe den Bayerischen Rundfunk mit Informationsmaterialien versorgt, beschlossen die Mitglieder des Untersuchungsausschusses auf ihrer 17. Sitzung am 20. März 1952, noch am gleichen Tag eine Pressekonferenz einzuberufen. Auf Vorschlag des Vorsitzenden Dr. Becker (FDP) wurde folgende Stellungnahme vereinbart:

»1. Der Untersuchungsausschuß stellt weder einen Kassationshof für Spruchkammerurteile dar, noch will er einen zweiten Wilhelmstraßen-Prozeß aufziehen, noch hat er als Strafgericht zu fungieren.

2. Es ist herauszustellen, daß das Auswärtige Amt die Visitenkarte der Bundesrepublik darzustellen hat. Auf ihr darf kein Flekken oder Stäubchen sein.

Die Aufgabe des Ausschusses bestehe also darin, zu prüfen, ob und inwieweit diejenigen Personen, die – schuldig oder unschuldig – durch das nationalsozialistische System in Situationen gebracht sind, durch die sie belastet sind oder als belastet erscheinen, als untragbar für das jetzige Auswärtige Amt zu bezeichnen sind. [...]«

Einzelfälle: Dittmann, Heinburg, John

Der Fall Dittmann

Im weiteren Verlauf der Sitzung vom 20. März 1952 wandten sich die Ausschußmitglieder dann den letzten Untersuchungsergebnissen und dem künftigen Prozedere zu. Der Vorsitzende, Abgeordneter Dr. Becker, erklärte, daß die Untersuchung zum Fall des Personalchefs Dr. Dittmann grundsätzlich als abgeschlossen gelten könne. Er, Becker, komme zu der Empfehlung, »Dr. Dittmann als untragbar für das Auswärtige Amt zu bezeichnen, nicht nur für die Personalabteilung«. Die übrigen Mitglieder des Ausschusses schlossen sich dieser Empfehlung an. Ihre Kritik entzündete sich primär an der Tatsache, daß Dittmann trotz seiner NSDAP-Zugehörigkeit und trotz seiner Tätigkeit in der Personalabteilung des AA unter Ribbentrop gleichwohl zum Personalchef des neuen AA in Bonn berufen worden war. Sekundär spielte auch eine Rolle, daß Dittmann in der Personalabteilung des Ribbentropschen AA zusammenfassende Berichte über die verbrecherische Tätigkeit der Einsatzgruppen der Sicherheitspolizei und des SD in den besetzten Gebieten der UdSSR abgezeichnet hatte. Schließlich kam noch zur Sprache, daß der Personalchef Dittmann den Amtsrat

Leitzke, einen ehemaligen Parteigenossen, zum Büroleiter in der Stellung eines Oberregierungsrates vorgeschlagen habe. »Damit sei ein ausdrücklicher Kabinettsbeschluß verletzt worden, wonach Ressortchefs [gemeint waren vermutlich Staatssekretäre und Abteilungsleiter] bzw. Büroleiter nicht Angehörige der ehemaligen NSDAP sein dürfen.«[43]

Tatsächlich fungierte Leitzke 1952 als Ministerialbürodirektor im Auswärtigen Amt. Dittmann und Leitzke kannten sich aus gemeinsamer Tätigkeit in der Türkei vor 1945. Leitzke war kein Einzelfall. Auch im Bundesministerium für den Marshallplan amtierte ein Ministerialbürodirektor mit nationalsozialistischer Vergangenheit (NSDAP und SS), der in gleicher Funktion bis 1945 im Ribbentropschen AA tätig gewesen war.[44]

Auf den ersten Blick mag es verwundern, daß ehemalige Nationalsozialisten nicht zu Büroleitern ernannt werden sollten und insoweit mit Abteilungsleitern auf eine Stufe gestellt wurden – um so mehr, als die Trennung zwischen Beamten des höheren Dienstes einerseits sowie jenen des gehobenen und mittleren Dienstes andererseits im Auswärtigen Amt stets strenge Beachtung fand und noch heute findet. Der Ausschluß ehemaliger NSDAP-Mitglieder vom Amt des Ministerialbürodirektors war jedoch begründet. Sie, die Büroleiter, waren es, die zahlreiche Beamte und Angestellte des mittleren und gehobenen Dienstes mit nationalsozialistischer Vergangenheit nach 1949 wieder in die Ämter schleusten. Der erste Personalchef des AA, Wilhelm Haas, stellte in seiner Vernehmung vom 18. Januar 1952 vor dem Untersuchungsausschuß zu Recht fest, daß die »Cliquenwirtschaft im mittleren Dienst sehr ausgeprägt war«.[45] Hinzuzufügen ist freilich, daß die Cliquenwirtschaft im höheren Dienst nicht minder ausgeprägt war.

Letztlich entscheidend für die Ablehnung Dittmanns war jedoch die Feststellung, daß Dittmann bei seinen Vernehmungen durch den Untersuchungsausschuß die Wahrheit verschleiernde, wenn nicht unwahre Aussagen gemacht habe. Der Abgeordnete Erich Köhler (CDU), Mitglied und zeitweise Vorsitzender des Ausschusses, soll über das Verhalten Dittmanns empört gewesen sein, weil dieser »den Ausschuß belogen habe«.[46] Dittmann mußte zwar vom Posten des Personalchefs zurücktreten, doch dank der

Fürsprache seines Protektors Blankenhorn blieb er dem Auswärtigen Dienst erhalten. Auf seine weitere Karriere wird noch einzugehen sein.

Die folgenden Sitzungen des Untersuchungsausschusses bis zur Abfassung seines schriftlichen Berichts am 21. Mai 1952 werden nur insoweit vorgestellt, als sie historisch relevante Erkenntnisse ans Tageslicht förderten.

Der Fall Heinburg

Auf seiner 31. Sitzung am 5. Mai 1952 beschloß der Untersuchungsausschuß auf Anregung des Abgeordneten Professor Dr. Brill (SPD), die Vernehmung des im Angestelltenverhältnis wiederverwendeten früheren Gesandten Curt Heinburg von der Tagesordnung abzusetzen unter der Voraussetzung, daß dieser in kürzester Zeit aus dem Amt scheide. Die Durchsicht der Heinburg betreffenden Akten und Protokolle aus dem Wilhelmstraßen-Prozeß habe zur Überzeugung geführt, daß ohne eine persönliche Vernehmung Heinburgs »dieser bereits auf Grund der urkundlich vorliegenden Tatsachen als untragbar für das Auswärtige Amt bezeichnet werden muß«.[47]

Heinburgs Ablehnung ist vor allem auf seine wahrheitswidrigen Aussagen unter Eid im Nürnberger Wilhelmstraßen-Prozeß zurückzuführen. Laut Protokoll vom 7. Juli 1947 hatte der Jurist Heinburg in seiner Vernehmung durch den Ankläger Kempner jegliche Mitwirkung des Auswärtigen Amts bei Judendeportationen zunächst bestritten, ebenso die Kenntnis ihres Schicksals. Erst nach Vorhalt dokumentarischen Materials aus den Akten seines Referates Pol IV (Politische Abteilung, Referat Südosteuropa) mußte Heinburg die Mittäterschaft am »verbürokratisierten Mord« einräumen.[48]

An der Sitzung des Untersuchungsausschusses vom 5. Mai 1952 nahm u. a. der OLG-Präsident a. D. Schetter als Beauftragter des AA teil. Nachdem die Abgeordneten ihr Verdikt über den in der Personalabteilung beschäftigten Referenten Heinburg ausgesprochen hatten, kam es zu einem bemerkenswerten Arrangement zwischen dem AA und dem parlamentarischen Untersuchungsausschuß: Auf Empfehlung der Abgeordneten nahm Schetter in einer Sitzungspause Rücksprache mit Staatssekretär Hallstein und dem Referenten Heinburg. Anschließend legte Schetter eine schriftliche Erklärung folgenden Inhalts vor: »Herr VLR Dr. Heinburg hat den Wunsch ausgesprochen, sein Beschäftigungsverhältnis beim Auswärtigen Amt zum 31. Mai d. J. zu lösen. Der Herr Staatssekretär hat diesem Wunsch entsprochen. Herr Dr. Heinburg geht dabei von der Annahme aus, daß sein Ausscheiden aus dem Dienst kein Anerkenntnis der gegen ihn erhobenen Vorwürfe bedeutet. Bonn, den 5. Mai 1952, gez. Dr. Schetter«.

Nachdem diese Bedingung erfüllt war, beschloß der Ausschuß, von der Vernehmung Heinburgs abzusehen und im Schlußbericht zu erwähnen, daß dieser zum Zeitpunkt der Berichterstattung nicht mehr dem Auswärtigen Amt angehört habe und daher nicht mehr der Prüfung durch den Ausschuß unterliege.[49]

Die Erledigung des Falles Heinburg kann auf den ersten Blick als Erfolg des Untersuchungsausschusses gedeutet werden. Schon vor der drohenden Vernehmung Heinburgs durch den Ausschuß zog die AA-Spitze diesen belasteten Referenten aus dem Verkehr. Insoweit hatte der generelle Auftrag des Untersuchungsausschusses, Mißstände in der Personalpolitik des AA zu prüfen, bereits im Vorfeld der Überprüfung eine positive Wirkung gezeigt. Andererseits verhinderte das Arrangement zwischen den exekutiven und legislativen Institutionen eine unnachsichtige Aufklärung der tatsächlichen Mißstände und ihrer Ursachen. Die öffentliche Erörterung der Frage, wie ein an Judendeportationen beteiligter Beamter gleichwohl in die Personalabteilung des Bonner AA gelangen konnte, blieb den Verantwortlichen im AA und letztlich auch Bundeskanzler Adenauer erspart. Sie konnten ihre verfehlte Personalpolitik der parlamentarischen Kritik teilweise entziehen und zugleich ihr Gesicht wahren, indem sie den beschuldigten Referenten Heinburg ohne großes Aufsehen zum Rücktritt veranlaßten. Schließlich begaben sich die Abgeordneten durch ihre Vereinbarung mit dem AA der Möglichkeit, ein gravierendes Beispiel personalpolitischer Fehlentscheidungen in den Brennpunkt ihrer Kritik zu stellen. Hintergrund für diesen Verzicht war die mäßigende Haltung der Abgeordneten Eugen Gerstenmaier (CDU) und Fürst Fugger von Glött (CSU), Vertreter der Mehrheitsfraktion im Untersuchungsausschuß, die einer »verhängnisvollen Aufwirbelung der Personalverhältnisse und einem allgemeinen deutschen Prestigeverlust« vorbeugen, mithin das Ansehen der Regierung Adenauer schonen wollten.[50]

Der Fall John

Bis zum Jahre 1952 bewarben sich zahlreiche Persönlichkeiten um Einstellung in den Auswärtigen Dienst, die diesem zuvor nicht angehört hatten, darunter nicht wenige politisch Verfolgte und Emigranten. Ausgelöst wurde die Flut der Bewerbungen vor allem durch die weitverbreitete Pressekritik an der Wiederverwendung ehemaliger Diplomaten mit nationalsozialistischer Vergangenheit. Einige Bewerber wandten sich unmittelbar an Staatssekretär Hallstein mit dem Hinweis darauf, daß dieser in der Pressekonferenz vom 25. März 1952 seine »seit langem anhaltenden, aber bisher kaum von Erfolg begleiteten Bemühungen hervorgehoben [habe], auch solche Persönlichkeiten für den Auswärtigen Dienst zu gewinnen, die dem alten Auswärtigen Amt nicht angehört haben«.[51]

Als diese Bewerber feststellen mußten, daß ihre Gesuche dilatorisch behandelt wurden oder unbeantwortet blieben, wandten sich viele von ihnen beschwerdeführend an den Vorsitzenden des Untersuchungsausschusses Nr. 47. Die Fülle der Eingaben veranlaßte die Ausschußmitglieder, sich auch mit dem Komplex der abgelehnten Bewerber auseinanderzusetzen und insoweit die Einstellungspraxis der Personalabteilung im AA zu überprüfen. Aus der Vielzahl der erfolglosen Bewerbungen soll im folgenden ein Fall nachgezeichnet werden, dem der Ausschuß seine besondere Aufmerksamkeit widmete.

In seiner 31. Sitzung am 5. Mai 1952 vernahm der Untersuchungsausschuß den Präsidenten des Bundesamtes für Verfassungsschutz, Dr. iur. Otto John, als Zeugen. John hatte sich Ende 1949 nach Anregung durch Bundespräsident Heuss um eine Tätigkeit im entstehenden Auswärtigen Dienst beworben. Seine Bewerbung mitsamt Unterlagen wurde durch Vermittlung des Bundespräsidialamtes dem Leiter des Organisationsbüros, Haas, vorgelegt. Doch dieser hüllte sich in Schweigen. John erhielt weder eine Eingangsbestätigung noch eine Ablehnung. Nach Rücksprache mit dem Personalreferenten Melchers sei ihm lediglich mündlich eröffnet worden, daß man auf seine Bewerbung zurückkommen werde, sobald sich eine Verwendungsmöglichkeit ergebe. Von Bekannten habe er jedoch schon mehrfach gehört, so bekundete John vor dem Untersuchungsausschuß, »daß seine Anstellung deshalb nicht in Frage komme, weil man ihm seines Verhaltens im Wilhelmstraßenprozeß [wegen] im Hinblick auf den Fall Weizsäcker nicht wohlwolle. Ihm sei mitgeteilt worden, daß Rechtsanwalt Becker, der Verteidiger des Herrn von Weizsäcker, gegen seine Verwendung im Auswärtigen Amt protestiert habe«.[52]

Daraufhin vernahm der Untersuchungsausschuß erneut den früheren Personalreferenten, Vortragenden Legationsrat Melchers, als Zeugen. Melchers räumte ein, daß er im Januar 1950 vertrauliche Nachforschungen über John bei Rechtsanwalt Hellmut Becker und bei dem ehemaligen Gesandten Erich Kordt angestellt habe. Wörtlich erklärte Melchers vor dem Ausschuß: »Ich hatte weiterhin in Erfahrung gebracht, daß Herr John im Foreign Office in London tätig gewesen ist. Mir war mitgeteilt worden, daß er sich der Anklagevertretung unter Kempner zur Verfügung gestellt hatte. Ich mußte nach pflichtgemäßer Prüfung der mir zugetragenen Tatsachen annehmen, daß gegenüber Herrn John Vorsicht geboten sei.«[53] Auf Vorhalt mußte Melchers gestehen, daß er die ihm »zugetragenen Tatsachen« keiner Nachprüfung unterzogen habe. Ebensowenig hat er die günstigen Empfehlungen berücksichtigt, die der Bewerbung Johns beigefügt waren.

Otto John, Jahrgang 1909, hatte bis zum Juli 1944 als Rechtsanwalt und Syndikus der Deutschen Lufthansa in Berlin gearbeitet. An den Vorbereitungen zum Attentat gegen Hitler war er mittelbar beteiligt. Um sich der erwarteten Verhaftung zu entziehen, floh er am 24. Juli 1944 nach Spanien und von dort über Portugal nach Großbritannien, wo er u. a. in der Inspektion für deutsche Kriegsgefangenenlager beim Foreign Office tätig war, bevor er nach Deutschland zurückkehrte.[54]

Als Widerstandskämpfer und Emigrant hätte John den *neuen* Auswärtigen Dienst der demokratisch regierten Bundesrepublik

232

Deutschland überzeugend repräsentieren können, vornehmlich im Ausland. Doch ebendiese Eigenschaften und nicht zuletzt der Verdacht, den Ankläger Kempner im Wilhelmstraßen-Prozeß gegen den vormaligen Staatssekretär Ernst von Weizsäcker unterstützt zu haben, disqualifizierten John offensichtlich für eine Verwendung im Auswärtigen Amt. Ungeprüfte Verdachtsmomente, ausgestreut von unverantwortlichen Personen, genügten dem verantwortlichen Personalreferenten für die unausgesprochene Ablehnung des Bewerbers John. Hintergrund für diese Entscheidung dürfte die Befürchtung mancher Mitläufer und Opportunisten im wiederentstandenen AA gewesen sein, daß deren vermeintliche Opposition von dem tatsächlichen Widerstandskämpfer John in Zweifel gezogen werden könnte. John wäre für diese »Widerstandshyänen« das wandelnde »schlechte Gewissen« geworden, das die vergleichsweise homogenen Kreise im AA nur gestört hätte. Im Ergebnis bleibt festzuhalten, daß ein Widerstandskämpfer und Emigrant wie John Anfang der fünfziger Jahre zwar Präsident des Bundesamtes für Verfassungsschutz werden konnte, nicht jedoch Legationssekretär im Auswärtigen Dienst.[55]

Bericht und Empfehlungen
des Untersuchungsausschusses

>>Viel Lärm um nichts<<
Deutschland-Union-Dienst vom 15.7.1952

Im Mai 1952 schloß der Untersuchungsausschuß Nr. 47 des Deutschen Bundestages seine Beweisaufnahme ab. Der schriftliche Bericht >>gemäß Antrag der Fraktion der SPD betreffend Prüfung, ob durch die Personalpolitik Mißstände im Auswärtigen Dienst eingetreten sind<<, datiert vom 18. Juni 1952. Dieser Bericht ist als Drucksache Nr. 3465 den Mitgliedern des Deutschen Bundestages (1. Wahlperiode) vorgelegt sowie im >>Beitrag zur Geschichte der Entstehung des Auswärtigen Dienstes der Bundesrepublik Deutschland<< von Wilhelm Haas (Selbstverlag Bremen 1969) veröffentlicht worden. Da beide Drucke im Buchhandel nicht erhältlich und für viele Leser nur schwer zugänglich sind, sollen die wichtigsten Bestandteile des Berichts im folgenden wiedergegeben werden.[1]

Allgemeiner Teil

Der Untersuchungsausschuß war durch Beschluß des Bundestages vom 24. Oktober 1951 gebildet worden. Er bestand aus sieben Mitgliedern: den Abgeordneten Fürst Fugger von Glött, Dr. Gerstenmaier, Dr. Köhler (CDU/CSU), Dr. Arndt, Dr. Brill, Erler (SPD) und Dr. Becker (FDP). Im Laufe der Verhandlungen trat der Abgeordnete Birkelbach (SPD) an die Stelle des ausgeschiedenen Abgeordneten Dr. Arndt. Der Ausschuß wählte den Abgeordneten Dr. Becker (Hersfeld) zum Vorsitzenden, den Abgeordneten Dr. Köhler zu seinem Stellvertreter und den Abgeordneten Dr. Brill zum Berichterstatter.

Für seine Erhebungen zog der Untersuchungsausschuß vornehmlich jene Protokolle und Dokumente des Wilhelmstraßen-

Prozesses heran, auf denen die Artikelserie der »Frankfurter Rundschau« beruhte, außerdem die zugänglichen Personalakten des Auswärtigen Amts. Zu deren Zustand stellte der Ausschuß in seinem Bericht wörtlich fest: »Die Personalakten des alten Auswärtigen Amts sind im Jahre 1943 durch einen Bombenangriff vernichtet worden. Sie konnten nur zum Teil rekonstruiert werden, weshalb die benutzten Akten eines echten urkundlichen Wertes entbehren. Aber auch die Personalakten des neuen Auswärtigen Amts sind in einigen Fällen – z. B. Dr. von Etzdorf und Dr. Schwarzmann – nur bedingt beweiskräftig. Die neuen Personalakten Dr. von Etzdorfs können noch nicht einmal eine Loseblattsammlung genannt werden. Sie bestehen aus einem Hefter, aus dem nach Belieben jedes Stück entfernt werden könnte. Außerdem fehlt den Personalakten das Inhaltsverzeichnis. Die Personalakten Dr. Schwarzmanns sind in einem ähnlichen Zustande; die Aktenblätter sind nicht numeriert. In anderen Fällen sind die Personalakten des neuen Auswärtigen Amts in tadelloser Ordnung. Der Zustand der Akten läßt im allgemeinen nicht den Eindruck aufkommen, daß im Auswärtigen Amt eine zentrale Stelle vorhanden ist, die die Vorschriften der Gemeinsamen Geschäftsordnung für die Fachministerien kennt oder die diese Vorschriften durchführt. Der Ausschuß hält es für seine Pflicht, vorab auf diesen Zustand aufmerksam zu machen und Abhilfe zu fordern.«[2]

Die Personalakten der betroffenen Diplomaten legte das Auswärtige Amt auf Anforderung des Untersuchungsausschusses vor, nicht jedoch die sogenannten Geld- oder Besoldungsakten. Von deren Existenz erfuhr der Ausschuß erst im Laufe der Verhandlungen über den Rademacher-Prozeß. Diese Geldakten seien nicht beigezogen worden, »weil anzunehmen war, daß sich darin für die vom Ausschuß verhandelten Fälle wirklich interessante Einzelheiten nicht befinden«.[3] Diese Annahme wird widerlegt durch die Geldakte des Legationsrates Rademacher. Darin befindet sich u. a. der Antrag vom 15. Oktober 1941 auf Genehmigung einer Dienstreise nach Belgrad, Budapest und Agram. Als Zweck der Reise gab der Referatsleiter D III im Berliner AA wörtlich an: »Abschiebung von 8000 Juden«.[4]

Ebenso verzichtet hat der Ausschuß auf die Einholung von Auskünften im Berliner Document Center. Dieser im Abschlußbericht nicht näher begründete Verzicht bleibt rückblickend unverständlich, weil sich der Untersuchungsausschuß so der Möglichkeit begab, die persönlichen Angaben der beschuldigten Diplomaten hinsichtlich der Mitgliedschaft in der NSDAP oder einer ihrer Gliederungen kritischer Nachprüfung zu unterziehen.

Im Schlußteil seines Berichts stellte der Ausschuß fest, daß die einzelnen Untersuchungshandlungen in sinngemäßer Anwendung der Strafprozeßordnung durchgeführt worden seien. Das gelte insbesondere für die Vernehmungen. »Alle Zeugen wurden vor der Vernehmung auf die Bedeutung des Eides hingewiesen. Der Ausschuß hat in allen Fällen und aus verschiedenen Gründen davon abgesehen, die Zeugen zu vereidigen. Nach Abschluß der Beweisaufnahme hat der Ausschuß ein Votum abgegeben, das den Vertretern des Auswärtigen Amtes unmittelbar nach der Beschlußfassung mündlich mitgeteilt wurde.«[5]

Zusammenfassung

Im Ergebnis kam der Untersuchungsausschuß zu dem Befund, daß es durch die Erschließung der »Nürnberger Materialquellen« – gemeint waren wohl Unterlagen des von den USA in Nürnberg geführten Wilhelmstraßen-Prozesses – möglich gewesen sei, in der Beweisaufnahme »wesentlich über das Ergebnis hinauszukommen, das der Bericht von Dr. Schetter festgestellt hat«. Zugleich machte der Ausschuß jedoch darauf aufmerksam, daß durch neue Materialfunde »das Bild, das er durch die Abgabe seiner Voten vom gegenwärtigen Auswärtigen Amt und vom gegenwärtigen Auswärtigen Dienst gezeichnet hat, ergänzt oder korrigiert werden könnte. Künftige Publikationen der Akten des Ribbentropschen Auswärtigen Amtes, insbesondere der angeblich noch in London lagernden sämtlichen Akten über die Judenpolitik, wären imstande, die Beurteilung einzelner Persönlichkeiten unter Umständen sogar grundlegend zu ändern.«

Der Untersuchungsausschuß sei sich auch in jedem Zeitpunkt seines Verfahrens darüber im klaren gewesen, »daß er ein politisches

Instrument ist, beauftragt, bestimmte politische Fragen zu beantworten. Er nimmt also für sich nicht den Rang einer historischen Forschungskommission in Anspruch. Bei seiner Methode hat sich der Ausschuß mit den normalen Mitteln der juristischen Logik begnügt, wie sie durch die vom Grundgesetz vorgeschriebene sinngemäße Anwendung der Strafprozeßordnung vorherbestimmt sind.«

Im einzelnen beantwortete der Untersuchungsausschuß die vom Plenum des Bundestages gestellten Fragen wie folgt:

»1. Wurden oder werden im Auswärtigen Dienst, insbesondere auch im Auswärtigen Amt, Personen beschäftigt, deren Verhalten während der nationalsozialistischen Gewaltherrschaft geeignet ist, künftig das Vertrauen des In- und Auslandes zur demokratischen Entwicklung der Bundesrepublik Deutschland zu gefährden?

Ja.

Es wurden einige Personen beschäftigt, deren Verwendung das Vertrauen des In- und Auslandes zur demokratischen Entwicklung beeinträchtigen konnte. Sie sind zum Teil entfernt, zum Teil sollen die Vorschläge des Untersuchungsausschusses über ihre weitere Verwendung es unmöglich machen, daß fernerhin eine Gefährdung des Ansehens der Bundesrepublik stattfindet.

2. Auf welche Einflüsse ist eine Beschäftigung solcher Personen zurückzuführen?

Bei den höheren Beamten lassen sich in bestimmten Fällen (Dr. Haas, Dr. Melchers, Blankenhorn, Dr. Schwarz, Dr. Dittmann) kausale Zusammenhänge in bezug auf die Berufung von früheren Mitgliedern des AA nachweisen. Das Verhalten dieser Beamten könnte durch eine fahrlässige Führung der Amtsgeschäfte erklärt werden, die durch guten Glauben und nicht genügende Kenntnis aller Tatsachen zustande gekommen ist.

In bezug auf die oberen (gehobenen mittleren) Beamten kann diese Frage kausal eindeutig beantwortet werden. Es steht fest, daß mit Vorwissen und unter Duldung unmittelbarer Vorgesetzter eine Gruppe ehemaliger Nationalsozialisten am Werke gewesen ist, die durch außerhalb des Amtes geführten Briefwechsel versucht hat, Personen, die während der nationalsozialistischen Gewaltherrschaft durchaus nicht immer ein einwandfreies Verhalten an den Tag gelegt haben, zu reaktivieren.[…]

3. Welche Maßnahmen sind getroffen worden, um Mißgriffe in dieser Personalpolitik aufzudecken und zu verhüten oder Angriffe auf Verwaltungsangehörige des Auswärtigen Dienstes abzuwehren?

Der Bundesaußenminister hatte den Oberlandesgerichtspräsidenten a. D. Dr. Schetter beauftragt, die Anschuldigungen der ›Frankfurter Rundschau‹ zu untersuchen. Mißgriffe in der Personalpolitik sind durch das Ergebnis der Schetterschen Untersuchungen infolge der angewandten Methode nicht aufgedeckt worden. Der Untersuchungsausschuß mußte – wie der vorliegende Bericht beweist – zu einem anderen Ergebnis kommen.

Dem Untersuchungsausschuß ist während seiner Tätigkeit bekannt geworden, daß der Bundesaußenminister in verschiedenen Fällen im Sinne der Empfehlungen des Untersuchungsausschusses Mißstände abgestellt hat. Welche Maßnahmen die Bundesregierung ergriffen hat, um Mißgriffe der festgestellten Art in Zukunft zu verhüten, ist dem Untersuchungsausschuß bisher nicht bekannt.

Um Angriffe auf Verwaltungsangehörige des Auswärtigen Dienstes abzuwehren, hat der Staatssekretär des Auswärtigen Amts vor der Presse Erklärungen abgegeben, die in Anlage 3 abgedruckt sind.«[6]

Einzelfälle

Auf Grund der Anfang September 1951 in der »Frankfurter Rundschau« veröffentlichten Artikelserie hat der Untersuchungsausschuß insgesamt 21 höhere Beamte und Angestellte auf ihre Eignung für den Auswärtigen Dienst überprüft. In drei Fällen (von Bargen, Dittmann und von Grundherr) votierte der Ausschuß gegen deren Weiterverwendung im Auswärtigen Dienst. Nur 5 der 21 überprüften Diplomaten hielt der Ausschuß uneingeschränkt »für geeignet« (Blankenhorn, von Etzdorf, von Kessel, Theo Kordt und von Nostitz-Drzewiecki). In weiteren fünf Fällen hatte der Ausschuß »keine Bedenken« (Herwarth von Bittenfeld, von Kamphoevener, von Keller, von Marchtaler und Susanne Simonis). Gegen die Weiterverwendung der leitenden Beamten Haas, Melchers und Schwarz im Auswärtigen Dienst erhob der Ausschuß keine Einwände, jedoch sprach er sich gegen deren Einsatz in der Personalabteilung aus. In drei Fällen (Peter Pfeiffer, Schwarzmann und Tichy) empfahl der Ausschuß, von deren Entsendung ins Ausland vorläufig abzusehen. Keine Bedenken hatte der Ausschuß gegen die Weiterbeschäftigung Trützschler von Falkensteins, jedoch empfahl er, bis auf weiteres keine Beförderungen auszusprechen. Außerdem votierten die Abgeordneten gegen dessen Verwendung im Ausland. Von einer detaillierten Stellungnahme im Falle Heinburg sah der Ausschuß ab, da dieser schon vor Drucklegung des Abschlußberichts aus dem Dienst geschieden war.

Die Entscheidungen des Untersuchungsausschusses in den Fällen von Bargen, Dittmann, Haas, Melchers und Trützschler von Falkenstein sollen insoweit ausführlich dargestellt werden, als sie sich durch ihre teils politische, teils rechtliche Relevanz von den übrigen Voten des Ausschusses abheben. Besondere Beachtung verdient der Fall des Gesandten zur Wiederverwendung von Bargen, weil es diesem auf dem Wege der Rehabilitierung gelang, seine Karriere im Auswärtigen Dienst der Bundesrepublik Deutschland bis zum Botschafter fortzusetzen – entgegen dem Votum des Ausschusses, der von Bargen »in jeder Beziehung für nicht geeignet zur Weiterverwendung« hielt. In diesem Falle sind Votum und Rehabilitierung – jenseits von Anklage und Apologie – einer kritischen Nachprüfung zu unterziehen.

Werner von Bargen

Werner von Bargen wurde in der 16. Sitzung des Untersuchungsausschusses am 19. März 1952 vernommen. Grundlagen der Vernehmung waren dessen Personalakte, Dokumente und Protokolle aus dem Wilhelmstraßen-Prozeß sowie die Tonbandaufnahme seiner Zeugenaussage im Rademacher-Prozeß. Im Schlußbericht stellte der Ausschuß fest:

»Dr. v. Bargen wird beschuldigt, von der *Deportation belgischer Juden* gewußt und nichts dagegen unternommen zu haben. Um die Schwere der Beschuldigung deutlich zu machen, sei noch einmal hervorgehoben, daß Dr. v. Bargen von 1937 bis 1940 als Gesandtschaftsrat (ab 1938 als Botschaftsrat) bei der Deutschen Botschaft in Brüssel tätig gewesen ist; der Krieg gegen Belgien unterbrach seine Tätigkeit nur für kurze Zeit, von 1940 bis 1943 war er der Vertreter des AA beim Militärbefehlshaber in Belgien.« Bei seiner Vernehmung durch Dr. Schetter habe von Bargen am 5. Oktober 1951 mit Bezug auf die Deportationen der Juden aus Belgien wörtlich folgendes gesagt: »Weder die Gesandtenstelle in Brüssel noch ich hatten mit den Deportationen etwas zu tun.« Verantwortlich dafür sei die Leitstelle der Geheimen Staatspolizei in Brüssel gewesen. Er habe nur von Dritten über deren Maßnahmen etwas gehört.

»Diese Angabe steht im Widerspruch zu der Aussage, die Dr. v. Bargen am 17. Juli [korrekt: August] 1948 vor der Kommission I des Militärgerichtshofes Nr. IV, Fall XI, Dokumente S. 16 490 ff., gemacht hat, wo er zugegeben hat, als Vertreter des AA beim Militärbefehlshaber an einzelnen Deportationshandlungen mitgewirkt zu haben. Außerdem sind dem Zeugen Dr. v. Bargen in der Verhandlung des Untersuchungsausschusses eine Anzahl von Dokumenten vorgelegt worden, die sich auf die Zeit zwischen Juli und Dezember 1942 beziehen; durch sie wird im einzelnen das Ausmaß des Anteils, den Dr. v. Bargen an den Deportationen der Juden gehabt hat, bewiesen. Dr. v. Bargen hat dabei sogar das AA darauf aufmerksam gemacht, daß die vorhandenen Polizeikräfte nicht ausreichten, was nach Auffassung des Ausschusses auf eine Anforderung von Polizeieinheiten zur Durchführung der Deportationen hinausläuft. Erst der Vorhalt der Dokumente hat Dr. v. Bargen dazu bringen können, mit vielen Vorbehalten die Behauptung, er könne sich nicht erinnern usw., durch eine ungefähr wahrheitsgemäße Aussage über die Rolle, die er bei den belgischen Judendeportationen gespielt hat, zu ersetzen. [...]

Weiter wird Dr. von Bargen beschuldigt, *Geiselerschießungen in Frankreich* nicht verhindert zu haben. Dr. von Bargen war von 1943 bis 1944 Leiter des Referates Westeuropa in der Politischen Abteilung des AA und 1944 Geschäftsträger in Paris. Dr. v. Bargen stellte auch in Abrede, mit Geiselerschießungen etwas zu tun gehabt zu haben. In der Verhandlung des Untersuchungsausschusses hat er jedoch ein von ihm unterzeichnetes Telegramm vom

6. April 1944 zugegeben, in dem von Geiselerschießungen die Rede ist. Außerdem hat er zugegeben, bei Laval vorstellig geworden zu sein, um für den Fall, daß ein französischer Legionär [...], der in amerikanische Kriegsgefangenschaft geraten war, erschossen werden sollte, Repressalien zu verlangen.

Dr. v. Bargen hat mitgeteilt, einmal mit General Stülpnagel in Paris für den Fall des Gelingens des Attentats auf Hitler abgesprochen zu haben, als Parlamentär verwendet zu werden, und weitere Angaben über seine *Verbindung zu Widerstandskreisen* gemacht. Schließlich hat der Ausschuß einen Brief Dr. v. Bargens aus Gérardmer vom 16. August 1944 an den Gesandten v. Bergmann [AA Berlin] zur Kenntnis genommen. In diesem Brief teilt Dr. v. Bargen mit, daß Paris ›allmählich‹ von den deutschen Dienststellen geräumt werden soll. Da Paris bereits am 23. August 1944 von den Alliierten eingenommen wurde, erschien dem Ausschuß dieses Schreiben des Gesandten Dr. v. Bargen in bezug auf seine *Urteilsfähigkeit in politischen Dingen* besonders bedeutungsvoll. Das gleiche gilt für seine Aussage, daß er nie etwas von der Existenz der Konzentrationslager Auschwitz und Natzweiler gehört habe.

Votum

Der Ausschuß hält Dr. v. Bargen in jeder Beziehung für nicht geeignet zur Weiterverwendung im Auswärtigen Dienst. Gegen eine Verwendung in einer anderen Bundesbehörde bestehen keine Bedenken.

Gründe: Seine Behauptungen,

a) daß sein Bericht nicht kausal für die Deportierung der Juden gewesen sei, weil diese schon anderweitig beschlossen worden sei,

b) daß er an der Widerstandsbewegung des 20. Juli 1944 teilgenommen habe,

werden als richtig unterstellt. Gleichwohl ist der Ausschuß einstimmig der Auffassung, daß allein schon die Tatsache des Vorhandenseins der von Dr. v. Bargen verfaßten und unterzeichneten Aktenstücke ihn für die Weiterverwendung im Auswärtigen Dienst untragbar erscheinen läßt. Der Ausschuß vertritt den Standpunkt, daß es nicht seine Sache, sondern Sache der vorgesetzten Behörde

241

Dr. v. Bargens ist, zu prüfen, ob und wieweit er in bezug auf Art und Inhalt seiner Aussagen straf- oder disziplinarrechtlich zur Verantwortung gezogen werden soll.«[7]

Die Behauptung von Bargens, an der »Widerstandsbewegung des 20. Juli 1944 teilgenommen« zu haben, die der Ausschuß als »richtig« unterstellte, hält kritischer Nachprüfung nicht stand. Beim Kreuzverhör am 17. August 1948 durch den US-Anklagevertreter im Wilhelmstraßen-Prozeß hatte von Bargen schließlich einräumen müssen, daß er kein Mitglied einer bestimmten Widerstandsbewegung gewesen sei.[8] Unverständlich bleibt, daß der Untersuchungsausschuß dieses ihm vorliegende Eingeständnis nicht berücksichtigte. Offenbar hielt der Ausschuß den Gesandten von Bargen allein schon durch die Existenz der von ihm gezeichneten Dokumente, das heißt vornehmlich aus politischen Gründen, für »untragbar« zur weiteren Verwendung im Auswärtigen Dienst. Auf eine rechtliche und historische Würdigung des Dokumenteninhalts verzichtete der Untersuchungsausschuß. Dieser Verzicht und die indirekte Empfehlung, von Bargen künftig in einer anderen Bundesbehörde zu verwenden, hatten beträchtliche Konsequenzen. Beides, Unterlassung und Empfehlung des Ausschusses, diente von Bargen als Vehikel auf dem Wege zu seiner Rehabilitierung. Wie ihm diese im einzelnen gelang, wird in einem folgenden Kapitel ausführlich darzustellen sein.

Herbert Dittmann

Votum: »Der Ausschuß ist der Auffassung, daß Dr. Dittmann nicht in der Personalabteilung, aber wegen seines Verhaltens vor dem Ausschuß hinsichtlich des Rademacher-Prozesses auch nicht im Auswärtigen Amt weiter beschäftigt werden soll. Gegen seine Verwendung in einer anderen Bundesverwaltung bestehen keine Bedenken.

Gründe: Dr. Dittmann nimmt für sich selbst nicht in Anspruch, an irgendeiner Widerstandshandlung während des Dritten Reiches beteiligt gewesen zu sein. Er hat im Gegenteil zweimal während des Zweiten Weltkrieges in der Personalabteilung des Ribbentrop-AA gearbeitet. Es muß höchst bedenklich erscheinen, daß ein solcher Mann als Chef der Personalabteilung des AA der Bundesrepublik tätig sein konnte. Das würde, abgesehen von der persönlichen Seite des Falles, unter objektiven Gesichtspunkten zu einer Schädigung des Ansehens der Bundesrepublik und des Auswärtigen Dienstes führen.«[9]

Wilhelm Haas

Votum: »Gegen die Weiterverwendung von Dr. Haas im Auswärtigen Dienst bestehen keine Bedenken; jedoch spricht sich der Ausschuß gegen seine Wiederverwendung in der Personalverwaltung aus.

Gründe: Der Untersuchungsausschuß hat an der persönlichen Integrität von Dr. Haas keine Zweifel. Unter den von November 1949 bis Sommer 1951 herrschenden Verhältnissen im Bundeskanzleramt und im Auswärtigen Amt hat sich Dr. Haas bemüht, den Anforderungen eines Auswärtigen Dienstes, so wie er ihn sah, Rechnung zu tragen.

Trotz dieser Bemühungen ist unter der Verantwortlichkeit von Dr. Haas eine Zusammensetzung des AA zustandegekommen, die, wie die im Bericht vorgetragenen Einzelfälle beweisen, nicht aufrechterhalten werden konnte. Die Auffassungen, die Dr. Haas von den Notwendigkeiten der Personalpolitik im Auswärtigen Dienst gehabt hat, entsprechen nicht der tatsächlichen außenpolitischen Lage der Bundesrepublik. Das berührt nicht seine Eignung für den Auslandsdienst.«[10]

Wilhelm Melchers

Votum: »Der Ausschuß erhebt gegen die Weiterverwendung von Dr. Melchers keine Bedenken, spricht sich jedoch gegen seine Verwendung in der Personalabteilung und gegen jede Einflußnahme auf diese durch ihn aus. […]

Gründe: Der Untersuchungsausschuß hat über die persönliche Integrität von Dr. Melchers keine Zweifel. Er sieht in seiner Haltung innerhalb des Kreises der Männer des 20. Juli 1944 eine echte Widerstandshandlung.[11]

Der Ausschuß hat jedoch den Eindruck, daß sich die amtliche Tätigkeit von Dr. Melchers während des letzten Krieges unter einem außerordentlich eingeengten Horizont abgespielt hat. Auch die Tätigkeit von Dr. Melchers im Organisationsbüro und in der Personalabteilung des AA hat offensichtlich unter einer bestimmten Beschränktheit der Aspekte gelitten.

Die Aussagen von Dr. Melchers im Falle Dr. Otto John bedürfen der Nachprüfung unter dem Gesichtspunkt der Dienstpflicht des Beamten, sich bei allen dienstlichen Äußerungen der Wahrheit zu befleißigen. Selbst wenn, wie der Untersuchungsausschuß anzunehmen geneigt ist, Dr. Melchers subjektiv die Wahrheit gesagt hat, bleibt zu untersuchen, welche Schlüsse aus dem mangelnden Erinnerungsvermögen zu ziehen sind.«[12]

Heinz Trützschler von Falkenstein

Der promovierte Historiker und damalige Legationsrat I. Klasse Trützschler von Falkenstein wurde am 27. März und 23. April 1952 vernommen.[13] Laut Schlußbericht kam der Untersuchungsausschuß zu folgendem Ergebnis:

»Dr. v. Trützschler hat auf die Frage nach der Art und dem Maß seiner Beteiligung an der *Verfassung von Weißbüchern* stets ausweichend geantwortet und die Verantwortung für die unwahre Darstellung des Bombardements von Freiburg im Breisgau durch deutsche Flieger sofort auf einen Kollegen geschoben, nachdem er zugegeben hatte, daß ihm und anderen Beamten der Politischen Abteilung Zweifel an der Richtigkeit der deutschen Angaben gekommen sind. Nachdem Dr. v. Trützschler ein Schreiben vorgehalten worden war, in dem er das OKW um Mitteilungen für die hitlerische Kriegspropaganda in Spanien und Portugal gebeten hat [...], hat er von sich aus dem Ausschuß mitgeteilt, daß er während des ganzen Krieges die *Sprachregelungen*, deren sich die deutschen diplomatischen Missionen bedienen sollten, im AA gemacht hat bzw. an ihrer Abfassung beteiligt gewesen ist. [...]«

Votum: »Der Untersuchungsausschuß erhebt grundsätzlich keine Bedenken gegen eine Weiterbeschäftigung im Auswärtigen Amt, empfiehlt aber, bis auf weiteres keine Beförderungen auszusprechen. Der Ausschuß spricht sich gegen eine Verwendung von Dr. Trützschler v. Falkenstein im Ausland aus.

Gründe: Eine Verwendung des Mannes, der während des ganzen Krieges in der Politischen Abteilung ›sprachregelnd‹ an der Gestaltung der Kriegspropaganda beteiligt gewesen ist, im Ausland würde das Ansehen der Bundesrepublik schädigen. Insbesondere hält es der Untersuchungsausschuß für untragbar, daß Dr. v. Trützschler als Referatsleiter des AA die Europa-Politik der Bundesrepublik repräsentiert. Ebenso ist angesichts der Haltung Dr. v. Trützschlers bei seinen verschiedenen Vernehmungen [...] vor dem Ausschuß, wo sich der Zeuge trotz der Vorlage unbezweifelbar echter Dokumente von großer Bedeutung auf das Nicht-erinnern-können zurückzog, seine Beförderung nicht gerechtfertigt. Schließlich empfindet es der Ausschuß als einen Mangel an Wahrheitssinn, daß Dr. v. Trützschler bis jetzt nichts unternommen hat, um sich über die wahren Vorgänge beim Bombardement von Freiburg im Breisgau zu unterrichten, obgleich ihm die Informationsquellen dafür angegeben worden sind.«[14]

Dieser Fall zeigt, daß ein Historiker und Diplomat, der sicherlich *kein* überzeugter Nationalsozialist war[15], sich gleichwohl als Gehilfe des nationalsozialistischen Propagandaapparates zwischen 1940 und 1945 betätigte. Trützschler von Falkenstein fungierte nicht als »kleiner Hilfsarbeiter«, sondern als stellvertretender Leiter der Referate Pol XI (Kriegsschuldfrage) und Pol XII (Vorbereitung der Friedensverträge).[16] Und für diese seine Tätigkeit, das heißt für den Nachweis der deutschen »Unschuld« bei den Kriegszügen Hitlers, war er seit 1940 auf Antrag des Auswärtigen Amts unabkömmlich gestellt, mithin vom Militärdienst befreit.[17] Sehr wahrscheinlich lag in diesem Privileg ein verführerischer, womöglich dominanter Beweggrund zur Mitarbeit an den euphemistisch »Weißbüchern« genannten Geschichtsklitterungen der deutschen Kriegspropaganda.

Empfehlungen

Der Ausschuß schloß seinen schriftlichen Bericht mit sechs Empfehlungen, die die im Laufe der Untersuchungen festgestellten personalpolitischen und organisatorischen Mißstände im Auswärtigen Amt beseitigen sollten:

1. Wegen Arbeitsüberlastung der leitenden Beamten, besonders des Staatssekretärs, empfahl der Ausschuß die Bestellung eines weiteren Staatssekretärs, der die Verwaltung des AA leitet, die in Ziffer 2 festgelegten Grundsätze zur Personalpolitik überwacht, die Tätigkeit der einzelnen Abteilungen koordiniert und für die laufende Unterrichtung der Auslandsmissionen Sorge trägt.

2. »Der Posten des Leiters der Personalabteilung im Auswärtigen Amt soll beschleunigt mit einer Persönlichkeit besetzt werden, die nicht als Angehöriger des Ribbentropschen AA der Politik des Dritten Reiches widerstandslos gedient hat und nach jeder Richtung Gewähr bietet, daß die Personalpolitik den Erfordernissen der Demokratie entspricht. Dem Leiter der Personalabteilung müssen die ihm nach der Gemeinsamen Geschäftsordnung für die Bundesministerien zustehenden Befugnisse, insbesondere das Recht des unmittelbaren Vortrags beim Staatssekretär, tatsächlich eingeräumt werden.

3. Das Bundesgesetz über die Wiedergutmachung nationalsozialistischen Unrechts für Angehörige des öffentlichen Dienstes vom 11. Mai 1951 ist innerhalb des Geschäftsbereichs des AA beschleunigt durchzuführen. Besonderer Nachdruck ist auf die Durchführung der Wiedereinstellungsbestimmungen dieses Gesetzes zu legen. Spätestens bis zum 30. September 1952 hat das AA dem Ausschuß für auswärtige Angelegenheiten und dem Haushaltsausschuß des Bundestages einen Bericht über die Durchführung des Wiedergutmachungsgesetzes zu geben. Dabei ist insbesondere mitzuteilen, wieviele frühere Angehörige des Auswärtigen Dienstes, die durch das Hitlerregime widerrechtlich oder unter Anwendung von Zwang entfernt worden oder ausgeschieden sind, wieder eingestellt wurden und aus welchen Gründen bei der restlichen Zahl von Wiedergutmachungsberechtigten von einer Wiedereinstellung abgesehen worden ist.

246

4. Der Bundestag beauftragt die Mitglieder des Untersuchungsausschusses Nr. 47 in ihrer Gesamtheit, zwei Personen mit außenpolitischer und juristischer Bildung und Erfahrung mit der Nachprüfung der bisher vorliegenden Beschwerden über die Personalpolitik des AA zu betrauen. Sie haben dem Bundestag in geeigneter Weise über das Ergebnis dieser Prüfung zu berichten.

5. Künftige Aktenpublikationen und andere wissenschaftliche Veröffentlichungen über die Tätigkeit der Zentralbehörden der nationalsozialistischen Zeit werden unter der Verantwortung des Bundesjustizministeriums daraufhin geprüft, ob sie Aufschlüsse für die Verwendbarkeit der darin erwähnten Personen im Bundesdienst geben.

6. Der Bundestag beauftragt die Bundesregierung, bis zum 31. Dezember 1952 dem Auswärtigen Ausschuß einen umfassenden Bericht über die rechtliche Gestaltung des Auswärtigen Dienstes ausländischer Staaten und die dort für den Auswärtigen Dienst geltenden Anstellungsbedingungen vorzulegen. Der Auswärtige Ausschuß wird zu diesem Bericht Stellung nehmen und sich dazu äußern, ob und nach welchen Richtlinien ein Gesetz über den Auswärtigen Dienst für die Bundesrepublik zu schaffen wäre.«[18]

Diese Empfehlungen gingen im wesentlichen auf einen unveröffentlichten Entwurf zurück, den der Berichterstatter des Untersuchungsausschusses, Prof. Dr. Brill (SPD), angefertigt hatte. Vergleicht man Entwurf und Endfassung, ist eine deutliche Abschwächung der Empfehlungen in der veröffentlichten Fassung erkennbar. Punkt 1 des Entwurfs lautete: »Das AA soll in allen zweifelhaften Personalsachen den Bundesminister der Justiz um Aufklärung bitten.« In Punkt 3 hatte Brill ursprünglich postuliert: »Vor der Besetzung des Postens des Leiters der Personalabteilung im AA ist der Ausschuß für Auswärtige Angelegenheiten zu hören.« Beide Forderungen liefen auf eine Beschneidung der Kompetenzen des AA und damit des Außenministers Adenauer hinaus, im letzteren Fall zugunsten der Legislative.

In Punkt 5 seines Entwurfs empfahl Brill, Funktion und Struktur des Auswärtigen Dienstes auf eine gesetzliche Grundlage zu stellen: »Der Bundestag beauftragt den Ausschuß für Auswärtige Angelegenheiten, unverzüglich Vorarbeiten für den Erlaß eines

Gesetzes über den Auswärtigen Dienst zu beginnen.« Doch dazu kam es vorläufig nicht. Fast 40 Jahre verstrichen, ehe das Gesetz über den Auswärtigen Dienst (GAD) mit Wirkung vom 1. Januar 1991 in Kraft trat.[19]

Verantwortlich für die Abschwächung der Brillschen Empfehlungen im Abschlußbericht waren Vertreter der CDU/CSU-Fraktion im Untersuchungsausschuß. Parteipolitische Rücksichtnahme bewog sie, Kritik und Empfehlungen des Ausschusses zu mäßigen, um das Ansehen des Kabinetts Adenauer im allgemeinen und das des Außenministers Adenauer im besonderen zu wahren. Wie aus dem Nachlaß Blankenhorn ersichtlich, betätigte sich vor allem das Ausschußmitglied Dr. Gerstenmaier (CDU), der spätere Präsident des Deutschen Bundestages, als Moderator. Der Abgeordnete Gerstenmaier fühlte sich dem Ministerialdirektor Blankenhorn nicht nur politisch, sondern auch landsmannschaftlich verbunden. Beide stammten aus Baden-Württemberg.

Folgt man der Tagebuchnotiz Blankenhorns vom 4. Mai 1952, empfing dieser abends in seinem Haus den Abgeordneten Gerstenmaier u. a. zu einer »Aussprache über die Vernehmung im Untersuchungsausschuß 47«[20].

Dieser Gesprächstermin kann nicht zufällig gewählt worden sein. Am 5. Mai 1952, also nur einen Tag später, mußte sich Blankenhorn einer weiteren Vernehmung durch den Untersuchungsausschuß stellen. Er hinterließ dabei offenbar einen positiven Eindruck. Jedenfalls attestierte der Ausschuß dem Ministerialdirektor Blankenhorn die Eignung für den Auswärtigen Dienst u. a. mit der Begründung, daß seine Mitgliedschaft in der NSDAP (seit 1. 12. 1938) »rein formal« gewesen sei und er »zu den treibenden Kräften in der Widerstandsgruppe des 20. Juli 1944« gehört habe. Diese Feststellung, die sich vornehmlich auf Aussagen von Dr. Melchers, einem Kollegen Blankenhorns, stützte, war und blieb singulär. Weder seinen Erinnerungen noch einer anderen, unabhängigen Quelle ist zu entnehmen, daß Blankenhorn eine treibende Kraft in der Widerstandsbewegung des 20. Juli 1944 gewesen ist.[21]

Am 9. Juni 1952, also noch bevor der Untersuchungsausschuß seinen schriftlichen Bericht abschloß, traf Blankenhorn erneut mit Gerstenmaier zusammen, diesmal zum Mittagessen. Das Hauptthema der Unterredung formulierte Blankenhorn in einer Notiz vom 9. Juni 1952 mit bemerkenswerter Offenheit: »der Bericht des Untersuchungsausschusses, auf den Gerstenmaier Einfluß nehmen möchte«.[22]

Neben der Rücksichtnahme auf das Prestige des Bundeskanzlers und Außenministers Adenauer trug diese Verschränkung persönlicher und parteipolitischer Interessen zwischen einem einflußreichen Mitglied der Mehrheitsfraktion im Untersuchungsausschuß und einem der Verantwortlichen für die Mißstände im Auswärtigen Amt entscheidend dazu bei, daß den einstimmig gefällten Voten in umstrittenen Fällen politische Kompromisse zugrunde lagen. Mit der historischen Wirklichkeit hatten diese naturgemäß wenig gemein. Vertreter der Opposition im Untersuchungsausschuß nahmen diese Kompromißlösungen dennoch hin, um »unter der Wucht der Tatsachen alle Beschlüsse im Ausschuß einstimmig zu fassen, was für den Aufbau einer Front gegen den Bundeskanzler von großer Bedeutung« gewesen sei.[23]

Reaktionen

Am 4. Juli 1952 vermerkte Herbert Blankenhorn in seinen Tagebuchblättern: »Abends Rundfunksendung des Bayerischen Rundfunks über das Auswärtige Amt – 2. Folge –, die keine wesentlichen neuen Vorwürfe enthält. [...] Es wird höchste Zeit, daß der Bericht des Untersuchungsausschusses der Bundesregierung zugeht, damit die Stellungnahme, die der Kanzler im Parlament dazu abgeben muß, vorbereitet werden kann. Es ist schon unwahrscheinlich, daß die Presse derartige Berichte vor der Bundesregierung besitzt.«[24] Da der erste Entwurf zur Stellungnahme des Bundeskanzlers am 14. Juli 1952 im AA abgeschlossen worden ist, muß der Bericht des Untersuchungsausschusses zwischen dem 5. und 10. Juli beim AA eingegangen sein.

Tatsächlich waren aber schon am 26. Juni 1952, das heißt etwa eine Woche nach Abschluß des schriftlichen Berichts, Voten und Empfehlungen des Ausschusses in der »Frankfurter Rundschau« unter der Schlagzeile »Hohe Beamte des AA schädigten Ansehen

249

des Bundes im In-und Ausland« erschienen.[25] Auf Grund weitgehender Übereinstimmung zwischen Ausschußbericht und Zeitungsmeldung ist eine Indiskretion anzunehmen, deren Quelle aber nicht zu ermitteln war.

Anders als die »Frankfurter Rundschau« begnügten sich Helmut Hammerschmidt und Michael Mansfeld nicht mit der Wiedergabe des Ausschußberichts in ihrer Hörfunksendung, die der Bayerische Rundfunk am Abend des 4. Juli 1952 ausstrahlte. Sie wiesen unter anderem auf die Wiederverwendung ehemaliger SS-Führer im Auswärtigen Dienst hin und forderten, daß der Untersuchungsausschuß oder ein anderes unabhängiges Gremium weitere, bislang kaum bekannte Mißstände im AA klären solle. »Nur so kann das Bonner Auswärtige Amt zur Visitenkarte unseres Staates werden.«[26]

Ganz andere Akzente setzte der der CDU nahestehende Deutschland-Union-Dienst in seiner Ausgabe vom 15. Juli 1952. Die Überschrift »Viel Lärm um nichts« deutete bereits den Tenor des Berichts an. Der mit einiger Spannung erwartete Bericht des parlamentarischen Untersuchungsausschusses würde nach allem, »was eilfertige Gerüchte während der vergangenen Monate über das Auswärtige Amt verbreiteten, vielen eine gewisse Enttäuschung bereiten. Das Fazit des Berichtes enthüllt die Gerüchte als viel Geschrei um wenig Wolle [sic].«

Die vom Ausschuß festgestellten Fehlbesetzungen seien zahlenmäßig wesentlich geringer, als die »Ankläger des Amtes« behauptet hatten. Was von den Anwürfen übrigbleibe, solle indessen keineswegs bagatellisiert werden. Gerechter Sinn aber werde den Verantwortlichen zubilligen, »daß sie nach besten Kräften bemüht gewesen sind, die erheblichen Schwierigkeiten zu bewältigen, die sich bei der personellen Besetzung des Amtes ergaben«.

Beim personellen Aufbau des neuen diplomatischen Dienstes sei gar keine andere Möglichkeit geblieben, »als auf bewährte Kräfte des ehemaligen Auswärtigen Amtes zurückzugreifen, ein Verfahren, das bekanntlich auch bei fast allen anderen Dienststellen angewendet werden mußte. Bei der allgemeinen Personalnot sind verständlicherweise auch einige Personen durchgeschlüpft, deren Mitwirkung unter den gegebenen Umständen nicht tragbar ist. Ebenso selbstverständlich sind die so erforderlich gewordenen

Korrekturen der Personalliste, die der Kanzler im übrigen bereits veranlaßt hatte, längst bevor die Angriffe erfolgten.«[27]

Diese insgesamt beschönigende, im Schlußsatz auch verzerrende Darstellung des Deutschland-Union-Dienstes gab freilich nur ein vorläufiges und überdies harmonisiertes Meinungsbild wieder, das für die Öffentlichkeit bestimmt war. Innerhalb der CDU/CSU-Bundestagsfraktion wurde dagegen wiederholt scharfe Kritik geübt an der Personalpolitik des AA, besonders von süddeutschen und katholischen Abgeordneten. Am 16. Oktober 1952, also kurz vor der Bundestagsdebatte über den Bericht des Untersuchungsausschusses (22. Oktober), vertraute Herbert Blankenhorn seinen Tagebuchblättern eine höchst aufschlußreiche, weil ungeschminkte Notiz an:

»Abends im ›Adler‹ in Godesberg lange Aussprache zwischen Strauß, Hallstein und mir über ein paar sehr grundsätzliche Probleme. Anlaß dazu war die überaus scharfe Kritik, die der Abgeordnete Strauß in einer Fraktionssitzung der CDU/CSU an der Personalpolitik des Auswärtigen Amtes geübt hat. In dieser Kritik hatte Herr Strauß den Eindruck erweckt, als ob im Auswärtigen Amt eine Gruppe von führenden Beamten bestehe, die mit besonderem Eifer die Unterbringung von früheren Mitgliedern des Auswärtigen Amtes, die dem Nazi-Regime nahegestanden haben, betreibe. Der Leiter dieser Gruppe sei Blankenhorn, der für die gesamte Personalpolitik des Auswärtigen Amtes in erster Linie verantwortlich sei, da der Kanzler sich nicht um die Dinge kümmere und da der Staatssekretär sowieso übergangen werde. Wie verheerend diese Ausführungen von Strauß gewirkt haben, konnte ich an den darauffolgenden Tagen anläßlich des Parteitages in Berlin feststellen, wo ich auf dieses Zerrbild von vielen Seiten angesprochen wurde.

Anläßlich der Besprechung in Godesberg war es für Hallstein nicht sehr schwer, Herrn Strauß von der völligen Irrigkeit seiner Behauptungen zu überzeugen. Aus der Erörterung ging mit großer Eindeutigkeit hervor, daß eine wirkliche Kenntnis der Vorgänge im Auswärtigen Dienst innerhalb der Fraktion der CDU/CSU – und das gilt gleicherweise für die übrigen Parteien – überhaupt nicht besteht. Ressentiments aller Art, Minderwertigkeitskomplexe, völlig falsche Begriffe von den Aufgaben des diplomatischen Dienstes und seiner Beamten, – all dies hat dazu beigetragen, eine Stimmung zu erzeugen, die meiner Auffassung nach nur dann repariert werden kann, wenn man in persönlichem Kontakt die Dinge aufklärt und wenn vor allem der Bundeskanzler[,] mehr als das bisher geschehen ist[,] sich vor das Auswärtige Amt stellt.«[28]

Inwieweit es dem Staatssekretär Hallstein gelungen ist, den Abgeordneten Strauß von der »völligen Irrigkeit seiner Behauptungen zu überzeugen«, kann nicht mehr verifiziert werden, da Strauß in seinen Erinnerungen mit keinem Wort auf die Kontroverse um das AA eingegangen ist. Bemerkenswert bleibt, daß Blankenhorn den Parlamentariern aller Parteien in toto Unkenntnis und Unverständnis der besonderen Belange des Auswärtigen Dienstes vorhielt. Diese Reaktion gibt einen Vorgeschmack auf seine nicht minder bemerkenswerte Einschätzung der Debatte über den Ausschußbericht im Deutschen Bundestag am 22. Oktober 1952.

Auf Weisung des Staatssekretärs Hallstein legte der für die Personalien der Angehörigen des höheren Dienstes zuständige Referatsleiter, Freiherr von Welck, am 14. Juli 1952 einen Entwurf vor, der als Grundlage dienen sollte für die Stellungnahme des Bundeskanzlers zum Bericht des Untersuchungsausschusses. Der Entwurf entstand, wie von Welck ausdrücklich vermerkte, »in Zusammenarbeit mit Herrn Dittmann«, dem vormaligen und zwischenzeitlich beurlaubten Personalchef des AA. Die Tatsache, daß Dittmann, den der Untersuchungsausschuß bekanntlich als ungeeignet für die weitere Verwendung in der Personalabteilung bezeichnet hatte, gleichwohl auf den Entwurf für die Erklärung Adenauers Einfluß nehmen konnte, muß rückblickend befremden, weil auf diese Weise einem Verantwortlichen für die personalpolitischen Mißstände im AA Gelegenheit zur heimlichen Rechtfertigung in eigener Sache eingeräumt wurde.

Der Inhalt des zehnseitigen Entwurfs zur regierungsamtlichen Stellungnahme auf den Bericht des Untersuchungsausschusses läßt sich in fünf Punkten zusammenfassen:

1. Im Auswärtigen Dienst seien insgesamt 542 Beamte und Angestellte des höheren Dienstes tätig. Von diesen seien 153, das

heißt 28 %, bereits im früheren Auswärtigen Amt beschäftigt gewesen. Der Untersuchungsausschuß habe 21 dieser Angehörigen des ehemaligen AA »auf Herz und Nieren« geprüft. Demnach sei bei einem Beamten und zwei Angestellten, also insgesamt bei drei Personen, eine Weiterbeschäftigung im Auswärtigen Dienst wegen ihrer Verstrickung in »nationalsozialistische Maßnahmen« nicht ratsam. Wörtlich empfahl der Entwurf dann dem Bundeskanzler die nachstehende Schlußfolgerung: »Ich wiederhole, bei 3 von insgesamt 542 Mitgliedern des Auswärtigen Dienstes hält der Untersuchungsausschuß aus *politischen* Gründen eine Weiterbeschäftigung nicht für ratsam. Ich glaube, meine Damen und Herren, das ist ein Ergebnis, das die immer wiederholte Kritik an der Personalpolitik des Auswärtigen Amts in keiner Weise rechtfertigt.«[29]

Diese Darstellung hält kritischer Nachprüfung nicht stand. Der Hinweis auf lediglich 28 % ehemaliger Angehöriger der »Wilhelmstraße« unter den höheren Beamten und Angestellten im Bonner AA verwischt die wesentlich bedeutsamere Tatsache, daß rund zwei Drittel der Schlüsselpositionen – vom Referatsleiter aufwärts – von früheren Diplomaten und Parteigenossen besetzt waren. Unvergleichliches läßt sich schlechterdings nicht vergleichen. Die im Angestelltenverhältnis beschäftigten Wirtschaftsreferenten bei den deutschen Auslandsmissionen mit den beamteten Referats- und Abteilungsleitern in der Bonner Zentrale gleichzusetzen ist unredlich, auch wenn beide Gruppen dem höheren Dienst angehören. Es bedarf keiner weiteren Begründung, daß die aus der Berliner »Wilhelmstraße« übernommenen Referats- und Abteilungsleiter ungleich mehr Einflußmöglichkeiten hatten als die vergleichsweise abhängig beschäftigten Wirtschaftsreferenten. Die amtliche Darstellung suggeriert sodann den Eindruck, daß der Untersuchungsausschuß drei und nur drei von insgesamt 542 Bediensteten für ungeeignet hielt zur weiteren Beschäftigung im Auswärtigen Dienst. Der Ausschuß hat freilich nicht 542, sondern nur 21 Amtsangehörige auf ihre Eignung überprüft. Wären alle Beamten und Angestellten des höheren Dienstes in die Untersuchung einbezogen worden, hätte der Ausschuß mit Sicherheit weitere Mißstände in der Personalpolitik festgestellt, etwa die Wiederverwendung ehemaliger Diplomaten mit SS- oder SD-Vergangenheit. Dazu wäre es allerdings notwendig gewesen, die im Berlin Document Center überlieferten Personalunterlagen heranzuziehen, was der Ausschuß generell unterließ aus unverständlichen Gründen. Bei Ausschöpfung dieser und weiterer Bestände, zum Beispiel der Entnazifizierungsakten in den Spruchkammerbezirken, wären außerdem manch zurückhaltende Voten des Untersuchungsausschusses deutlicher und kritischer ausgefallen. Von einer Prüfung der beschuldigten Diplomaten »auf Herz und Nieren«, wie sie der Entwurf unterstellte, kann mithin nicht die Rede sein.

2. Laut Entwurf für die Regierungserklärung sei »Herr Heinburg, der wegen Überschreitung der Altersgrenze nur als Angestellter mit einem zeitlich befristeten Auftrag verwandt wurde«, ausgeschieden, »nachdem sein Vertragsverhältnis abgelaufen war«. Diese Darstellung ist aus rechtlicher Sicht nicht anfechtbar, sie verschleiert gleichwohl die Hintergründe des Rücktritts. Wie bereits im letzten Kapitel nachgewiesen, bat der in der Personalabteilung tätige Referent Heinburg am 5. Mai 1952 um seinen vorzeitigen Abschied mit Ablauf des Monats Mai 1952, nachdem der Untersuchungsausschuß in seiner Sitzung vom 5. Mai 1952 dessen bürokratische Mitwirkung bei Judendeportationen im Zweiten Weltkrieg festgestellt hatte. Unter der Bedingung, daß das Angestelltenverhältnis mit Heinburg seitens des AA spätestens bis zum 1. Juli 1952 gelöst würde, sah der Ausschuß von einer detaillierten Stellungnahme zum Fall Heinburg ab »im Interesse des Ansehens der Bundesrepublik«. Durch sein Entlassungsgesuch kam Heinburg also der öffentlichen Erörterung seiner Beteiligung an nationalsozialistischen Gewaltverbrechen zuvor.

Während die Verfasser im ersten Teil ihres Entwurfs versuchten, die festgestellten Mißstände zu minimieren oder zu beschönigen, um die Personalpolitik des AA insgesamt zu rechtfertigen, monierten sie im zweiten Teil die aus ihrer Sicht unzulässigen Eingriffe des parlamentarischen Untersuchungsausschusses in die Rechte der Exekutive.

3. Der Untersuchungsausschuß sei ein politisches Instrument, beauftragt, bestimmte politische Fragen zu beantworten. »Trotz-

dem hat der Ausschuß über einzelne Beamte und Angestellte nicht nur auf Grund ihrer politischen Vergangenheit, sondern auch auf Grund ihres Verhaltens vor dem Untersuchungsausschuß ein Votum abgegeben. Der Bericht enthält des weiteren Empfehlungen darüber, ob einzelne Beamte und Angestellte in bestimmten Abteilungen des Auswärtigen Amts verwandt, ob sie ins Ausland versetzt oder ob sie befördert werden können oder nicht.« Diese Empfehlungen stellten einen Eingriff in die Rechte der Exekutive dar. Deshalb seien die Empfehlungen des Ausschusses auch nicht als bindend zu betrachten.[30]

4. Die Kritik des Untersuchungsausschusses am Prinzip des Fachbeamtentums, dem in der Personalpolitik des AA zu große Bedeutung beigemessen worden wäre, sei unberechtigt. »Gerade auf dem Gebiet der Diplomatie und des internationalen Verkehrs muß man über besondere Erfahrungen verfügen und die schwierige Technik [sic] beherrschen. Gewiß, man kann diese Technik erlernen, aber dazu bedarf es erfahrungsgemäß eines Zeitraumes von mehreren Jahren. Eine derartige Anlaufzeit stand dem Auswärtigen Amt aber nicht zur Verfügung. Darum war es selbstverständlich, daß gerade im Auswärtigen Amt auf erfahrene Beamte zurückgegriffen werden mußte, die vom ersten Tage an ihre Sachkenntnis zur Verfügung stellten.«[31] Dieser gewiß ernstzunehmende Einwand verdiente uneingeschränkte Zustimmung, wenn das Prinzip des Fachbeamtentums nicht auch als Instrument benutzt worden wäre, qualifizierte, aber amtsfremde Bewerber abzulehnen – darunter auch Gegner und Opfer des NS-Regimes.[32]

5. Seit über einem Jahr sei das Auswärtige Amt Zielscheibe öffentlicher Kritik durch Presse und Rundfunk. »Diese Kritik hat, wie gerade der Bericht des Untersuchungsausschusses zeigt, einen Umfang angenommen, der durch die Tatsachen in keiner Weise gerechtfertigt ist. Die Kritik hat […] durch ihre Verallgemeinerung mehr Schaden als Nutzen angerichtet, denn gerade durch sie ist die Vertrauenskrise erst hervorgerufen worden.« Der Entwurf kam zu dem Ergebnis und empfahl dieses auch zur wörtlichen Aufnahme in die Regierungserklärung: »Ich [d. h. Adenauer] bin der Ansicht, daß nach dieser eingehenden Untersuchung nunmehr ein Schlußstrich unter die ganze Angelegenheit gezogen werden muß.«

Mit dieser Schlußbilanz verkehrten die Verfasser des Entwurfs Ursachen und Folgen der öffentlichen Kritik. Nicht die personalpolitischen Mißstände im AA, die der Untersuchungsausschuß festgestellt hatte, sondern die angeblich ungerechtfertigte Kritik sowie Indiskretionen seien verantwortlich für die Vertrauenskrise und den daraus entstandenen Schaden. Die Forderung, einen Schlußstrich unter diese lästige »Angelegenheit« zu ziehen, beweist, daß dem AA weniger an konsequenter Aufklärung als an Verschleierung der tatsächlichen Personalstruktur und ihrer Ursachen gelegen war.

Nach diesem ersten Entwurf für die Stellungnahme Adenauers zum Bericht des Untersuchungsausschusses legte der »Rechtsberater für völkerrechtliche Angelegenheiten« beim Bundeskanzleramt, Professor Dr. Erich Kaufmann, am 27. August 1952 eine Aufzeichnung »betr. Untersuchungsausschuß« vor. Der Völkerrechtler Kaufmann verfügte zwar von Amts wegen über keine Kompetenz, sich mit verfassungs- und disziplinarrechtlichen Streitfällen auseinanderzusetzen, wurde aber dennoch als Rechtsberater von Ministerialdirektor Blankenhorn herangezogen. In seinem Gutachten kam Kaufmann u. a. zu dem Ergebnis, daß der Untersuchungsausschuß mit seinen Empfehlungen über die ihm vom Bundestag gestellte Aufgabe hinausgegangen sei und damit in die der Exekutive vorbehaltenen Rechte eingegriffen habe.[33]

Der Nachfolger Dittmanns als Personalchef, Peter Pfeiffer, ehemaliger Parteigenosse wie sein Vorgänger, benutzte das Gutachten Kaufmanns zur Abrundung seiner Aufzeichnung vom 16. September 1952 für Staatssekretär Hallstein. Die Aufzeichnung Pfeiffers faßte taktische, rechtliche und politische Gesichtspunkte zusammen, die geeignet erschienen als Grundlage für die »Erklärung des Herrn Bundeskanzlers und Bundesministers des Auswärtigen vor dem Bundestag« am 22. Oktober 1952:

»Der Bericht des Untersuchungsausschusses Nr. 47 wird im Oktober vor dem Plenum des Bundestags behandelt werden. Der Bericht hat dem Ansehen des Auswärtigen Dienstes und einem großen Teil der behandelten Personen Abtrag getan. Das Verfahren war juristisch und politisch nicht unbedenklich. Der Ausschuß ist über seinen Auftrag, das Verhalten der im Auswärtigen Amt beschäftigten Personen während der nationalsozialistischen Gewaltherrschaft zu prüfen, erheblich hinausgegangen. Er hat in dem veröffentlichten Bericht Werturteile gefällt, die von den Betroffenen als ehrenkränkend empfunden werden. Schließlich hat er Empfehlungen ausgesprochen, die tief in die Rechte der Exekutive eingreifen.

Eine Erklärung des Auswärtigen Amts vor dem Bundestag wird notwendig sein. Jedoch muß der Tatsache Rechnung getragen werden, daß der Ausschuß ein Organ der Volksvertretung war und durch ihre Autorität gedeckt ist. Eine scharfe Kritik von Seiten der Regierung würde wahrscheinlich den Bundestag veranlassen, den Bericht zu verteidigen, obwohl in allen Fraktionen Bedenken gegen das Verfahren und die Ergebnisse vorhanden sind.[34] Es sollte deshalb ein Weg gefunden werden, der dem Ansehen des Bundestags Rechnung trägt, der aber andererseits den zu Unrecht Angegriffenen Genugtuung gewährt. Zu diesem Zweck wird vorgeschlagen, in der Erklärung des Herrn Bundeskanzlers zum Ausdruck zu bringen, daß der Bericht mit großem Ernst aufgenommen und behandelt worden ist. Diese Einstellung könnte durch folgende Hinweise belegt werden:

1. Den Anregungen zum Geschäftsbetrieb des Amtes (Aktenführung, Beobachtung der gemeinsamen Geschäftsordnung der Bundesministerien und Ähnliches) wird durch interne Verfügungen entsprochen.[35]

2. In den Fällen, in denen der Ausschuß eine strafrechtliche oder disziplinare Überprüfung des Verhaltens vor dem Ausschuß anheimstellt, ist ein Verfahren eingeleitet worden. Das liegt auch im Interesse der Betroffenen, die auf diese Weise Gelegenheit haben, sich vor einer objektiven Persönlichkeit zu äußern. Es handelt sich hierbei um die Fälle *Dittmann, von Trützschler, Melchers* und *von Bargen*. Über Herrn Dittmann ist bereits ein Vorermittlungsverfahren abgeschlossen, mit dem es sein Bewenden haben kann [!]. Bei den anderen drei Herren soll eine Untersuchung durchgeführt werden durch eine außerhalb des Amts stehende Persönlichkeit. [...]

3. Zu den weit in die Zuständigkeit der Exekutive hineinreichenden Empfehlungen [...] könnte der Herr Bundeskanzler fest-

stellen, daß er sie prüfen wird, die Entscheidung jedoch unter eigener Verantwortung treffen muß.

4. Dem Recht der angegriffenen Personen auf Verteidigung, das vor dem Ausschuß oft nicht genügend beachtet wurde, kann dadurch Genüge geschehen, daß ihre Stellungnahme dem Bundestag in gleicher Weise zur Kenntnis gebracht wird wie der Bericht des Ausschusses. Es ist deshalb allen betroffenen Personen anheimgestellt worden, sich zu den Feststellungen des Ausschusses in einer Fassung zu äußern, die der Würde und dem Ansehen des Parlaments Rechnung trägt und gegebenenfalls veröffentlicht werden kann.«[36]

Die Debatte

>>Um Deutschlands willen haben wir nicht öffentlich ver-
handelt.<<
*Max Becker, MdB (FDP), Vorsitzender des Untersuchungsaus-
schusses Nr. 47, am 22. Oktober 1952 im Deutschen Bundestag*

Wertung und Gewichtung

Bei der Bewertung der Debatte steht Wesentliches, Neuartiges
und Fragwürdiges im Mittelpunkt. Laut Bericht des Abgeordneten Brill (SPD) hat der Untersuchungsausschuß ein >>zeitbeding-
tes politisches Urteil<< abgegeben, das durch nachfolgende Aktenpublikationen und wissenschaftliche Analysen korrigiert werden
könnte, in einzelnen Punkten sogar korrigiert werden müsste.[1]
Um welche Punkte es sich dabei handelte, die einer Korrektur be-
dürften, ist dem Bericht des Ausschusses nicht zu entnehmen,
ebensowenig den Protokollen seiner Sitzungen.

Aus historisch-kritischer Sicht ist zum Beispiel nicht mehr aufrechtzuerhalten die allzu wohlwollende Annahme des Ausschusses,
daß die Diplomaten von Bargen und Blankenhorn zur >>Wider-
standsgruppe des 20. Juli 1944<< gehörten, geschweige denn >>trei-
bende Kräfte<< dieser Gruppe gewesen seien. Es gibt keinen glaub-
würdigen Beleg in den vorliegenden Quellen und Darstellungen,
der diese Annahme rechtfertigen könnte. Blankenhorn selbst ging
in seinen Erinnerungen mit keinem Wort auf die ihm vom Ausschuß attestierte >>Widerstandtätigkeit<< ein. Daß Wohlwollen und
Rücksichtnahme den Untersuchungsausschuß bei seinen Empfehlungen leiteten, erhellt schlaglichtartig der Beitrag des Abgeordneten Gerstenmaier (CDU): >>21 Personen wurden angeschos-
sen [sic], 2 Herren sind von vornherein ausgeschieden, 2 Herren
wurden disqualifiziert für den Auswärtigen Dienst, im übrigen
aber, weil wir Menschenfreunde sind, für die übrigen Bundesbehörden als verwendbar erklärt.<<[2] Wenig glaubwürdig erscheint vor
diesem Hintergrund die Darstellung Gerstenmaiers, daß die >>An-
griffe<< der Medien >>gegen die Personalpolitik des Auswärtigen

Amts« nicht nur über das Ziel hinausgeschossen, »sondern eigentlich in ihrem Kern zusammengebrochen sind«.[3] Insoweit stimmte Gerstenmaier also der Einschätzung Adenauers zu. Dagegen legte er Wert auf die Feststellung, daß sich der Ausschuß »jedes Übergriffs in die Zuständigkeit der Exekutive« enthalten habe.

Bundeskanzler Adenauer betonte in seiner Erklärung u. a., »daß das Auswärtige Amt die Untersuchung in jeder von dem Ausschuß angeregten Weise unterstützt hat«. Das Amt habe insbesondere dem schwerwiegenden und gegenüber einer obersten Bundesbehörde ungewöhnlichen Ersuchen stattgegeben, die Personalakten der betroffenen Beamten herauszugeben. Dieses Ersuchen mag dem Bundeskanzler ungewöhnlich erschienen sein, gerechtfertigt war es gleichwohl durch die Bestimmungen des Grundgesetzes, Artikel 44, Absätze 2 und 3: Auf Beweiserhebungen des Untersuchungsausschusses »finden die Vorschriften über den Strafprozeß sinngemäß Anwendung. [...] Gerichte und Verwaltungsbehörden sind zur Rechts- und Amtshilfe verpflichtet.«[4] Im übrigen bleibt festzuhalten, daß das Auswärtige Amt die Untersuchung des Ausschusses eben nicht in jeder Weise unterstützt hat, wie von Adenauer behauptet wurde. Der Ausschuß erhielt auf seine Bitte hin nur die Personalakten. Angesichts ihrer lückenhaften Überlieferung wäre die freiwillige Aushändigung der Besoldungs- oder Geldakten für die Untersuchung insofern hilfreich gewesen, als diese die Lücken der Personalakten hätten ausgleichen können, zumindest teilweise.

Wie der Abgeordnete Erler zu berichten wußte, soll es im AA Listen mit den Namen jener Amtsangehörigen gegeben haben, die einst für den Sicherheitsdienst der SS tätig waren. Die Listen verschwanden, blieben jedenfalls unauffindbar, obwohl sie für die Arbeit des Untersuchungsausschusses von unschätzbarem Wert gewesen wären.[5] Insoweit erfuhr der Ausschuß nicht nur keine Unterstützung, sondern Obstruktion.

Beachtenswert sind auch die Hinweise Erlers auf eine – in der Verfassung nicht vorgesehene – Nebenregierung im Auswärtigen Amt. Ministerialdirektor Blankenhorn, Leiter der Politischen Abteilung, hatte nach der Geschäftsverteilung des AA mit Personalangelegenheiten nichts zu tun, ebensowenig der Ministerialdirektor Globke im Bundeskanzleramt. Dennoch nahmen beide weitreichenden Einfluß auf personalpolitische Entscheidungen im Auswärtigen Dienst – offenbar mit Duldung des Bundeskanzlers. Die Existenz dieser Nebenregierung läßt sich vielfältig nachweisen, besonders deutlich aus Blankenhorns Tagebuchblättern.[6] Den Einfluß Globkes illustriert ein geflügeltes Wort, das – nach Mitteilung verschiedener Amtsangehöriger gegenüber dem Verfasser – während der fünfziger Jahre in den oberen Etagen des AA kursierte: »Die Botschaft will ich schon, allein mir fehlt der Globke.«

Zu den Kernpunkten in Adenauers Regierungserklärung gehörte der Vergleich zwischen ursprünglicher Kritik der »Frankfurter Rundschau« am Auswärtigen Dienst und den Befunden des Untersuchungsausschusses. Der Ausschuß habe fünf von den insgesamt 21 angegriffenen Personen als »Männer echten Widerstandes« anerkannt. In einem weiteren Fall – von Bargen – habe er die Teilnahme am Widerstand als gegeben erachtet.

Drei von den 21 angegriffenen Personen seien wegen »ihrer Verstrickung in nationalsozialistische Maßnahmen« von dem Ausschuß als ungeeignet zur Weiterverwendung im Auswärtigen Dienst bezeichnet worden. Auch wenn man dieses Urteil, dessen Nachprüfung ihm, dem verantwortlichen Minister, obliege, als zutreffend unterstellte, »ergibt sich, daß die am Auswärtigen Amt öffentlich in der Presse geübte Kritik über ihr Ziel hinausgegriffen hat«.[7]

Nachdem der Abgeordnete Erler in einem ebenso detaillierten wie sachkundigen Beitrag diese statistische Bilanz des Bundeskanzlers als unvollständig und politisch fragwürdig kritisiert hatte, sah sich Adenauer zu einer weiteren Erklärung veranlaßt.[8] Seine Replik offenbarte ein denkwürdiges Eingeständnis: »Nun hat Herr Erler erklärt, und zwar zutreffend erklärt: Je höher man nach oben geht, desto mehr sind die Pgs vertreten […]. Sie haben recht darin, Herr Erler. Aber wenn Sie mal von oben nach unten gehen, möchte ich zunächst feststellen, daß weder der Außenminister noch der Staatssekretär Pgs gewesen sind. (Große Heiterkeit […]) Also, wenn wir die Spitze betrachten, dann müssen Sie doch die beiden auch hinzunehmen, Herr Erler! Nun ist es richtig, daß unter den Beamten, die Herr Erler genannt hat, also vom Referenten an aufwärts […], *etwa 66 % frühere Pgs* gewesen sind. Aber ich glaube, wenn Sie die Dinge einmal in Ruhe überlegen, dann werden Sie nicht sagen können, daß man anders hätte verfahren *können*. Man kann doch ein Auswärtiges Amt nicht aufbauen, wenn man nicht wenigstens zunächst an den leitenden Stellen Leute hat, die von der Geschichte von früher her etwas verstehen.«[9]

Es steht außer Frage, daß beim Aufbau des AA Beamte mit spezifischen Erfahrungen in der Außenpolitik notwendig waren. Fragwürdig bleibt jedoch, warum zwei Drittel der Schlüsselpositionen im AA mit ehemaligen Parteigenossen besetzt wurden, manche Gegner und Verfolgte des NS-Regimes trotz langjähriger Erfahrung im Auswärtigen Dienst hingegen auf Ablehnung stießen oder ihre Wiederverwendung erstreiten mußten. Wenn Berufserfahrung ein maßgebliches Kriterium bei Einstellungen gewesen wäre, hätte auch der frühere Gesandte Werner von Hentig vorrangig Anspruch auf Wiederverwendung haben müssen. Kein anderer Beamter verfügte über so viel Erfahrung wie dieser seit 1911 im Auswärtigen Dienst tätige Diplomat. Er gehörte überdies zu den ganz wenigen höheren Beamten, die weder Parteigenosse noch Mitglied einer der NS-Organisationen gewesen waren. Dennoch mußte von Hentig – »leicht befremdet«, wie er in seinen Erinnerungen vermerkte – 1950 erfahren, daß er vom ersten Personalchef *nicht* zur Wiederverwendung vorgesehen worden sei, all seinen Eingaben zum Trotz. Für ihn war kein Platz mehr in der Zentrale frei. Er wurde nach Djakarta (Indonesien) entsandt, in ein »anerkannt schlechtes Klima«, wie er rückblickend noch bedauerte.[10]

Die konkreten Gründe für die ursprüngliche Ablehnung und die dann auf Distanzierung hinauslaufende Behandlung von Hentigs durch die Zentrale lassen sich immer noch nicht mit Sicherheit nachweisen, da seine Personalakte und ein wichtiger Teil seines Nachlasses der zeitgeschichtlichen Forschung nicht zur Verfügung stehen.[11] Gleichwohl lassen sich einige Hintergründe erschließen. Werner von Hentig machte aus seiner prononcierten Gegnerschaft zum NS-Regime schon *vor* 1945 keinen Hehl – anders als die meisten seiner Kollegen, die *nach* 1945 behaupteten, in die NSDAP eingetreten und im Amt geblieben zu sein, »um Schlimmeres zu verhüten«. Nach eigener Darstellung hat von Hentig dem Staatssekretär von Weizsäcker anläßlich der Konferenz von Evian-les-Bains (Sommer 1938) die Notwendigkeit vorgetragen, den Kongreß »über die Aufnahme und Weiterbeförderung von Juden« im Ausland mit einem deutschen Beobachter zu beschicken.[12] Daraufhin habe von Weizsäcker »verboten, ihm gegenüber die Judenfrage auch nur zu berühren«, obwohl diese zu seinem Referat gehörte. Als Hentig ihn dann später erneut auf die »Judenfrage« ansprechen mußte, wurde er, ebenso wie der zur Disposition gestellte Botschafter von Hassell, vom Staatssekretär »mit erstickender Stimme angeschrien. Weizsäcker wollte ganz augenscheinlich mit ihr nicht befaßt sein«.[13]

Eine Erörterung des Falles Weizsäcker habe er, von Hentig, im Nürnberger Wilhelmstraßen-Prozeß »so deutlich abgelehnt, daß man von weiteren Versuchen von Fragen über sein Verhalten absah«. Mit dieser Weigerung gehörte von Hentig zu den wenigen Diplomaten, die sich im Wilhelmstraßen-Prozeß *nicht* positiv über den Widerstand von Weizsäckers und seiner Klientel gegen das NS-Regime geäußert haben. Da Vertreter ebendieser Klientel aber seit 1949 bestimmenden Einfluß auf die Personalpolitik des entstehenden AA gewannen, ist anzunehmen, daß Bewerber wie von Hentig, die den Widerstands-Anspruch der Gruppe um Weizsäcker in Frage stellten, vom AA möglichst ferngehalten werden sollten. Der eigenwillige Diplomat und überzeugte Gegner des NS-Regimes von Hentig paßte nicht in diese geschlossene Gruppe vermeintlicher Widerstandskämpfer. Durch seine Mißbilligung der teils indifferenten, teils willfährigen Haltung von Weizsäckers in der nationalsozialistischen Judenpolitik vor 1943, die von Hentig nach 1945 durch beredtes Schweigen im Nürnberger Prozeß erneut zum Ausdruck brachte, bedrohte er das Selbstverständnis der Klientel von Weizsäckers als »Widerstandsgruppe« und damit deren Anspruch auf Wiederverwendung im Auswärtigen Dienst der Bundesrepublik Deutschland. Dieses abweichende Verhalten vor wie nach 1945 wurde, so scheint es, von der neuerdings tonangebenden Clique in der Personalpolitik des AA mit Ausschluß geahndet.

Die diskriminierende Behandlung von Hentigs war kein Einzelfall. Auch Richard Meyer, der seit 1913 im Auswärtigen Dienst tätig war und von 1931 bis 1935 als Ministerialdirektor die Ost-Abteilung des AA leitete, dann aber seiner jüdischen Herkunft wegen in den Ruhestand versetzt wurde und 1939 nach Schweden ging, fand im Auswärtigen Dienst der Bundesrepublik Deutschland keine angemessene Verwendung mehr. Den ihm angetragenen Posten im Haag (Niederlande) lehnte der renommierte Experte für Ostpolitik ab, wie nicht anders zu erwarten. Zwar wurde ihm noch der Titel eines Botschafters verliehen, aber keine weitere Verwendung mehr vorgeschlagen.

Hintergrund dürfte eine Denkschrift Meyers aus dem Jahre 1953 gewesen sein, die sich kritisch mit Adenauers Politik der Westintegration auseinandersetzte. Meyers »Gedanken über eine konstruktive deutsche Ostpolitik«, die auf ein wiedervereinigtes, aber blockfreies Deutschland hinausliefen, stießen auf deutliche Ablehnung bei Adenauer, Hallstein und Blankenhorn. Am 22. März 1954 teilte Blankenhorn dem Botschafter a. D. Meyer brieflich mit, daß seine Auffassungen »in schroffem Gegensatz« zu denen der Bundesregierung stünden. Dessenungeachtet hielt er Meyers Gedanken über eine Neuorientierung der Ostpolitik für so brisant, daß er darum bat, diese »für das Auswärtige Amt gefertigte Denkschrift dritten Personen nicht zugänglich zu machen«. Meyers Denkschrift wurde amtlicherseits unterdrückt. Erst 1986 gelangte sie ans Licht der Öffentlichkeit, aus dem Nachlaß Meyers herausgegeben von Julius H. Schoeps.[14]

Im Ergebnis bleibt festzuhalten, daß das Prinzip des Fachbeamtentums bei der Besetzung der Schlüsselpositionen im entstehenden Auswärtigen Amt nicht durchgängig angewandt worden ist. Höchst qualifizierte Beamte mit langjähriger Erfahrung im Auswärtigen Dienst des Deutschen Reiches, überdies Gegner und Opfer des NS-Regimes wie zum Beispiel Werner von Hentig und Richard Meyer, wurden nach 1949 diskriminiert, weil sie gegen den herrschenden Korpsgeist verstießen oder politisch unabhängige Meinungen vertraten. Also gaben nicht Fachbeamtentum und Berufserfahrung den Ausschlag über Einstellung und Aufstieg, sondern soziale Einordnung und politische Anpassung. Wer aber befand darüber? Gab es eine Clique im Auswärtigen Amt, die über Ablehnung, Wiederverwendung und Avancement entschied?

Auf diese zentrale Frage hat der Bundestagsabgeordnete Max Becker (FDP), Vorsitzender des Untersuchungsausschusses Nr. 47, eine ebenso differenzierte wie treffende Antwort gegeben: »Wenn jemand ein neues Amt aufbaut und, dazu berufen, zunächst diejenigen holt, die er von früher her als sachkundig kennt, dann sehe ich darin noch keine Clique. Eine Clique wird es erst dann, wenn ohne eine gewisse äußere Organisation eine innere Zusammengehörigkeit auf dem Grunde gleicher Weltanschauung, der gleichen Erziehung oder des gleichen Standesbewußtseins – oder was es immer sein mag –, eine innere Zusammenschweißung stattfindet und man den Eindruck hat: ›Hier in diesen Klüngel kommt jetzt kein anderer hinein.‹

Frage: Haben wir das festgestellt? Wenn Sie mich als Juristen fragen, sage ich Ihnen ganz offen: Juristisch beweisbar haben wir das nicht festgestellt. Wenn Sie mich weiter fragen: ›Wie würde zu handeln sein?‹, dann sage ich Ihnen folgendes. Mich haben in den letzten Wochen diese von einer einheitlichen Stelle aus dirigierten *Flüsterparolen*, dieses einheitlich dirigierte Konzert stutzig gemacht, in denen immer nur auf angeblich *formale Mängel des Berichts* und seines Zustandekommens hingewiesen war, aber auf die Sache selbst mit keinem Wort eingegangen ist. Das hat mich sehr stutzig gemacht; und wenn das ein Kennzeichen für das Bestehen einer Clique sein sollte, dann kann ich nur sehr ernstlich darum bitten, daß der künftige Leiter des Personalamts im Auswärtigen Amt ganz gehörig danach sieht, daß keine Clique mehr da ist und keine neue entsteht.«[15]

Der *juristische* Nachweis einer Clique, die die Personalpolitik im entstehenden Auswärtigen Amt bestimmte, mag für den Untersuchungsausschuß schwierig gewesen sein, *politisch* hat der Ausschußvorsitzende ihre Existenz als gegeben angesehen und vor ihrem Fortbestehen gewarnt, ebenso der Berichterstatter.[16] In der Rückschau und auf der Basis der inzwischen vorliegenden Quellen ist die Cliquenbildung zu bestätigen. Es gibt verschiedene Zeugnisse, die – wie gezeigt – diesen Befund erhärten, keines drückt jedoch die Cliquenbildung so frühzeitig und so unmittelbar aus wie die Tagebuchaufzeichnung Blankenhorns vom 5. Januar 1950: »Abends erste Konferenz der Direktoren des Auswärtigen Amtes, Pfeiffer, Haas, Herwarth, Dittmann und Blankenhorn auf der Viktorshöhe [...]. *Wir wollen unter uns alle entscheidenden*

Fragen koordinieren, damit ein Auseinanderfallen der einzelnen Abteilungen vermieden wird.« Der Aufbau des neuen Auswärtigen Dienstes sei »aus dem Nichts« erfolgt, gegen »das Mißtrauen der Alliierten, die keine Pg's zulassen wollten, das Mißtrauen des Parlaments, ja nicht zuletzt des Bundeskanzlers [...].«[17] Die Clique hatte obsiegt, allen politischen und parlamentarischen Widerständen zum Trotz.

Reaktion Blankenhorns

Eine erste und höchst aufschlußreiche Stellungnahme zur Debatte des Deutschen Bundestages über den Bericht des Untersuchungsausschusses Nr. 47 stammt aus der Feder Herbert Blankenhorns, der die Plenarsitzung offenbar verfolgt hatte. Noch am Abend des 22. Oktober 1952 notierte er in seinem Tagebuch: »Der generelle Eindruck der Debatte ist äußerst schwach.« Zweifellos sei der Auswärtige Dienst der Bundesrepublik in vielem ausbau- und reformbedürftig. Das liege in erster Linie daran, daß das moderne Auswärtige Amt eine Unzahl von neuartigen Aufgaben zu bewältigen habe, die den klassischen Ämtern der Vergangenheit nicht gestellt worden wären. Es sei schon schwer in normalen Zeiten, ein solches Amt aus dem Nichts zu entwickeln; erst recht so in Zeiten, in denen unser ganzes politisches und wirtschaftliches Leben schwerwiegenden Veränderungen unterliege. Er denke vor allem dabei an die großen neuartigen Organisationsformen des europäischen staatlichen, wirtschaftlichen und sozialen Lebens.

»Hierfür bei einem Parlament Verständnis zu erwarten, dessen Abgeordnete mit wenigen Ausnahmen aus kleinbürgerlichen, engen Verhältnissen stammen und die zudem von Außenpolitik und internationalen Zusammenhängen so gut wie keine Ahnung haben, die kaum eine fremde Sprache beherrschen, geschweige denn in der Lage sind, ausländische Verhältnisse auch nur in primitivster [!] Weise zu beurteilen – kurz, man kann einfach nicht von einem solchen Parlament verlangen, daß es einer Diskussion eines so schwierigen und so ernsten Themas auch nur annähernd gewachsen ist. Die Abgeordneten, die zum Thema gesprochen haben, haben sich mit ganz wenigen Ausnahmen darauf beschränkt, törichte, unbegründete, von keinerlei Sachkenntnis erfüllte Kritik an einer Beamtenschaft zu üben, die sachlich in den letzten Jahren mehr geleistet hat für den Wiederaufbau der Heimat als diese Kritiker selbst. Leider hat der Bundeskanzler nicht in ausreichendem Maße die Dinge auf den rechten Platz gerückt und das Parlament gezwungen, dem Problem einmal sachlich zu Leibe zu gehen. So bietet das Ganze ein Bild des Unbehagens, das in keinem Verhältnis steht zu der Größe der Aufgabe, die der Kanzler in so meisterhafter Weise gelöst hat.«[18]

Bemerkenswert scheint zunächst, daß Blankenhorn in seiner Tagebuchnotiz mit keinem Wort auf den Hintergrund und das Kernthema der Bundestagsdebatte eingegangen ist. Die Mißstände im Auswärtigen Amt, zurückzuführen auf die verfehlte Personalpolitik einer exklusiven Clique, waren Ursache für die verbreitete Kritik in den Medien und dann auch Anlaß zur Einsetzung des parlamentarischen Untersuchungsausschusses. Statt dessen verschob Blankenhorn den Hauptakzent seiner Stellungnahme auf Organisationsprobleme im Auswärtigen Dienst, die vornehmlich durch neuartige Aufgaben gegenüber europäischen Institutionen entstanden seien, für die das Parlament kein, nach seiner Auffassung jedenfalls zuwenig Verständnis zeigte. Die dann folgende scharfe Kritik an der vermeintlich kleinbürgerlichen Herkunft der Abgeordneten und ihrer angeblichen Ignoranz in außenpolitischen Fragen offenbarte nicht nur den elitären Hochmut des aus großbürgerlichen Verhältnissen stammenden Diplomaten Blankenhorn, sondern auch die vollkommene Geringschätzung eines selbstbewußten Repräsentanten der sich autoritär gerierenden Exekutive gegenüber den demokratisch legitimierten Volksvertretern. Insofern überrascht es nicht, daß die grundgesetzlich verankerte Kontrollfunktion des Bundestages als unqualifizierte Einmischung in die Domäne außenpolitischer Entscheidungsgewalt diskreditiert wurde. Blankenhorns Kritik an Bundeskanzler Adenauer, insbesondere sein Bedauern darüber, daß Adenauer das Parlament nicht »gezwungen« habe, »dem Problem einmal sachlich zu Leibe zu gehen«, zeigt deutlich, wie fremd dem Ministerialdirektor Blankenhorn die Regeln der parlamentarischen Demokratie waren.

Pressestimmen

Die Debatte im Deutschen Bundestag über den Bericht des Untersuchungsausschusses fand in der deutschen Presse breite Resonanz, überregional ebenso wie regional. Auch einige große Blätter in der Schweiz, Großbritannien, den Niederlanden und USA gingen ausführlich auf die Plenardebatte ein. Wie unterschiedlich die Berichterstattung zum selben Thema ausfiel, zeigen die im folgenden wiedergegebenen Artikel der »Frankfurter Allgemeinen Zeitung« vom 23. Oktober 1952 und der »Nationalzeitung« (Basel) vom 24. Oktober 1952:

»ADENAUER VERTEIDIGT DAS AUSWÄRTIGE AMT

Disziplinarverfahren gegen einige Beamte angekündigt
Drahtbericht unseres Korrespondenten

R. Bonn, 22. Oktober. Der Bundestag hat am Mittwoch den Bericht des Parlamentarischen Untersuchungsausschusses über die Mißstände der Personalpolitik im Auswärtigen Amt behandelt, der zu dem Schluß gekommen ist, daß einige Personen in diesem Amt beschäftigt wurden, deren Verwendung wegen ihres Verhaltens während der nationalsozialistischen Gewaltherrschaft das Vertrauen des In- und Auslandes in die demokratische Entwicklung der Bundesrepublik beeinträchtigen könnte. Deswegen hatte der Ausschuß Empfehlungen über ein Ausscheiden, eine Versetzung oder eine Nichtbeförderung dieser Betroffenen beschlossen.

Vor der Debatte im Plenum hatte sich ein Streit darüber entsponnen, ob solche in die Exekutive eingreifenden speziellen Empfehlungen von parlamentarischer Seite über Nichtbeförderung oder Versetzung von Beamten rechtlich zulässig seien. Es entstanden lebhafte Bedenken gegen ein solches Verfahren.

Der Kanzler als Außenminister betonte denn auch vor dem Parlament zu dem Bericht, daß diese Empfehlungen des Ausschusses ihn nicht von seiner verfassungsrechtlichen Verantwortung entlasteten. Er gab bekannt, daß einerseits Disziplinarverfahren gegen einige Angehörige des Auswärtigen Amtes eingeleitet, andererseits die von dem Ausschuß Getadelten Gelegenheit zu dienstlicher Äußerung zu diesen Vorwürfen erhalten würden. Unverkennbar distanzierte sich der Kanzler von dem Ausschußbericht auch in der Darlegung der Problematik des Verfahrens des Ausschusses, vor dem die Beschuldigten als Zeugen in eigener Sache hätten aussagen müssen, was zwar dem angelsächsischen, jedoch nicht dem deutschen Rechtsverfahren entspreche.

Dr. Adenauer berührte auch einen weiteren wunden Punkt mit dem Hinweis, daß das Aktenmaterial des Ausschusses im wesentlichen aus den Akten der Anklage in Nürnberg stamme, die nach amerikanischem Recht aber nicht verpflichtet gewesen sei, auch das negative Material zu sammeln. Dazu komme, daß der Ausschuß manchmal das Entnazifizierungsverfahren zugrunde gelegt habe, manchmal aber auch nicht.

Mit sichtlicher Genugtuung konstatierte Dr. Adenauer, daß nur drei von den in den Presseartikeln angegriffenen insgesamt einundzwanzig Angehörigen des Auswärtigen Amtes vom Ausschuß als ungeeignet befunden worden seien, während der Ausschuß fünf dieser Personen als echte Widerstandskämpfer anerkannt habe. Er sagte weiter, daß die Verwendung jedes dieser Männer beim Aufbau des Auswärtigen Amtes damals von den Alliierten habe kontrolliert werden können. Aber niemals sei ein Veto erfolgt, so daß diese Personalpolitik jedenfalls das Vertrauen des Auslandes in die deutsche Demokratie nicht geschädigt haben könne.

Der Kanzler erhob den Vorwurf, daß in Wirklichkeit die über das Ziel hinausschießenden Angriffe in der Presse das Ansehen der Bundesrepublik im Ausland geschädigt hätten. Ein Abbau des Mißtrauens gegen das Auswärtige Amt sei notwendig, wenn dieses Instrument der deutschen Außenpolitik leistungsfähig bleiben solle. Diese Forderung gewinnt allerdings einen besonderen Akzent angesichts der Forderungen des Ausschusses, eine permanente Überprüfung des Auswärtigen Amtes vorzunehmen.

»Fleckenlose Visitenkarte«
Associated Press meldet: Der Abgeordnete *Erler* (Sozialdemokrat) forderte für seine Fraktion, daß alle zweifelhaften Fälle im Auswärtigen Amt von einem ordentlichen Richter objektiv vor einem

Dienststrafgericht überprüft würden. Dadurch sei gewährleistet, daß ein völlig unparteiischer Spruch gefällt werde. *Das Auswärtige Amt müsse eine fleckenlose Visitenkarte der Bundesrepublik werden.* Die Personalauswahl für diesen Dienst müsse Vertrauen zum neuen Deutschland im Ausland schaffen. *Man dürfe dort keine Inzucht üben und müsse auch Außenseiter in den Dienst nehmen.*«

»Die Missstände im Bonner Auswärtigen Amt
Privattelephon unseres Korrespondenten

ak. Bonn, 23. Oktober.
Zum grossen Erstaunen, insbesondere der ausländischen Beobachter, hat Außenminister *Adenauer* in der

Bundestagsdebatte
über die Personalpolitik
seines Auswärtigen Amtes,

die nach scharfen Presseangriffen Gegenstand einer parlamentarischen Untersuchung war, sein Amt weitgehend *in Schutz* genommen. Adenauer ging dabei so weit, zu erklären, es könne nicht davon gesprochen werden, »dass das Vertrauen des Auslandes in die demokratische Entwicklung der Bundesrepublik durch die Personalpolitik des Auswärtigen Amtes gefährdet war«. Hingegen seien die übersteigerten Angriffe der Presse auf das Amt dem Ansehen der Bundesrepublik im Ausland abträglich gewesen und er werde deshalb »künftig in grösserem Umfange als bisher *strafrechtlich* gegen Beleidigungen des auswärtigen Dienstes vorgehen«.

Was unter einer solchen Beleidigung zu verstehen sei, hat Adenauer nicht näher definiert; aber die Tendenz dieses Satzes geht doch offensichtlich dahin, die Presse durch die Androhung von Strafrechtsverfahren davon abzuhalten, sich mit der Vergangenheit jener früheren Parteigenossen sowie SA- und SS-Männer zu befassen, die heute teilweise an leitender Stelle im Auswärtigen Amte tätig sind oder die Bonner Demokratie im Ausland vertreten.

Nicht die Tatsache, dass zwei leitenden Beamten und einem Generalkonsul Beteiligung an Massnahmen zur Deportation Zehntausender von Juden nachgewiesen werden konnte und weitere Beamte durch den Untersuchungsbericht mehr oder weniger stark belastet wurden, hat also dem Ansehen der Bundesrepublik geschadet, sondern – die Presse, die diese Skandale aufdeckte. Wohl erklärte Adenauer, dass er entsprechend den Empfehlungen des Ausschusses gegen einige Beamte ein *Dienststrafverfahren* eingeleitet habe; aber seine Rede hinterliess doch weitgehend den Eindruck, dass er nicht gewillt ist, so durchzugreifen, wie man es in den demokratischen Kreisen des In- und Auslandes als nötig erachtet hätte.

Im Namen der Deutschen Partei ging der Abgeordnete *von Merkatz* sogar noch weiter; er empfahl eine Verwerfung des Untersuchungsberichtes und provozierte *erregte Proteste auf der Linken*, als er erklärte, dass man das eigene Nest nicht fortgesetzt beschmutzen solle. Durch das Beschiessen von Beamten durch die Presse werde das Vertrauen zu diesem Amte nicht wiederhergestellt, und der Untersuchungsbericht habe nur neue Unruhe geweckt. Während von Merkatz einerseits erklärte, das Verfahren des Ausschusses gefährde die rechtsstaatliche Ordnung, fand er andererseits warme Worte für den Gesandten von Grundherr, der unter anderem Ribbentrop-Gelder an Quisling weitergeleitet hat und dessen Name unter Dokumenten steht, die sich mit Anweisungen für Judendeportationen befassen.

Der sozialdemokratische Sprecher *Erler* hingegen warf von Merkatz vor, seine verhängnisvolle Rede habe nichts anderes erreicht, als im Ausland erneut Zweifel an der demokratischen Entwicklung der Bundesrepublik zu wecken. Das Auswärtige Amt müsse eine lückenlose Visitenkarte des demokratischen Deutschlands sein; aber in diesem Auswärtigen Amte habe es Beamte gegeben, die an Verbrechen mitgewirkt hätten. Man hätte den Untersuchungsausschuss gar nicht gebraucht, wenn die Regierung rechtzeitig gehandelt hätte, und die *Verantwortung* liege einzig und allein beim zuständigen Ressort-Minister, »auch wenn er zugleich Bundeskanzler ist«. Erler wies dann auf die im Auswärtigen Amte existierende »*Nebenregierung*« unter der Leitung des gar nicht dem Amte angehörenden und sehr umstrittenen Ministerialdirigenten *Blankenhorn* hin, der besonders in der Personalpolitik stark »engagiert«

sei. (Adenauer erklärte, von der Existenz einer solchen Nebenregierung nichts zu wissen.) Zur FDP gewandt erklärte Erler, er schäme sich, dass eine Regierungspartei – in ihrem Pressedienst – einen Mann wie den Gesandten von Bargen verteidige. Als einige FDP-Abgeordnete protestierten, las Erler zwei Dokumente mit Anweisungen für die *Judendeportationen* vor, die von Bargen selbst verfasst und unterschrieben hatte.

Adenauer ergriff im Verlaufe der Diskussion dann nochmals das Wort, um zu erklären, es sei »einfach fabelhaft«, was für Märchen über das Auswärtige Amt erzählt würden.

Er gab zwar zu, dass sich in den leitenden Stellen des Auswärtigen Amtes 66 Prozent ehemaliger Parteigenossen befänden, fügte aber gleich bei, dass man gar nicht anders hätte vorgehen können.

Wenn man im übrigen die Sache von oben nach unten betrachte, so ergebe es sich, dass weder der Aussenminister noch sein Staatssekretär Parteigenossen gewesen seien. Grossen Beifall auf der Rechten erhielt der Kanzler mit der Bemerkung: »Wir sollten mit der Nazi-Riecherei endlich Schluss machen.«

Das Plenum nahm dann den Bericht des Untersuchungsausschusses gegen die Stimmen der Kommunisten und einen Teil der Deutschen Partei »zur Kenntnis«, konnte sich aber nicht dazu aufraffen, einen SPD-Antrag anzunehmen, der von der Regierung verlangte, dem Bundestag bis zum 15. Dezember einen schriftlichen Bericht über die Massnahmen vorzulegen, die gegenüber den durch den Bericht belasteten Beamten ergriffen wurden. (Der Antrag wurde dem zuständigen Ausschuss überwiesen.) Es wird im Auswärtigen Amt also vorerst im Wesentlichen *alles beim Alten bleiben.*«

Während die »Frankfurter Allgemeine Zeitung« mehr als die Hälfte ihres Beitrags der Erklärung Adenauers widmete, berichtete die »National-Zeitung« facettenreicher und insgesamt kritischer. Ähnlich kritische Töne schlugen auch die »Neue Zürcher Zeitung« (»Adenauer bagatellisiert die Kritik«) und »Die Tat« (»Abneigung gegen demokratische Kontrolle der Verwaltung«) in ihren Ausgaben vom 24. Oktober 1952 an.

Einen trefflichen Kommentar brachte der West-Berliner »Telegraf« am 23. Oktober 1952 heraus. Unter der Schlagzeile »Falscher Akzent« wurde u. a. festgestellt: »Der Bundeskanzler wich in seiner zu Beginn der Debatte abgegebenen Erklärung dem Thema nicht nur aus, er ging sogar so weit, die Vorzeichen umzukehren und den Anschein zu erwecken, als ginge es nicht um eine Kritik am Auswärtigen Amt, sondern um eine Kritik an der Arbeit und dem Bericht des parlamentarischen Untersuchungsausschusses. Nicht die Angegriffenen – die doch, wie der Bericht eindeutig ergibt, zu Recht angegriffen werden –, die Angreifer, der Ausschuß und die Presse, sollen schuldig sein. […] Diese Debatte hinterläßt einen üblen Nachgeschmack. Es sieht ganz so aus, als würde sich im Auswärtigen Amt weder heute noch in Zukunft etwas ändern. Es riecht nach einem Triumph der Wilhelmstraße in Bonn. Nicht diese Clique ist verwarnt worden, sondern die Öffentlichkeit: Strafrechtliche Verfolgung wird denen angedroht, die es wagen sollten, auch weiterhin mit dem Finger auf die schmutzigen Stellen im Auswärtigen Amt zu zeigen.«[19]

Interna aus dem Nachlaß Brill

Der Berichterstatter des Untersuchungsausschusses, Prof. Dr. jur. Hermann Brill, hat zwischen Mai 1952 und Juli 1953 eine Reihe privater Briefe und Aufzeichnungen verfaßt, in denen er sich ebenso freimütig wie kritisch mit den Möglichkeiten und Grenzen der Ausschußarbeit sowie Problemen der internen Entschlußbildung auseinandersetzte. Seine Beobachtungen und Erkenntnisse sind insofern besonders bemerkenswert, als sie auf Grund der politischen Mehrheitsverhältnisse im Untersuchungsausschuß nicht in den Abschlußbericht eingingen. Sie geben Einblick in fraktionsinterne Flügelkämpfe und erhellen Hintergründe für die mitunter zurückhaltend formulierten Voten im Abschlußbericht.

In einer vertraulichen Mitteilung vom 15. September 1952 an einen persönlichen Freund berichtete Brill über den Stand der Beratungen in den einzelnen Bundestagsfraktionen: »Die KPD hat sich mit den Dingen natürlich nicht unter sachlichen, sondern nur unter propagandistischen Gesichtspunkten befaßt. […] In der CDU ist die Lage äußerst unklar. Adenauer hat Professor Erich

Kaufmann mit der Ausarbeitung eines Rechtsgutachtens beauftragt. [...] Außerdem ist mit zwei Umständen in der CDU zu rechnen:

1. daß das politische Gewicht von Dr. Köhler nach seiner gewaltsamen Entfernung vom Präsidentenstuhl des Bundestages sehr gering ist, dagegen

2. der politische Einfluß von Dr. Gerstenmaier – mindestens in dieser Sache – sehr bedeutend. ›Christ und Welt‹, das Organ Gerstenmaiers, hat einen geradezu gehässigen Artikel gegen den Untersuchungsausschuß gebracht. Im Wehrmacht- und SS-Flügel der FDP und im konservativen Lager der Deutschen Partei will man mit schwerem staatsrechtlichen Geschütz nach dem Untersuchungsausschuß schießen, d. h. seine Stellung erschüttern, und sich so ersparen, auf die Ergebnisse einzugehen. [...] Immerhin hoffe ich auf einige Hilfe von den rechtsstaatlich eingestellten Menschen im liberalen Flügel der FDP. [...]«[20]

In einem Tätigkeitsbericht vom 20. Januar 1953 für seinen Wahlkreis ging der Abgeordnete Brill u. a. auch auf die Debatte des Deutschen Bundestages am 22. Oktober 1952 ein: Bundeskanzler Adenauer habe in der Plenarsitzung wieder einmal bewiesen, »wie wenig er über die Bundestagsdrucksachen wirklich informiert ist. Was er vorbrachte, hatten ihm seine Beamten ausgearbeitet, und zwar so, daß ich [Brill] zweimal genötigt war, ihn zu berichtigen, ohne daß er etwas zu erwidern vermochte. [...] Die bürgerlichen Abgeordneten Dr. Becker-Hersfeld und Dr. Köhler-Wiesbaden, die im Untersuchungsausschuß mit uns Sozialdemokraten gut zusammengearbeitet hatten, konnten sich in ihren Fraktionen nicht durchsetzen, wodurch der Ausschußantrag nicht zum Zuge kam. Wir erreichten aber, daß der Auswärtige Ausschuß nunmehr auf Grund eines Berichtes der Regierung einen Gesetzentwurf über den Auswärtigen Dienst ausarbeiten wird.«[21]

Brills Aufzeichnung vom 14. Juli 1953 über die Personalverhältnisse im Auswärtigem Amt, die vermutlich Grundlage für eine Publikation sein sollte, aber bislang nicht veröffentlicht worden ist, enthält neben grundsätzlichen Vorbehalten gegenüber Adenauers Regierungserklärung u. a. auch eine kritische Betrachtung zur Cliquenbildung im Auswärtigen Dienst. Am 22. Oktober 1952 hatte Bundeskanzler Adenauer vor dem Bundestag die Auffassung vertreten, man sollte »jetzt mit der Naziriecherei Schluß machen«[22] Dieser Forderung widersprach Brill vehement: Wer der Meinung sei, »daß nicht der Nazismus, sondern die Entnazifizierung das größte Ärgernis der neueren Geschichte war, mag Herrn Dr. Adenauer vielleicht zustimmen. Wer aber glaubt, daß die Befreiung von Nationalsozialismus und Militarismus [...] eine Aufgabe ist, die zu lösen das deutsche Volk noch eine ganze Generation lang berufen sein wird, muß jene andere Auffassung auf das Entschiedenste verwerfen.«[23]

Korpsgeist, Cliquenbildung und Widerstand im Auswärtigen Dienst unterzog Brill einer ebenso nachdenklichen wie kritischen Reflexion: Jede menschliche Gemeinschaft – der Kreis der Conabiturienten, studentische Vereinigungen, militärische Einheiten, Zusammenschlüsse von politischen Gefangenen, Angehörige einer Generation, die auf entscheidende Posten gestellt wurden – »hat ihren *esprit de corps*. Der Auswärtige Dienst aller Länder und bestimmte Schichtungen in der internationalen Diplomatie sind davon nicht ausgenommen. Im Gegenteil! Er ist bei ihnen durch das gemeinsame Schicksal der Arbeitsaufgaben, der materiellen Schwierigkeiten, die sich jeder Lösung entgegenstellen, durch den öfteren Wechsel des Tätigkeitsfeldes, die besonderen Bedingungen der Lebensweise in fremden Ländern, durch die rechtliche und finanzielle Sonderstellung innerhalb des öffentlichen Dienstes, die Verknüpfung aller dieser Bedingungen durch besondere historische Ereignisse [...] sogar in ganz besonderem Maße ausgeprägt.«

Es sei klar, »daß sich dieser esprit de corps gegen das sogenannte Dritte Reich, gegen das Amt Rosenberg, gegen den Gestapomann als Legationsrat, gegen den Fuhrunternehmer als Unterstaatssekretär [d. i. Martin Luther[24]] und gegen den Sektreisenden mit dem [...] geborgten Adel als Minister [d. i. Joachim von Ribbentrop[25]] wehren mußte. Ahnungslosen Geistern ist dieser historische esprit de corps als Widerstand gegen das Dritte Reich erschienen. Sieht man aber in das Innere des Personalapparates, so klassifiziert sich dieser ›Widerstand‹ als bürokratische Beschränktheit des Horizonts, als Mangel an politischer Bildung [...] und als Kampf verschiedener Cliquen gegeneinander. Der

>Widerstand‹ am 20. Juli 1944 bestand – soweit die vom Untersuchungsausschuß vernommenen Beamten dafür in Frage kommen – in Abwarten, Herumhorchen, Telefonieren und einem gemeinsamen Abendessen im Hotel Adlon.«[26]

Aus diesen Reihen sei »nur ein einziges Mal ein aktiver und konstruktiver Widerstand hervorgetreten, der aber in der politischen Romantik des sogenannten ›preußischen Sozialismus‹ verschwimmt, also in einem Konservativismus mit sozial-patrimonialen Zügen. Andere Widerstandsversuche sind zwielichtig; sie verharren in religiösen Empfindungen und Vorstellungen, ohne zu Handlungen zu führen.«[27]

Der Bürokratismus dieser Gruppe von Angehörigen »des jetzigen Auswärtigen Dienstes hatte im Dritten Reich für sie die gleichen *Absurditäten* zur Folge wie ihr esprit de corps – sie taten ihre ›Pflicht‹. Ihr Rechtsgefühl wurde nicht erregt, ihr Rechtsbewußtsein nicht verletzt, wenn sie Berichte über die Quislinge schrieben, an nazistische Träger landesverräterischer Bestrebungen in anderen Staaten aus öffentlichen Mitteln namhafte Beträge auszahlten, Anordnungen zum Abtransport von Juden verschiedenster fremder Staatsangehörigkeit in anderen Ländern durchführten, die ihnen dafür notwendig erscheinenden Polizeikräfte anforderten usw. Sie hatten angeblich keine Ahnung vom Vorhandensein von Konzentrationslagern, wußten von Vernichtungslagern überhaupt nichts, wohnten in ausgesprochenen Judenvierteln Berlins, wollen aber jahrelang niemals etwas vom Verschwinden ihrer jüdischen Nachbarn gehört, geschweige denn etwas gesehen oder gewußt haben. Wenn ihnen eine bürokratische Sache, die heute als Ungeheuerlichkeit anerkannt wird, gefährlich erschien, wollen sie sie nur aus Angst, selbst in ein Konzentrationslager zu kommen, ausgeführt haben. Sie hatten also durchaus Einsicht in die Kausalität des Geschehens und in die kausale Verknüpfung ihrer eigenen Rolle mit den Ereignissen, aber sie bestreiten jedes Schuldbewußtsein [...]. Esprit de corps und Bürokratismus brachten ein laissez faire, laissez aller hervor, dessen einzige Realität im pünktlichen Gehaltsempfang bestand. Im übrigen wurde der ausgestoßen, der die Heiligkeit des Grundsatzes manus manum lavat nicht beachtete.«[28]

In der zweiten Hälfte des Krieges habe »zwischen diesen deutschen *Berufsdiplomaten* und den *Nazis eine widerliche Symbiose* stattgefunden. Es bildeten sich *Mördergruppen,* deren Tätigkeit so abscheulich gewesen ist, daß man zum Vergleich nur die furchtbarsten Blutorgien der Geschichte heranziehen kann. Die beiden schlimmsten Mördergruppen saßen offensichtlich in der Deutschland-Abteilung des Ribbentropschen AA und in der Deutschen Gesandtschaft in Belgrad. Die Häupter dieser Mördergruppen sind der gerichtlich verurteilte, inzwischen flüchtige Legationsrat Rademacher und der frühere Gesandte Benzler in Belgrad. Mit bürokratischer Exaktheit wurde von ihnen ausgerechnet, wieviele Juden man auf eine Insel im Donaudelta verbringen und dort dem Verhungern und Erfrieren aussetzen, und wieviele Juden man innerhalb einer bestimmten Zeit von deutschen Polizeitruppen erschießen lassen könne. Wahrscheinlich leben die Mitglieder dieser Mördergruppen unter uns – Serbien gehörte zum Referat Pol IV des Ribbentropschen AA, Referatsleiter [war] Geheimrat Dr. Heinburg, der im Bonner AA wieder beschäftigt worden war und aus ihm erst unter Druck des Materials des Untersuchungsausschusses ausschied.«

Für die juristische Verantwortung werde es notwendig sein, »das Maß der Schuld der Einzelperson genau festzustellen. Es gibt einen Schuldbegriff, der mehr ist als dolus, und dieses Mehr heißt: culpa. Diese Sünde gegen den Geist des Rechts und der Menschlichkeit haben alle Angehörigen des Ribbentropschen AA begangen, und in diesem *historischen Sinne* sind sie alle schuldig. Wenn Herr Dr. Adenauer meint, man solle mit der ›Naziriecherei‹ aufhören, so sage ich nach der Kenntnis der Dokumente und der Personen: Die Weltgeschichte ist das Weltgericht! […] Gottes Mühlen mahlen langsam, aber sicher.«[29]

Der Abgeordnete Brill hatte in seiner Eigenschaft als Berichterstatter mehr Sach- und Personalakten ausgewertet als jedes andere Mitglied des Untersuchungsausschusses. Überdies befähigte ihn sein auf Grund juristischer Ausbildung und politischer Verfolgung im Dritten Reich geschärftes Urteilsvermögen in besonderer Weise, zwischen vermeintlichem und tatsächlichem Widerstand sowie Vorsatz und Schuld bei nationalsozialistischen

Gewaltverbrechen zu differenzieren. Brill hat das ganze Ausmaß der Mitwirkung deutscher Diplomaten an der Vernichtung des europäischen Judentums frühzeitig erkannt und prononciert zum Ausdruck gebracht.

Nach 1945 bestritten die verantwortlichen Diplomaten der »Wilhelmstraße« fast unisono die Beteiligung des AA bei der Vernichtung der europäischen Juden ebenso wie die Kenntnis ihres Schicksals. Diese vermeintliche Unschuld ist jedoch von der zeitgeschichtlichen Forschung im letzten Jahrzehnt widerlegt worden.[30] Eine jüngst entdeckte Zeugenaussage des früheren Gesandten und Weizsäcker-Vertrauten Albrecht von Kessel aus dem Jahre 1964 bestätigt eindrucksvoll die Ergebnisse der neueren Forschung. Im Verfahren gegen den ehemaligen Vortragenden Legationsrat Horst Wagner wegen Beihilfe zum Mord an 356 624 Juden stützte der Leitende Oberstaatsanwalt beim Landgericht Essen seine Anklageschrift vom 22. 2. 1967 u. a. auf die Bekundung des Zeugen von Kessel, der zufolge alle höheren Beamten des AA seit 1941 gewußt hätten, »daß die Juden planmäßig auf die eine oder andere Weise physisch ausgerottet werden sollten«.[31]

Daß auch der Untersuchungsausschuß Nr. 47 mehrheitlich von der Mitschuld deutscher Diplomaten am Genozid überzeugt war, läßt die sibyllinische Formulierung des Ausschußvorsitzenden Dr. Becker in der Bundestagsdebatte vom 22. Oktober 1952 erkennen: »Um Deutschlands willen haben wir nicht öffentlich verhandelt. Der Bericht hätte in vielen Punkten vollständiger sein können; um Deutschlands willen ist er es nicht«.[32] Die Abgeordneten des Untersuchungsausschusses wußten mithin mehr über die Verstrickung des AA in die Vernichtungspolitik des NS-Regimes, als sie der Öffentlichkeit preisgeben wollten oder konnten.

Dieses verschleierte Bekenntnis offenbart freilich auch, daß zumindest die Vertreter der Mehrheitsfraktionen (CDU/CSU und FDP) im Untersuchungsausschuß ihren parlamentarischen Auftrag mit Rücksicht auf das Prestige des Bundeskanzlers und Außenministers Adenauer teilweise vernachlässigt haben. Nicht Rücksichtnahme auf angebliche Interessen Deutschlands, sondern rückhaltlose Aufklärung der Mißstände im Auswärtigen Dienst wäre ihre vornehmliche Aufgabe gewesen. Die Befunde und Voten des Untersuchungsausschusses spiegeln demnach Erkenntnisse, die unter partei- und staatspolitischem Vorbehalt mehrheitlich gewonnen wurden, nicht jedoch die ganze historische Wirklichkeit. Vor diesem Hintergrund verliert der Bericht des Untersuchungsausschusses Nr. 47 partiell an Glaubwürdigkeit und Aussagekraft. Erst mit der notwendig komplementären Darstellung des Berichterstatters Brill wird die facettenreiche Komplexität der geschichtlichen Wirklichkeit erkennbar.

Die nach Brill »widerliche Symbiose« zwischen Teilen der deutschen Diplomatie und nationalsozialistischen Gewaltverbrechern wird in ihrem ganzen Ausmaß evident, wenn man sich die ursprünglichen und wesentlichen Ziele der Diplomatie in Erinnerung ruft. Dazu gehören vornehmlich Völkerverständigung und Friedenssicherung. Diese Zielsetzungen traditioneller Diplomatie wurden in bislang ungekannter Weise pervertiert durch die Mitwirkung des Auswärtigen Amtes beim Völkermord an den europäischen Juden im Zweiten Weltkrieg.

Rehabilitierung: Eine Fallstudie

»Es wird im Auswärtigen Amt also vorerst im wesentlichen
alles beim Alten bleiben.«
National Zeitung, Basel, vom 24. 10. 1952

Am 22. Januar 1953 beschloß der Deutsche Bundestag, die Bundesregierung zu ersuchen, dem Parlament bis zum 1. März 1953
einen schriftlichen Bericht darüber vorzulegen, welche Maßnahmen disziplinarischer oder dienstlicher Art gegen jene Beamte
durchgeführt worden sind, die vom Untersuchungsausschuß
Nr. 47 überprüft worden waren. Mit Schreiben vom 26. Februar
1953 teilte Staatssekretär Hallstein dem Bundestagspräsidenten
mit, daß das Auswärtige Amt in den vier relevanten Fällen (von
Bargen, Dittmann, Melchers und Trützschler von Falkenstein) die
Überprüfung bereits vor der Behandlung des Ausschußberichts im
Bundestag (22. Oktober 1952) in die Wege geleitet habe. »Um
jeden Zweifel an der Unparteilichkeit der Überprüfung auszuschließen«, habe das Auswärtige Amt durch Schreiben vom 8. November 1952 das Bundesministerium des Innern – als das in beamtenrechtlichen Fragen federführende Ministerium – gebeten,
zu untersuchen, ob in den genannten Fällen die Voraussetzungen
für ein Disziplinar- oder Strafverfahren gegeben seien.[1]
  Das Ergebnis dieser Überprüfungen läßt sich in wenigen Sätzen
zusammenfassen: Zur Einleitung förmlicher Disziplinarverfahren
oder strafrechtlicher Verfahren war keine Handhabe gegeben. Die
Voten des Untersuchungsausschusses Nr. 47 wurden weitgehend
als unbegründet zurückgewiesen, so daß alle vier Diplomaten
schließlich rehabilitiert schienen. Wie es dazu kam, soll exempla-
risch am Fall des Gesandten zur Wiederverwendung von Bargen
dargestellt werden. Gegen von Bargen waren die wohl schwer-
wiegendsten Vorwürfe erhoben worden. Ihn hielt der Untersuchungsausschuß »in jeder Hinsicht für nicht geeignet zur Weiterverwendung im Auswärtigen Dienst«.
  Am 10. September 1952 wurde der Rechtsberater für völker-

rechtliche Angelegenheiten beim AA, Prof. Dr. Erich Kaufmann, vom Leiter der Personalabteilung gebeten, den Fall des Gesandten z. Wv. von Bargen einer Nachprüfung zu unterziehen. Kaufmann sollte insbesondere feststellen, »ob nach den Vorwürfen und nach dem vom Ausschuß verwendeten Beweismaterial unter politischen und völkerrechtlichen Gesichtspunkten ein schuldhaftes Verhalten als erwiesen gelten kann oder ob entsprechend der Darstellung, die Herr von Bargen selbst von den Vorgängen gegeben hat, die Feststellungen und Werturteile des Ausschusses ganz oder zum Teil als unzutreffend zu betrachten sind«. Am 21. Oktober 1952 schloß Kaufmann seine »Stellungnahme zu dem Bericht des 47. Ausschusses des Bundestages in der Angelegenheit Dr. von Bargen« ab.[2]

Grundlagen der Stellungnahme waren der Bericht des Untersuchungsausschusses, das Protokoll der Vernehmung von Bargens durch den Ausschuß am 19. März 1952 sowie »die Dokumente, die dem Untersuchungsausschuß vorgelegen haben«. Außerdem legte Kaufmann der Beurteilung seine Kenntnisse auf dem Gebiet des öffentlichen Rechts und seine »langjährigen Erfahrungen im Dienste oberster Reichsbehörden zu Grunde«.[3]

In der Vorbemerkung zu seiner Stellungnahme betonte Kaufmann, daß er den Gesandten z. Wv. von Bargen nicht persönlich gekannt habe. Erst nachdem er auf Grund des Studiums des Ausschußberichts und der dokumentarischen Anlagen den Eindruck gewonnen hatte, daß ihm Unrecht geschehen sei, habe er von Bargen gebeten, ihn aufzusuchen.

In Punkt 1 der Stellungnahme prüfte Kaufmann den »Hauptvorwurf«, daß nämlich von Bargen an den Deportationen von Juden aus Belgien »Anteil gehabt« habe. In dieser Frage glaube der Untersuchungsausschuß »einen Widerspruch feststellen zu können zwischen dem, was Herr von Bargen bei seiner Vernehmung durch Dr. Schetter und dem, was er am 17. Juli 1948 vor der Kommission V des amerikanischen Militärgerichts Nr. IV in Nürnberg ausgesagt hat«. Er, Kaufmann, könne einen solchen Widerspruch nicht finden. Sowohl vor Dr. Schetter als auch bei der Nürnberger Vernehmung habe von Bargen ausgesagt, »daß das Auswärtige Amt mit den Deportationen ›nichts zu tun gehabt habe‹, und dies näher dahin erläutert, daß das Amt ›weder die Initiative ergriffen hat noch eine Zuständigkeit zur Durchführung dieser Maßnahmen gehabt hat‹«.

Nach eigener Darstellung habe er, Kaufmann, die »Nürnberger Vernehmung genau studiert und sie in allen wesentlichen Punkten [...] wiedergegeben«. Es sei ihm »völlig unverständlich, wie der Bericht des Untersuchungsausschusses sagen konnte, daß von Bargen in Nürnberg ›zugegeben‹ haben soll, ›als Vertreter des Auswärtigen Amtes beim Militärbefehlshaber an einzelnen Deportationshandlungen *mitgewirkt zu* haben‹«.[4]

Ein kritischer Vergleich mit den Quellen offenbart verschiedene Irrtümer und Ungereimtheiten in Kaufmanns Stellungnahme. Die erste Vernehmung von Bargens vor dem amerikanischen Militärgericht fand nicht am 17. Juli statt, sondern am 17. August 1948. Diese fehlerhafte Datierung war schon in den schriftlichen Bericht des Untersuchungsausschusses eingegangen, dem Kaufmann offensichtlich ohne Nachprüfung gefolgt ist. Hätte Kaufmann die Vernehmungsprotokolle des Militärgerichtshofes IV genauer studiert, wäre er nicht nur auf das korrekte Datum gestoßen, sondern auch auf die Tatsache weiterer Vernehmungen von Bargens am 19. und 20. August 1948.[5]

In seiner Vernehmung durch Robert M. W. Kempner am 17. August 1948 erklärte der vormalige Gesandte von Bargen zunächst, daß er als Vertreter des Auswärtigen Amts in Brüssel mit Judendeportationen nichts zu tun gehabt hätte. Auf Vorhalt eines seiner Berichte durch den US-Ankläger erinnerte sich von Bargen schließlich an einige Vorgänge seiner Berichterstattung über Judendeportationen. Die Zuständigkeit des AA und seiner Vertretung in Brüssel, die er anfänglich bestritten hatte, sei insoweit gegeben gewesen, als außenpolitische Belange dabei eine Rolle spielten, etwa bei Deportationen ausländischer Juden. Obschon von Bargen in seinem Bericht vom 11. November 1942 an das AA u. a. auch »Gerüchte über das Abschlachten der Juden« erwähnte, sei er über deren Schicksal nicht unterrichtet gewesen.[6]

Bei seiner Anhörung durch den von Bundeskanzler Adenauer beauftragten Oberlandesgerichtspräsidenten a. D. Schetter im Jahre 1951 behauptete von Bargen erneut, wie zu Beginn seiner

Vernehmung im Wilhelmstraßen-Prozeß, daß er und seine Behörde in Brüssel »mit den Judenverfolgungen nichts zu tun gehabt habe« und »daß es keinen Bericht von ihm geben könne, aus dem sich das Gegenteil folgern lasse«. Im weiteren Verlauf der Vernehmung räumte von Bargen ein, daß die Einleitung der Deportationen große Unruhe und Empörung in der Bevölkerung ausgelöst habe. An diesem Tatbestand habe er als Leiter der Auswärtigen Vertretung nicht vorübergehen können und wiederholt nach Berlin über die Stimmung in der Bevölkerung »und die ihm bekannt gewordenen Maßnahmen berichtet, ohne einen Zweifel darüber zu lassen, daß diese Deportationen völkerrechtlich nicht zu rechtfertigen seien [...].«[7]

Die vorliegenden Berichte von Bargens widersprechen seiner Darstellung in wesentlichen Punkten. Völkerrechtliche Bedenken gegen Judendeportationen sind den Berichten in keinem Falle zu entnehmen. Tatsache ist vielmehr, daß von Bargen über die zwangsweise »Abschiebung« ausländischer, staatenloser und teilweise auch belgischer Juden »nach dem Osten« zwischen Juli 1942 und Januar 1943 bürokratisch-nüchtern dem AA berichtet und diese insoweit hingenommen hat.

In Punkt 2 der Stellungnahme setzte sich Kaufmann mit den Dokumenten auseinander, die der Untersuchungsausschuß seinem Verfahren und dem Schlußbericht zugrunde gelegt habe. Wörtlich bemerkte Kaufmann: »Ich habe die Berichte vom 9. Juli und 11. November 1942 mit Sorgfalt studiert.« Er übersah dabei freilich, ob bewußt oder unbewußt sei dahingestellt, daß dem Ausschuß auch Bargens Bericht vom 24. September 1942 vorgelegen hatte. In diesem Bericht meldete Gesandter von Bargen dem AA aus Brüssel, daß die »bis zum 15. September vorgesehene Abschiebung von 10 000 hier ansässigen staatenlosen Juden« durchgeführt sei. »Die Abschiebungsaktion« nehme trotz einiger Schwierigkeiten bei der Erfassung der Juden »ihren Fortgang. Bis Ende Oktober hofft die hiesige Sicherheitspolizei im ganzen etwa 20 000 der in Frage kommenden Personen abtransportieren zu können.«[8]

Zu diesem Vorgang wurde von Bargen am 19. März 1952 durch den Untersuchungsausschuß eingehend vernommen. Der Abgeordnete Köhler (CDU) hielt ihm dabei u. a. vor, daß in seiner Berichterstattung »nichts von einem Protest« gegen Judendeportationen zu erkennen sei – ganz entgegen seiner Darstellung im Vorfeld des Wilhelmstraßen-Prozesses. Daraufhin warf von Bargen der amerikanischen Anklagebehörde im Wilhelmstraßen-Prozeß manipulative Dokumentenauswahl vor. Entlastende Dokumente, darunter seine Berichte vom 8. August und 27. November 1942, seien verschwunden. Gerade der Bericht vom 8. August 1942 sei ein besonders wichtiges Dokument, weil er »in diesem Bericht noch einmal alle die Argumente zusammengefaßt habe, die gegen diese Deportation sprachen«.[9]

Bargens Darstellung steht in eklatantem Widerspruch zu den vorliegenden Quellen. Sein Bericht vom 8. August ist ebenso überliefert wie jener vom 27. November 1942. Sie enthalten weder Proteste noch Argumente, die sich gegen die Judendeportation wandten. Der sachlich-bürokratische Tenor läßt vielmehr Genugtuung über den reibungslosen Vollzug der »Abschiebung« erkennen.

Aus der Stellungnahme Kaufmanns ist nicht ersichtlich, warum er Bargens Berichte vom 8. August, 24. September und 27. November 1942 vernachlässigt hat. Allein auf Grund des Berichts vom 9. Juli 1942 fand Kaufmann bestätigt, »was von Bargen in Nürnberg ausgeführt hatte, nämlich, daß er ›in irgendeiner Form protestiert‹ habe, indem er nämlich die politischen Gesichtspunkte angeführt habe, die solchen Maßnahmen entgegenstehen«.

Ein »Protest« von Bargens ist dem Bericht vom 9. Juli 1942 ebensowenig zu entnehmen wie seinen übrigen Berichten. Bedenken der Militärverwaltung bestünden gegen die »Zwangsverschickungen« belgischer Juden, so berichtete von Bargen, weil u. a. Schwierigkeiten auf dem Arbeitsmarkt zu befürchten seien. Daher würden »zunächst polnische, tschechische, russische und sonstige Juden ausgewählt«, womit das »Soll« von 10 000 zu deportierenden Juden erreicht werden könnte. Mit anderen Worten: Gegen den Abtransport osteuropäischer und staatenloser, das heißt auch ehemals deutscher Juden bestanden keine Bedenken.[10]

Kaufmann bemängelte sodann, daß der Untersuchungsausschuß eine große Anzahl eidesstattlicher Versicherungen und Aussagen zugunsten von Bargens weder erwähnt noch gewürdigt habe.»Es bleibt für einen gewissenhaften Juristen unverständlich, wie der Untersuchungsausschuß für die Beurteilung des Verhaltens von Bargens entscheidendes Material unberücksichtigt lassen konnte.«[11] Dagegen ist festzustellen, daß diese Zeugnisse aus dem Kreis ehemaliger Kollegen, Untergebener, Freunde oder Bekannter von Bargens stammten, sämtlich erst *nach* 1945 verfaßt worden sind und vornehmlich zur Entlastung von Bargens bei der Entnazifizierung dienten, also zweckgebunden waren. Es bleibt rückblickend unverständlich, daß der Jurist Kaufmann solche Zeugnisse mit »Persilschein«-Funktion als »entscheidendes Material« qualifizierte – und dies um so mehr, wenn man bedenkt, daß Kaufmann authentisches Material aus der Zeit *vor* 1945 vernachlässigt hat.[12]

Ebenso unverständlich bleibt, wie dem Juristen Kaufmann die Darstellung von Bargens über seine »Verbindung zu den Widerstandskreisen« bei dessen Vernehmung in Nürnberg als »klar, ehrlich, bescheiden und überzeugend« erscheinen konnte. Dieser Einschätzung steht die zögernde Aussage von Bargens am 17. August 1948 entgegen. Auf die Frage nach seiner Zugehörigkeit zur Widerstandsbewegung konnte er zunächst »nicht mit Ja oder Nein« antworten. Schließlich räumte er ein, daß er kein »Mitglied einer bestimmten Widerstandsbewegung« gewesen sei.[13]

In seiner Schlußbilanz bezeichnete Kaufmann die Feststellungen und Werturteile des Untersuchungsausschusses als »*völlig unzutreffend*«. Er fand, »daß von Bargen *schweres Unrecht* widerfahren ist und daß er einen begründeten *Anspruch auf eine Korrektur* der Feststellungen und Werturteile des Untersuchungsausschusses hat«.[14]

Diese Stellungnahme mag ganz im Sinne des Auftraggebers, des AA, ausgefallen sein, dem der Völkerrechtler Kaufmann seit langem und besonders verpflichtet war. Die kritische, an den Quellen orientierte Nachprüfung der Stellungnahme hat indes gezeigt, daß Kaufmanns Befunde im wesentlichen nicht der historischen Wirklichkeit entsprechen. Die Mängel seiner Stellungnahme resultieren vor allem aus der
– unzulänglichen Quellenbasis,
– Vernachlässigung relevanter Dokumente aus dem Jahr 1942,

– Überbewertung eidesstattlicher Versicherungen aus der Zeit nach 1945,
– fehlenden Quellenkritik und Gutgläubigkeit Kaufmanns sowie nicht zuletzt der
– Abhängigkeit Kaufmanns vom Auswärtigen Amt.[15]

Kaufmanns Stellungnahme mit ihren Fehldeutungen und Apologien war grundlegend für die Rehabilitierung von Bargens. Sein »Gutachten« beeinflußte nachhaltig die folgenden Ermittlungsverfahren.

Durch Schreiben vom 8. Dezember 1952 bat Staatssekretär Hallstein das Bundesministerium des Innern um Prüfung, »ob und wieweit Dr. von Bargen in bezug auf Art und Inhalt seiner Aussagen [vor dem Untersuchungsausschuß] strafrechtlich oder disziplinarrechtlich zur Verantwortung gezogen werden soll«. Ministerialdirigent Behnke, Leiter der Abteilung II (Beamtenrecht und sonstiges Personalrecht) im Bundesinnenministerium, kam laut Antwortschreiben vom 28. Januar 1953 zu dem Ergebnis, daß aus beamtenrechtlichen Gründen ein förmliches Disziplinarverfahren gegen von Bargen nicht möglich sei. Ein solches könne gegen Beamte zur Wiederverwendung nur mit dem Ziel der Aberkennung der Rechte aus dem Gesetz zu Artikel 131 des Grundgesetzes durchgeführt werden, wenn bei einem aktiven Beamten die Entfernung aus dem Dienst gerechtfertigt wäre. Der Bericht des Untersuchungsausschusses sage indes selbst aus, daß keine Bedenken bestünden, von Bargen in einer anderen Bundesbehörde zu verwenden. Damit komme zum Ausdruck, daß nach Ansicht des Untersuchungsausschusses im Falle von Bargen nichts vorliege, was seine Entfernung aus dem Dienst rechtfertigen würde, wenn er Beamter wäre. Um gleichwohl eine »sachliche Nachprüfung« der Vorwürfe gegen von Bargen zu erreichen, wurde dem Auswärtigen Amt anheimgestellt, den Bundesdisziplinaranwalt um Ermittlungen in diesem Falle zu ersuchen.

Die vom Untersuchungsausschuß aufgeworfene Frage, ob strafrechtlich gegen von Bargen vorzugehen sei, könne vom Bundesinnenministerium nicht geprüft werden. Behnke wies abschließend darauf hin, daß nach den Angaben von Bargens und dem Bericht des Rechtsberaters des AA, Prof. Dr. Erich Kaufmann,

»dem Untersuchungsausschuß erhebliche Irrtümer in der Beurteilung des Sachverhalts unterlaufen seien«.[16]

Der Untersuchungsausschuß hatte von Bargen bekanntlich »in jeder Hinsicht für nicht geeignet zur Weiterverwendung im Auswärtigen Dienst« gehalten, gegen seine Verwendung in einer anderen Bundesbehörde aber keine Bedenken erhoben. Dieses im zweiten Teil rücksichtsvolle, laut Gerstenmaier »menschenfreundliche« Votum benutzte Ministerialdirigent Behnke als Argument, um von Bargens Verbleiben im Amt zu rechtfertigen. Behnkes Argumentation ist juristisch nicht zu beanstanden, sie verkehrte gleichwohl die Willensentscheidung des Untersuchungsausschusses in ihr Gegenteil. *Insoweit mißachtete die Ministerialbürokratie das politische Votum des Bundestages.* An dieser Stelle wird deutlich, daß die Empfehlung der Legislative und die Rechtfertigung der Exekutive auf verschiedenen Ebenen lagen. Während das Votum des Bundestagsausschusses *politischen* Charakter hatte, entsprangen die Widersprüche der Exekutive *juristischer* Argumentation.

Bemerkenswert ist im übrigen, daß Behnke dem Auswärtigen Amt anheimstellte, eine »sachliche Nachprüfung« der Vorwürfe gegen von Bargen durch den Bundesdisziplinaranwalt vornehmen zu lassen. Mit dessen Tätigkeit erklärte er sich sogleich einverstanden. Zu welchem Ergebnis disziplinar- oder strafrechtliche Ermittlungen vermutlich führen würden, läßt Behnkes abschließender Hinweis erahnen, daß nämlich nach den Angaben von Bargens und Kaufmanns Stellungnahme zufolge der Bericht des Untersuchungsausschusses »erhebliche Irrtümer« enthalte. Offensichtlich schenkte Behnke den Bekundungen von Bargens und Kaufmanns a priori mehr Glauben als dem Befund der Abgeordneten im Untersuchungsausschuß.

Auf Grund dieser indirekten Empfehlung bat Staatssekretär Hallstein mit Schreiben vom 10. Februar 1953 den Bundesdisziplinaranwalt, »die ihm geboten erscheinenden Ermittlungen durchzuführen«.[17] Bundesdisziplinaranwalt Franke sah seine Aufgabe vor allem darin, die Stellung und Befugnisse von Bargens während dessen Tätigkeit in Belgien zu klären sowie die Entstehung und den Zweck der beanstandeten Berichte vom 9. Juli und

11. November 1942 festzustellen. »Da dies fast ausschließlich auf Grund der vom Beschuldigten gegebenen Darstellung erfolgen konnte, mußte ein klares Bild seiner Persönlichkeit, seines Charakters und seiner Einstellung zum System und zum Geschehen der in Frage kommenden Zeit gewonnen werden, um so über die Glaubwürdigkeit seiner Einlassungen zu den gegen ihn erhobenen Vorwürfen zu entscheiden, seine Aussagen vor dem Untersuchungsausschuß mit seinen Aussagen bei den früheren Vernehmungen zu vergleichen [sic].«[18]

Der Bundesdisziplinarwalt prüfte also die Glaubwürdigkeit von Bargens, indem er dessen Persönlichkeit, Charakter und Einstellung zum NS-System einzuschätzen sich bemühte. Er verzichtete ohne Begründung auf die Beiziehung der Berichte Bargens vom 8. August und 24. September 1942 an das Auswärtige Amt. Statt dessen stützte er sich in seiner Stellungnahme vornehmlich auf die Personalakten von Bargens, Protokolle und Bericht des Untersuchungsausschusses, Stellungnahmen und Gutachten, die ihm vom Auswärtigen Amt übergeben worden waren, sowie auf die Protokolle der Vernehmungen von Bargens im Wilhelmstraßen-Prozeß und nicht zuletzt auf eidesstattliche Erklärungen und Zeugenaussagen verschiedener Freunde, Kollegen und Untergebener des Beschuldigten.

Angesichts der einengenden Aufgabenstellung und der unzulänglichen Quellenauswahl können die Ergebnisse der »Untersuchung« Frankes nicht überraschen. Sie gleichen jenen der Stellungnahme Kaufmanns. So schloß sich Franke ohne weitere Nachprüfung von Bargens Darstellung an, daß der weitaus »größte Teil der Berichte der Dienststelle in Brüssel [...] nicht mehr verfügbar« sei. Und in Übereinstimmung mit der fälschlichen Aussage von Bargens stellte er fest, »es fehlen auch gerade solche, auf die der Beschuldigte zu seiner Entlastung Bezug nimmt«.[19]

Im Zusammenhang mit Judendeportationen kam der Bundesdisziplinaranwalt zu dem Ergebnis, daß von Bargen von Anfang an entschlossen gewesen sei, »alles in seinen Kräften Stehende zu tun, um die geplante Maßnahme, die er als verbrecherisch erkannte und bezeichnete, von den Juden in Belgien abzuwenden«. Diese Feststellung läßt sich aus den vorliegenden Berichten *nicht* bestätigen. Insbesondere fehlt jeglicher Nachweis, daß von Bargen die Judendeportation als »verbrecherisch« bezeichnet hat. Es mag zwar sein, daß er die Deportation von den Juden belgischer Nationalität abzuwenden versucht hat, Bedenken gegen die »Abschiebung« osteuropäischer und staatenloser Juden aus Belgien nach Auschwitz sind seinen Berichten jedoch nicht zu entnehmen.

Wenn von Bargen die Judendeportation schon 1942 als »verbrecherische« Maßnahme erkannt haben will, ist es unverständlich, daß ihm deren Ziel und Zweck angeblich verborgen geblieben seien. Auf diesen Widerspruch ging der Bundesdisziplinaranwalt aber nicht ein. Statt dessen sah er es als erwiesen an, »daß die Militärregierung in Belgien und die dortige Dienststelle des Auswärtigen Amtes, also auch der Beschuldigte von Bargen, nichts davon gewußt haben, daß die aus Belgien abtransportierten Juden im Osten ermordet werden sollten.«[20] Diese Darstellung stützt sich auf Aussagen von Bargens und Bekundungen befreundeter Zeitgenossen. Sie stammt aus der Zeit *nach* 1945 und kann nur als Schutzbehauptung gewertet werden. Sie war von Anfang an unglaubwürdig und ist inzwischen auch widerlegt worden: sowohl von der historischen Forschung als auch von Zeitzeugen, zum Beispiel dem früheren Militärverwaltungsbeamten Bargatzky und dem Diplomaten von Kessel.[21]

Folgt man der Stellungnahme Frankes zur Persönlichkeit des Beschuldigten von Bargen, hätten sich auf dessen Wunsch oder freiwillig »eine ganze Anzahl von Zeugen schriftlich geäußert oder bei ihren Vernehmungen durch den Bundesdisziplinaranwalt Auskunft gegeben«. Aus ihren Bekundungen gehe »übereinstimmend und überzeugend hervor, daß von Bargen kein Nazi und, was für das vorliegende Verfahren von ausschlaggebender Bedeutung ist, kein Judenfeind« gewesen sei.[22] Warum gerade die *nach* 1945 entstandenen Zeugnisse aus dem Kreis der mit von Bargen befreundeten oder bekannten Zeitgenossen »ausschlaggebende Bedeutung« haben sollten, ist aus der Stellungnahme des Bundesdisziplinaranwalts nicht ersichtlich. Quellenkritische Vorbehalte gegenüber diesen subjektiven Erinnerungen sind ebensowenig erkennbar. Die Möglichkeit, daß auch Diplomaten, die weder Nationalsozialisten noch Judenfeinde waren, dennoch in Verbrechen des NS-

Regimes verstrickt wurden, lag offenbar außerhalb der Vorstellungskraft des Bundesdisziplinaranwalts.

Auf Grund der durchgeführten Ermittlungen kam der Bundesdisziplinaranwalt zu dem Ergebnis, »daß die verschiedenen Aussagen des Beschuldigten von Bargen keine strafrechtlich- oder disziplinarrechtlich zu ahndenden Widersprüche aufweisen und keine Verletzung der Wahrheitspflicht enthalten. Sein Verhalten in Belgien und Frankreich erfüllt keinen strafrechtlichen Tatbestand und bietet zu strafrechtlichem oder disziplinarrechtlichem Vorgehen gegen den Beschuldigten keine Handhabe.« Zu einer Anzeige gegen den Beschuldigten bei der Staatsanwaltschaft fehle jede Grundlage. Zur Einleitung eines förmlichen Disziplinarverfahrens gegen den Beschuldigten sei keine Handhabe gegeben. Die im pflichtgemäßen Ermessen der Behörde liegende Verhängung einer Disziplinarstrafe sei ebenfalls nicht angezeigt. Die Einstellung des Verfahrens sei begründet.[23]

Dieses Ergebnis teilte das Auswärtige Amt durch Schreiben vom 23. Oktober 1954, gezeichnet von Blankenhorn, dem Präsidenten des Deutschen Bundestages mit. Bemerkenswert ist die folgende Ergänzung, die Blankenhorn sinngemäß der Stellungnahme Frankes entlehnte: »In seiner eingehenden schriftlichen Stellungnahme hebt der Bundesdisziplinaranwalt insbesondere hervor, daß Gesandter z. Wv. Dr. von Bargen zweifellos an der Durchführung der Deportationen der Juden aus Belgien keinen Anteil gehabt und in keiner Weise dabei mitgewirkt hat, sondern im Gegenteil ernstlich bemüht gewesen ist, sie zu verhindern, aufzuschieben oder, als dies für die Gesamtheit der Betroffenen nicht gelang, sie auf einen kleineren Kreis zu beschränken.«[24]

Die Frage, ob von Bargen an der *Durchführung* der Judendeportationen aus Belgien nach Auschwitz beteiligt gewesen sei, stand weder im Untersuchungsausschuß noch im Bundestag zur Debatte. Der Gesandte von Bargen hatte als Vertreter des AA in Brüssel unmittelbar keine exekutiven Befugnisse. Blankenhorns Darstellung lenkt insoweit vom Kern der Vorwürfe gegen von Bargen ab. Die Behauptung, daß von Bargen »in keiner Weise« an den Deportationen mitgewirkt habe, wird implicite widerlegt durch die dann folgende Formulierung, daß er »ernstlich bemüht gewesen« sei,

»sie auf einen kleineren Kreis zu beschränken«. Das heißt mit anderen Worten: Die Deportation belgischer Juden suchte von Bargen durch seine diplomatische Berichterstattung zu vermeiden, den Abtransport der ausländischen und staatenlosen Juden nahm er dagegen hin. Daraus ergibt sich, daß der Vertreter des AA in Brüssel diplomatischen Einfluß auf die Judendeportationen genommen und insofern daran mitgewirkt hat – ganz im Gegensatz zur apologetischen Darstellung Blankenhorns.

Blankenhorn schloß sein Schreiben vom 23. Oktober 1954 an den Bundestagspräsidenten mit der Bemerkung, daß er »im Hinblick auf das Ergebnis des Ermittlungsverfahrens des Bundesdiszi- plinaranwalts [...] nunmehr die am 4. April 1952 ausgesprochene Beurlaubung des Gesandten z. Wv. Dr. von Bargen aufgehoben« habe.[25] Nach dieser »Rehabilitierung« wurde von Bargen 1954 zum stellvertretenden Leiter der Handelspolitischen Abteilung im AA und 1958 zum Ministerialdirigenten ernannt. Er beendete seine Laufbahn als Botschafter in Bagdad (1960–1963), ausgezeichnet mit dem »Großen Verdienstkreuz mit Stern« der Bundesrepublik Deutschland. Am 22. November 1975 ist Werner von Bargen in Bonn verstorben.[26]

Auch in den Fällen Dittmann, Melchers und Trützschler von Falkenstein kam das Bundesministerium des Innern nach Vorermittlungen zu dem Ergebnis, daß die Voraussetzungen zur Einleitung förmlicher Dienststrafverfahren nicht gegeben seien. Dittmann, dem der Untersuchungsausschuß Nr. 47 die Eignung für den Auswärtigen Dienst abgesprochen hatte, wurde 1953 als Generalkonsul nach Hongkong versetzt, kehrte jedoch schon 1958 wieder nach Bonn zurück. Unter dem Außenminister von Brentano avancierte Dittmann zum Ministerialdirektor und ständigen Vertreter des Staatssekretärs. Als Botschafter, zunächst in Rio de Janeiro, schließlich in Tokio, ging Dittmann in den Ruhestand.[27] Melchers und Trützschler von Falkenstein beendeten ihre Karrieren als Botschafter in Athen beziehungsweise in Dublin.[28]

Der Bundeskanzler und Bundesaußenminister hat sich also in allen Fällen über die Voten des Untersuchungsausschusses hinweggesetzt; er konnte dies um so mehr nach den Ergebnissen der disziplinarrechtlichen Vorermittlungen. Bereits in der Bundestagsdebatte am 22. Oktober 1952 hatte Adenauer erkennen lassen, daß er nicht gewillt sei, den Voten ohne weiteres zu folgen: Die Empfehlungen des Ausschusses könnten ihm »die verfassungsmäßige Verantwortung nicht abnehmen«.[29] Diesen Vorbehalt hatten der Völkerrechtsberater Kaufmann und der Leiter der Personalabteilung des AA, Peter Pfeiffer, in den Entwurf seiner Regierungserklärung geschrieben.[30]

Tatsächlich waren die Beschlüsse des Bundestages wie auch die Voten des Untersuchungsausschusses nicht bindend für die Exekutive. Es lag im Ermessen der Bundesregierung, sie zu würdigen und ihnen Rechnung zu tragen. Wenn der Bundeskanzler den parlamentarischen Beschlüssen nicht entsprach, blieb dem Bundestag zu deren Durchsetzung nur der Weg über das formelle Mißtrauensvotum gemäß Artikel 67 des Grundgesetzes. Dieses Mißtrauensvotum konnte und kann sich nur gegen den Bundeskanzler, nicht gegen den Bundesaußenminister richten. Es erscheint rückblickend unvorstellbar, daß die Mehrheitsfraktionen im Deutschen Bundestag diese verfassungsrechtlich gebotene Konsequenz, das heißt den Sturz Adenauers, gezogen hätten – auch wenn ihre Vertreter im Untersuchungsausschuß von der Notwendigkeit der Voten überzeugt waren.

Die Beschlüsse des Untersuchungsausschusses Nr. 47 blieben zunächst weitgehend wirkungslos, sieht man von der Resonanz in der Öffentlichkeit ab, da das Grundgesetz unterhalb der Hürde des Mißtrauensvotums keine verfassungsrechtlich gesicherte Handhabe bietet zu ihrer Durchsetzung. Der Deutsche Bundestag hat zwar generell das Recht, Maßnahmen der Bundesregierung zu kontrollieren und dazu auch Untersuchungsausschüsse einzusetzen, doch letztere sind in ihren verfassungsrechtlichen Befugnissen sehr beschränkt. Eine Erweiterung dieser Befugnisse, etwa in Anlehnung an angelsächsische Vorbilder, scheint geboten – nicht zuletzt wegen der zunehmenden Machtkonzentration auf seiten der Exekutive.[31]

Im Ergebnis ist der Bericht des Untersuchungsausschusses gleichwohl als parlamentarische Niederlage für die Bundesregierung zu werten. Da der Ausschuß, in dem die Vertreter von CDU/CSU und FDP bekanntlich über die Mehrheit verfügten, auf di-

verse personalpolitische Mißstände im Auswärtigen Amt hingewiesen hat, übte er indirekt auch Kritik an dem dafür verantwortlichen Bundesminister des Auswärtigen, d. h. Bundeskanzler Adenauer. Adenauer zog daraus insoweit Konsequenzen, als er 1953
den katholischen Beigeordneten der Stadt Köln, Josef Löns, einen
Mann seines persönlichen Vertrauens, ins Auswärtige Amt holte
und wenig später zum Leiter der Personalabteilung berief.[32]

Nachdem er dem Bundestag gezeigt hatte, wer Herr im Hause
war, wollte Adenauer offensichtlich mit Hilfe seines Vertrauten
Löns einige Korrekturen an der Personalpolitik des AA durchsetzen, die vom Untersuchungsausschuß verlangt worden waren.
Löns sollte den Einfluß der alten Clique mindern, belastete Parteigenossen ausschalten, den »Geist der Wilhelmstraße« zurück-
drängen und nicht zuletzt betont katholische Vertreter im Amt
fördern. Der Außenseiter Löns konnte sich jedoch als Personalchef nur bis 1958 halten. Er mußte einem großen Revirement weichen, bei dem sich personalpolitische Zielsetzungen des Außenministers von Brentano in dubioser Weise mit Intrigen der alten
Clique verschränkten. Dieses Revirement führte u. a. zu einem
zweiten Comeback ehemaliger Angehöriger der »Wilhelmstraße«,
die, wie z. B. Herbert Dittmann und Peter Peiffer, nach 1952 aus
politischen oder persönlichen Gründen in Ungnade gefallen waren.[33]

Auf den Vorwurf eines Zeitgenossen, daß die Weichen im Auswärtigen Amt von Anfang an falsch gestellt worden seien und er,
Löns, nichts unternommen habe, sie richtig zu stellen, obgleich er
doch der erste nicht zum alten AA gehörende Personalchef gewesen sei, soll Löns geantwortet haben, daß es 1953 bei seiner Ernennung schon zu spät gewesen sei.[34] Diese Darstellung deckt sich
im Tenor mit der davon unabhängigen Aussage eines nicht minder kenntnisreichen Zeitzeugen: »Die große Chance zu einem
personellen und organisatorischen Neuanfang war damals schon
verpaßt.«[35]

Im Schatten der Vergangenheit:
Ansichten und Aussichten

> »Im übrigen wissen Sie, daß ich sogenannter Außenseiter
> bin und daß viel zu viele Menschen im Auswärtigen Amt sit-
> zen, die gegen jeden Außenseiter sind.«
>
> *Generalkonsul Schlange-Schöningen in einem Brief*
> *vom 26. Juli 1952 an den Vorsitzenden*
> *der CDU/CSU-Bundestagsfraktion, von Brentano*

Innenansichten von Außenseitern

Im Petersberger Abkommen vom 22. November 1949 räumten
die Westmächte der Bundesregierung das Recht ein, »schrittweise
die Wiederaufnahme von konsularischen und Handelsbeziehungen mit den Ländern« zu betreiben, »mit denen derartige Beziehungen als vorteilhaft erscheinen«. Die Alliierte Hohe Kommission befürwortete Anfang 1950 zunächst die Eröffnung von
Generalkonsulaten in den Hauptstädten der drei westlichen Besatzungsmächte, anschließend auch in den übrigen Metropolen
Westeuropas und in Übersee.[1]

Zwischen der Alliierten Hohen Kommission und der Bundesregierung bestand Einvernehmen darüber, daß als Leiter der konsularischen Vertretungen nur Persönlichkeiten ohne nationalsozialistische Vergangenheit in Betracht kamen. Da die meisten
höheren Beamten der »Wilhelmstraße« jedoch der NSDAP beziehungsweise einer ihrer Gliederungen angehört hatten oder –
auch ohne Parteimitgliedschaft – in die Gewaltverbrechen des NS-
Regimes verstrickt waren, mußte das von dem Berufsdiplomaten
Wilhelm Haas geleitete »Organisationsbüro für die konsularisch-
wirtschaftlichen Vertretungen im Ausland« nolens volens auf
Außenseiter zurückgreifen. Wie schon nach dem Ersten Weltkrieg
waren die Karrierediplomaten des ancien régime auch (wenn nicht
noch mehr) zu Beginn der fünfziger Jahre unerwünschte Personen in den Hauptstädten der ehemaligen Siegermächte.[2]

Diesen personalpolitischen Engpaß nutzte Bundeskanzler Adenauer auf seine Weise: Mißliebige Politiker der CDU entsandte er ins Ausland, um sich innerparteilicher Kritiker zu entledigen. Verdiente Parteifreunde, die 1949 ohne Ämter oder Mandate geblieben waren, aber versorgungsbedürftig erschienen, fand er mit Auslandsposten ab. Unzufriedene Vertreter der FDP, CSU und DP betraute er mit konsularischen und später diplomatischen Missionen, um den Zusammenhalt des Regierungslagers zu festigen. Gleichzeitig konnte Bundeskanzler Adenauer dem Ausland so demonstrieren, daß sich die ersten Repräsentanten des neuen Deutschlands hinsichtlich ihrer Herkunft und politischen Orientierung deutlich von den Karrierediplomaten der »Wilhelmstraße« unterschieden.

Zur ersten Gruppe gehörte zum Beispiel der CDU-Bundestagsabgeordnete Hans Schlange-Schöningen, der 1950 sein Abgeordnetenmandat aufgab und die Leitung des Generalkonsulats in London übernahm. Schlange-Schöningen, Jahrgang 1886, Rittergutsbesitzer in Pommern, 1931/32 Reichskommissar und Reichsminister im Kabinett Brüning, seit 1947 Direktor der Verwaltung für Ernährung, Landwirtschaft und Forsten für das Vereinigte Wirtschaftsgebiet in Frankfurt a. M., einflußreiches Gründungsmitglied der CDU, hatte 1949 eine große Koalition mit der SPD befürwortet[3] – und dadurch prompt Adenauers Mißtrauen hervorgerufen. Statt seiner nahm Bundeskanzler Adenauer den von der CSU favorisierten bayerischen Staatsrat Wilhelm Niklas als Landwirtschaftsminister in das erste Kabinett. Schlange-Schöningen wurde mit dem Auslandsposten in London abgefunden und als potentieller Kritiker neutralisiert.

Dieser Gruppe innenpolitischer Störenfriede läßt sich auch das Gründungsmitglied der CDU in Südbaden, Leo Wohleb, zuordnen. Als »Staatspräsident« von Baden wehrte sich Wohleb leidenschaftlich gegen die Verschmelzung seines Landes mit Württemberg. Nach Bildung des »Südweststaates« Baden-Württemberg schickte ihn Bundeskanzler Adenauer 1952 als Gesandten nach Lissabon, obschon keinerlei Voraussetzungen erkennbar waren, die ihn gerade für diesen Posten qualifizierten. Seine Mission entbehrte auch insofern nicht skurriler Züge, als Wohleb von Lissabon aus seinen Kampf für ein unabhängiges Baden gegenüber

Württemberg fortsetzte und dabei die Unabhängigkeit Portugals von Spanien als historisches Vorbild propagierte.[4]

Theophil Kaufmann, Gründungsmitglied der CDU in Nordbaden, einer der Ausschußvorsitzenden im Parlamentarischen Rat, dessen Kandidatur um ein Bundestagsmandat 1949 gescheitert war, zählte zu den versorgungsbedürftigen Parteifreunden. Adenauer berief ihn 1951 zum Generalkonsul in Basel, wo er bis 1954 amtierte – durchaus mit Würde und Erfolg, wie ihm die »Frankfurter Rundschau« attestierte.[5]

Um auch seine Koalitionspartner bei der Vergabe begehrter Auslandsposten angemessen zu beteiligen, übernahm Bundeskanzler Adenauer den stellvertretenden Landesvorsitzenden der FDP in Nordrhein-Westfalen, Heinz Krekeler, 1950 in den Auswärtigen Dienst. Der ehemalige Chemiker bei der IG-Farbenindustrie und spätere Unternehmer Krekeler wurde zunächst Generalkonsul in New York und später erster Botschafter der Bundesrepublik Deutschland in Washington. Den Bundestagsabgeordneten und parlamentarischen Geschäftsführer der FDP-Fraktion, Fritz Oellers, entsandte Adenauer 1951 als ersten Botschafter nach Rio de Janeiro; und der Fraktionsvorsitzende der Deutschen Partei im Bundestag, Hans Mühlenfeld, ging 1953 als Botschafter nach Den Haag.[6]

Aus dem Rahmen dieser zunächst gängigen Berufungspraxis fiel die Übernahme des Literatur- und Kunsthistorikers Wilhelm Hausenstein sowie des Sozialdemokraten Kurt Oppler in den Auswärtigen Dienst.

Beide waren Gegner und Opfer der nationalsozialistischen Gewaltherrschaft. Oppler gehörte überdies zu den ganz wenigen ehemaligen Emigranten jüdischer Herkunft, die gleichwohl nach 1950 mit diplomatischen Missionen betraut wurden – vornehmlich in den Hauptstädten der einstigen Feindmächte. Beide hinterließen Lesenswertes. Ihre Beobachtungen und Erfahrungen als politisch sensibilisierte Außenseiter geben mitunter mehr Aufschluß über das Innenleben des Auswärtigen Dienstes der jungen Bundesrepublik als die zugänglichen Amtsakten oder die Memoirenliteratur ehemaliger Karrierediplomaten.

Wilhelm Hausenstein

Erster Repräsentant der Bundesrepublik Deutschland in Paris wurde 1950 Dr. Wilhelm Hausenstein, zwar formal noch als Generalkonsul, tatsächlich aber als »Botschafter des Geistes«: 1882 in Hornberg (Baden) geboren, hatte Hausenstein klassische Philologie, Philosophie, Geschichte und Nationalökonomie in Heidelberg, Tübingen und München studiert. Im Jahre 1905 wurde er in München mit einer Dissertation zur Geschichte Regensburgs promoviert. Anschließend widmete er sich kunstgeschichtlichen Studien in ganz Europa, vornehmlich aber in Frankreich. Seit 1916 schrieb er für die »Frankfurter Zeitung«, 1934 übernahm er die redaktionelle Leitung ihres »Literaturblatts«.[7]

Die nationalsozialistischen Machthaber schlossen den liberalen Schöngeist 1936 aus der »Reichsschrifttumskammer« aus, was zugleich Publikationsverbot bedeutete, und 1943 aus der »Reichspressekammer«. Hausensteins kunsthistorisches Hauptwerk, die »Allgemeine Kunstgeschichte«, wurde 1938 auf Geheiß des Propagandaministeriums eingestampft, nachdem er sich geweigert hatte, die Namen jüdischer Künstler für die geplante Neuausgabe zu eliminieren und eine Überarbeitung »im Sinne der nationalsozialistischen Weltanschauung« vorzunehmen. Hausenstein, der seit 1919 mit einer Belgierin jüdischer Herkunft verheiratet und 1940 zum Katholizismus konvertiert war, lebte die letzten Kriegsjahre zurückgezogen in Tutzing am Starnberger See.

Nach dem Zweiten Weltkrieg nahm Hausenstein seine schriftstellerische Tätigkeit wieder auf; 1948 wurde er Mitglied der Bayerischen Akademie der Schönen Künste und 1950 deren Präsident. In dieser Stellung ereilte ihn Ende März 1950 der Ruf Adenauers – ausgelöst durch Empfehlungen von Theodor Heuss, der Hausenstein schon vor dem Ersten Weltkrieg kennen und schätzen gelernt hatte, und von Maria Schlüter-Hermkes, einer katholischen Schriftstellerin, die in Adenauers Nachbarschaft wohnte. Dagegen glaubte Hans-Peter Schwarz feststellen zu müssen, daß sich Adenauer von einer Nachbarin »den ziemlich unpolitischen Kunsthistoriker Wilhelm Hausenstein« habe »aufschwatzen lassen«.[8] Diese pejorative Darstellung wird jedoch weder der Persönlichkeit Hausensteins gerecht noch der Entscheidung Adenauers. Kunsthistoriker sind nun einmal in der Regel keine ausgesprochen politischen Köpfe.

Im übrigen duldete Bundeskanzler Adenauer keine politisch selbständigen Köpfe in seiner Umgebung, zumal nicht in Fragen der Außenpolitik, die er bekanntlich als *seine* Domäne betrachtete. Mit der Berufung Hausensteins auf den seinerzeit wohl schwierigsten Außenposten hatte Bundeskanzler Adenauer eine vorzügliche Wahl getroffen: Als Humanist und Schöngeist, vertraut mit der französischen Sprache, Literatur und Kunst, nicht zuletzt als Gegner und Verfolgter des NS-Regimes war Hausenstein geradezu prädestiniert für die Mittlerrolle der von Adenauer langfristig angelegten Politik einer Aussöhnung mit Frankreich. Insoweit hatte Hausensteins Mission durchaus politischen Charakter. Nicht nur Bundespräsident Heuss begrüßte Hausensteins Entsendung nach Paris, sondern auch die deutsche Presse. Sie, die Presse, war es, die Hausenstein zum »Botschafter des Geistes« beförderte und zugleich daran erinnerte, daß die Verbindung zwischen Literatur und Diplomatie in Frankreich schon eine lange Tradition hatte, die von Alphonse de Lamartine über Jean Giraudoux bis Paul Claudel reichte.[9]

Selbst die »Neue Zürcher Zeitung«, die den personellen Neuaufbau des AA stets mit kritischer Distanz verfolgte, widmete der Berufung Hausensteins am 27. Mai 1950 einen ebenso freundlichen wie erwartungsvollen Kommentar: Mit dieser Nominierung eines »homme de lettres« für einen der wichtigsten Auslandsposten habe »Bundeskanzler Dr. Adenauer in der erklärten Absicht, ein Auswärtiges Amt aufzubauen, das in keiner Weise mit der früheren Tradition verbunden ist und in dem Angehörige anderer Berufe im weitesten Umfange tätig sein werden, einen glücklichen Griff getan. Denn die Entsendung Hausensteins, einer absolut integren, durch viele Fäden mit der französischen Kultur verbundenen und betont föderalistisch orientierten Persönlichkeit von hohem geistigen Rang dürfte viel dazu beitragen, die deutsch-französische Verständigung auf eine behutsame, menschlich, kulturell und politisch wohlfundierte Weise zu fördern.« Etwas zurückhaltender, aber im Tenor nicht minder freundlich

begrüßte die angesehene französische Tageszeitung »Le Monde«
am 19. Juli 1950 den Generalkonsul Hausenstein in Paris.[10]

So positiv die Pressestimmen ausfielen, so kühl empfand Hausenstein seine Aufnahme im AA. Schon bei seinem ersten Besuch in Bonn habe er sogleich »die negative Reaktion« der Karrierediplomaten zu spüren bekommen. An formaler Höflichkeit habe es nicht gemangelt, aber »überall war man von kühl-konventioneller Artigkeit, die schon an Abweisung grenzte.« Die Herren Haas und Schwarz (Personal- und Verwaltungsabteilung) seien zwar beide mit jüdischen Frauen verheiratet, aber die Parallelität mit seiner Situation habe nicht die geringste persönliche Berührung ergeben. »Die professionelle Exklusivität war stärker als das offenbar schon verjährte Moment einer Art Schicksalsgemeinschaft im ›Dritten Reich‹. […] Ich bedeutete den Herren […] schlechthin einen Einbruch, den zu ertragen ihnen allen (ich entsinne mich keiner Ausnahme) lediglich die Erkenntnis nahelegte, daß man gegen eine force majeure, das heißt: gegen den Willen des Bundeskanzlers und des Bundespräsidenten nicht angehen könne, ohne sich selbst zu schaden.«

Ministerialdirektor Blankenhorn begegnete ihm, so Hausenstein, »mit verbindlich-unverbindlicher Neutralität, der er einen gewissermaßen positiven Einschuß zu geben verstand – im Ganzen und Einzelnen auf unanfechtbare Art und Weise: zu klug, um einer von seinem unmittelbaren Herrn, dem Bundeskanzler, getroffenen Entscheidung auch nur mit einem Anschein von Widerspruch in den Weg zu treten. Er verdeckte das Bewußtsein unbedingter professioneller Überlegenheit durch eine Art gefällig-lässiger Toleranz gegenüber einem eigentlich Unbefugten, der nun einmal ›angekommen‹ war.«[11]

Dieser Darstellung widersprach Wilhelm Haas, der erste Personalchef des AA, in seinem 1969 erschienenen »Beitrag zur Geschichte der Entstehung des Auswärtigen Dienstes der Bundesrepublik Deutschland« mit deutlichen Worten: »Wir respektierten die dem Bundeskanzler vorbehaltene Entscheidung nicht nur, sondern begrüßten sie in persönlicher und sachlicher Hinsicht.« Hausensteins Auffassung reflektiere »jenes aus der Vergangenheit übernommene Vorurteil gegenüber dem Auswärtigen Dienst, das im Geist und Stil des neuen Auswärtigen Amts, wie wir es uns wünschten, keinen Halt mehr fand. Hausenstein blieb unter den ›Außenseitern‹ […] eine Sondererscheinung, die durch seine scheue Empfindlichkeit und geringe Neigung, sich einem ihm öffnenden neuen Berufskreis auch innerlich anzuschließen, bedingt war.«[12]

Es überrascht kaum, daß Hausenstein als »Sondererscheinung« hingestellt wurde, war er doch mit einer den feinsinnigen Kunsthistoriker auszeichnenden Empfindsamkeit begabt – vielleicht auch Empfindlichkeit, die zu kaschieren er weniger Übung hatte als geschulte Diplomaten. Es kann ebensowenig überraschen, daß Hausenstein als siebzigjähriger und bislang unabhängiger Schöngeist mehr Scheu als Neigung mitbrachte, sich in ein ihm völlig fremdes Behördenmilieu mit traditionsgebundenen Hierarchien einzufügen. Dennoch ist Hausensteins Kritik an dem exklusiven Korpsgeist unter den aus der »Wilhelmstraße« übernommenen leitenden Beamten kein Einzelfall. Unabhängig von Hausenstein beklagte zum Beispiel auch der erste Missionschef in London, Hans Schlange-Schöningen (CDU), die verbreitete Ablehnung der Außenseiter im AA.[13]

Hausensteins Enttäuschung über die als verhalten-distanziert empfundene Aufnahme im Auswärtigen Amt ist wohl um so nachhaltiger in seiner Erinnerung haften geblieben, als die deutsche und französische Presse seine Entsendung nach Paris freudig begrüßt hatte. Diese öffentliche Zustimmung aber dürfte den Argwohn der Karrierediplomaten nur noch mehr gefördert haben, betrachteten jene doch naturgemäß die Berufung sogenannter Außenseiter stets als Einbruch in *ihre* Laufbahn und Minderung der Beförderungschancen.

So verständlich die Vorbehalte der Insider gegenüber den Außenseitern auch sein mochten, so unberechtigt waren sie in den Jahren 1950 bis 1955. Da ehemalige Beamte der »Wilhelmstraße« in den Hauptstädten der einstigen Feindmächte personae non gratae waren, kamen für die ersten deutschen Auslandsmissionen nur Außenseiter in Betracht, jedenfalls in den Spitzenpositionen. An dieser Einsicht fehlte es freilich unter den Karrierediplomaten ebenso wie an Geduld. Angesichts des hohen Alters der meisten

Außenseiter war das Ende ihrer Missionen absehbar. Tatsächlich wurden sie zumeist 1955, als das alliierte Besatzungsregime endete und die Bundesrepublik Deutschland ihre Souveränität erlangte, durch Berufsdiplomaten abgelöst, so auch Hausenstein.

Zum Vertreter Hausensteins wurde Legationsrat Albrecht von Kessel bestellt, der dem Auswärtigen Dienst seit 1927 angehörte – gewiß kein Nationalsozialist, aber ein Deutschnationaler und langjähriger »Stahlhelmer«, der sich 1934 vergeblich um die Mitgliedschaft in der NSDAP bemüht hatte und später zum »Widerstandskreis« um Ernst von Weizsäcker zählte.[14] Dieser erfahrene Berufsdiplomat sollte den auf konsularisch-diplomatischem Parkett noch ungeübten Außenseiter begleiten und in Rechtsfragen beraten. Hausenstein schätzte an ihm seine intime Sachkenntnis, Umsicht, Besonnenheit und Geschmeidigkeit, auch wenn er eine »fein dosierte Reserve« und den unausgesprochenen Vorbehalt des Berufsdiplomaten gegen den Neuling nicht verkennen konnte. »Im stillen war ich ziemlich gewiß, ich würde mich von diesem Mann, wenn die Beziehung etwa nicht dauern sollte, ohne Konflikt trennen – und so ist es später denn auch gekommen.«[15]

Ebendieser Berufsdiplomat teilte einem leitenden Kollegen in der Personalabteilung durch vertrauliches Privatdienstschreiben vom 26. September 1950 mit, daß sein Chef Hausenstein der »Vereinigung der Verfolgten des Nationalsozialismus« (sic) angehöre und von ihm auf deren »zweifelhaften Ruf« aufmerksam gemacht worden sei. Diese private Notiz wurde prompt zur amtlichen Personalakte Hausensteins genommen – ein Verfahren, das rechtlich fragwürdig war und überdies auf politische Diskreditierung eines Vorgesetzten hinauslief, auch wenn das Schreiben vermeintlich fürsorgliche Intention vorgab.[16]

Wie gering die leitenden Beamten den Außenseiter Hausenstein schätzten, offenbart der an Ministerialdirektor Blankenhorn gerichtete Privatbrief des mittlerweile abgelösten Legationsrates von Kessel vom 10. Oktober 1951 über die Tätigkeit seines Nachfolgers: »Walther hat inzwischen die Zügel der Regierung in ›meinem‹ alten Haus mit ebensoviel Schwung wie Geschick ergriffen. Er pflegt unseren ›Chef‹ mit gärtnerischer Fürsorge, und alles geht ausgezeichnet.«[17]

Sinngemäß, aber ohne Nachweis und Nachprüfung, behauptet auch Hans-Peter Schwarz: »Die eigentliche Arbeit wird dort von dem Gesandten Gebhard [sic] von Walther erledigt, einer rein-rassigen Züchtung aus dem Gestüt der alten Wilhelmstraße.«[18] Es mag ja sein, daß der Botschaftsrat (nicht Gesandte) Gebhardt von Walther den internen Geschäftsbetrieb der deutschen Vertretung in Paris schwungvoll und geschickt leitete. Wenn dessen Herkunft »aus dem Gestüt der alten Wilhelmstraße« freilich einen Vorzug gegenüber Hausenstein ausdrücken soll, bleibt nachzutragen, daß der 1938 in die NSDAP eingetretene Berufsdiplomat von Walther trotz seiner langjährigen Erfahrung auch nicht annähernd so viel Vertrauen und Ansehen in Paris genoß wie der NS-Gegner und Außenseiter Hausenstein.

Die Tatsache, daß die Bonner Zentrale von Walther trotz seiner nationalsozialistischen Vergangenheit im September 1951 nach Paris entsandte, läßt verschiedene Interpretationen zu. Entweder hielt sich das AA nicht mehr an die Anfang 1950 gegebene Zusage gegenüber der Alliierten Hohen Kommission, niemanden, »der mit der Nazibewegung in Verbindung gestanden habe«, ins Ausland zu schicken, oder es mangelte an geeigneten Beamten, die frei waren von jeglicher Bindung an die NSDAP. Das französische Außenministerium hatte entweder keine Kenntnis von der politischen Vergangenheit des Botschaftsrates oder hat über diese hinweggesehen. Wie dem auch sei, von Walther war jedenfalls nicht der einzige ehemalige Parteigenosse unter den leitenden Mitarbeitern Hausensteins. Die Konsuln H. und Kr. hatten sich einst neben der NSDAP auch der SS verpflichtet gefühlt.[19] Nichts deutet darauf hin, daß Generalkonsul Hausenstein über die politische Vergangenheit seiner leitenden Beamten unterrichtet war.

In dem Maße, wie sich die aus der »Wilhelmstraße« übernommenen Karrierediplomaten nicht nur in Bonn, sondern auch in den Auslandsvertretungen breitmachen konnten, mehrten sich die Stimmen über angeblich mangelnde politische Aktivität der Außenseiter. Am 23. Juli 1952 vermerkte Blankenhorn in seinem Tagebuch: »Erschwerend wirkt natürlich dabei, daß wir einen eigentlichen Botschafter in Paris nicht besitzen, weder rein formell dem Namen nach, denn Hausenstein ist Geschäftsträger, noch der

Qualität nach. Hausenstein versteht von außenpolitischen Dingen nur sehr wenig.« Und am 22. August 1952 stellte er fest: »Wenn man die Problematik der Besetzung unserer Botschafterposten in Paris, London und Washington überdenkt, wird einem immer wieder schmerzlich bewußt, über wie wenig geeignete Persönlichkeiten die Bundesrepublik für diese wichtigen Aufgaben verfügt. [...] Das schlimmste Manko ist dabei, daß diesen Persönlichkeiten in London, Paris und Washington in der Regel das Kriterium für politische Fragen fehlt.« Noch deutlicher wurde Blankenhorn in seiner Tagebucheintragung vom 19. Februar 1953: Die Bonner Zentrale verfüge über gut qualifizierte Kräfte, »während die Missionen von zu alten und zu wenig kraftvollen Herren geleitet werden«.[20]

Felix von Eckardt, 1952 bis 1955 Bundespressechef, attestierte den Außenseitern, anders als Blankenhorn, »außergewöhnlich gute Arbeit« in den wichtigsten Hauptstädten der Welt geleistet zu haben. Als sie ihre Posten übernahmen, sei es nicht leicht gewesen, »Deutschland im Ausland zu vertreten und dem Nachfolgestaat Hitlers wieder Vertrauen zu erwerben«. Die Außenseiter hätten ihre Aufgaben, »die Bundesrepublik salonfähig zu machen, voll und ganz erfüllt«. Das Anwachsen der routinemäßigen Arbeiten in den Botschaften erfordere jedoch, so von Eckardt, Diplomaten, »die in diesem Beruf aufgewachsen waren«.[21] Mit anderen Worten: Die Außenseiter hatten ihre Schuldigkeit getan und konnten gehen. Ihre Nachfolge traten Karrierediplomaten aus der »Wilhelmstraße« an, deren politische Karenzzeit mittlerweile abgelaufen schien.

Anfang Juli 1953 wurde Hausenstein zwar ermächtigt, die Dienstbezeichnung »Botschafter« zu führen für die Dauer seiner Tätigkeit als Leiter der Diplomatischen Vertretung in Paris, doch blieb er ein Botschafter ohne Botschaft. Durch Schreiben Adenauers vom 10. November 1954 erfuhr Hausenstein, daß mit der Unterzeichnung des Pariser Vertragswerkes der Aufbau und die Wiederherstellung der auswärtigen Beziehungen einen gewissen Abschluß erreicht hätten. »Für diesen Zeitpunkt war [...] seit längerem eine personelle Umbesetzung einer größeren Zahl wichtiger Auslandsvertretungen in Aussicht genommen.« Hausensteins

Abberufung sollte zum Frühjahr 1955 wirksam werden. Abschließend sprach Bundeskanzler Adenauer in seiner Eigenschaft als
Außenminister dem Botschafter Hausenstein Dank und Anerkennung dafür aus, daß er in den zurückliegenden Jahren seine »für
Deutschland so bedeutsame Mission mit solcher Tatkraft und
Umsicht erfüllt« habe. Wenn sich die deutsch-französischen Beziehungen wieder auf der Grundlage gegenseitigen Verständnis-
ses und der Zusammenarbeit entwickelten, so habe er hieran ein
besonderes Verdienst.[22]

Nachdem die Ratifikationsurkunden über den Deutschland-
und Truppenvertrag hinterlegt waren und die Bundesrepublik
Deutschland am 5. Mai 1955 ihre (fast vollständige) Souveränität
erlangt hatte, endete Hausensteins Mission. Anläßlich seiner Abberufung wurde ihm vom Präsidenten der Französischen Republik das Großoffizierkreuz der Ehrenlegion verliehen. Am Abend
des 17. Mai 1955 verließ Wilhelm Hausenstein Paris. Die deutsche Presse würdigte seine Arbeit ebenso wie die französische.
Außergewöhnliche Wertschätzung fanden Hausensteins Verdienste um die deutsch-französische Aussöhnung in der Schweizer
Presse. Die »Tribune de Genève« widmete ihm am 23. Mai 1955
einen großen Artikel mit Bild auf der Titelseite unter der Überschrift »Un diplomate humaniste«.[23] Diese Schlagzeile traf den
Kern der Mission Hausensteins.

Sosehr sich Wilhelm Hausenstein öffentlicher Wertschätzung
erfreuen konnte, so wenig gesichert war seine Versorgung nach
dem Abschied aus dem Dienst. Da er bei Antritt seiner Tätigkeit
in Paris bereits das 65. Lebensjahr überschritten hatte, konnte er
nicht mehr zum Beamten ernannt werden. Hausenstein wurde im
Angestelltenverhältnis beschäftigt und hatte infolgedessen keinerlei Ansprüche auf Versorgungsbezüge. Als Bundespräsident
Heuss davon Kenntnis erhielt, bewilligte er ihm vom 1. Dezember 1955 an bis auf weiteres und widerruflich eine monatliche Zu-
wendung von 500.– DM.[24] Am 3. Juni 1957, zwei Jahre nach seiner
Abberufung aus Paris, starb Wilhelm Hausenstein im Alter von
75 Jahren in München.

Kurt Oppler

Der 1902 als Sohn eines Kaufmanns in Breslau geborene Kurt Oppler war Volljurist und Doktor der Rechtswissenschaften. Er gehörte seit 1927 der SPD an und trat 1932 zur Sozialistischen Arbeiterpartei (SAP) über, wie manch jüngere und aktive Sozialdemokraten auch, die den Attentismus der SPD in der Endphase der Weimarer Republik ablehnten. Zu Beginn des Dritten Reiches verteidigte der Rechtsanwalt Oppler Mitglieder der Linksparteien und der Gewerkschaften sowie Zeugen Jehovas in politischen Prozessen. Infolge seiner jüdischen Herkunft und politischen Tätigkeit vor 1933 wurde er selbst zunehmend verfolgt. Ende 1938 emigrierte er in die Niederlande. Nach dem deutschen Einmarsch wurde Oppler interniert und nach Belgien verbracht, wo er zunächst als Übersetzer arbeitete und dann von 1943 an mit falschen Papieren im Untergrund lebte bis zur Befreiung durch die Amerikaner im September 1944. Da ihm die deutsche Staatsangehörigkeit inzwischen aberkannt worden war, wäre er als staatenloser Jude auf Anordnung der deutschen Militärverwaltung und mit Billigung des Auswärtigen Amts in das Vernichtungslager Auschwitz-Birkenau deportiert worden, wenn ihn nicht belgische Freunde aus der Widerstandsbewegung versteckt hätten.[25]

Nach vorübergehender Tätigkeit im hessischen Justizministerium leitete Oppler von 1947 bis 1952 das Personalamt des Vereinigten Wirtschaftsgebietes mit Sitz in Frankfurt am Main. Die Auflösung der bizonalen Verwaltung und die Tätigkeit des Bundestagsuntersuchungsausschusses Nr. 47 brachten es mit sich, daß Oppler im April 1952 in den Auswärtigen Dienst wechseln konnte. Wenngleich nicht aus den vorliegenden Akten nachweisbar, legt der Zeitpunkt seiner Übernahme doch die Vermutung nahe, daß die Berufung des sozialdemokratischen Juristen Oppler die SPD und den von ihr durchgesetzten Untersuchungsausschuß befriedigen und die vorhersehbare Kritik an der Personalpolitik des AA dämpfen sollte.

Oppler, der wissenschaftlich ausgewiesene und in der Praxis bewährte Fachmann für Staats- und Arbeitsrecht, zuletzt im Range eines Ministerialdirektors der bizonalen Verwaltung, fand jedoch keine Verwendung in der Personal- und Verwaltungsabteilung des AA, wie man aus sachlich gebotenen Gründen hätte annehmen dürfen, sondern wurde – nach kurzer Einarbeitung in der Zentrale – Ende 1952 als erster Gesandter der Bundesrepublik Deutschland nach Reykjavik (Island) geschickt, wo er bis 1956 verblieb. Darauf folgten die Posten als Botschafter in Oslo (1956–1959), Brüssel (1959–1963) und Ottawa (1963–1967). Der Außenseiter Oppler sollte, so scheint es, als Katholik jüdischer Herkunft, ehemaliger Emigrant und Sozialdemokrat das »andere Deutschland« in den Hauptstädten der einstigen Feindmächte repräsentieren und dort um Vertrauen für die junge Bundesrepublik werben. Dazu schien er auf Grund seiner Vita, die ihresgleichen suchte im Auswärtigen Dienst, bestens geeignet. Doch welches Deutschland und welche Zentralinstanz der jungen Bundesrepublik vertrat er wirklich? Brachte ihm das Auswärtige Amt ebenjenes Vertrauen entgegen, um das er seinerseits im Ausland werben sollte?

Darüber und zu seinen Erfahrungen im Auswärtigen Dienst der Bundesrepublik Deutschland hat sich Kurt Oppler in einem höchst aufschlußreichen und bislang unveröffentlichten Privatbrief an seinen letzten Minister und politischen Freund Willy Brandt ebenso freimütig wie kritisch geäußert. Der Briefentwurf datiert vom März 1967 und beschreibt die Personalstruktur des Auswärtigen Amts von Adenauer bis Brandt aus der Sicht eines Außenseiters, der zum loyalen und kenntnisreichen Insider wurde. Glaubwürdigkeit gewinnt Opplers Betrachtung nicht zuletzt auch dadurch, daß er die Personalpolitik des Außenministers Brandt, seines langjährigen Freundes, von Kritik nicht ausnimmt. Eine schriftliche Antwort Brandts ist zwar nicht überliefert, dennoch bestehen an der Authentizität des Entwurfs keine Zweifel.[26] Seine aus dem Nachlaß herausragende Bedeutung rechtfertigt die vollständige Wiedergabe:

»Lieber Willy Brandt!
Diesen Brief sende ich Dir als persönliches Schreiben, als Parteifreund, mit der Bitte ihn aufmerksam zu lesen und alsdann baldigst Stellung zu nehmen. Ich schreibe Dir in aller Offenheit, wie Du es auch in Deiner Antrittsrede am 6. 12. im Amt gefordert hast.[27] Ich

schreibe Dir einmal ausführlicher, auf die Gefahr hin, einiges von dem mündlich Gesagten zu wiederholen. Zunächst etwas zur Vorgeschichte:

Seit Mitte 1952 bin ich im Amt, praktisch also seit Beginn. Ich wurde mit der [Besoldungs-]Gruppe B 9 vom Vereinigten Wirtschaftsgebiet übernommen, also in einer Gruppe, die noch über der der höchst eingestuften Botschafter (B 8) lag. Es war mir s. Zt. klar, daß mir bei der damaligen politischen Konstellation eine Botschaft der B 8 Gruppe nicht zugeteilt werden würde und so ging ich zuerst nach Reykjavik, dann nach Oslo. Bei der Versetzung von Oslo nach Brüssel machte Schröder, damals Innenminister, wie mir glaubwürdig versichert wurde, solche Schwierigkeiten, daß er – obwohl nicht zuständig – in zwei Kabinettsitzungen eine Verzögerung erreichte, mit der Begründung: Zugehörigkeit zur SPD.

Weder Oslo noch Brüssel waren leichte Posten, beide Länder waren während des Krieges unter deutscher Besatzung, und es waren noch viele Ressentiments vorhanden. Nach Ablauf der Zeit in Brüssel (4 1/2 Jahre) schlug man mir Ottawa vor. Ich war mir mit Erler[28] – mit dem ich die ganzen Jahre in enger Verbindung stand – klar darüber, daß ich bei Schröder nicht mehr erreichen würde und nahm daher an, immer in der Hoffnung, daß sich durch die Wahlen ein Wechsel ermöglichen ließe. Der Sinn der Versetzung war, wie man überall im Amt erzählte, mich ›auf Eis‹[29] zu legen. Das ist auch gelungen; durch die Entfernung sind auch die Kontakte zu vielen Freunden abgebrochen.

Zweimal versuchte Fritz Erler noch energisch, bei Schröder meine Ernennung für London durchzusetzen, einmal nach der Übernahme der Regierung durch Wilson, das zweite Mal nach den Neuwahlen; beide Male lehnte Schröder ab. Noch Mitte vergangenen Jahres [1966] schlug Erler mich zum Leiter der Kulturabteilung vor, mit der Absicht, mich dadurch auf eine wichtige Stelle im Amt zu setzen, so daß ich im Falle eines Regierungswechsels in Bonn wäre. Wieder lehnte Schröder ab […]. Es steht einwandfrei fest, daß ich nur durch meine Parteizugehörigkeit zurückgesetzt wurde.

Um so mehr bin ich durch die Entwicklung seit dem Regierungswechsel betroffen. […] Was sich seitdem ereignete, ist mir allerdings nicht mehr verständlich. Es ist außer jedem Zweifel, daß ich durch die vorherige Regierung benachteiligt und zurückgesetzt wurde; ich bin weit unter meiner Einstufung beschäftigt, erhielt also nicht einmal eine der großen Botschaften und darüber hinaus zum 3. Mal eine solche im Norden und hier in Kanada insbesondere mit einem auf die Dauer unzumutbaren Klima. Zudem erhielt ich denkbar schlechte Mitarbeiter zugeteilt, ich hatte bisher noch in keinem Land so zu klagen, und in der Personal-Abteilung selbst gab man dies bei meinem letzten Besuch in Bonn zu. Die Gehälter wurden mit meinem Dienstbeginn hier heruntergesetzt, eine Prüfungskommission bestätigte dies rückwirkend, benötigte aber 2 volle Jahre mehr, um die Herabsetzung in den USA anzuordnen. Nur 2 Konsulatsbezirke wurden in Kanada höher eingestuft, beide standen zufällig (?) unter der Leitung alter Angehöriger des AA, obwohl in allen kanadischen Statistiken Ottawa als der teuerste Platz bezeichnet wird. Ich könnte an unzähligen Beispielen klar machen, in welcher Weise hier gehandelt und wie einseitig vorgegangen wurde, wobei man vielleicht hoffte, *mich durch Schikanen hinauszuekeln.*[30] Ich bin geblieben, einmal weil meine Zeit auslief, zum anderen weil meine Freunde immer noch mit einem Wechsel rechneten. [...]

Von unzähligen Stellen innerhalb und außerhalb des Amtes erhielt ich und erhalte ich noch immer wieder Zuschriften, nicht etwa nur von unseren Freunden, von diesen gibt es im Amt nur wenige, sondern gerade von guten Demokraten, selbst bis hinein in die Kreise der CDU, die mich fragen, warum ich nicht nach Bonn ginge, um die dort so nötigen Reformen durchzuführen. [...]

Als ich im Jahre 1946 aus der Emigration in Belgien zurückkehrte – ich tat dies gegen den Wunsch und Rat vieler Freunde, denn alle meine Angehörigen, mit Ausnahme eines Bruders, waren in Auschwitz umgekommen – war es mein Wunsch, aktiv am Aufbau eines demokratischen Staates mitzuwirken. Ich tat dies im Hessischen Justizministerium, als Leiter des Personalamts in Frankfurt sowie auf meinen außenpolitischen Posten mit – wie ich glaube sagen zu können – ansehnlichem Erfolg. Durch die parteipolitischen Verhältnisse bedingt habe ich dabei keinen mir angemessenen Posten erhalten. Das habe ich in der Vergangenheit in Kauf genommen. Es ist aber bisher wohl in jeder Demokratie üblich gewesen, daß alle, die aus politischen Gründen bewußt zurückgesetzt wurden, fast automatisch und sofort in die ihnen angemessene oder sogar in eine höhere Funktion einrückten. [...]

Weicht man vor Beamten zurück, die Anstoß daran nehmen, daß ich seit 1927 der SPD [...] angehöre? Daraus habe ich im Gegensatz zu anderen, die entweder erst jetzt der Partei beitraten oder die Mitgliedschaft verschwiegen oder sogar zwecks Beförderung aus der Partei austraten, keinen Hehl gemacht. Oder seit 20 Jahren der Gewerkschaft [angehöre], oder Emigrant jüdischer Abstammung bin oder Außenseiter oder alles zusammen? Oder bin ich eigenwillig? Aber Du selbst sagtest am 6. 12. [Antrittsrede Brandts im AA]: gerade auf deren Mitarbeit möchtest Du zählen. Offen gestanden, ich verstehe es nicht. Oder will man es der CDU nicht zumuten? Dort sehe ich keine Schwierigkeiten; schließlich habe ich praktisch seit 20 Jahren immer und ohne Schwierigkeiten mit der CDU zusammengearbeitet und wenn man dem ›Spiegel‹ glauben darf (s. Panorama vom 23. Januar)[31], hat sie mich sogar als Leiter der Personalabteilung in Vorschlag gebracht. [...]

Ich glaube, wir sollten aus der Vergangenheit gelernt haben, damit sich Weimar nicht wiederholt. Deshalb haben wir auch s. Zt. die SAP gegründet, leider zu spät, da die SPD sich als zu schwach zeigte. Wenn man heute keine Konsequenzen daraus zieht, dann wird man vielleicht einen historischen Fehler begehen. Die CDU ist in diesen Fragen rücksichtsloser und konsequenter vorgegangen. Zu Beginn meiner Tätigkeit gehörten meines Wissens noch 5 Botschafter der SPD an, am Ende vorigen Jahres war ich wohl der einzige. Auch glaube ich annehmen zu können, daß in der Zeit eines aufkommenden Nationalismus eine Berufung von mir an sichtbarer Stelle im Inland wie im Ausland einen guten Eindruck machen würde; und das erscheint mir nicht unwichtig, da das Amt immer wieder als reaktionär hingestellt wird. [...]

Das A. A. hat bis heute keine Personalpolitik betrieben. Die Stellenbesetzung erfolgte vielfach auf Grund von Beziehungen und Einwirkungen von dritter Seite. Grundzüge einer Personalpolitik sind bis heute nicht erarbeitet worden. Wenn man jetzt sichtbar alles beim alten läßt, dann werden viele unserer Freunde, und darunter verstehe ich nicht etwa nur Parteifreunde, sehr enttäuscht sein.

Bisher hat keine Koordinierung innerhalb des Apparats stattgefunden. Referate sind überbesetzt, andere sind überlastet. Die Abteilungen arbeiten teilweise so selbständig, daß viele Fragen mehrfach bearbeitet werden, sie sind nicht aufeinander abgestimmt. […] Die Auslandsbesoldung bedarf einer grundlegenden Reform, das Amt hat sich diese Fragen aus der Hand nehmen lassen, es wird nur noch gehört, und man muß versuchen, Zuständigkeiten wiederzuerlangen.

Am meisten ist jedoch ein Wandel in der Personalpolitik erforderlich, diese muß ein neues Profil erhalten. Die Leitung lag bisher fast ausschließlich in der Hand von Beamten, die gar nicht oder nur kurze Zeit im Ausland gewesen sind. Es gab und gibt keine Grundzüge für Einstellung und Beförderung; Parteipolitik, Religion und Einflüsse Dritter spielten eine große Rolle. Es wären Grundsätze für eine objektive Auslese aufzustellen, die auf Art. 33 GG beruhen[32]. Zeugnisse und Beurteilungen wurden oft ausgesprochen, um einen Beamten wegzuloben. Ob Beamte, die im Inland brauchbar sind, auch im Ausland den Ansprüchen genügen und gerade für ein bestimmtes Land geeignet sind, war gleichgültig.

Die Frage, ob Presse-, Kultur-, Sozial- und teilweise auch Wirtschaftsattachés ins Beamtenverhältnis überführt werden sollen und wie Abwanderungen in die freie Wirtschaft entgegengetreten werden kann, wurde nicht beantwortet. Es ist keine Rede vom Leistungsprinzip, die ›Ochsentour‹ herrscht vor.

Es handelt sich also um eine prinzipielle Entscheidung, ob alles dies beim alten bleibt […]. Meines Erachtens müssen jetzt, 15 Jahre nach Bestehen des Amts, alle diese Fragen in Angriff genommen werden. Das bisherige System bedarf einer Änderung, die auch durch neue Namen sichtbar in Erscheinung treten sollte. Mit den alten Kräften dürfte dies nicht zu verwirklichen sein, es sei denn, man setze – um Kosten zu vermeiden – gemäß meinem Vorschlag eine Koordinierungsstelle ein. Gerade auch bei Personalien kommt es darauf an, wie die Sache vorgetragen wird. Es muß allmählich bei dem Personal des Amts das Gefühl entstehen, daß nach objektiven

Grundsätzen ›der richtige Mann auf den richtigen Platz‹ gesetzt wird. Es wäre ein fundamentaler Fehler, der auf Jahre hinaus Rückwirkungen hätte, wenn jetzt mit dem Ministerwechsel nicht auch neue Ideen verwirklicht würden. [...]«

Dieser Brief des Botschafters Opplers an Außenminister Brandt hatte seinen Ursprung vornehmlich in persönlichen Beweggründen. Er ist insoweit Ausdruck privater Enttäuschungen und amtlicher Demütigungen, die der Außenseiter Oppler subjektiv wiedergegeben hat. Vor diesem Hintergrund sind seine kritischen Ausführungen zur Personal- und Organisationsstruktur ebenso mit Vorbehalt aufzunehmen wie seine Empfehlungen zur Reform des Auswärtigen Dienstes. Unterzieht man Opplers Klagen über die verfehlte Personalpolitik des AA einer kritischen Nachprüfung, so erscheinen diese beispielsweise über die Zuteilung »denkbar schlechter Mitarbeiter« durchaus berechtigt. In die Wirtschaftsabteilung der Botschaft Brüssel entsandte das AA zum Beispiel einen Angestellten des höheren Dienstes, der nicht nur einen schwunghaften Privathandel mit Alkoholika und Immobilien betrieb, sondern sich auch noch als ehemaliger SS-Untersturmführer beim SS-Hauptamt »Volksdeutsche Mittelstelle« entpuppte. Dieser Mann war wegen seiner nationalsozialistischen Vergangenheit sicherlich eine Zumutung für den Botschafter Oppler und überdies eine Fehlbesetzung in Brüssel.[33]

In Ottawa machte Botschafter Oppler die Erfahrung, daß das Auswärtige Amt ihm einen Grafen als Pressereferenten zuteilte, der sich mehr und mehr dem Alkohol als seinen dienstlichen Pflichten hingab. Einem Bericht Opplers vom 26. Juni 1966 an die Personalabteilung zufolge soll der gräfliche Referent bisweilen fahruntüchtig mit seinem Wagen im kanadischen »Busch« liegengeblieben sein und dort genächtigt haben, statt sich seinen Dienstgeschäften zu widmen.[34]

Im Frühjahr 1967 schließlich mußte Oppler zur Kenntnis nehmen, daß sein Vertreter, der Botschaftsrat I. Klasse R., sich nicht scheute, »des öfteren antisemitische Bemerkungen zu machen« und sogar seinen Chef in Gegenwart anderer Botschaftsmitglieder als »Judd« zu bezeichnen.[35] Das Auswärtige Amt ließ sich mehr als vier Monate Zeit, ehe es diesen Antisemiten mit Wirkung vom 19. Oktober 1967 in den einstweiligen Ruhestand versetzte. Die Tatsache, daß das Amt dem Botschafter zumutete, über vier Monate mit seinem Stellvertreter in Ottawa zusammenzuarbeiten, muß Oppler als besondere Demütigung empfunden haben.

Nur wenig später, am 24. November 1967 vollendete Kurt Oppler das 65. Lebensjahr. Mit Ablauf dieses Monats versetzte ihn das AA in den gesetzlichen Ruhestand. Eine Verlängerung der Dienstzeit für den Verfolgten des NS-Regimes wäre möglich gewesen, sie unterblieb jedoch. Wenngleich Oppler aus dem Amt scheiden mußte, hinterließ sein Brief vom März 1967 an Willy Brandt nachhaltige Wirkung. Im Herbst 1967 setzte der Bundesminister des Auswärtigen zunächst eine Arbeitsgruppe und dann 1968 eine Kommission ein mit dem Auftrag, Vorschläge zur Reform des Auswärtigen Dienstes auszuarbeiten. Den Sozialdemokraten Oppler als Vorsitzenden oder auch nur als Mitglied in die Reformkommission zu entsenden, konnte sich Brandt nicht durchringen. Vielmehr berief er den Karrierediplomaten Hans Herwarth von Bittenfeld zum Vorsitzenden der Kommission. Dessen Stellvertreter wurde Günter Diehl, ein alter Freund sowohl Herwarths als auch Kiesingers.[36] Der Bericht der Reformkommission soll, Herwarth zufolge, langfristig günstige Voraussetzungen geschaffen haben für die gesetzlichen Sonderregelungen des Auswärtigen Dienstes, die schließlich am 1. Januar 1991 in Kraft traten.[37]

Nach seiner Berufung zum Bundesminister des Auswärtigen verzichtete Willy Brandt auf ein durchgreifendes Revirement im AA – ganz im Gegensatz zur Empfehlung Opplers. Nur die Leitungsgremien besetzte er neu mit Sozialdemokraten seines Vertrauens, darunter vornehmlich Klaus Schütz (Staatssekretär) und Egon Bahr (Botschafter z. b. V.). Um das Vertrauen besonders der höheren Beamtenschaft zu gewinnen, sah Brandt bewußt davon ab, »zu viele ›Außenseiter‹ mit ins Amt zu bringen«.[38] Im übrigen habe Minister Brandt, so sein Berater Bahr gegenüber der Presse, »nicht die Absicht, die bisherige CDU-Personalpolitik umzukehren«. Mit dieser Zurückhaltung folgte Willy Brandt einer Empfehlung Herbert Wehners an alle Minister der SPD im Kabinett Kiesinger, der Beamtenschaft ihrer Ressorts Bewährung zuzubilligen: »Wir werden die Beamten nicht danach beurteilen, was sie in der Vergangenheit getan haben, sondern lediglich danach, wie sie sich jetzt verhalten«.[39]

Diese personalpolitische Leitlinie bestätigte und konkretisierte Egon Bahr jüngst auf Anfrage durch den Verfasser: »Gerade nachdem zum ersten Mal ein Sozialdemokrat Außenminister geworden war, gab es gar kein anderes Prinzip als auf persönliche und sachliche Loyalität zu setzen. [...] Selbstverständlich haben wir von der nationalsozialistischen Vergangenheit nicht weniger Diplomaten gewußt. Aber auch für sie galt das Leistungsprinzip bzw. die Loyalität. Man darf nicht vergessen, daß wir alle vorfanden. Sie waren nicht einzustellen, sondern wären zu entlassen gewesen. Mit welcher Begründung angesichts der Tatsache, daß der Bundeskanzler Mitglied der NSDAP gewesen ist und schließlich auch im Bereich des Ribbentrop-Ministeriums gearbeitet hat?« Manche Diplomaten mit SS- oder SD-Vergangenheit hätten überdies »mehr als Verständnis für die Ostpolitik« Brandts gezeigt.[40]

Vor diesem Hintergrund hatten die kurzfristigen und weitreichenden Reformpläne Opplers keinerlei Chance auf Verwirklichung. Brandt betraute und entschädigte Oppler statt dessen 1968 mit der Leitung der Verhandlungskommission, die die Beziehungen zwischen dem Auswärtigen Amt und dem Goethe-Institut auf eine vertragliche Grundlage stellen sollte. Durch persönliches Schreiben vom 29. Juli 1969 sprach ihm der Bundesminister des Auswärtigen Dank und Anerkennung für den erfolgreichen Abschluß der langwierigen Verhandlungen aus.[41] Am 29. April 1981 ist Kurt Oppler in Baden-Baden verstorben.

Bilanz und Aussicht

Folgt man der amtlichen Publikation »100 Jahre Auswärtiges Amt 1870–1970«, sollte der Auswärtige Dienst der Bundesrepublik Deutschland keine »einfache Nachbildung des früheren Dienstes sein, er hatte sich nach den Erfordernissen der Außenpolitik der Bundesrepublik und den veränderten innerdeutschen Entwicklungen zu richten. Das schloß eine vernünftige Besinnung auf brauchbare Traditionswerte nicht aus. Für die personelle Auswahl mußten fachliche Eignung und demokratische Haltung ausschlaggebend sein. Dabei konnte auf die Berufserfahrung bewährter und politisch nicht belasteter Angehöriger des früheren Auswärtigen Amts nicht verzichtet werden. Neben diesen waren Persönlichkeiten aus den verschiedensten Bereichen des öffentlichen Lebens, der Wirtschaft, der Kultur, der Presse zu berücksichtigen. Die Personalauswahl für den Auswärtigen Dienst mußte darauf bedacht sein, Vertrauen zum neuen Deutschland zu schaffen.«[42]

Der Abgeordnete Fritz Erler (SPD) hatte dagegen am 14. Februar 1952 in der nichtöffentlichen Sitzung des Untersuchungsausschusses Nr. 47 des Deutschen Bundestages festgestellt: »Es gibt kein Bundesministerium, das in dieser Weise die Kontinuität der Berliner Tradition fortsetzt wie das Auswärtige Amt.«[43] Der Untersuchungsausschuß war im Oktober 1951 auf Antrag der SPD-Fraktion eingesetzt worden, um Mißstände in der Personalpolitik des AA zu prüfen, nachdem die deutsche und internationale Presse massive Kritik an der Wiederverwendung zahlreicher Diplomaten mit nationalsozialistischer Vergangenheit im Auswärtigen Dienst geübt hatte. Neben der »Frankfurter Rundschau«, deren Artikelserie »Ihr naht euch wieder ...« vom September 1951 zur Einsetzung des Untersuchungsausschusses führte, warnte zum Beispiel auch die »Allgemeine Wochenzeitung der Juden in Deutschland« am 14. September 1951 vor einer »Renaissance der Nazis« im Auswärtigen Amt; und selbst der Bayerische Rundfunk bezeichnete das Auswärtige Amt in einer Hörfunksendung vom 17. März 1952 als »Hochburg ehemaliger Handlanger des Dritten Reiches«, die nicht nur Kenntnis gehabt hätten von den millionenfachen Judenmorden, sondern teilweise auch als »Schreibtischtäter« daran beteiligt gewesen seien.

Die Abgeordneten des Untersuchungsausschusses kamen in ihrem Abschlußbericht vom 18. Juni 1952 übereinstimmend zu dem Ergebnis, daß im Auswärtigen Amt »einige Personen beschäftigt« wurden, »deren Verwendung das Vertrauen des In- und Auslandes zur demokratischen Entwicklung [in der Bundesrepublik Deutschland] beeinträchtigen konnte. Sie sind zum Teil entfernt, zum Teil sollen die Vorschläge des Untersuchungsausschusses über ihre weitere Verwendung es unmöglich machen, daß fernerhin eine Gefährdung des Ansehens der Bundesrepublik stattfindet«.

Im Gegensatz dazu vertraten die Verfasser der amtlichen Festschrift die Auffassung, daß »die Masse der in der Presse laut gewordenen Vorwürfe« entkräftet worden sei, »wenn auch der Untersuchungsausschuß sich veranlaßt sah, eine Reihe von personellen Veränderungen im Amt zu empfehlen«. Die Selbstdarstellung des Auswärtigen Amts läßt sich offensichtlich nicht vereinbaren mit dem moderat formulierten Abschlußbericht des Untersuchungsausschusses – geschweige denn mit den Verlautbarungen der Medien.

So heftig der Streit um Neubeginn oder Kontinuität des Auswärtigen Dienstes Anfang der fünfziger Jahre in den Medien und im Deutschen Bundestag ausgetragen wurde, so schnell verstummte er nach der Wiederwahl Adenauers zum Bundeskanzler (1953). Der sich verschärfende Ost-West-Konflikt, die Wiederbewaffnung, die Reintegration traditioneller Eliten sowie das »Wirtschaftswunder« verdrängten die Kritik an den restaurativen Tendenzen im Verwaltungs- und Justizapparat der jungen Bundesrepublik über viele Jahre. Erst im Laufe der sechziger Jahre entbrannte die Kontroverse erneut – ausgelöst vor allem durch publizistische Attacken der DDR-Regierung und ihrer Medien gegen »NS-Diplomaten in Bonner Diensten« und zugespitzt auf den Vorwurf der Renazifizierung des Auswärtigen Amts. Die in Berlin-Ost entstandenen und dann auch in der Bundesrepublik verbreiteten »Braunbücher« enthielten zwar zutreffende Details über die nationalsozialistische Vergangenheit nicht weniger westdeutscher Diplomaten, ihr weitgehend denunziatorischer Charakter und die offensichtlich propagandistische Funktion verhinderten jedoch eine unvoreingenommene Aufarbeitung der komplexen Thematik.

Die Zurückhaltung relevanter Aktenbestände bis weit in die achtziger Jahre trug überdies dazu bei, daß sich die zeitgeschichtliche Forschung erst anschließend an das 1988 in Kraft getretene Bundesarchivgesetz, das die wissenschaftliche Nutzung der zugänglichen Akten nach Ablauf einer 30jährigen Sperrfrist regelt, intensiv mit den politischen Kontroversen der Ära Adenauer auseinandersetzen konnte.

Solange die vertraulichen Protokolle des Untersuchungsausschusses für Forschungszwecke unzugänglich blieben, konnten die Widersprüche zwischen dem Abschlußbericht des Ausschusses und der Selbstdarstellung des Auswärtigen Amts nicht geklärt werden. Erst die Freigabe der bis 1989 unter Verschluß gehaltenen Akten eröffnete die Möglichkeit, jene Kontroverse um Neubeginn oder Kontinuität des Auswärtigen Dienstes einer historisch-kritischen Nachprüfung zu unterziehen – jenseits von Schuldzuweisung und Rechtfertigung. Um die Quellenbasis zu verbreitern, wurden neben den inzwischen vorliegenden Akten des Auswärtigen Amts und des Bundeskanzleramtes auch relevante Bestände des Berliner Document Centers sowie ausgewählte Entnazifizierungsakten ausgewertet, auf deren Heranziehung der Untersuchungsausschuß Nr. 47 des Deutschen Bundestages aus unerklärlichen Gründen verzichtet hatte. Nachlässe und Berichte zahlreicher Zeitzeugen ergänzen und vertiefen die aus den Akten gewonnenen Erkenntnisse. Auf dieser Quellenbasis ergaben sich im wesentlichen folgende Befunde:

1. Das Auswärtige Amt der Bundesrepublik Deutschland entstand als letztes der klassischen Ministerien im März 1951 nach einer Revision des alliierten Besatzungsstatuts. Seine wichtigsten Keimzellen waren – neben dem Zeugenflügel im Nürnberger Justizgebäude – das Deutsche Büro für Friedensfragen (Stuttgart), die Bayerische Staatskanzlei (München), das Evangelische Hilfswerk (Stuttgart) und der Zonenbeirat für die britische Besatzungszone. In diesen Institutionen überlebten viele Diplomaten des untergegangenen Deutschen Reiches die Zeit ihrer Entnazifizierung und politisch bedingten Arbeitslosigkeit. Aus diesen Institutionen strömten sie 1949 und 1950 einvernehmlich in die Dienststelle für auswärtige Angelegenheiten beim Bundeskanzleramt. Als daraus 1951 das Auswärtige Amt hervorging, waren dessen Schlüsselpositionen sogleich fest in den Händen ehemaliger Berufsdiplomaten der Berliner »Wilhelmstraße«.

Im Gegensatz zu allen anderen Ministerien behielt das Auswärtige Amt seine seit 1870 bestehende Behördenbezeichnung wie selbstverständlich bei. Maßgeblich dafür waren vornehmlich das ungebrochene Traditionsbewußtsein der Amtsangehörigen, der außenpolitische Führungsanspruch der Bundesregierung und das Bedürfnis nach Abgrenzung von dem seit Oktober 1949 existierenden Ministerium für Auswärtige Angelegenheiten der DDR.

2. Bundeskanzler Adenauer wollte zwar ein neues Amt aufbauen, »das mit den alten Leuten möglichst wenig zu tun hat«, wie er seinem außenpolitischen Berater Herbert Blankenhorn Ende 1949 erklärte, doch um alltägliche Personalfragen und Organisationsprobleme kümmerte er sich kaum. Seine Domäne war und blieb die *Außenpolitik*. Wer dabei seine Direktiven ausführte, war ihm so lange gleichgültig, wie er sich auf loyale Mitarbeiter stützen konnte. Der Berufsdiplomat Blankenhorn konnte insoweit relativ ungehindert personalpolitische Entscheidungen treffen, da er seit 1948 eine Vertrauensstellung bei Adenauer innehatte, zunächst als dessen persönlicher Referent im Parlamentarischen Rat, dann als Leiter der Verbindungsstelle zur Alliierten Hohen Kommission. Der im internationalen Verkehr unerfahrene Bundeskanzler war auf den Rat des versierten Diplomaten Blankenhorn angewiesen, sowohl im ersten Umgang mit den Alliierten Hohen Kommissaren als auch später bei der Herstellung konsularischer und diplomatischer Beziehungen mit den ehemaligen Feindmächten. Aus diesem symbiotischen Verhältnis resultierte Blankenhorns interne Machtposition im Auswärtigen Amt – unabhängig von der Geschäftsverteilung.

Seit 1949 antichambrierten viele, auch ältere Berufskollegen bei dem jungen, aber einflußreichen Adlatus Adenauers, um begehrte Posten im entstehenden Auswärtigen Dienst zu erlangen. Sowenig sich Blankenhorn der Sogwirkung alter Verbindungen und gesellschaftlicher Verpflichtungen entziehen konnte, so sehr bemühte er sich um die Wiederverwendung und Förderung befreundeter Kollegen aus der »Wilhelmstraße« im Bonner AA – häufig ohne Rücksichtnahme auf deren nationalsozialistische Vergangenheit. Ein eklatantes Beispiel dafür war die Berufung seines Crew-Kollegen Herbert Dittmann, der ebenso wie Blankenhorn der NSDAP angehört hatte, zum Personalchef des Auswärtigen Amts im Sommer 1951.

3. »Die meisten Beamten, die den Wiederaufbau des Auswärtigen Amtes in die Hand genommen hatten, waren gebrannte Kinder.«[44] Diese Beobachtung Paul Franks, Staatssekretär des AA (1970–1973) unter Außenminister Walter Scheel, deckt sich mit den aus den Akten gewonnenen Erkenntnissen. Nicht wenigen Amtsangehörigen war auf ihren Lebenswegen zwischen Kaiserreich, Revolution, Weimarer Republik, »Drittem Reich«, Internierungslager, Entnazifizierung und Demokratisierung von außen das politisch-moralische Rückgrat gebrochen worden – manch älteren unter ihnen gar mehrfach.

Sie waren überwiegend geneigt, loyale Staatsdiener der jungen Bundesrepublik zu werden unter der Bedingung, daß die neue Regierung ihre exklusiven Kenntnisse und Ansprüche respektierte. Das Interesse der meisten Berufsdiplomaten galt weniger der Einflußnahme auf die Außenpolitik Adenauers, der sie zumal weitgehend zustimmten, als der Personalpolitik, über die sie Schlüsselstellungen im entstehenden Außenamt für sich und ihresgleichen beanspruchten. Soziale Homogenität, traditioneller Korpsgeist, mehr oder minder ausgeprägte Anpassung im »Dritten Reich«, Verlust der Privilegien und des Sozialprestiges nach 1945 sowie bange Hoffnung auf berufliche Zukunft schufen eine verschworene Gesellschaft, die sich gegen den Vorwurf der Verstrickung in nationalsozialistische Gewaltverbrechen ebenso zur Wehr setzte wie gegen alliierte Vorbehalte und parlamentarische Kontrolle ihrer Wiederverwendung.

Es lag in der Konsequenz dieser Überlebensstrategie, daß die Mitwirkung des Auswärtigen Amts bei den Judenmorden im Zweiten Weltkrieg nach 1945 nicht nur geleugnet, sondern daß das Amt sowohl in der Memoirenliteratur als auch in amtlichen Schriften geradezu als »Stätte der Opposition« im NS-Regime herausgestellt wurde; daß Zusagen gegenüber der Alliierten Hohen Kommission, keine Mitglieder der NSDAP oder ihrer Gliederungen in die Auslandsvertretungen zu entsenden, vorwiegend deklamatorischen Charakter hatten; daß manche Diplomaten, deren Wiederverwendung im Bonner AA auf öffentliche Kritik stieß, vor dem Untersuchungsausschuß Nr. 47 des Deutschen Bundestages unwahrhaftige Aussagen machten – sei es, daß sie ihre Mitgliedschaft in der NSDAP oder SS »vergaßen«, sei es, daß sie ihre Beteiligung an Judendeportationen zu kaschieren versuchten.

4. Die tradierten und nach den Umbrüchen seit 1945 noch erhöhten Kohäsionskräfte unter den Karrierediplomaten hatten überdies zur Folge, daß Berufskollegen, darunter Verfolgte der nationalsozialistischen Gewaltherrschaft, die gegen den Korpsgeist verstießen oder politisch unabhängige Meinungen vertraten, nicht minder diskriminiert wurden als amtsfremde Bewerber – entweder durch Ablehnung oder Entsendung auf anerkannt schwierige Posten. Außenseiter, das heißt Vertreter aus Politik, Wirtschaft und Kultur, die Bundeskanzler Adenauer als erste Repräsentanten des »neuen« Deutschland ins Ausland entsandte – Beamte der »Wilhelmstraße« waren Anfang der fünfziger Jahre personae non gratae –, wurden von den Berufsdiplomaten als notwendiges Übel hingenommen und entsprechend behandelt.

Die meisten dieser frühen Außenseiter mußten Mitte der fünfziger Jahre aus dem Dienst scheiden; sie hatten ihre Funktion erfüllt, als die Bundesrepublik Deutschland 1955 souverän wurde. Ihre Nachfolge traten Karrierediplomaten der »Wilhelmstraße« an, deren politische Karenzzeit abgelaufen schien.

5. Der Auswärtige Dienst war im Kern zwischen 1949 und 1951 unter Ausschluß der Öffentlichkeit und weitgehend unabhängig von politisch-parlamentarischer Kontrolle entstanden. So geräuschlos der Wiederaufbau von ehemaligen Angehörigen der »Wilhelmstraße« im Auftrag Adenauers vollzogen wurde, so laut und heftig entlud sich die Kritik nach Bildung des AA im März 1951, als das ganze Ausmaß seiner personellen und organisatorischen Kontinuität für die politisch interessierte Öffentlichkeit erkennbar wurde. Kein Ministerium war so vielfältiger Kritik von so verschiedenen Kreisen ausgesetzt wie das Auswärtige Amt. Orthodox katholische Repräsentanten innerhalb und außerhalb des Deutschen Bundestages monierten die Dominanz protestantischer Diplomaten preußischer Herkunft in den Schlüsselstellungen des AA. Vertreter der Exportwirtschaft führten lebhaft Klage über die schleppende Wiedereröffnung der Auslandsmissionen

und die Vernachlässigung deutscher Außenhandelsinteressen durch das AA. Die Oppositionsfraktionen im Deutschen Bundestag und die ihr nahestehenden Presseorgane wiesen auf bedrohliche Tendenzen politischer Restauration hin.

Ihren Höhepunkt erreichte die Kritik mit der Veröffentlichung der Artikelserie »Ihr naht Euch wieder ...« von Michael Mansfeld in der »Frankfurter Rundschau« Anfang September 1951. Mansfelds Kritik an der Wiederverwendung von 21 Diplomaten mit mehr oder minder nationalsozialistischer Vergangenheit war zwar nicht in jedem Falle sachdienlich, aber sie erregte in der deutschen und internationalen Presse großes Aufsehen. Der daraufhin von der SPD-Fraktion beantragte und durch Beschluß des Deutschen Bundestages vom 24. Oktober 1951 eingesetzte Untersuchungsausschuß Nr. 47 sollte u. a. die generelle Frage prüfen, ob durch die Personalpolitik des AA Mißstände im Auswärtigen Dienst eingetreten seien. In ihrem Abschlußbericht vom 18. Juni 1952 stellten die Abgeordneten des Untersuchungsausschusses übereinstimmend fest, daß im Auswärtigen Dienst Personen beschäftigt wurden, deren Verhalten während der nationalsozialistischen Gewaltherrschaft geeignet sei, das Vertrauen des In- und Auslandes zur demokratischen Entwicklung der Bundesrepublik Deutschland zu gefährden.

Die Ausschußmitglieder attestierten nur 5 der 21 überprüften Diplomaten uneingeschränkte Eignung für den Auswärtigen Dienst. In den übrigen Fällen gaben sie differenzierte Voten ab, die vom Veto gegen Weiterverwendung bis zur Empfehlung reichten, von der Entsendung ins Ausland abzusehen. Im Ergebnis bedeutete der Bericht des Untersuchungsausschusses eine parlamentarische Niederlage für die Bundesregierung, da er einstimmig, das heißt mit den Stimmen der CDU/CSU- und FDP-Abgeordneten im Ausschuß beschlossen wurde, die Kritik der Presse an den Mißständen im Auswärtigen Amt überwiegend bestätigte und letztlich den für die Personalpolitik verantwortlichen Bundesminister des Auswärtigen, das heißt Adenauer, belastete.

6. Bereits in der Bundestagsdebatte am 22. Oktober 1952 über den Bericht des Untersuchungsausschusses hatte Bundeskanzler Adenauer erkennen lassen, daß er nicht gewillt sei, den Voten ohne

weiteres zu folgen. Die Empfehlungen des Ausschusses könnten ihm »die verfassungsmäßige Verantwortung nicht abnehmen«. Tatsächlich waren die Beschlüsse des Bundestages wie auch die Voten des Untersuchungsausschusses verfassungsrechtlich nicht bindend für die Exekutive. Es lag im Ermessen der Bundesregierung, ihnen Rechnung zu tragen. Wenn der Bundeskanzler den parlamentarischen Beschlüssen nicht entsprach, blieb dem Bundestag zu deren Durchsetzung nur der Weg über das formelle Mißtrauensvotum gemäß Artikel 67 des Grundgesetzes. Dieses Mißtrauensvotum konnte sich nur gegen den Bundeskanzler, nicht gegen den Bundesminister des Auswärtigen richten. Es erscheint unvorstellbar, daß die Mehrheitsfraktionen im Deutschen Bundestag diese verfassungsrechtlich gebotene Konsequenz, das heißt den Sturz Adenauers, gezogen hätten, auch wenn ihre Vertreter im Untersuchungsausschuß von der Notwendigkeit der Voten überzeugt waren.

Bundeskanzler Adenauer setzte sich weitgehend über die Voten des Untersuchungsausschusses hinweg. Er glaubte sich dazu um so mehr befugt nach den Ergebnissen disziplinarrechtlicher Ermittlungen, die vom Bundesministerium des Innern und vom Bundesdisziplinaranwalt gegen einige der beschuldigten Diplomaten geführt worden waren und schließlich zu deren Rehabilitierung führten. Unter den rehabilitierten Diplomaten befand sich auch der am schwersten belastete, weil in die Judendeportationen von Belgien nach Auschwitz verstrickte Gesandte Werner von Bargen, den der Untersuchungsausschuß »in jeder Hinsicht für nicht geeignet zur Weiterverwendung im Auswärtigen Dienst« gehalten hatte. Die historisch-kritische Nachprüfung seiner Rehabilitierung offenbart in mehrfacher Hinsicht die unzulänglichen Methoden der disziplinarrechtlichen Ermittlungen, verweist deren Ergebnisse in den Bereich der Apologie und erhärtet letztlich das negative Votum des Untersuchungsausschusses gegen von Bargen.

7. In weiser Voraussicht beanspruchten die Mitglieder des Untersuchungsausschusses Nr. 47 nicht den Rang einer historischen Forschungskommission für ihre Erhebungen, sondern verstanden sich als politisches Instrument des Deutschen Bundestages. Professor Hermann Brill, der sehr sachkundige Berichterstatter,

räumte ein, daß der Abschlußbericht durch nachfolgende Aktenpublikationen und wissenschaftliche Analysen korrigiert werden könnte, in einzelnen Punkten sogar korrigiert werden müßte. Tatsächlich wurden die Befunde und Voten des Untersuchungsausschusses durch übergeordnete Zielsetzungen politischer Art in doppelter Hinsicht beeinflußt: Parteipolitische Rücksichtnahme bewog die Vertreter der CDU/CSU, Kritik und Empfehlungen des Ausschusses zu mäßigen, um den drohenden Prestigeverlust des Bundeskanzlers und Außenministers Adenauer zu begrenzen. Die der SPD angehörenden Ausschußmitglieder verzichteten auf kritische Minderheitsvoten, um mittels einstimmig gefaßter Beschlüsse die Stoßkraft der parlamentarischen Untersuchungsergebnisse zu verstärken und der Regierung Adenauer eine parlamentarische Niederlage beizubringen.

Der Abschlußbericht des Untersuchungsausschusses war ein »zeitbedingtes politisches Urteil« (Brill), Ausdruck parlamentarischer Kompromißlösungen auf kleinstem gemeinsamen Nenner. Er spiegelt nicht die historische Wirklichkeit mit ihrem ganzen Facettenreichtum. Dazu war die Quellenbasis der Erhebungen nicht breit genug; außerdem mangelte es am dezidierten Willen zur rückhaltlosen Aufklärung unter den Ausschußmitgliedern der Mehrheitsfraktionen. Zeitbedingt, aber nicht mehr aufrechtzuerhalten ist zum Beispiel die allzu wohlwollende Konzession, daß mehrere der schwer beschuldigten Diplomaten zur »Widerstandsgruppe des 20. Juli 1944« gehörten, gar »treibende Kräfte« dieser Gruppe gewesen seien. Zeitbedingt war wohl auch die Zurückhaltung im Abschlußbericht zur Verstrickung des Auswärtigen Amts in die Gewaltverbrechen des Regimes. »Der Bericht hätte in vielen Punkten vollständiger sein können; um Deutschlands willen ist er es nicht«, erklärte der Ausschußvorsitzende Becker in der Bundestagsdebatte vom 22. Oktober 1952. Diese sibyllinische Formulierung erlaubt den Schluß, daß die Abgeordneten des Untersuchungsausschusses über weitaus mehr belastende Erkenntnisse verfügten, als sie der Öffentlichkeit preisgeben wollten oder konnten.

8. Manche Zeitgenossen empfanden in den fünfziger Jahren die Wiederverwendung zahlreicher Diplomaten mit nationalsozialis-

tischer Vergangenheit als »komplette Restauration« des Auswärtigen Amtes Ribbentropscher Prägung. Diese Einschätzung mag auf den ersten Blick zutreffend erscheinen, waren doch rund zwei Drittel der leitenden Positionen im Auswärtigen Amt (vom Referatsleiter an aufwärts) mit ehemaligen Parteigenossen besetzt – eine Tatsache, die selbst der Bundeskanzler am 22. Oktober 1952 in der Bundestagsdebatte über den Bericht des Untersuchungsausschusses Nr. 47 einräumen mußte.

Aus den Akten läßt sich die Hypothese von der »kompletten Restauration« des Ribbentropschen Amtes in Bonn jedoch nicht bestätigen. Diplomaten aus dem engsten Umfeld von Ribbentrops und solche mit früher Bindung an die SS, die im Gefolge Ribbentrops oder auf Empfehlung Himmlers zwischen 1938 und 1941 ins Amt gelangt waren, wurden in der Regel nicht mehr übernommen. Dagegen sind Laufbahnbeamte, die bereits vor 1938 dem Auswärtigen Dienst angehörten, zumeist wieder eingestellt worden – auch dann, wenn sie schon unter der Amtsführung des Reichsaußenministers von Neurath (1932–1938) der NSDAP oder einer ihrer Gliederungen beigetreten waren. Wiederverwendung fanden auch solche Berufsdiplomaten, die sich, ohne jemals Parteimitglied gewesen zu sein, in die Verbrechen des nationalsozialistischen Regimes verstrickt hatten.

Sieht man von den politisch unbelasteten Außenseitern ab, die Bundeskanzler Adenauer als erste Repräsentanten der Bundesrepublik ins Ausland entsandte, kennzeichnete weitgehende Kontinuität die Personalstruktur des frühen Auswärtigen Amtes in Bonn. Gleiches gilt auch für die Organisationsstruktur.

9. Neben diesen restaurativen Tendenzen sind gleichwohl einige Unterschiede zwischen dem Berliner und Bonner Außenamt festzustellen, die das Sozialprofil des Auswärtigen Dienstes langfristig veränderten. Die ursprüngliche Dominanz protestantischer Beamter preußischer Herkunft ging unter dem Einfluß Adenauers und Globkes allmählich zugunsten katholisch-südwestdeutscher Vertreter zurück. Der Anteil des Adels verminderte sich; die Nachwuchskräfte des höheren Dienstes rekrutierten sich mehrheitlich aus dem akademisch vorgebildeten und wohlhabenden Bürgertum. Die Zugehörigkeit zu studentischen Verbindungen

spielte bei Einstellungen und Beförderungen eine geringere Rolle als unter der Amtsführung von Neuraths. Während Frauen bis 1945 der Zugang zur diplomatisch-konsularischen Laufbahn verwehrt worden war, öffnete sich der höhere Auswärtige Dienst seit Beginn der fünfziger Jahre auch für weibliche Bewerber.

10. Bundeskanzler Adenauer hat sich der traditionellen Funktionseliten aus der Berliner »Wilhelmstraße« bedient, um nach 1949 einen baldmöglich funktionsfähigen Auswärtigen Dienst für die Bundesrepublik Deutschland aufzubauen. Dabei hat er die Ansprüche der Berufsdiplomaten auf Wiederverwendung im angestammten Beruf weitgehend berücksichtigt, zugleich aber hat er sie sich in Kenntnis ihrer nationalsozialistischen Vergangenheit zur Loyalität verpflichtet. Die »schwankenden Gestalten« hat Adenauer nicht nur hingenommen, weil er auf deren Professionalität angewiesen war, sondern auch integriert, um sich eine potentielle Opposition gegen seine Außenpolitik zu ersparen. Als die erste Aufbauphase des Auswärtigen Amts abgeschlossen war und sich der außenpolitische Spielraum der jungen Bundesrepublik Deutschland allmählich erweiterte, berief Bundeskanzler Adenauer mit Professor Hallstein einen kompetenten Wirtschaftsjuristen, aber unpolitischen Berater zum Staatssekretär und Behördenchef des AA. Walter Hallstein hatte mit der Berliner »Wilhelmstraße« ebensowenig zu tun wie Josef Löns, der erste Personalchef des AA, der nicht aus der »Karriere« kam, statt dessen aber das besondere Vertrauen Adenauers besaß. Deren Berufung drückte zum einen das Mißtrauen Adenauers gegenüber den Karrierediplomaten der »Wilhelmstraße« aus, zum anderen trug sie den komplexer und komplizierter werdenden innen- und außenpolitischen Notwendigkeiten Rechnung.

Anmerkungen

Einleitung

1 100 Jahre, S. 7.
2 Ebd.
3 Ebd., S. 8.
4 Auswärtige Politik heute, S. 23.
5 BA Koblenz, NL Blankenhorn, 3.
6 Ebd., 2.
7 PA des AA, Referat 110, Nr. 37.
8 Deutscher Bundestag, Parlamentsarchiv, Akten des UA Nr. 47, Schriftverkehr Nr. 4.
9 Schwabe, Das diplomatische Korps, passim.
10 Biewer/Pretsch, Das Politische Archiv des AA, S. 13.
11 Schriftliche Mitteilung des PA AA vom 26. Mai 2005 an den Verf.
12 Privatschreiben an den Historiker Prof. Dr. Kurt Rheindorf, 4. Oktober 1958, in: BA, NL Rheindorf, 183.
13 »DIE ZEIT« v. 5. Juni 1987, S. 35 f.
14 Ebd. v. 17. Juli 1987, S. 15.
15 Vgl. die Erinnerungen des deutsch-amerikanischen Historikers Felix Gilbert, Lehrjahre.
16 Antwortbrief von Weizsäckers, 13. August 1987. Kopie des Briefes im Besitz des Verf.
17 Weizsäcker, Vier Zeiten, S. 112, vgl. auch das »Freundschaftsfest« und den »kleinen Staatsakt zu Ehren dieser in aller Welt angesehensten deutschen Publizistin«, ebd., S. 448.
18 Malinowski, König zum Führer, passim.
19 Zur Aristokratisierung des Widerstands und Heroisierung des Adels: Conze, Aufstand, S. 483–508.
20 Kempner, Ankläger, passim.
21 Döscher, »Reichskristallnacht«, 3. Auflage, S. 144.
22 Würdigung von Dulles, in: Delattre, Kolbe, S. 293 f.

Das Auswärtige Amt vor 1945

1 Vgl. Döscher, AA im Dritten Reich, passim.

Exkurs

1 Besprechungsprotokoll Wannsee-Konferenz, 20. Januar 1942, S. 8, in: PA des AA, Inland II g 177.
2 PA des AA, Inland II g 189.
3 Ebd.
4 Ebd.
5 Ebd.
6 Gesandter Rudolf Schleier, Vertreter des Botschafters Abetz, geb. 1899 in Hamburg, 1916/17 kaufmännische Lehre, anschließend Kriegsdienst, 1918–1920 Kriegsgefangenschaft in Frankreich, 1920 bis 1940 Kaufmann, zuletzt Prokurist, 1931 NSDAP, 1933–1938 Frankreich-Referent der AO/NSDAP, 1935–1938 Landesgruppenleiter Frankreich der AO, 1940 GK, 1941 Ges., 1943 Ges. I. Kl., 1944 Dirigent der Kulturpolitischen Abt. im AA. BDC, PK-Korrespondenz; NA Washington, T-120, roll 2539; Jäckel, Frankreich in Hitlers Europa, S. 68 f.
7 PA des AA, Inland II g 189.
8 Ebd., Bl. 145.
9 Ebd. – Korrektur und Paraphe zeichnete von Weizsäcker in diesem Falle mit Bleistift. – Ohne den Hinweis auf Korrektur und Paraphe von Weizsäckers ist das Dokument veröffentlicht, in: ADAP E II, Nr. 56, S. 97.
10 PA des AA, Inland II g 189, Bl. 147 u. 150. – Die Formulierung »staatspolizeilich in Erscheinung getretener Juden« ist auf dem Fernschreiben Schleiers v. 14. März 1942 (Bl. 147) von Hand braun unterstrichen. Da nur der Staatssekretär des AA mit braunem Farbstift zeichnete, muß diese Unterstreichung von der Hand Weizsäckers stammen. Zum Gebrauch der Farbstifte im AA vgl. PA des AA, Inland II g 61.
11 Hill, Weizsäcker-Papiere 1933–1950, S. 427 f.; Kempner, Ankläger, S. 318.
12 Vgl. handschriftliche Marginalien zum Schnellbrief, 20. März 1942, in: PA des AA, Inland II g 189.
13 Hilberg, Vernichtung, S. 436.

14 PA des AA, Inland II g 189. – Die Ausnahmeregelungen entsprangen dem Wunsch, diplomatische Verwicklungen und Repressalien gegen Reichsdeutsche im Ausland zu vermeiden. Vgl. auch die Aufzeichnung von Weizsäckers v. 1. November 1941, in: ebd.

15 Ebd.

16 Berichte Benes, 3. u. 27. Juli 1942 sowie von Bargens v. 9. Juli.1942, in: ebda. – Die Karriere von Otto Bene: Geb. 1884, Vater Domänenpächter, humanistisches Gymnasium in Marburg/Lahn, 1903 Primareife, 1903–1907 kaufm. Ausbildung in Hamburg, 1907–1910 Exportkaufmann in China, 1910–1914 in Hamburg, 1914–1918 Teilnahme am Ersten Weltkrieg, Lt. d. R., 1920–1926 Prokurist und Teilhaber einer Exportfirma in Hamburg, 1920–1926 Mitglied des »Stahlhelms«, 1926–1937 Exportkaufmann in London, 1. Dezember 1931 NSDAP, 1932 Ortsgruppenleiter der AO in London, 1934 Landesgruppenleiter, Ende 1939 auf ausdrücklichen Wunsch Himmlers als Staf. in die SS übernommen; 1939–1941 Beauftragter der Reichsregierung für die Umsiedlung der Südtiroler, in: BDC, SS-Pers.-Akte Otto Bene; NA Washington, T-120, roll 2537. – Werner von Bargen, geb. 1898, Volljurist, 1925 Attaché im AA, 1928 LS, 1. Mai 1933 NSDAP, 1935 LR u. persönl. Sekretär des StS von Bülow, 1938–1940 BR in Brüssel, 1940–1943 VAA in Brüssel, 1941 Ges., 1944 Geschäftsträger in Paris, bis 1946 in amerikanischer Internierung, danach Verwaltungsrechtsrat in Niedersachsen, 1951 Wiedereintritt in das AA, Leiter der Rechtsabteilung. Wegen seiner Berichterstattung über Judentransporte von Belgien nach Auschwitz hielt ihn der Untersuchungsausschuß Nr. 47 des Deutschen Bundestages »in jeder Beziehung für nicht geeignet zur Weiterverwendung im Auswärtigen Dienst«. Dennoch verblieb von Bargen im Dienst: 1958 Ministerialdirigent, 1960 Botschafter in Bagdad. Haas, Beitrag, S. 288–291; Kempner, Eichmann und Komplizen, S. 369; ders.: Kreuzverhör, S. 265–272; Drenker, Diplomaten, S. 45, 48 u. 58. Zur »Rehabilitierung« von Bargens vgl. das Kapitel »Rehabilitierung: Eine Fallstudie«.

17 PA des AA, Inland II g 189. – Im Hinblick auf die psychologischen Wirkungen bat Luther jedoch, »zunächst die staatenlosen Juden zu verschicken, um dadurch schon in weitgehendem Maße das Kontingent der in die Westgebiete zugewanderten fremdländischen Juden zu erfassen, das in den Niederlanden allein gegen 25 000 Juden beträgt. [...]«, in: ebd.

18 Wilhelmstraßen-Prozeß, S. 93–96; Hill, Weizsäcker-Papiere 1933 bis 1950, S. 427 f. u. 641, Anm. 48.

19 Wilhelmstraßen-Prozeß, S. 93.

20 Ebd., S. 93 f.

21 Ebd., S. 94.

22 Hill, Weizsäcker-Papiere 1933–1950, S. 429.

23 Ebd.

24 Ebd., S. 427.

25 Vgl die Vernehmungen durch Kempner: Woermann am 22. Mai 1947, von Bargens am 17. August 1942, Schumburg am 21. Juli u. 21. Oktober 1947, in: Kempner, Kreuzverhör, S. 250–254, 267–272; ders., SS im Kreuzverhör, S. 245 ff. – Vgl. ferner die Aussagen des ehemaligen Dirigenten der Politischen Abteilung, von Erdmannsdorff, in: IfZ München, ZS 704; die Presseberichte über den Rademacher-Prozeß (1952), in: BA Koblenz, NL Rheindorf, 276, und über den Beckerle/ von Hahn-Prozeß (1967/68), in: BA Koblenz, NL Rheindorf, 267.

26 Hubatsch, Deutsche Memoiren, S. 15

27 Schmidt, Statist; ders., Der Statist auf der Galerie; Kordt: Nicht aus den Akten. Vgl. dagegen die differenzierte Stellungnahme zur Kenntnis der »Endlösung« bei Vogel, Diplomat, S. 90–114.

28 PA des AA, Inland II g 202, Bl. 120.

29 PA des AA, Inland II g 431, geheime Reichssache. Die elf »Tätigkeits- und Lageberichte der Einsatzgruppen der Sicherheitspolizei und des SD in der UdSSR« für die Zeit vom 22. Juni 1941 bis zum 31. März 1942 sind Zusammenfassungen der insgesamt 195 »Ereignismeldungen UdSSR« des Chefs der Sipo und des SD. Die Berichte wurden vom RSHA, Referat IV A 1, als »Geheime Reichssache« in je 100 Ausfertigungen hergestellt und im Auftrag Heydrichs an die Leiter der Ressorts und Parteidienststellen versandt, darunter auch an das AA. – Zur Entstehung, Funktion und Zusammensetzung der Einsatzgruppen vgl. die grundlegende Studie von Krausnick/Wilhelm, Die Truppe, passim.

30 PA des AA, Inland II g 431. – Lohmann, Johann, geb. 1897, Volljurist, 1924 Attaché im AA, 1927–1935 LS bei der Botschaft Washington, 1937 NSDAP, 1937–1940 Referatsleiter in der Rechtsabteilung, 1940 im Büro RAM (NA Washington, T-120, roll 2538); Hilger, Gustav, geb. 1886 in Moskau, 1908 Dipl.-Ing., 1922–1941 Leiter der Wirtschaftsabteilung bei der Botschaft Moskau, anschließend im Pers. Stab. RAM (NA Washington, T-120, roll 2538), nach eigener Darstellung (Wir und der Kreml, S. 260) weder Nationalsozialist noch Oppositioneller.

31 Vgl. PA des AA, Inland II g 431, Bl. 4.

32 Tätigkeits- und Lagebericht v. 31. Juli 1941, in: PA des AA, Inland II g 431.

33 Tätigkeits- und Lagebericht Nr. 2 (Berichtszeit v. 29. Juli bis 14. August 1941), in: ebd.

34 Tätigkeits- und Lagebericht Nr. 5 (Berichtszeit v. 15. bis 30. September 1941), in: ebd.

35 Ebd.

36 Mitteilung Georg Bruns von 27. Juli 1976 an den Verf. – Georg Viktor Bruns, geb. 1908, Volljurist, 3. Februar 1933 NSDAP, 3. März 1933 SS, 1934–1935 Referent im Kaiser-Wilhelm-Institut für Ausländisches öffentliches Recht und Völkerrecht, 1935–1937 im Reichswirtschaftsministerium, 1937 Attaché im AA, seit 30. August 1938 ununterbrochen bis 1945 im Büro RAM, 1939 LS, 30. Januar 1939 SS-Ustuf., 1940 LR, 30. Januar 1942 SS-Ostuf., nach 1950 als Rechtsanwalt tätig. StS von Weizsäcker war Onkel 2. Grades zu Bruns, in: NA Washington, T-120, roll 2547; ADAP E II, S. 531 u. 558; Mitteilung 27. Juli 1976 an den Verf.

37 PA des AA, Inland II g 433.

38 Ebd., Bl. 186.

39 PA des AA, Inland 11 g 433, D II 211 g. Rs., v. 10. Dezember 1941.

40 Vgl. die Paraphe Weizsäckers auf S. 1 der Vortragsnotiz Luthers, in: ebd. Ein Kommentar Weizsäckers ist der Akte nicht zu entnehmen.

41 Verteiler zum Vorgang D 11 211 g.Rs. und Paraphen der Abteilungsleiter und Referenten, in: PA des AA, Inland II g 433, Bl. 187.

42 Tätigkeits- und Lagebericht Nr. 6 der Einsatzgruppen der Sicherheitspolizei und des SD in der UdSSR, S. 19, in: PA des AA, Inland II g 433.

43 Tätigkeits- und Lageberichte Nr. 8, 10 und 11 sowie Notiz Luthers zu D II 59 g.Rs. v. 14. März. 1942, die wiederum über den StS von Weizsäcker dem RAM vorgelegt wurde, in: PA des AA, Inland 11 g 433.

44 Ebd., Bl. 262.

45 Dazu gehörten Botschafter v. d. Schulenburg, BR Hilger (beide bis 1941 bei der Botschaft Moskau), Ges. Großkopf (Abt. D), GR Dittmann (Personalabteilung), GK Wüster (Leiter der Informationsabteilung), Ges. Rühle (Leiter der Rundfunkpolitischen Abteilung) und Ges. Schmidt (Leiter der Nachrichten- und Presseabteilung). Vgl. Notiz für D II zu D II 59 g.RS. v. 18. März 1942 und die Paraphen der genannten Beamten auf S. 1 der Vortragsnotiz Luthers v. 14. März 1942, in: PA des AA, Inland II g 433, Bl. 268 f.

46 6 PA des AA, Inland II A/B 347/3.

47 Nr. 4 der Meldungen aus den besetzten Ostgebieten v. 22. Mai 1942, besonders S. 6, in: PA des AA, Inland II g 433, D II 726 g; Telegramm v. 19. August 1942, gez. Rintelen, g.Rs., für UStS Luther, in: PA des AA, Inland II g 200, Bl. 23. Darin besonders die Passage: »[...] Es ist vorgesehen, die Juden aus Rumänien [...] in laufenden Transporten nach dem Distrikt Lublin zu verbringen, wo der arbeitsfähige Teil arbeitseinsatzmäßig angesetzt wird, der Rest der Sonderbehandlung unterzogen werden soll. [...]«.

48 Eidesstattliche Erklärung des früheren VLR Ulrich Doertenbach v. 13. Mai 1947, in: IfZ München, ZS 1022; Vernehmung des ehemaligen VLR Paul Gerhard Feine v. 18. September 1947, in: IfZ München, ZS 891.

49 Curt Heinburg, geb. 1885, Volljurist, 1914 Assessor im AA, 1914 bis 1918 Kriegsteilnehmer, zuletzt Olt. d. R., 1918 VK, 1921–1924 GR in Bukarest, 1924–1926 LR im AA, 1926–1933 K I. Kl. in Alexandrien, anschließend im AA, 1935 VLR, 1936–1943 Referatsleiter Pol IV, seit 1941 mit der Amtsbezeichnung Gesandter, 1943/44 GK in Triest. – Heinburgs Antrag zur Aufnahme in die NSDAP von 1939 wurde 1940 abgelehnt mit dem Vorwurf »Liberalist reinsten Wassers«, in: BDC, PK-Korrespondenz; NA Washington, T-120, roll 2538.

50 StA Nürnberg, NG-2570. Hervorhebung d. Verf.

51 Browning, Solution, S. 94.

52 Hilberg, Vernichtung, S. 475.

53 Aufzeichnung von Thadden, 15. Mai 1943, Inl. II 1308 g, in: PA des AA, Inland II g 173.

54 Eintragung v. 15. Mai 1943, in: Vom andern Deutschland, S. 276.

55 Geb. 1881, 1904 Promotion zum Dr. phil., 1907 AA (Dragomatseleve in Kairo), 1920 LR im AA, 1923 VLR, 1925–27 GK in Tiflis, 1927 bis 1930 Ges. in Addis Abeba, 1930 VLR im AA, 1936 Ministerialdirektor, 1. Dezember 1937 NSDAP, 1939 Botschafter (NA Washington, T-120, roll 2539). – Auszüge seines handschriftlich geführten Tagebuchs wurden dem Verf. 1979 durch den Sohn Prüfers, Prof. Olaf H. Prufer, Kent, Ohio (USA), zur Verfügung gestellt. Lt. Mitteilung Prof. Prufers v. 9. Oktober 1979 an den Verf. gibt es daneben noch ein etwa 1946 »getipptes Manuskript, das teilweise (wenn auch etwas verschönt) dieselben Aufzeichnungen enthält«. Diese maschinenschriftliche Fassung ist im PA des AA (NL Prüfer) überliefert.

56 Maschinenschriftliche Tagebuchaufzeichnung Curt Prüfers, 12. Oktober 1942 (Rückkehr aus Brasilien), Kopie im Besitz des Verf.

57 Handschriftliche Tagebuchaufzeichnung Curt Prüfers, 22. November 1942, Kopie im Besitz des Verf.
58 PA des AA, NL Prüfer, I. Biographisches, B. Tagebücher, S. 27 f.
59 Auch der Sohn Prüfers, Prof. Olaf H. Prufer, vermutet eine Verharmlosung, wenn nicht Beschönigung der Tatbestände in der maschinenschriftlichen Fassung; vgl. Anm. 55.
60 PA des AA, NL Prüfer, I. Biographisches, B. Tagebücher, S. 28.
61 Aussage von Etzdorfs, 10. Juni 1948, in: IfZ München, ZS 322.
62 Tätigkeits- und Lageberichte der Sicherheitspolizei und des SD, passim, besonders Nr. 1. u. 3., in: PA des AA, Inland II g 431 u. 433; Krausnick/Wilhelm, Die Truppe, passim, besonders S. 223–243 u. 598–605.
63 Geb. 1902, 1926 jur. Ref.-Examen, 1925–33 »Stahlhelm«, 1927 Attaché im AA, 1934 LS, Antrag zur Aufnahme in die NSDAP von 1934 wurde 1943 (!) abgelehnt (wegen mangelnden Einsatzes für die »Bewegung«; Bedenken in politischer Hinsicht wurden ausdrücklich nicht erhoben), 1939 LR im AA; 1941–43 K in Genf, 1943–45 bei der Vatikan-Botschaft (unter von Weizsäcker), 1950 Bundeskanzleramt, 1953 Ges. in Washington, 1958–59 im AA, 1976 in Bonn verstorben, in: BDC, PK-Korrespondenz; BA Koblenz, NL Rheindorf 78; Haas, Beitrag, S. 314 ff.; Mitteilungen an den Verf. v. 18. u. 30. April 1974.
64 Ebd.
65 100 Jahre, S. 44 f.

Ende und Anfang

1 Schmidt, Statist, S. 35 f.
2 Schwerin von Krosigk, Menschenbilder, S. 239. Hervorhebung im Original.
3 100 Jahre, S. 46.
4 PA des AA, Inland II g 173 (Inl II 645 grS).
5 Ebd.
6 Ebd.
7 Notiz des Büros RAM, 26. Oktober 1944, in: ebd.; ADAP E VIII, Nr. 276, S. 507 f.
8 Personalbogen Albert Jenke, 17. Juli 1944, in: NA Washington, T-120 roll 2538.
9 Allardt, Kulissen, S. 139.
10 BA Koblenz, NL Rheindorf, 78 u. 417.

11 BDC, SS-Pers.-Akte G. A. von Halem.

12 Allardt, Kulissen, S. 140.

13 Ebd., S. 141.

14 Ebd.

15 Ebd., S. 141.

16 Ebd., S. 155.

17 Michalka, Ribbentrop, S. 26 f.

18 Bekenntnisse eines »Ehemaligen«, S. 22 f.

19 Haas, Lebenserinnerungen, in: PA des AA, S. 145.

20 Generalkonsul a. D. Zinsser an H. J. D., 21. September 1989. Hervorhebung vom Verf.

21 Schriftliche und mündliche Mitteilungen (1987–1992) der Herren Zinsser und Dr. Franz Breer (Generalkonsul a. D.) an den Verf.

22 Leserbriefe und Artikel v. 1966, in: BA Koblenz, NL Rheindorf.

23 Zit. nach Vertrags-Ploetz, Teil II, S. 246.

24 Das Urteil von Nürnberg 1946, Bd. XXII, S. 603–606; Herwarth, Adenauer, S. 36.

25 Vollnhals, Entnazifizierung, S. 60.

26 Zit. nach ebd., S. 61.

27 Ebd.

28 Jochmann, Evangelische Kirche, in: Geiss/Wendt, Deutschland, S. 556.

29 Vogel, Diplomat, passim, hier S. 147.

30 Jochmann, Evangelische Kirche, S. 556.

31 StA Stade, Rep. 275/Std/STD, L 396.

32 Ebd.

33 Selbstdarstellung, 10. September 1947, in: ebd.

34 Ebd; Vernehmung W. v. B., 17. August 1948 vor der Kommission I des Militärgerichtshofes Nr. IV, Fall XI (Wilhelmstraßen-Prozeß), Protokoll S. 1649, in: BA Koblenz, Rep. 501, LVI A, 130.

35 Inland II g 189; PA des AA. Im einzelnen Döscher, AA im Dritten Reich, S. 242 f.

36 Ebd.; NG 5209; StA Nürnberg, KV-Anklage.

37 Inland II g 189; PA des AA.

38 Ebd.

39 Ebd.

40 Ebd.

41 Ebd., Hervorhebung vom Verf.

42 Ebd.

43 Kopie der Vernehmungsniederschrift im Besitz des Verf.

44 Kommission I des Militärgerichtshofes Nr. IV, Fall XI, Protokoll, 17. August 1948, S. 16494 f., in: BA Koblenz, Rep. 501, LVI A, 130.

45 Protokoll, 20. August 1948, S. 17230, in: BA Koblenz, Rep. 501, LVI A, 133.

46 Bargatzky, Hotel Majestic, S. 94–109.

47 E-Akte von B., in: StA Stade, Rep. 275 RH/Std/STD.

48 Eidesstattliche Erklärung, gez. Staak, in: ebd.

49 Weber, Sicherheit, S. 130 f.

50 Undatierte Erklärung, gez. Goethals, in: StA Stade, Rep. 275 RH/Std/STD. Die eidesstattlichen Versicherungen und Erklärungen in der E-Akte von B. liegen nur als Abschriften, nicht im Original vor.

51 Protokoll, 17. August 1948, S. 16502, in: BA Koblenz, Rep. 501 L VI A.

52 Schriftwechsel A-Z, UA Nr. 47, in: Deutscher Bundestag, Parlamentsarchiv.

53 Who is Who 1962; Todesanzeige, 15. Dezember 1975, in: Mitteilungsblatt des AA; Notiz (15. Februar 1973) und Todesanzeige (26. November 1975), in: Stader Tageblatt; Haas, Beitrag, S. 494 f.

54 Eine Kopie des Schreibens im Besitz des Verf.

55 Erich Kordt, Akten der Spruchkammer München VIII, in: IfZ München; IfZ, ZS 545; BA Koblenz, NL Rheindorf, 78.

56 Blasius, Großdeutschland; ders. Fall 11, S. 187–198.

57 Erich Kordt, Akten der Spruchkammer München VIII, Az. VIII/1494/46, in: IfZ München.

58 Wickert, Verbindung, in: FAZ, 15. April 1970.

59 Kopie der Gedächtnisansprache vom 27. April 1970 beim Verf.; Herwarth, Adenauer, S. 55.

60 Mitteilung von Dr. Karl-Otto-Braun an den Verf., 3. Oktober 1977.

61 Fragebogen Krapf, UA Nr. 47, in: Deutscher Bundestag, Parlamentsarchiv.

62 Ebd.; BDC, SS-Führerstammkarte (SSO).

63 Aufzeichnung von Franz Krapf, 24. August 1950, Anlage zum Fragebogen, UA Nr. 47, in: Deutscher Bundestag, Parlamentsarchiv.

64 Ergänzung vom 25. August 1950, in: ebd.

65 SS-Pers.-Akte Walter Lohmann, in: BDC; Jacobsen, NS-Außenpolitik, S. 234 ff.

66 Schreiben Chef SS-Personalhauptamt vom 27. Mai 1944, SS-Pers.-Akten Walter Kieser u. Gerd Rühle, in: BDC.

67 Das AA holte am 15. September 1954 und das Bundesamt für Verfassungsschutz am 5. Juli 1956 Auskünfte über Krapf im BDC ein.

Beide Behörden waren mithin über dessen nationalsozialistische Vergangenheit unterrichtet. Die Anfragen der US-amerikanischen u. britischen Dienststellen sind ersichtlich aus den check-slips, die Prof. Kurt Rheindorf, historischer Berater des BfV u. des AA, in den sechziger Jahren systematisch im BDC aufgezeichnet hat, in: BA Koblenz, NL Rheindorf, 78 (Franz Krapf).
68 Handbücher der Bundesregierung bis 1976.
69 Überleitungsvertrag vom 26. Mai 1952, in: Vertragswerke von Bonn und Paris, Mai 1952.

Entstehung des Auswärtigen Amts in Bonn

1 Adenauer, Erinnerungen, S. 237.
2 Blankenhorn war Mitglied der NSDAP seit dem 1. Dezember 1938, in: BDC, NSDAP-Zentralkartei; BA Koblenz, NL Rheindorf, 78; zur Herkunft und Karriere siehe Blankenhorn, Verständnis und Verständigung; Baring, Außenpolitik, S. 15 ff.
3 Thomas, Deutschland, S. 182 f.
4 BA Koblenz, NL Blankenhorn, 1 a, Bl. 114 f.
5 Ebd., Bl. 112 f.
6 Ebd.
7 Ebd.; Blankenhorn, Verständnis und Verständigung.
8 Parlamentarischer Bericht des Presse- und Informationsamtes der Bundesregierung, 2. April 1952, in: BA Koblenz, B 136/1846.
9 BA Koblenz, NL Blankenhorn, 2.
10 BA Koblenz, NL Rheindorf, 78; Deutscher Bundestag, Parlamentsarchiv, UA Nr. 47, Schriftverkehr Nr. 2 zur Personalpolitik; Pers.-Akte Anton Pfeiffer, in: PA des AA.
11 BA Koblenz, NL Blankenhorn, 1 a, Bl. 198.
12 Ebd., 1 b, Bl. 1.
13 Ebd., 1 a, Bl. 145 u. 159.
14 Schriftverkehr Nr. 2, UA Nr. 47, in: Deutscher Bundestag, Parlamentsarchiv; Herwarth, Adenauer, S. 75–84.
15 Mitglied der NSDAP seit 1. Dezember 1940. BDC, NSDAP Master File; BA Koblenz, NL Rheindorf, 78.
16 Döscher, AA im Dritten Reich, passim; Haas, Lebenserinnerungen, in: PA des AA; Piontkowitz, Anfänge, passim.
17 Haas, Beitrag, S. 21. Hervorhebung vom Verf.
18 Deutscher Bundestag, Parlamentsarchiv, UA Nr. 47, Schriftverkehr

Nr. 2; Haas, Lebenserinnerungen, in: PA des AA; BA Koblenz, NL Rheindorf, 78.

19 Döscher, AA im Dritten Reich, passim.

20 Haas, Beitrag, S. 21.

21 Döscher, AA im Dritten Reich, S. 24.

22 Haas, Beitrag, S. 82.

23 Blankenhorn, Verständnis und Verständigung, S. 66.

24 BA Koblenz, NL Blankenhorn, 1 b, Bl. 30 f.

25 Ebd., Bl. 52.

26 Ebd., Bl. 53.

27 Kopie der Zeitungsmeldung, in: BA Koblenz, NL Blankenhorn, 1 b, Bl. 58.

28 Abschrift der Meldung, in: PA des AA, Referat 110, 28.

29 Alle Zitate aus dem Kurzbericht, in: PA des AA, Referat 110, 28.

30 BA Koblenz, NL Blankenhorn, 4, Bl. 5, 89 u.152; schriftliche Mitteilung des Herrn Botschafters a. D. Dr. Ulrich Sahm vom 31. Dezember 1992 an den Verf.

31 BA Koblenz, NL Blankenhorn, 3, Bl. 6. Hervorhebung durch den Verf.

32 Verlaufsprotokoll der Sitzung vom 15. November 1949, in: Akten zur Auswärtigen Politik, Bd. 1, S. 10.

33 Dokumente des geteilten Deutschland, S. 227.

34 BA Koblenz, NL Blankenhorn, 2, Bl. 41.

35 Akten zur Auswärtigen Politik, Bd. 1, S. 27.

36 Haas, Beitrag, S. 23.

37 Ebd.; BA Koblenz, NL Blankenhorn, 2, Bl. 56 u. 188.

38 Haas, Beitrag, S. 25, 319 ff. u. 328 f.

39 PA des AA, Referat 110, Bde. 28, 37 u. 56.

40 BA Koblenz, NL Blankenhorn, 2, Bl. 188.

41 Ebd., Bl. 7 f.

42 Akten zur Auswärtigen Politik, Bd. 1, S. 159 f.

43 Vertrauliche Niederschrift, gez. Haas, 20. Dezember 1949, in: PA des AA, Referat 110, Nr. 28.

44 Aufzeichnung v. 23. Januar 1950, in: PA des AA, Referat 110, Nr. 39.

45 Aufzeichnung v. 24. Januar 1950, in: ebd., Nr. 37.

46 Vorlage des Presse- und Informationsamtes für den Bundeskanzler, 29. April 1950, in: PA des AA, Referat 110, Nr. 37.

47 Blankenhorn, Verständnis und Verständigung, S. 34.

48 Personalbogen Hans Heinrich Dieckhoff, 20. Juli 1944, in: NA Washington, T-120, roll 2537.

49 PA des AA, Referat 110, Nr. 28.

50 Grundherr wurde von der Parteikanzlei wegen »reaktionärer«, Heinburg wegen »liberalistischer« Haltung abgelehnt. Fälle von Grundherr u. Heinburg, in: Deutscher Bundestag, Parlamentsarchiv, UA Nr. 47, Schriftverkehr Nr. 2; Döscher, AA im Dritten Reich, S. 70 f. u. 250.

51 Ebd., S. 250 ff.

52 Bericht des UA Nr. 47, in: Deutscher Bundestag, 1. Wahlperiode, Drucksache Nr. 3465, S. 14 u. 18; Sammlung Pressereaktionen 1952, in: Deutscher Bundestag, Parlamentsarchiv, UA Nr. 47, Mappe Nr. 8.

53 PA des AA, Referat 110, Nr. 45.

54 Personalunterlagen, in: Deutscher Bundestag, Parlamentsarchiv, UA Nr. 47, Schriftverkehr Nr. 2 zur Personalpolitik; Haas, Lebenserinnerungen.

55 PA des AA, Referat 110, Nr. 37; BA Koblenz, NL Blankenhorn, 1 b, Bl. 1.

56 Döscher, AA im Dritten Reich, S. 114–118 u. 213–255.

57 BA Koblenz, NL Brill.

58 Deutscher Bundestag, Parlamentsarchiv, UA Nr. 47, Schriftverkehr Nr. 2 zur Personalpolitik; Schriftlicher Bericht des UA Nr. 47, Drucksache Nr. 3465, Deutscher Bundestag, 1. Wahlperiode, S. 24 ff.; BA Koblenz, NL Rheindorf, 78; Mitteilung des Ostasien-Referenten in der Politischen Abt. des Berliner AA, Dr. Karl-Otto Braun, gegenüber dem Verf.

59 Deutscher Bundestag, Parlamentsarchiv, UA Nr. 47, Schriftverkehr Nr. 2 zur Personalpolitik; Personalbogen Hecker, 28. August 1944, in: NA Washington, T-120, roll 2538; BA Koblenz, NL Rheindorf, 78.

60 Deutscher Bundestag, Parlamentsarchiv, UA Nr. 47, Schriftverkehr Nr. 2 zur Personalpolitik; PA des AA, Inland II A/B, 349/1; NA Washington, T-120, roll 2539; BA Koblenz, NL Rheindorf, 78.

61 Ostermann von Roth wurde 1908 geboren, 1923 Mitglied im Großdeutschen Jugendbund, 1924/25 Freikorps Oberland, 1926–1930 Studium der Rechtswissenschaft und Volkswirtschaft an der Universität München, 1930 jur. Referendarexamen, 1933 Assessorexamen, 1. Juni 1933 SS, 1934–1937 7. SS-Reiterstandarte, 1. Juni 1934 Attaché im AA, 1936 dipl.-kons. Examen, 1937 LS bei der Botschaft Washington, 1. Mai 1937 NSDAP, 20. 4. 1938 SS-Untersturmführer b. Stab SS-Hauptamt, 20. April 1939 SS-Obersturmführer, 1944 GR bei der Gesandtschaft Lissabon, 1946–1948 Zonenbeirat für die

britische Zone, 1948–1950 Senatsrat u. Leiter der Konsularabteilung beim Senat der Freien u. Hansestadt Hamburg, April 1950 Wiedereintritt in den Auswärtigen Dienst, 1952 Botschaftsrat, 1961 VLR I im AA, 1964 Botschafter; BDC, SS-Personalunterlagen; BA Koblenz, NL Rheindorf, 78; Bulletin der Bundesregierung, 1964, Nr. 187; Deutscher Bundestag, Parlamentsarchiv, UA Nr. 47, Schriftverkehr Nr. 2 zur Personalpolitik.

62 BDC, Parteikanzlei-Korrespondenz u. NSDAP-Zentralkartei; Deutscher Bundestag, Parlamentsarchiv, UA Nr. 47, Schriftverkehr Nr. 2 zur Personalpolitik; PA des AA, Abt. 2, 173; Geschäftsverteilungsplan des AA v. April 1952, in: PA des AA, Organisationsreferat 110, Nr. 4; Who is who, 1975; Mitteilung des PA v. 2. November 1994.

63 Übersicht Abt. I in: PA des AA, NL Haas, 31.

64 Personalbogen Hans Schwarzmann, 15. Juli 1944, in: NA Washington, T-120, roll 2539; BDC, NSDAP-Zentralkartei; von Dörnberg, in: IfZ München, ZS 701.

65 Deutscher Bundestag, Parlamentsarchiv, UA Nr. 47, Schriftverkehr Nr. 2 zur Personalpolitik; Personalbogen, 15. Juli 1944, in: NA Washington, T-120, roll 2539; Haas, Beitrag, S. 329 f.

66 PA des AA, NL Haas, 4 u. 45.

67 Haas, Beitrag, S. 331.

68 Bulletin der Bundesregierung, 9. Dezember 1975, Nr. 139, S. 1396; Handbuch der Bundesregierung 1977, S. 124.

69 Haas, Beitrag, S. 500.

70 Ebd.

71 PA des AA, Referat 110, Nr. 45.

72 Ebd., Referat 110, Nr. 2.

73 Deutscher Bundestag, Parlamentsarchiv, UA Nr. 47, Schriftverkehr Nr. 2 zur Personalpolitik; BA Koblenz, NL Rheindorf, 78; PA des AA, NL Haas, 4.

74 PA des AA, NL Haas, 4; Deutscher Bundestag, Parlamentsarchiv, UA Nr. 47, Schriftverkehr Nr. 2 zur Personalpolitik.

75 PA des AA, NL Haas, 18; Haas, Beitrag, S. 61 f.; Drenker, Diplomaten, S. 49

76 Schriftlicher Bericht des UA Nr. 47, Votum Dittmann, abgedruckt bei Haas, Beitrag,, S. 299 f. u. 497.

77 Personalübersicht Abt. II, in: PA des AA, NL Haas, 31.

78 Nachweis über Angehörige u. ehemalige Angehörige studentischer Verbände, in: PA des AA, NL Haas, 19.

79 Auszug aus dem Kurzprotokoll, geheim, in: PA des AA, NL Haas, 19.

Veröffentlicht in: Kabinettsprotokolle der Bundesregierung 1950, Bd. 2, S. 583.

80 Personalliste der Beamten und Angestellten des höheren Dienstes, 10. Januar 1951, in: PA des AA, Abt. 2, 167; Übersicht Geschäftsverteilung des AA, vorläufig, 10. Oktober 1951, in: Deutscher Bundestag, Parlamentsarchiv, UA Nr. 47, Schriftverkehr Nr. 8 zur Personalpolitik.

81 Zum Fall E. Kordt vgl. Kapitel »Ende und Anfang«.

82 Bericht des US-Generalkonsuls Altaffer an das State Department, 5. Mai 1948. Kopie des Berichts beim Verf.

83 BDC, NSDAP-Personalunterlagen, Theo Kordt; BA Koblenz, NL Rheindorf, 78; PA des AA, NL Haas, 4; Deutscher Bundestag, Parlamentsarchiv, UA Nr. 47, Schriftverkehr Nr. 2 zur Personalpolitik.

84 Haas, Beitrag, S. 316 f.

85 Urteil im Wilhelmstraßen-Prozeß, S. 93–96; Döscher, AA im Dritten Reich, S. 243 ff.

86 PA des AA, Referat 110, Nr. 51.

87 Brief von Halifax, Abschrift, in: PA des AA, Referat 110, Nr. 51. Bemerkenswert der Brief des Verteidigers von Weizsäckers, Rechtsanwalt Becker an von Etzdorf: »Es kommt jetzt darauf an, beim Hohen Kommissar die letzten zwei Jahre noch herunterzubringen.« Brief v. 3. Februar 1950, in: ebd.

88 Alle Angaben aus NSDAP- und SA-Personalunterlagen, Etzdorf, in: BDC; Vernehmung Etzdorf, Wilhelmstraßen-Prozeß, 25. April 1947, in: IfZ München, ZS 322.

89 Schreiben Etzdorf an den öffentlichen Kläger der Spruchkammer im Lager Ludwigsburg, vom 27. Januar 1947, in: PA des AA, NL Haas, 48.

90 Ebd.

91 Ueberschär, Militäropposition, in: Schmädeke/Steinbach, Widerstand, S. 349; Hassell-Tagebücher, passim.

92 Thielenhaus, Anpassung und Widerstand, passim.

93 Deutscher Bundestag, Parlamentsarchiv, UA Nr. 47, Schriftverkehr Nr. 2 zur Personalpolitik; Haas, Beitrag, S. 300.

94 Übersichten Abteilungen III a und III b, in: PA des AA, NL Haas, 31.

95 Übersicht Protokoll in: PA des AA, NL Haas, 31; Geschäftsübersicht des AA, 1. April 1944, in: PA des AA; Deutscher Bundestag, Parlamentsarchiv, UA Nr. 47, Schriftverkehr Nr. 2 zur Personalpolitik.

96 Personalangaben, in: Herwarth, Hitler und Stalin, passim, bes. S. 23 ff.; Vernehmung Herwarth, Niederschrift, 3. Oktober 1951, in: PA des AA, NL Haas, 4.

97 Herwarth, Hitler und Stalin, S. 187 f.

98 Strauß, Erinnerungen, S. 294.

99 Herwarth, Hitler und Stalin, S. 108. – Auch Heinz Thorner, 1938 Vizekonsul beim Generalkonsulat New York, 1941–1945 Gesandtschaftsrat in Stockholm, war »Mischling 2. Grades«. Thorner, geb. 1912, NSDAP-Mitglied seit 1931, 1935 SS-Hstuf., gelangte im Gefolge von Ribbentrops ins AA. Ende 1937 wurde er wegen »nichtarischer« Abstammung in Ehren aus der SS entlassen. Durch »Führerentscheid« auf dem Gnadenwege durfte Thorner weiterhin der NSDAP angehören. Döscher, AA im Dritten Reich, S. 153.

100 Herwarth, Zwischen Hitler und Stalin, S. 108.

101 Ebd., S. 110

102 Vernehmung Herwarth, Niederschrift, 3. Oktober 1951, in: PA des AA, NL Haas, 4. – Die Vernehmung erfolgte im Zusammenhang mit den Pressevorwürfen gegen restaurative Tendenzen im AA und der Einsetzung des Untersuchungsausschusses Nr. 47 des 1. Deutschen Bundestages.

103 Herwarth, Hitler und Stalin, S. 205.

104 Personalübersicht, 1. April 1941, in: PA des AA, NL Haas, 19; Herwarth, Hitler und Stalin, S. 207.

105 BA Koblenz, R 43 II, 599.

106 Döscher, AA im Dritten Reich, S. 153 u. 195.

107 BA Koblenz, R 43 II, 599.

108 Herwarth, Hitler und Stalin, S. 21 u. 58 f.

109 Mitteilung des Herrn Dr. Hans-Otto Meissner, 27. Januar 1988 an den Verf.

110 Herwarth, Zwischen Hitler und Stalin, S. 209.

111 Das Zentrum, Wochenblatt, 1/1951, in: PA des AA, NL Haas, 18.

112 Herwarth, Hitler und Stalin, S. 348–355; Vernehmung Herwarth, Niederschrift, 3. Oktober 1951, in: PA des AA, NL Haas, 4; Herwarth, Adenauer, S. 75–84.

113 BA Koblenz, NL Blankenhorn, 1 a, S. 145, 156, 159, 161; 1b, S. 2.

114 PA des AA, NL Haas, 4.

115 BA Koblenz, NL Rheindorf, 78; Deutscher Bundestag, Parlamentsarchiv, UA Nr. 47, Schriftverkehr Nr. 2 zur Personalpolitik; Döscher, AA im Dritten Reich, passim, bes. S. 75 u. 254.

116 Schreiben der Bayerischen Staatskanzlei an den Vorsitzenden der Spruchkammer VIII, gez. Herwarth, 22. Mai. 1947, Akten der Spruchkammer München VIII betr. Dr. E. Kordt, in: IfZ München, ZS 545.

117 Deutscher Bundestag, Parlamentsarchiv, UA Nr. 47, Schriftverkehr Nr. 2 zur Personalpolitik; Handbuch der Bundesregierung 1977, S. 124.

118 Drenker, Diplomaten, S. 82.

119 Personalübersichten, in: PA des AA, NL Haas, 31.

120 Krüger, Struktur, in: Schwabe, Das diplomatische Korps 1871–1945, S. 101–169; Döscher, AA im Dritten Reich, S. 35–50.

121 AA, Information zum Gesetz über den Auswärtigen Dienst (GAD), 20. Dezember 1989.

122 Röding, Werben um Vertrauen, in: Informationen für die Truppe, S. 59.

123 AA, Jahresbericht 1986.

124 Amtsblatt der AHK, S. 792; Akten zur Auswärtigen Politik, Bd. 1, S. 357, Anm. 22.

125 PA des AA, Referat 110, Nr. 28.

126 PA des AA, Referat 110, Nr. 28.

127 Kabinettsprotokolle, Bd. 4, S. 228 ff.; PA des AA, Referat 110, Nr. 2; Akten zur Auswärtigen Politik, Bd. 1, S. 357, Anm. 22.

128 Kabinettsprotokolle, Bd. 4, S. 229.

129 Frankfurter Rundschau v. 15. März 1951 u. andere Pressestimmen, in: PA des AA, Referat 110, Nr. 2 u. 28.

130 Übersetzung, 15. März 1951, in: PA des AA, Referat 110, Nr. 2.

131 Auswärtige Politik, S. 901.

132 PA des AA, Abt. 2, Nr. 164, Bl.1; Nr. 177, Bl.147. – Globke war Vizepräsident des Landesrechnungshofes von Nordrhein-Westfalen, bevor er im September 1949 seine Tätigkeit im Bundeskanzleramt aufnahm; am 13. Juli 1950 wurde er zum Ministerialdirektor ernannt. Diplomatisches Bulletin, 20. Juli 1950, S. 16.

133 BA Koblenz, NL Blankenhorn, 1b, Bl. 121. – Zusammen mit dem Staatssekretär Wilhelm Stuckart hatte der damalige Oberregierungsrat im Reichs- und Preußischen Ministerium des Innern, Hans Globke, 1936 die deutsche Rassengesetzgebung kommentiert. Stuckart/Globke, Kommentare, Bd. 1.

134 BA Koblenz, NL Blankenhorn, 2, Bl. 56.

135 Ebd., Bl. 187.

136 BA Koblenz, NL Blankenhorn, 3, Bl. 67.

137 Haas, Beitrag, S. 42; PA des AA, Abt. 2, Nr. 157, Bl. 4.

138 BA Koblenz, B 136, Nr. 1846 u. Nr. 4689.

139 »Die Parkett-Akrobaten des AA«, in: BA Koblenz, B 136, Nr. 4689.

140 Bericht, in: ebd.

141 Aufzeichnung betr. »Deutsche konsularisch-wirtschaftliche Vertretungen im Ausland«, Übersetzung, 24. Januar 1950, in: PA des AA, Abt. 2, Nr. 157, Bl. 35.

142 Aufzeichnung, 23. Januar 1950, in: PA des AA, Referat 110, Nr. 39.

143 BA Koblenz, NL Blankenhorn, Nr. 3, Bl. 64.

144 Ebda., Nr. 4, Bl. 4; Deutscher Bundestag, Parlamentsarchiv, UA Nr. 47, Schriftverkehr Nr. 2 zur Personalpolitik.

145 Döscher, Verschworene Gesellschaft, S. 283–293.

146 PA des AA, Abt. 2, Nr. 157, Bl. 181 f.; BDC, NSDAP- bzw. SS-Personalunterlagen, Schmidt-Horix, Kaßler und von Stolzmann; BA Koblenz, NL Rheindorf, Nr. 78; Deutscher Bundestag, Parlamentsarchiv, UA Nr. 47, Schriftverkehr Nr. 2 zur Personalpolitik.

147 PA des AA, Abt. 2, Nr. 157, Bl. 131.

148 Liste der abgelehnten Kandidaten in: ebd., Bl. 131 f.

149 Geheime Aufzeichnung Blankenhorns für Adenauer, in: BA Koblenz, NL Blankenhorn, Nr. 7 a, Bl. 211.

150 Tagebuchaufzeichnung, 1. Juli 1952, in: BA Koblenz, NL Blankenhorn, Nr. 13, Bl. 19; Schreiben des Kronprinzen Rupprecht von Bayern an Bundeskanzler Adenauer, in: ebda., Bl. 91.

151 PA des AA, Abt. 2, Nr. 157, Bl. 78 u. Nr. 167, Bl. 150; NA Washington, T-120, roll 30; Schreiben Likus betr. Aufnahme Halters in die SS, 14. November 1939, in: PA des AA, Dienststelle Ribbentrop, 8/2; BA Koblenz, NL Rheindorf, 78.

152 PA des AA, Abt. 2, Nr. 167, Bl. 142 f.; BDC, SS-Personalunterlagen Krapf u. Kieser; BA Koblenz, NL Rheindorf, Nr. 78.

153 Vertrag zur Regelung aus Krieg und Besatzung entstandener Fragen vom 26. Mai 1952, in: Vertragswerke von Bonn und Paris vom Mai 1952.

154 Schreiben Rheindorfs an den Leiter des Politischen Archivs im AA, VLR Ullrich, 1. März 1960, in: BA Koblenz, NL Rheindorf, Nr. 183.

155 Thayer, Die unruhigen Deutschen, S. 221 f.

156 Kaufmann, Bismarcks Erbe, S. 8. – Der hagiographischen Darstellung von Ludwig Biewer über Erich Kaufmann ist nicht zu entnehmen, wie sich das Zitat aus »Bismarcks Erbe in der Reichsverfassung« mit dem Dienst im Sinne von Demokratie und Menschenrechten zusammenreimt. Biewer, Kaufmann, S. 115–124.

Kritik

1 Bericht von Arvid Fredborg, dt. Übersetzung, in: PA des AA, Referat 110, Nr. 28.

2 PA des AA, NL Haas, 25.

3 PA des AA, Abt. 2, 164.

4 Kabinettskontrolle der Bundesregierung, Bd. 2, S. 337.

5 BA Koblenz, NL Blankenhorn, 3, Bl. 215.

6 BDC, NSDAP-Zentralkartei und Parteikanzlei-Korrespondenz.

7 Kempner, Kreuzverhör, passim; Döscher, AA im Dritten Reich, passim, hier S. 67 ff. u. 182 ff.

8 PA des AA, Ref. 110, Az. 105–0840.

9 Kempner, in:»Frankfurter Rundschau« v. 22. September 1950.

10 Ebd.

11 Geb. 1903 in Münster, Studium der Rechtswissenschaften in München und Münster, Rechtsanwalt in Münster, 1933 Zentrumsstadtverordneter, 1945 Mitbegründer des Zentrums, Bezirksvorsitzender im Münsterland, MdL von Nordrhein-Westfalen. Handbuch des Deutschen Bundestages 1949.

12 PA des AA, NL Haas, Nr. 18.

13 Handschriftlicher Randvermerk Blankenhorns v. 19. Juni 1950, in: ebd.

14 Ebd.

15 Schreiben v. Dezember 1950, Entwurf von Dr. Alexander Böker, persönlicher Referent Blankenhorns, in: ebd.

16 Der Auswärtige Dienst in Bonn – Geschlossene Gesellschaft, in:»Das Zentrum«, Wochenblatt für Wahrheit, Recht und Freiheit, 1951, Nr. 1.

17 Es handelt sich um Holzhausen, Haas, Melchers, von Herwarth, von Etzdorf, Erich und Theo Kordt sowie Hempel.

18 »Das Zentrum«, 1951, Nr. 1.

19 Presseberichte, in: PA des AA, NL Haas, Nr. 19 u. 20; O. R. 110, Nr. 2.

20 PA des AA, NL Haas, Nr. 18.

21 Pressemitteilung Nr. 421/50, Presse- und Informationsamt Bundesregierung, 21. April 1950, in: PA des AA, NL Haas, Nr. 18.

22 Döscher, AA im Dritten Reich, S. 70 f.

23 PA des AA, NL Haas, Nr. 18.

24 »National-Zeitung« v. 20. Januar 1951; FAZ v. 23. Januar 1951.

25 Schreiber, in:»Rheinischer Merkur« v. 18. Februar 1950; Schrift-

wechsel Schreiber mit dem Bonner AA, in: PA des AA, Ref. 110, Nr. 37.

26 Zit. nach Abschrift, in: PA des AA, Referat 110, Nr. 42.

27 Schreiben des Vorsitzenden des Ausschusses für das Besatzungsstatut und Auswärtige Angelegenheiten, Carlo Schmid, an Bundeskanzler Adenauer, 15. September 1950, in: PA des AA, Ref. 110, Az. 80.00. – Später kamen die Abgeordneten Josef Ernst Fugger von Glött (CSU), Jakob Altmaier (SPD) und Bernhard Reismann (Zentrum) hinzu.

28 Drenker, Diplomaten, S. 43; PA des AA, Ref. 110, Nr. 42; BA Koblenz, NL Rheindorf, 78; Handbuch des Deutschen Bundestages.

29 PA des AA, Ref. 110, Az. 80.00.

30 Vgl. die ursprünglich als vertraulich, dann als geheim klassifizierte Übersicht der Dienststelle für Auswärtige Angelegenheiten, Exemplar Nr. 25, in: PA des AA, Ref. 110, Az. 80.00.

31 Übersicht zu Frage 3, 4 u. 5, Reihe 1, in: ebd.

32 Haas, Beitrag, S. 5.

33 Zit. nach ebd., S. 51 f.

34 Ebd.

Artikelserie der »Frankfurter Rundschau«: »Ihr naht euch wieder ...«

1 Doß, Auswärtiges Amt im Übergang, S. 148; Döscher, AA im Dritten Reich, S. 29 f. u. 56.

2 Sammlung Presseausschnitte, in: PA des AA, NL Haas, Nr. 2.

3 BA Koblenz, NL Blankenhorn, Nr. 8a.

4 PA des AA, NL Haas, Nr. 2.

5 Ebd.

6 Handschriftlich ausgefüllter Fragebogen von Tüngel zur Bearbeitung des Aufnahmeantrages für die Reichsschrifttumskammer v. 1938, in: BA Koblenz, NL Rheindorf, 459.

7 Bucerius, in: »DIE ZEIT« v. 21. Februar 1966.

8 Schriftliche Mitteilung Robert M. W. Kempners v. 15. April 1992 an den Verf.

9 Ebd.

10 Handzeichen Adenauers und handschriftlicher Vermerk des StS Hallstein am Rande der Aufzeichnung Blankenhorns, in: PA des AA, NL Haas, Nr. 2.

11 Ebd.

12 »Frankfurter Rundschau«, 10. September 1951, in: BA Koblenz, NL Blankenhorn, Nr. 8 a.

13 PA des AA, NL Haas, Nr. 2.

14 Ebd.

15 PA des AA, NL Haas, Nr. 2.

16 Ebd., Nr. 2 u. Nr. 6. Erkenntnisziel waren nur »Unrichtigkeiten« und »Entstellungen«, »Richtigkeiten« wurden »überhaupt nicht unterstrichen«. Vgl. dazu die Aufzeichnung Schaffarczyks v. 17. September 1951, in: ebd., Nr. 6.

17 PA des AA, NL Haas, Nr. 2, Bl. 96.

18 »Frankfurter Rundschau« v. 19. September 1951, in: PA des AA, NL Haas, Nr. 2.

19 Abschrift, in: PA des AA, NL Haas, Nr. 2.

20 Kopie, in: PA des AA, NL Haas, Nr. 2. Hervorhebungen in der Vorlage.

21 Bericht Schetters an Adenauer, 24. November 1951, in: PA des AA, NL Haas, Nr. 5, S. 1.

22 PA des AA, NL Haas, Nr. 5.

23 Fälle Strempel u. Heinburg, in: ebd., S. 39 f. u. 56 f.

24 Bericht Schetters an Adenauer, 24. November 1951, in: PA des AA, NL Haas, Nr. 5, S. 57, abgedruckt bei Haas, Beitrag, S. 218.

25 Ebd., S. 57, abgedruckt bei Haas, Beitrag, S. 219 f.

26 PA des AA, NL Haas, Nr. 9.

Untersuchungsausschuß Nr. 47

1 Bundestagsdrucksache Nr. 2680, abgedruckt bei Haas, Beitrag, S. 226 u. 285.

2 Im Laufe der Verhandlungen ist der Abgeordnete Arndt ausgeschieden und durch den Abgeordneten Birkelbach (SPD) ersetzt worden. Schriftlicher Bericht des UA Nr. 47, Nr. 2680 der Drucksachen, Deutscher Bundestag, 1. Wahlperiode 1949, Drucksache Nr. 3465, S. 3.

3 Deutscher Bundestag, Parlamentsarchiv, Akten des UA Nr. 47, Protokoll Nr. 1 (bislang unveröffentlicht).

4 Wie Anm. 2; Bundestagsdrucksache Nr. 2680, abgedruckt bei Haas, Beitrag, S. 285 f.

5 Protokoll Nr. 2 des UA Nr. 47 v. 23. November 1951, in: Deutscher Bundestag; Parlamentsarchiv, Schriftlicher Bericht des UA, Drucksache Nr. 3465, S. 3.

6 Stenographisches Protokoll, 3. Sitzung des UA Nr. 47, 18. Dezember 1951, S. 2, in: Deutscher Bundestag; Parlamentsarchiv, abgedruckt bei Haas, Beitrag, S. 227 f.

7 Ebd., passim.

8 Stenographisches Protokoll, 3. Sitzung des UA Nr. 47, 18. Dezember 1951, S. 90 f., abgedruckt bei Haas, Beitrag, S. 275 f.

9 Kurzprotokoll der 5. Sitzung des UA Nr. 47, S. 4, in: Deutscher Bundestag, Parlamentsarchiv, Untersuchungsausschuß zur Prüfung der Personalpolitik im auswärtigen Dienst, 1.–6. Sitzung.

10 Ebd.

11 Stenographisches Protokoll, 5. Sitzung des 47. Ausschusses, S. 2 f., in: Deutscher Bundestag, Parlamentsarchiv, UA Nr. 47, 1.–6. Sitzung.

12 Werner von Grundherr zu Altenthan und Weyerhaus, geb. 1888, 1913 Promotion zum Dr. rer. pol., 1914–1918 Kriegsdienst, zuletzt als Rittmeister d. R., Januar 1918 Attaché im AA, 1940 Gesandter, bis 1945 Referent für Skandinavien und Baltikum in der Polit. Abt. des AA, Antrag v. 4. Juni 1940 zur Aufnahme in die NSDAP wurde von M. Bormann abgelehnt, Januar 1950 im Organisationsbüro, dann in der Polit. Abt. des AA, 1952 Botschafter in Athen, Mai 1952 Antrag auf Versetzung in den Ruhestand; vgl. PA des AA, Abt. 2, Nr. 157; BA Koblenz, NL Rheindorf, Nr. 78; Döscher, AA im Dritten Reich, S. 70 f.

13 Hervorhebungen vom Verf.

14 Haack, Dr. Hanns-Erich, geb. 1906, 1. Januar 1938 NSDAP nach Antrag v. 27. September 1937, Schriftleiter, 1939 AA, 1950 Wiederverwendung; BA Koblenz, NL Rheindorf, 78.

15 Gaerte, Felix, geb. 1918, Sohn eines gehobenen Beamten im Ausw. Dienst, 1933 HJ, 1937 NSDAP u. SS, 1940 jur. Referendarexamen, 1943 Assessor, 1940–44 Luftwaffe, 1944 SS-Ustuf. Waffen-SS in der Stabsabt. des RSHA; BA Koblenz, NL Rheindorf, 78.

16 Stenographisches Protokoll, 5. Sitzung des UA Nr. 47, 18. Januar 1952, in: Deutscher Bundestag, Parlamentsarchiv, Protokolle der Sitzungen 1–39 des UA Nr. 47, S. 1–89. Hervorhebungen vom Verf.

17 PA des AA, NL Haas, Bd. 4.

18 Stellungnahme Melchers' v. 1. September 1952 zu dem Bericht des UA Nr. 47 des Deutschen Bundestages, Anlage 7 zur Drucksache Nr. 4154, S. 23, in: Verhandlungen des Deutschen Bundestages, I. Wahlperiode 1949, Anlagen zu den stenographischen Berichten, Bonn 1953.

19 Stenographisches Protokoll, 7. Sitzung des UA Nr. 47, 14. Februar 1952, in: Deutscher Bundestag, Parlamentsarchiv.

20 Ebd.

21 Stenographisches Protokoll, 12. Sitzung des UA, 29. Februar 1952, in: Deutscher Bundestag, Parlamentsarchiv, 12.–16. Sitzung, Vernehmung des Zeugen Dr. Melchers, S. 19. Hervorhebung durch den Verf.

22 Ebd., S. 32

23 UA Nr. 47, Schriftverkehr Nr. 2 zur Personalpolitik, in: Deutscher Bundestag; Parlamentsarchiv, Stellungnahme Melchers zu dem Bericht des UA Nr. 47 des Deutschen Bundestages, Anlage 7, S. 24, zur Drucksache Nr. 4154, in: Verhandlungen des Deutschen Bundestages, I. Wahlperiode 1949, Anlagen zu den stenographischen Berichten, Bonn 1953.

24 Sammlung der Presseberichte in den Akten des Bundeskanzleramtes, in: BA Koblenz B 136, Nr. 4689.

25 Auch der Nachfolger von Haas als Personalchef des AA, Dittmann, hatte im März 1942 Berichte der Einsatzgruppen der Sipo und des SD zur Kenntnis genommen. Döscher, AA im Dritten Reich, S. 249.

26 Deutscher Bundestag, Parlamentsarchiv, Akten des UA Nr. 47, Schriftverkehr Nr. 4.

27 Schreiben des AA, gez. Dr. Schwarz, v. 16. April 1952 an das Kriminalpolizeiamt bei der Landespolizei-Direktion Stuttgart und dessen Antwort v. 21. April 1952, in: PA, O. R. 110, Az. 80.00, 1 u. 2.

28 Wer ist Wer? 1967/68, S. 656 f.

29 Kommentar der »Stuttgarter Zeitung« v. 19. März 1952, in: BA Koblenz, B 136, 1846.

30 Ebd.

31 »DIE ZEIT« v. 27. März 1952, S. 1., in: ebd.

32 PA des AA, Büro St. S., Bd. 231, Angriffe gegen das Auswärtige Amt, Untersuchungsausschuß.

33 Auszug aus der Ansprache des Staatssekretärs Professor Hallstein anläßlich des Presseempfangs am 25. März 1952, in: Schriftlicher Bericht UA Nr. 47, Anlage 3, II; Verhandlungen des Deutschen Bundestages, I. Wahlperiode, Anlagen zu den stenographischen Berichten, Drucksachen Nr. 3401–3499.

34 »DIE WELT« v. 27. März 1952, in: BA Koblenz, B 136, 1846.

35 Parlamentarischer Bericht des Presse- und Informationsamts der Bundesregierung, 2. April 1952, in: BA Koblenz, B 136, 1846.

36 Adenauer, Teegespräche, S. 244 ff.

37 Theophil Kaufmann, geb. 1888 in Frankfurt a. M., 1908–1913 Studium der Theologie, Philosophie u. Geschichte in Tübingen, New

York u. Göttingen; 1913–1916 Privatgelehrter in Göttingen u. Hannover, 1916–1919 Kriegsdienst, 1921 Gauleiter Bremen des liberalen Gewerkschaftsbundes der Angestellten, 1923–1927 Abgeordneter der Bremischen Bürgerschaft (DDP), 1927–1933 Abgeordneter der Hamburger Bürgerschaft (DDP), 1933 Entlassung, bis 1945 ohne Beschäftigung, 1945 Mitbegründer der CDU in Ettlingen (Baden), 1946 Verfassungsgebende Landesversammlung Württemberg-Baden, 1947–1949 Frankfurter Wirtschaftsrat, 1948/49 Parlamentarischer Rat, 1951–1954 Generalkonsul in Basel, 1961 verstorben; NL Kaufmann, Findbuch, in: ACDP der Konrad-Adenauer-Stiftung Sankt Augustin, I-071.

38 BA Koblenz, B 136, 4689.

39 Einschätzung Kiesingers, parlamentarische Berichte des BPA, 2. u. 4. April 1952, in: BA, B 136, 1846; Berichte François-Poncets vom März/April 1952 an das Außenministerium Paris, in: MAE, Série d'Europe 1949–1955, Sous-Série Allemagne, Vol. 21 u. 22; Adenauer, Teegespräche, S. 88 ff., 219–223, 244–248.

40 Bericht v. W. Haas vor dem Bundesratsausschuß für zwischen-staatliche Beziehungen, 19. Februar 1951, in: Archiv des Bundesrates, zit. nach Wengst, Staatsaufbau, S. 186; »Süddeutsche Zeitung«, Presseausschnitt, in: BA Koblenz, NL Blankenhorn, 33 a.

41 Mündliche Mitteilung eines zeitgenössischen Beobachters, der ungenannt bleiben möchte.

42 Thomas, Deutschland, S. 183.

43 Protokoll der 17. Sitzung, 20. März 1952, in: Deutscher Bundestag, Parlamentsarchiv, Akten des UA Nr. 47.

44 BDC, NSDAP-Personalunterlagen Herbert Dittmann, Walter Leitzke u. Hermann Klee; BA Koblenz, NL Rheindorf, 78; Handbuch für die Bundesrepublik Deutschland 1953, S. 63 u. 196.

45 Protokoll über die 5. Sitzung des UA Nr. 47, 18. Januar 1952, in: Deutscher Bundestag, Parlamentsarchiv, Protokolle der Sitzungen 1–39.

46 Unterredung Köhlers mit StS Lenz (Bundeskanzleramt) am 19. März 1952, in: Das Tagebuch von Staatssekretär Lenz, S. 281; Schriftlicher Bericht des UA Nr. 47, Drucksache Nr. 3465, S. 8–12, abgedruckt bei Haas, Beitrag, S. 294–300.

47 Kurzprotokoll 31. Sitzung, 5. Mai 1952, in: Deutscher Bundestag, Parlamentsarchiv, Akten des UA Nr. 47.

48 Das Protokoll der Zeugenvernehmung Heinburgs v. 7. Juli 1947 ist als Abschrift in den Akten des Bundeskanzleramtes überliefert, in: BA Koblenz, B 136, Nr. 1846.

49 Wie Anm. 47.
50 Parlamentarischer Bericht des Presse- u. Informationsamtes der Bundesregierung v. 4. April 1952, in: BA Koblenz, B 136, 1846.
51 Vgl. das Gesuch des Rechtsanwalts Dr. Brieger v. 2. Mai 1952, in: Parlamentsarchiv des Deutschen Bundestages, Akten des UA Nr. 47, Schriftverkehr Nr. 7 zur Personalpolitik. – Dem Schreiben Briegers v. 3. Mai 1952 an den Vorsitzenden des UA, Dr. Max Becker (FDP), ist die Befürchtung zu entnehmen, daß er, Brieger, mit seiner betonten Gegnerschaft zum NS-Regime den einflußreichen Kreisen im AA nicht erwünscht sei. Die Akte »Schriftverkehr Nr. 8« enthält ähnliche Vorgänge in großer Zahl.
52 Diktiertes Protokoll, 31. Sitzung, 5. Mai 1951, in: Deutscher Bundestag, Parlamentsarchiv, Akten des UA Nr. 47.
53 Ebd. – Becker und E. Kordt gehörten dem Bonner AA nicht an, hatten aber offenbar Einfluß auf die Personalauswahl.
54 John, Zweimal kam ich heim, 1969.
55 Die weitere Karriere Johns, insbesondere die Frage seiner Flucht oder Entführung 1954 nach Ost-Berlin, ist nach wie vor umstritten. Henkel, Spion, S. 184–190.

Bericht und Empfehlungen des Untersuchungsausschusses

1 Drucksache Nr. 3465, in: Verhandlungen des Deutschen Bundestages, I. Wahlperiode, Anlagen zu den stenographischen Berichten, Drucksachen Nr. 3401–3499.
2 Schriftlicher Bericht, UA Nr. 47, Drucksache Nr. 3465, S. 4.
3 Ebd.
4 Als Faksimile abgedruckt, in: Poliakov/Wulf, Diener, S. 55.
5 Schriftlicher Bericht, UA Nr. 47, Drucksache Nr. 3465, S. 4.
6 Ebd., S. 36. Vgl. Presseerklärung Hallsteins vom 25. März 1952, in: Schriftlicher Bericht des UA Nr. 47, Drucksachen Nr. 3401–3499.
7 Schriftlicher Bericht, UA Nr. 47, Drucksache Nr. 3465, S. 6. Hervorhebungen in der Vorlage.
8 BA Koblenz, Rep. 501 L VI A, Protokoll S. 16 502.
9 Schriftlicher Bericht, UA Nr. 47, Drucksache Nr. 3465, S. 11 f.
10 Ebd., S. 18.
11 In dieser Annahme stützte sich der Ausschuß *allein* auf Aussagen Melchers' und dessen Selbstdarstellung vom 28. Februar 1946. Schrift-

licher Bericht, UA Nr. 47, Drucksache Nr. 3465, Anhang, S. 76–89. Unabhängige Quellen, die diese Annahme erhärten, liegen nicht vor.

12 Schriftlicher Bericht, UA Nr. 47, Drucksache Nr. 3465, S. 24 ff.

13 Persönliche und berufliche Daten Trützschler von Falkensteins: geb. 1902, 1924 Promotion »mit Auszeichnung« zum Dr. phil. in Halle, 1929/30 wissenschaftlicher Assistent im Institut für auswärtige Politik an der Universität Hamburg, 1930–1933 Sekretariat des Völkerbundes in Genf, 1934 Attaché im AA, 1939–1945 AA, Politische Abteilung, 1940 NSDAP, 1941 LR, 1944 LR I, 1945 automatischer Arrest, 1948 Entlastung durch Spruchkammer Wiesbaden, 1949 Bundeskanzleramt, 1951 LR I, 1952 Vorschlag zur Ernennung zum Gesandten I. Kl. Schriftlicher Bericht, UA Nr. 47, Drucksache Nr. 3465, S. 34.

14 Ebd., S. 35. Hervorhebungen in der Vorlage.

15 Mit Aufnahmeantrag v. 22. August 1940 war Trützschler erst am 1. Oktober 1940 der NSDAP beigetreten, d. h. nach dem militärischen Sieg über Frankreich. Auch in der Erinnerung des deutschamerikanischen Historikers Felix Gilbert, der Trützschler seit den zwanziger Jahren kannte, war dieser »kein Nazi«. BA, NL Rheindorf, 78; Gilbert, Lehrjahre, S. 225.

16 Vgl. Drenker, Diplomaten, S. 46; ADAP, E VI, S. 623.

17 Vgl. Personalbogen Trützschler v. F., 1. August 1944, in: NA Washington, T-120, roll 2539.

18 Schriftlicher Bericht, UA Nr. 47, Drucksache Nr. 3465, S. 36 f.

19 Entwurf Brill, Abschnitt »Empfehlungen«, in: Deutscher Bundestag, Parlamentsarchiv, Protokolle der Sitzungen 1–39, UA Nr. 47.

20 BA Koblenz, NL Blankenhorn 12, B1211

21 Blankenhorn, Verständnis und Verständigung, passim.

22 BA Koblenz, NL Blankenhorn 10, Bl. 235.

23 Tätigkeitsbericht des Abgeordneten Brill, 9. September 1952, in: BA Koblenz, NL Brill, 330 a.

24 BA Koblenz, NL Blankenhorn 13, Bl. 59.

25 Sammlung der Presseberichte, in: BA Koblenz, B 136, 1846.

26 Sendemanuskript mit Sperrfristvermerk v. 4. Juli 1952 und Handzeichen Globkes v. 7. Juli 1952, in: BA Koblenz, B 136, 1846.

27 Ebd.

28 BA Koblenz, NL Blankenhorn 14 b, Bl. 43.

29 Vorlage und Entwurf, in: PA des AA, Büro StS, 231. Hervorhebung im Entwurf.

30 Dieser verfassungsrechtlich relevante Einwand, der hier nicht weiter

erörtert werden kann, spielte auch in der Debatte des Deutschen Bundestages am 22. 10. 1952 eine Rolle. Vgl. dazu das folgende Kapitel.

31 Entwurf, S. 8, in: PA des AA, Büro StS, 231.

32 Vgl. die Eingaben der abgelehnten Bewerber an den UA Nr. 47, in: Deutscher Bundestag, Parlamentsarchiv, Schriftverkehr Nr. 8 zur Personalpolitik.

33 Aufzeichnung Kaufmanns, S. 6, in: PA des AA, Büro StS, 231.

34 Die Verfahren und Empfehlungen gingen der DP, FDP und Teilen der CDU/CSU zu weit, der SPD nicht weit genug.

35 Indirekt wurden damit Mißstände in den genannten Bereichen eingeräumt.

36 PA des AA, Büro StS, 231. Hervorhebung im Original.

Die Debatte

1 Beitrag Brill, S. 10 721 der stenographischen Berichte.

2 Beitrag Gerstenmaier, S. 10 736 der stenographischen Berichte.

3 Ebd., S. 10 737.

4 § 96 StPO.

5 Beitrag Erlers, S. 11 733 der stenographischen Berichte.

6 Vgl. z. B. die Aufzeichnung v. 19. Juni 1952: »Vormittags Besprechung mit Globke über den Personalaufbau des Auswärtigen Amtes [...]. Schaffarczyk wird mir erneut als Personalchef angeboten [sic!]. Ich weise dies mit Energie zurück [...].« BA Koblenz, NL Blankenhorn 10, Bl. 104. Hierzu auch Haas, Lebenserinnerungen, S. 210 bis 225, Küpper, Kanzlerdemokratie, passim.

7 S. 10 723 der stenographischen Berichte.

8 Ebd., S. 11 733.

9 S. 10 735 der stenographischen Berichte. Hervorhebung in der Vorlage.

10 Hentig, Mein Leben, S. 383 f.

11 Werner Otto von Hentig, geb. 1886, ist 1984 verstorben. Gemäß Bundesarchivgesetz kann seine Personalakte erst 30 Jahre nach dem Ableben freigegeben werden. Der im PA des AA verwahrte Nachlaß enthält u. a. »Charakteristiken von Mitgliedern des früheren Auswärtigen Dienstes«. Diese sind laut Angabe des PA ohne zeitliche Befristung gesperrt.

12 Hierzu Nahum Goldmanns: »Als im Jahre 1938 die Verfolgung der

deutschen Juden immer radikaler wurde, begann sich das Gewissen der Großmächte ein wenig zu regen und Präsident Roosevelt machte einen neuen Versuch, indem er für den 6. Juli 1938 die Intergovernmental Conference on Refugees nach Evian in Frankreich berief. [...] Es war von Anfang an klar, daß keiner der vertretenen Staaten an eine ernste Hilfeleistung dachte. Da man Nazi-Deutschland nicht verletzen wollte, wurde das Ganze als humanitäre Konferenz aufgezogen.« Goldmann, Mein Leben, S. 299.

13 Schriftliche Mitteilung des Herrn Botschafters a. D. Dr. Werner von Hentig v. 22. Oktober 1977 an den Verf., in: BA Koblenz, Kl. Erwerbungen Nr. 838–2 (Döscher) – Diese Mitteilung deckt sich im Tenor mit der Tagebuchaufzeichnung von Hassells v. 15. Mai 1943: »H[entig] sehr scharf über Weizsäcker. Merkwürdig, wie oft man bei Schwaben beim tieferen Bohren auf Mangel an Festigkeit des Charakters und eine durch Bonhomie verdeckte Bauerngerissenheit stößt«, sowie mit jener v. 4. Oktober 1942: »Aber der ganze Kreis um W[eizsäcker] zeigt auf die Dauer immer mehr, daß er im Grunde schwach und beeindruckbar ist. Etwas, das nach Handeln schmeckt, ist von dort nie zu erwarten.« Hassell-Tagebücher, S. 364 u. 332.

14 Meyer zu Achenbach, Ostpolitik, S. 12. Eine Abschrift des Originals der Denkschrift, über das Schoeps noch nicht verfügen konnte, fand der Verf. in den jüngst freigegebenen Akten des Büros Staatssekretär im PA des AA, Bd. Nr. 220. Wie aus dem Antwortschreiben Hallsteins v. 4. März 1954 auf eine Anfrage des Vorsitzenden der FDP-Fraktion im Deutschen Bundestag, Dehler, ersichtlich, bestanden im AA Bedenken gegen die Weitergabe der Denkschrift – selbst an Spitzenvertreter des Koalitionspartners FDP.

15 S. 10 746 der stenographischen Berichte. Hervorhebungen in der Vorlage.

16 BA Koblenz, NL Brill, passim, hier besonders dessen Aufzeichnung v. 14. Juli 1953.

17 BA Koblenz, NL Blankenhorn 3, Bl. 8, Hervorhebungen vom Verf.

18 Ebd., 14b, Bl. 90.

19 Sämtliche Berichte und Kommentare, in: Deutscher Bundestag, Presse-Archiv.

20 Privatschreiben an den damaligen Landrat Walter Hummelsheim (SPD) in Bernkastel-Kues, in: BA Koblenz, NL Brill, 38 a. – Zur Vita Brills: geb. 1895 in Gräfenroda (Thüringen), Seminarausbildung zum Lehrer, dann Studium der Rechtswissenschaft, Ökonomie, Soziologie und Philosophie an der Universität Jena, Promotion zum

Dr. jur. utriusque; von 1919 bis 1933 politisch tätig als MdL (SPD) in Thüringen, Staatsrat, MdR (1932); von 1933 bis 1945 Mitglied der Widerstandsgruppen »Neubeginnen« u. »Deutsche Volksfront«, 1939 zu 12 Jahren Zuchthaus verurteilt, 1943 bis 1945 Vorsitzender des Volksfrontkomitees im KZ Buchenwald, 1945 Ernennung zum Ministerpräsidenten von Thüringen durch US-Besatzungsmacht, gleichzeitig Minister des Innern, im Juli 1945 Übersiedlung nach Hessen, Staatssekretär u. Chef der Staatskanzlei in Wiesbaden, 1949 MdB (SPD) im Wahlkreis Frankfurt a. M. Handbuch des Deutschen Bundestages, S. 121; Overesch, Brill, passim.

21 BA Koblenz, NL Brill, 348

22 S. 10 736 der stenographischen Berichte.

23 Ebd.

24 Der ehemalige Speditionskaufmann und spätere Leiter der Deutsch-land-Abteilung im Berliner AA, Martin Luther, wurde 1941 zum Ministerialdirektor mit der Amtsbezeichnung Unterstaatssekretär befördert. Döscher, AA im Dritten Reich, S. 204.

25 Ebd., S. 146 f.

26 BA Koblenz, NL Brill, 348, Aufzeichnung v. 14. Juli 1953, S. 6 f. – Brills Einschränkung (»soweit die vom Untersuchungsausschuß vernommenen Beamten dafür in Frage kommen«) ist zwingend notwendig zur Abgrenzung dieser vermeintlichen »Widerstandskämpfer« vom Kern der aktiven Opposition um Adam von Trott zu Solz und Ulrich von Hassell. Hierzu die Hassell-Tagebücher.

27 Vgl. dazu den Fall von Etzdorf bei Haas, Beitrag, S. 300 ff.; Schreiben des Historikers Prof. Dr. Kurt Rheindorf v. 17. Februar 1959 an den Leiter des PA im Bonner AA, VLR Dr. Ullrich: Hasso von Etzdorf, in: BA Koblenz, NL Rheindorf, 408.

28 Der Grundsatz »Eine Hand wäscht die andere« fand vornehmlich nach 1945 Anwendung.

29 BA Koblenz, NL Brill, 348. Hervorhebungen im Original.

30 Browning, The Final Solution and the German Foreign Office, passim; Döscher, AA im Dritten Reich, passim.

31 Oberstaatsanwalt, Landgericht Essen – 29 Ks 4/67 –, Anklageschrift in dem Strafverfahren gegen Horst Wagner wegen Beihilfe zum Mord, in: HStA Düsseldorf, Rep. 192, Nr. 19, S. 60 f.

32 S. 10 746 der stenographischen Berichte.

Rehabilitierung: Eine Fallstudie

1 Schreiben Hallsteins, in: Verhandlungen des Deutschen Bundestages, 2. Wahlperiode 1953, Anlagen zu den stenographischen Berichten, Bd. 32, Bonn 1954, Drucksache Nr. 4154.

2 Abschrift der Stellungnahme im Besitz des Verfassers. Im Zivilrechtsstreit zwischen Herrn Dr. Malte von Bargen, Sohn Dr. Werner von Bargens, sowie dem Verf. und dem Siedler Verlag Berlin wegen angeblicher Verletzung der Persönlichkeitsrechte des Gesandten von Bargen in dem Buch des Verf. »AA im Dritten Reich«, S. 243, Anm. 88, war es dem Kläger gelungen, Auszüge aus den Personalakten seines 1975 verstorbenen Vaters vom Auswärtigen Amt Bonn zu erhalten. Kopien davon wurden dem beklagten Verf. 1989 über das OLG Düsseldorf zugesandt. Die Klage wurde in erster Instanz vom LG Düsseldorf (Az. 12 0 66/88) zurückgewiesen, ebenso in zweiter Instanz vom OLG Düsseldorf (Az. 15 U 232/88). Dem Verf. war es nicht möglich, die Personalunterlagen von Bargens im PA des AA einzusehen, da die 30jährige Sperrfrist erst nach dem Erscheinen des Buches abläuft.

3 Kaufmann, geb. 1880, jüdischer Herkunft u. evangelischer Konfession, 1913 ordentlicher Professor der Rechtswissenschaften in Königsberg, 1916 Hauptmann d. R., 1919 Konsulent der Reichsregierung und des AA in Fragen des Völkerrechts, 1934 Entzug der Lehrbefugnis auf Grund des »Gesetzes zur Wiederherstellung des Berufsbeamtentums«, 1939 Flucht nach Holland, 1946 Lehrstuhlinhaber in München u. Honorarprofessor in Bonn, 1950 Rechtsberater des Bundeskanzleramtes, 1952–1958 Völkerrechtsberater des AA, 1972 verstorben, vgl. Biewer, Jurist,. – Im Wilhelmstraßen-Prozeß der USA gegen den vormaligen Staatssekretär Ernst von Weizsäcker war Kaufmann Zeuge der Verteidigung. Nachdem der US-Ankläger Kempner vom Staatsrechtler Carl Schmitt in Nürnberg erfahren hatte, daß Kaufmann in einer frühen Schrift den Krieg als letztes Mittel im Völkerrecht hingestellt habe, sei Kaufmann als Entlastungszeuge »geliefert« gewesen: »Man dachte natürlich, das macht Eindruck auf die Richter, wenn ein jüdischer Professor versucht, ein paar verbrecherische Staatssekretäre rauszureißen.« Kempner, Ankläger, S. 131.

4 Stellungnahme Kaufmanns v. 21. Oktober 1952 zum Bericht des UA Nr. 47 in der Angelegenheit Dr. von Bargen, S. 1 ff. Abschrift im Besitz des Verfassers.

5 Vernehmungsprotokolle, 17. August 1948, 19. August 1948, 20. August 1948, in: BA Koblenz, Rep. 501 L VI A, Aktenband 130, 132 und 133. – Im Jahre 1952 waren die Protokolle im StA Nürnberg einsehbar.

6 Ebd.

7 Bericht Schetters an Bundeskanzler Adenauer, 24. November 1951, in: PA des AA, NL Haas, Bd. 5, S. 55 f.

8 PA des AA, Inland II g 189.

9 Protokoll, 16. Sitzung, 19. März 1952, UA Nr. 47, in: Deutscher Bundestag, Parlamentsarchiv, Akten UA Nr. 47.

10 Bericht, 9. Juli 1942, in: PA des AA, Inlang II g 189; StA Nürnberg, KV-Anklage, NG-5209.

11 Stellungnahme Kaufmanns (wie Anm. 4).

12 Die Entlastungszeugnisse von Bargens, Entnazifizierungsakte, in: StA Stade, Rep. 275, L 396.

13 BA Koblenz, Rep. 501 L VI A, 130, S. 16502.

14 Stellungnahme Kaufmanns (wie Anm. 4).

15 Mansfeld, Koblenzer Straße, S. 292: »Kaufmann wurde wegen seiner nationalen Haltung mit voller Pension 1934 entlassen, erhielt lange Zeit sein volles Gehalt nach Holland überwiesen und verdankt die Tatsache, daß er nicht dem Schicksal anderer Juden zum Opfer fiel, einer stillschweigenden Vereinbarung zwischen Hans Schröder [Personalchef des AA bis 1945] und dem Gestapo-Müller [Chef Amt IV des RSHA], [...]. Im Verfassungsstreit um die allgemeine Wehrpflicht lieferte Kaufmann die Gutachten für die Bundesregierung und bekam später, noch von Theodor Heuss, den höchsten deutschen Orden, die Friedensklasse des Pour le mérite verliehen.«

16 Schreiben sind veröffentlicht, in: Verhandlungen des Deutschen Bundestages, I. Wahlperiode 1949, Anlagen zu den stenographischen Berichten, Bonn 1953, Drucksache Nr. 4154.

17 Bundestagsdrucksache Nr. 4154, S. 2, in: ebd.

18 Stellungnahme des Bundesdisziplinaranwalts, in: PA des AA, Personalakte Werner von Bargen, S. 5; Stellungnahme Kaufmanns (wie Anm. 4).

19 Ebd., S. 22.

20 Ebd., S. 30.

21 Döscher, Verschworene Gesellschaft, S. 66 u. 265.

22 Stellungnahme des Bundesdisziplinaranwalts, in: PA des AA, Personalakte Werner von Bargen, S. 9.

23 Ebd., S. 52.

24 Verhandlungen des Deutschen Bundestages, 2. Wahlperiode 1953, Anlagen zu den stenographischen Berichten, Bd. 32, Bonn 1954, Drucksache Nr. 985.

25 Ebd.

26 Mitteilungsblatt des AA v. 15. Dezember 1975 (Todesanzeige); Who is Who 1962; Haas, Beitrag, S. 494 f. Vgl. auch das Interview, das Botschafter a. D. Hans Arnold am 1. April 2005 der »tageszeitung« gab: »Ich sollte 1960 nach Bagdad versetzt werden. Der Botschafter dort hieß Werner von Bargen. Er war gerichtsnotorisch bekannt als Mitglied der deutschen Botschaft in Belgien während des Krieges, zuständig für die Deportation der belgischen Juden. Ich sollte sein Stellvertreter sein, sozusagen sein Alter Ego. Das hätte ich nicht ausgehalten. Deshalb habe ich es mit dem Argument hintertrieben, daß meine Frau nicht tropentauglich sei.«

27 Ebd., S. 496 f.; Drenker, Diplomaten, S. 58 u. 121 ff.

28 Vgl. Haas, Beitrag, S. 500 f.

29 S. 10724 der stenographischen Protokolle.

30 Aufzeichnungen, 27. August u. 16. September 1952, in: PA des AA, Büro StS, 231.

31 Kipke, Untersuchungsausschüsse, S. 22 ff.

32 Zu den Umständen der Übernahme von Löns in das AA vgl. Drenker, Diplomaten, S. 115 f.

33 Ebd., S. 116–126.

34 Ebd., S. 118.

35 Schriftliche Mitteilung des Herrn Botschafters a. D. Dr. Ulrich Sahm v. 31. 12. 1992 an den Verf.

Im Schatten der Vergangenheit:
Ansichten und Aussichten

1 PA des AA, Akten des Organisationsreferats 110; Haas, Beitrag, S. 21–64.

2 Ebd.; Doß, Auswärtiges Amt im Übergang, passim, besonders S. 271 bis 286.

3 Schlange-Schöningen an Adenauer, 29. August 1949, in: BA Koblenz, NL Schlange-Schöningen, 11, B1. 4.

4 Pers.-Akte Wohlebs, in: PA des AA.

5 Notiz »Frankfurter Rundschau« v. 6. Januar 1953, Korrespondenz

und weitere Zeitungsausschnitte, in: ACDP, NL Theophil Kaufmann, I-071, besonders 033/3.

6 Personalbögen, in: Deutscher Bundestag, Parlamentsarchiv, UA Nr. 47, Schriftwechsel Nr. 2 zur Personalpolitik; Drenker, Diplomaten, S. 77–83; Baring, Außenpolitik, S. 183 f.

7 Personalakte Hausenstein, in: PA des AA; ders., Pariser Erinnerungen, passim.

8 Schwarz, Der Aufstieg, S. 703. Vgl. dagegen Frank, Entschlüsselte Botschaft, S. 17 f.; Köhler, Adenauer, S. 733 f.

9 Hausenstein, Pariser Erinnerungen, S. 22 f., »Bonner Rundschau« v. 17. Juni 1952 u. weitere Presseausschnitte 1950–1955, in: PA des AA, Pers.-Akte Hausenstein.

10 Ebd.

11 Hausenstein, Pariser Erinnerungen, S. 23 f.

12 Haas, Beitrag, S. 82 f.

13 Vgl. die privaten Schriftwechsel von Schlange-Schöningen und Oppler, in: BA Koblenz, NL Schlange-Schöningen u. NL Oppler.

14 Döscher, AA im Dritten Reich, S. 254, dort Anm. 135.

15 Hausenstein, Pariser Erinnerungen, S. 27.

16 PA des AA, Rep. Registratur, 101 SP 38, Personalakte Hausenstein, Bl. 26.

17 BA Koblenz, NL Blankenhorn, 8 a, Bl. 92 f.

18 Schwarz, Der Aufstieg, S. 703.

19 Personalbögen Gebhardt von W., Hans H. u. Franz Kr., in: Deutscher Bundestag, Parlamentsarchiv, UA Nr. 47, Schriftverkehr Nr. 2 zur Personalpolitik; BA Koblenz, NL Rheindorf, 78; NA Washington, T-120, roll 30.

20 BA Koblenz, NL Blankenhorn, Nr. 13, Bl. 123 u. 181; Nr. 18 a, Bl. 165.

21 Eckardt, Ein unordentliches Leben, S. 344 f.

22 PA des AA, Rep. Registratur, Pers.-Akte Hausenstein, 101 SP 38.

23 Bericht des Generalkonsulats Genf, 26. Mai 1955 an das AA, in: ebd.

24 Schreiben des Chefs des Bundespräsidialamtes an das AA, 4. Januar 1956, in: ebd.

25 Diese und die folgenden Angaben sind persönlichen und amtlichen Unterlagen entnommen, die sich im Nachlaß Oppler fanden, in: BA Koblenz, NL 290.

26 BA Koblenz, NL Oppler, Nr. 48. Der undatierte Briefentwurf umfaßt sechs maschinenschriftlich und drei handschriftlich verfaßte Seiten. Die Entstehungszeit (März 1967) ergibt sich aus den Sachzusammenhängen. Der maschinenschriftliche Teil enthält zahlreiche

Korrekturen und Ergänzungen von der Hand Opplers. Die Wiedergabe folgt der von Oppler korrigierten Fassung.

27 Am 1. Dezember 1966 wählte der Deutsche Bundestag Kurt Georg Kiesinger (CDU) zum Bundeskanzler, Willy Brandt wurde Bundesminister des Auswärtigen.

28 Fritz Erler, Vorsizender der SPD-Fraktion im Deutschen Bundestag.

29 Hervorhebung durch den Verf.

30 Hervorhebung wie Anm. 29.

31 Das Nachrichtenmagazin »Der Spiegel« berichtete am 23. Januar 1967 unter der Rubrik »Panorama«: »CDU-Politiker empfehlen Außenminister Willy Brandt einen Sozialdemokraten als AA-Personalchef. Ihr Kandidat [...]: der derzeitige Bonner Botschafter in Kanada, Kurt Oppler. Die Christdemokraten hoffen, durch Oppler, der bis 1937 als Rechtsanwalt in Deutschland praktizierte, die NS-Judenverfolgung in einem Brüsseler Kellerversteck überlebte und nach dem Krieg Personalchef der Zweizonenverwaltung in Frankfurt war, wenigstens zum Teil die schlechte Presse im westlichen Ausland zu kompensieren, die aus NPD-Wahlerfolgen und Kanzler Kiesingers NSDAP-Mitgliedschaft resultiert.«

32 Die relevanten Bestimmungen lauten: »Jeder Deutsche hat nach seiner Eignung, Befähigung und fachlichen Leistung gleichen Zugang zu jedem öffentlichen Amte.« Art. 33, 2 GG; »Niemandem darf aus seiner Zugehörigkeit oder Nichtzugehörigkeit zu einem Bekenntnisse oder einer Weltanschauung ein Nachteil erwachsen.« Art. 33, 3 GG.

33 Geheimschreiben Opplers an die Abteilung Z des AA, 16. Mai 1963, in: BA Koblenz, NL Oppler, 28.

34 BA Koblenz, NL Oppler, 42.

35 Vermerk Informationsreferent und Aufzeichnungen anderer Zeugen v. 9. Juni 1967; Qualifikationsbericht des Botschafters Oppler, 29. Juni 1967, in: BA Koblenz, NL Oppler, 30. – Zur Karriere von R.: geb. 1904, Volljurist, 1930–1939 Referent beim Internationalen Arbeitsamt Genf, 1940 NSDAP u. Übernahme ins AA, Dolmetscher, zuletzt stellv. Leiter des Sprachendienstes, 1950 Wiederverwendung im Auswärtigen Dienst, Leiter des Sprachendienstes, 1960 Botschafter in Dakar. – R. war 1942 beteiligt bei den Bemühungen des AA zur Verschleierung der Hintergründe für das Attentat auf den Legationssekretär Ernst vom Rath, das zur Auslösung der Pogrome am 9. November 1938 geführt hatte. Bulletin der Bundesregierung v. 6. Juni 1963, S. 866; BA Koblenz, NL Rheindorf, 78; Who is Who 1975, Döscher: »Reichskristallnacht«, Auflage 1988, S. 157.

36 Herwarth, Erinnerungen, S. 373; Diehl, geb. 1916, 1938 NSDAP, 1939 AA, Mitarbeiter der Kultur- bzw. Rundfunkpolitischen Abteilung, zeitweise unter deren stellv. Leiter Kiesinger, 1952 Sprecher des AA, 1966 Leiter des Planungsstabes im AA, 1967 Leiter des Presse- u. Informationsamtes der Bundesregierung, 1970 Botschafter in New Delhi. Bulletin der Bundesregierung v. 20. Januar 1977, S. 36; BA Koblenz, NL Rheindorf, 78.

37 Herwarth, Erinnerungen, S. 380 f.

38 Brandt, Begegnungen, S. 187.

39 »DER SPIEGEL« v. 30. Januar 1967, S. 22.

40 Schriftliche Mitteilung v. 6. September 1994 an den Verf.

41 BA Koblenz, NL Oppler, 48.

42 100 Jahre, S. 50 f.

43 Protokoll 7. Sitzung, UA Nr. 47, S. 21, in: Deutscher Bundestag, Parlamentsarchiv.

44 Frank, Entschlüsselte Botschaft, S. 15.

Dienstgrade der SS mit Äquivalenzen
der Wehrmacht (Heer)

SS	*Wehrmacht (Heer)*
Oberstgruppenführer	Generaloberst
Obergruppenführer	General der Infanterie
Gruppenführer	Generalleutnant
Brigadeführer	Generalmajor
Oberführer	–
Standartenführer	Oberst
Obersturmbannführer	Oberstleutnant
Sturmbannführer	Major
Hauptsturmführer	Hauptmann
Obersturmführer	Oberleutnant
Untersturmführer	Leutnant
Sturmscharführer	Stabsfeldwebel
Hauptscharführer	Oberfeldwebel
Oberscharführer	Feldwebel
Scharführer	Unterfeldwebel
Unterscharführer	Unteroffizier

Amtsbezeichnungen im höheren Auswärtigen Dienst mit Äquivalenzen der allgemeinen Verwaltung und Besoldungsgruppen

Auswärtiges Amt (Auslandsvertretungen)	Allgemeine Verwaltung	Besoldungs-gruppen
Staatssekretär	Staatssekretär	B 11
Ministerialdirektor (Botschafter)*	Ministerialdirektor	B 9
Ministerialdirigent (Botschafter bzw. Gesandter oder Generalkonsul)	Ministerialdirigent	B 6
Vortragender Legationsrat I. Klasse (Botschafter bzw. Gesandter oder Generalkonsul)	Leitender Ministerialrat	B 3
Vortragender Legationsrat I. Klasse (Botschafter bzw. Gesandter, Botschaftsrat I. Kl. oder Generalkonsul)	Ministerialrat bzw. Leitender Regierungsdirektor	A 16
Vortragender Legationsrat (Botschafter bzw. Botschaftsrat oder Generalkonsul)	Regierungsdirektor	A 15
Legationsrat I. Klasse (I. Sekretär bzw. Konsul I. Kl.)	Oberregierungsrat	A 14
Legationsrat (II. Sekretär bzw. Konsul)	Regierungsrat	A 13
Legationssekretär (III. Sekretär bzw. Vizekonsul)	Regierungsassessor	A 13

* Die in Klammern stehenden Amtsbezeichnungen sind bei den Auslandsvertretungen üblich. Je nach Bedeutung und Größe der Botschaften bzw. Generalkonsulate werden deren Leiter unterschiedlichen Besoldungsgruppen zugeordnet. Gesandte sind ständige Vertreter der Botschafter.

Quellen und Literatur

Ungedruckte Quellen

Politisches Archiv des Auswärtigen Amts (PA des AA) Bonn bzw. Berlin:
Abteilung I, Referat 110 (Organisationsreferat).
Abteilung II (Verbindungsstelle zur Alliierten Hohen Kommission, Politische Abteilung).
Büro Staatssekretär, Nr. 217–221, 230–231, 281–283, 361–362.
Inland II g.
Personalakten der früheren Botschafter Hausenstein, A. Pfeiffer, Schlange-Schöningen und Wohleb.
Nachlaß Haas.

Berlin Document Center (BDC):
NSDAP- und SS-Personalunterlagen von 400 Angehörigen des früheren Auswärtigen Dienstes, deponiert in der Forschungsstelle für Zeitgeschichte Hamburg.

Bundesarchiv (BA):
B 136 (Bundeskanzleramt, Auswärtiges Amt).
Nachlässe Blankenhorn, Blücher, von Brentano, Brill, Hallstein, von Neurath, Rheindorf, Oppler, Schlange-Schöningen.
Rep. 501, LVI A (Kriegsverbrecher-Prozesse, Militärgerichtshof Nr. IV, Fall XI).
Kleine Erwerbungen Nr. 838 (Döscher), Schriftwechsel mit ehemaligen Diplomaten und SS-Führern.
Z Sg. 101, 95 Sammlung Brammer.
Abt. Potsdam, AA-Film Nr. 3653.
Abt. Zentralnachweisstelle Aachen, schriftliche Mitteilung betr. Hauptmann d. R. Werner von Bargen.

Deutscher Bundestag, Parlamentsarchiv, Bonn:
Akten des Untersuchungsausschusses Nr. 47 des Deutschen Bundestages, 1. Wahlperiode.

Institut für Zeitgeschichte (IfZ) München:
Zeugenschrifttum (ZS) ehemaliger Diplomaten.

National Archives (NA) Washington:
Bestand T 120, Mikrofilme.

Archiv für Christlich-Demokratische Politik der Konrad-Adenauer-Stiftung (ACDP) Sankt Augustin:
Nachlaß Theophil Kaufmann.

Hauptstaatsarchiv (HStA) Düsseldorf:
Rep. 192, Nr. 19, Anklageschrift in dem Strafverfahren gegen den früheren Vortragenden Legationsrat Horst Wagner wegen Beihilfe zum Mord.

Staatsarchiv (StA) Nürnberg:
Akten des Wilhelmstraßen-Prozesses, Dokumentenreihe NG Nr. 146–5921.

Staatsarchiv (StA) Stade:
Rep. 275 RH/Std/STD, L 396 (Entnazifizierungsakten W. von B. und E. H.).

Schriftliche (schr.) oder mündliche (m.) Auskünfte gaben

Bahr, Egon, Bundesminister a. D., Bonn, schr.
Birkelbach, Wilhelm, MdB a. D., Frankfurt a. M., m.
Braun, Dr. Karl Otto, München, schr. u. m. (†)
Breer, Dr. Franz, Generalkonsul a. D., Hamburg-Aumühle, schr. u. m.
Bruns, Dr. Georg, Eningen, schr. u. m.(†)
Etzdorf, Dr. Hasso von, Botschafter a. D., Eichtling, schr. (†)
Frank, Dr. Paul, Staatssekretär a. D., Breitnau, schr.
Hentig, Dr. Werner von, Botschafter a. D., Seibersbach, schr. (†)
Keller, Dr. Rupprecht von, Botschafter a. D., Tutzing, schr. (†)

Kempner, Prof. Dr. Robert M. W., Rechtsanwalt, Frankfurt a. M., schr. u. m. (†)

Mansfeld, Michael, Journalist, Almunecar (Spanien), schr. (†)

Meissner, Dr. Hans-Otto, Konsul I. Klasse a. D., München, schr. u. m. (†)

Sahm, Dr. Ulrich, Botschafter a. D., Bodenwerder, schr. u. m.

Sonnenhol, Dr. Gustav A., Botschafter a. D., Königswinter, schr. (†)

Steinkühler, Dr. Manfred, Generalkonsul a. D., Berlin, schr. u. m.

Thomas, Michael, ehem. britischer Verbindungsoffizier, Hamburg, m. (†)

Vogel, Dr. Georg, Botschafter a. D., Stegen b. Freiburg i. Brsg., schr. (†)

Zinsser, Christian, Generalkonsul a. D., München, schr. u. m. (†)

Gedruckte Quellen

Akteneditionen, Dokumentensammlungen und amtliche Publikationen.

Akten zur Auswärtigen Politik der Bundesrepublik Deutschland. Hg. im Auftrag des Auswärtigen Amts v. Hans-Peter Schwarz. Bd. 1, Adenauer und die Hohen Kommissare, hg. von Hans-Peter Schwarz in Verbindung mit Reiner Pommerin, bearbeitet v. Frank-Lothar Kroll u. Manfred Nebelin, München 1989, Bd. 2, München 1990.

Die Auswärtige Politik der Bundesrepublik Deutschland. Hg. vom Auswärtigen Amt, Köln 1972.

Auswärtige Politik heute, hg. vom Auswärtigen Amt, Bonn [2]1979.

Bulletin der Bundesregierung, hg. vom Presse- und Informationsamt, Bonn 1951–1980.

Dokumente des geteilten Deutschland. Mit einer Einführung hg. von Ingo von Münch, Stuttgart [2]1976.

Handbuch der Bundesregierung, 7. Wahlperiode. Bearbeitet von Hans-Jörg Erb, Bonn-Bad Honnef 1973.

Handbuch der Bundesregierung, 8. Wahlperiode, Bonn-Rheinbreitbach 1977.

Handbuch für die Bundesrepublik Deutschland, 1953. Hg. vom Bundesminister des Innern, Köln-Berlin 1953.

100 Jahre Auswärtiges Amt, 1870–1970, hg. vom Auswärtigen Amt, Bonn 1970.

Die Kabinettsprotokolle der Bundesregierung. Hg. für das Bundesarchiv von Hans Booms. Bd. 1, 1949, bearbeitet von Ulrich Enders und Konrad Reiser, Boppard 1982; Bd. 2, 1950, bearbeitet von Ulrich Enders und Konrad Reiser, Boppard 1984; Bd. 3, 1950, Wortprotokolle, bearbeitet von Ulrich Enders und Konrad Reiser, Boppard

1986; Bd. 4, 1951, bearbeitet von Ursula Hüllbusch, Boppard 1988; Bd. 5, 1952, bearbeitet von Kai von Jena, Boppard 1989.

Der Prozeß gegen die Hauptkriegsverbrecher vor dem Internationalen Militärgerichtshof. Nürnberg, 14. November 1945–1. Oktober 1946. 42 Bde., Nürnberg 1947–1949.

Schriftlicher Bericht des Untersuchungsausschusses (47. Ausschuß) gemäß Antrag der Fraktion der SPD betreffend Prüfung, ob durch die Personalpolitik Mißstände im Auswärtigen Dienst eingetreten sind. Nr. 2680 der Drucksachen, Deutscher Bundestag, 1. Wahlperiode 1949, Drucksache Nr. 3465.

Das Urteil im Wilhelmstraßen-Prozeß. Der amtliche Wortlaut der Entscheidungen im Fall 11 des Nürnberger Militärtribunals gegen Weizsäcker und andere mit abweichender Urteilsbegründung, Berichtigungsbeschlüssen, den grundlegenden Gesetzesbestimmungen, einem Verzeichnis der Gerichtspersonen und Zeugen. Einführungen von Robert M. W. Kempner und Carl Haensel, Schwäbisch-Gmünd 1950.

Verhandlungen des Deutschen Bundestages. Stenographische Berichte, Bonn 1949 ff.

Die Volksvertretung. Handbuch des Deutschen Bundestags. Herausgegeben von Fritz Sänger, Stuttgart 1949.

Memoiren, Tagebücher und Briefe

Adenauer, Konrad: Briefe 1949–1951. Hg. von Rudolf Morsey u. Hans-Peter Schwarz. Bearbeitet von Hans Peter Mensing, Berlin 1985.

Adenauer, Konrad: Briefe 1951–1953. Hg. von Rudolf Morsey u. Hans-Peter Schwarz. Bearbeitet von Hans Peter Mensing, Berlin 1987.

Adenauer, Konrad: Erinnerungen 1945–1953; 1953–1955; 1955–1959; 1959–1963, Fragmente; Stuttgart 1965–1968.

Adenauer, Konrad: Teegespräche 1950–1954. Hg. von Rudolf Morsey u. Hans-Peter Schwarz. Bearbeitet von Hanns Jürgen Küsters, Berlin 1984.

Allardt, Helmut: Politik vor und hinter den Kulissen. Erfahrungen eines Diplomaten zwischen Ost und West, Düsseldorf-Wien 1979.

Bargatzky, Walter: Hotel Majestic. Ein Deutscher im besetzten Frankreich, Freiburg i. Brsg. 1987.

Bérard, Armand: Un ambassadeur se souvient. Bd. 2, Washington et Bonn, 1945-1955, Paris 1978.

Blankenhorn, Herbert: Verständnis und Verständigung. Blätter eines politischen Tagebuchs 1949 bis 1979, Frankfurt/Main-Berlin-Wien 1980.

Brandt, Willy. Erinnerungen, Berlin-Frankfurt/Main 1989.

Brandt, Willy: Begegnungen und Einsichten. Die Jahre 1960–1975, Hamburg 1976.

Eckardt, Felix von: Ein unordentliches Leben. Lebenserinnerungen, Düsseldorf-Wien 1967.

Frank, Paul: Entschlüsselte Botschaft. Ein Diplomat macht Inventur, München 1985.

Gehlen, Reinhard: Der Dienst. Erinnerungen 1942–1971, Mainz-Wiesbaden 1971.

Gerstenmaier, Eugen: Streit und Friede hat seine Zeit. Ein Lebensbericht, Frankfurt a. M.-Berlin-Wien 1981.

Gilbert, Felix: Lehrjahre im alten Europa. Erinnerungen 1905–1945, Berlin 1989.

Goldmann, Nahum: Mein Leben als deutscher Jude, München-Wien 1980.

Grewe, Wilhelm G.: Rückblenden 1976–1951. Aufzeichnungen eines Augenzeugen deutscher Außenpolitik von Adenauer bis Schmidt, Frankfurt/M.-Berlin-Wien 1979.

Haas, Wilhelm: Lebenserinnerungen, unveröffentlichtes Manuskript, in: PA des AA.

Hassell, Ulrich von: Die Hassell-Tagebücher 1938–1944. Aufzeichnungen vom Andern Deutschland. Nach der Handschrift revidierte und erweiterte Ausgabe hg. von Friedrich Freiherr Hiller von Gaertringen, Berlin 1988.

Hausenstein, Wilhelm: Impressionen und Analysen. Letzte Aufzeichnungen, München 1969.

Hausenstein, Wilhelm: Pariser Erinnerungen. Aus fünf Jahren diplomatischen Dienstes 1950–1955, München [3]1961.

Hentig, Werner von: Mein Leben – eine Dienstreise, Göttingen [2]1963.

Herwarth, Hans von: Von Adenauer zu Brandt. Erinnerungen, Berlin-Frankfurt/M. 1990.

Herwarth, Hans von: Zwischen Hitler und Stalin. Erlebte Zeitgeschichte 1931–1945, Frankfurt/M.-Berlin-Wien 1982.

Hilger, Gustav: Wir und der Kreml. Deutsch-sowjetische Beziehungen 1918–1941. Erinnerungen eines deutschen Diplomaten, Frankfurt a. M.-Bonn 1964.

Hill, Leonidas E. (Hg.): Die Weizsäcker-Papiere 1933–1950, Frankfurt/M.-Berlin-Wien 1974.

John, Otto: Zweimal kam ich heim. Vom Verschwörer zum Schützer der Verfassung, Düsseldorf-Wien 1969.

Kempner, Robert M. W.: Ankläger einer Epoche. Lebenserinnerungen, Frankfurt/M.-Berlin-Wien 1983.

Kiesinger, Kurt Georg: Dunkle und helle Jahre. Erinnerungen 1904– 1958. Hg. von Reinhard Schmoeckel, Stuttgart 1989.

Kordt, Erich: Nicht aus den Akten ... Die Wilhelmstraße in Frieden und Krieg. Erlebnisse, Begegnungen und Eindrücke 1928–1945, Stuttgart 1950.

Kroll, Hans: Botschafter in Belgrad, Tokio und Moskau 1953–1962, München 1969.

Kroll, Hans: Lebenserinnerungen eines Botschafters, Köln-Berlin 1967.

Lenz, Otto: Im Zentrum der Macht. Das Tagebuch von Staatssekretär Lenz 1951–1953. Bearbeitet von Klaus Gotto, Hans-Otto Kleinmann und Reinhard Schreiner, Düsseldorf 1989.

Meyer-Landrut, Andreas: Mit Gott und langen Unterhosen. Erlebnisse eines Diplomaten in der Zeit des Kalten Krieges, Berlin 2003.

Pfleiderer, Karl Georg: Politik für Deutschland. Reden und Aufsätze 1948–1956, Stuttgart 1961.

Putlitz, Wolfgang Gans, Edler Herr zu: Unterwegs nach Deutschland. Erinnerungen eines ehemaligen Diplomaten, Berlin (Ost) [8]1960.

Ribbentrop, Joachim von: Zwischen London und Moskau. Erinnerungen und letzte Aufzeichnungen. Aus dem Nachlaß hg. von Annelies von Ribbentrop, Leoni am Starnberger See 1953.

Riesser, Hans E.: Von Versailles zur UNO. Aus den Erinnerungen eines Diplomaten, Bonn 1962.

Schlange-Schöningen, Hans: Am Tage danach, Hamburg 1946.

Schlesinger, Moritz: Erinnerungen eines Außenseiters im diplomatischen Dienst, aus dem Nachlaß herausgegeben und eingeleitet von Hubert Schneider, Köln 1977.

Schmid, Carlo: Erinnerungen, Bern-München 1979.

Schmidt, Paul Otto: Statist auf dipomatischer Bühne 1923–1945. Erlebnisse des Chefdolmetschers im Auswärtigen Amt mit den Staatsmännern Europas, Bonn 1950.

Schmidt, Paul-Otto: Der Statist auf der Galerie 1945–1950. Erlebnisse, Kommentare, Vergleiche, Bonn 1951.

Schwerin von Krosigk, Lutz Graf: Es geschah in Deutschland. Menschenbilder unseres Jahrhunderts, Tübingen u. Stuttgart 1951.

Spitzy, Reinhard: So entkamen wir den Alliierten. Bekenntnisse eines »Ehemaligen«, München-Berlin 1989.

Spitzy, Reinhard: So haben wir das Reich verspielt. Bekenntnisse eines Illegalen, München-Wien 1986.

Staden, Berndt von: Ende und Anfang. Erinnerungen 1939–1963, Vaihingen 2001.

Staden, Wendelgard von: Nacht über dem Tal. Eine Jugend in Deutschland, Düsseldorf-Köln 1979.

Strauß, Franz Josef: Die Erinnerungen, Berlin 1989.

Thomas, Michael: Deutschland, England über alles, Berlin 1984, München 1987.

Vogel, Georg: Diplomat unter Hitler und Adenauer, Düsseldorf-Wien 1969.

Weizsäcker, Ernst von: Erinnerungen. Herausgegeben von Richard von Weizsäcker, München-Leipzig-Freiburg i. Brsg. 1950.

Weizsäcker, Richard von: Vier Zeiten. Erinnerungen, Berlin 1997.

Darstellungen

Auswärtiges Amt (Hg.): Biographisches Handbuch des deutschen Auswärtigen Dienstes 1871–1945, Bd. 1 (A–F), Paderborn 2000.

Auswärtiges Amt (Hg.): Zum Gedenken, Berlin 2003

Baring, Arnulf: Außenpolitik in Adenauers Kanzlerdemokratie. Bonns Beitrag zur Europäischen Verteidigungsgemeinschaft, München-Wien 1969.

Baring, Arnulf: Sehr verehrter Herr Bundeskanzler! Heinrich von Brentano im Briefwechsel mit Konrad Adenauer 1949–1964, Hamburg 1974.

Baring, Arnulf: Unser neuer Größenwahn – Deutschland zwischen Ost und West, Stuttgart 1988.

Besson, Waldemar: Die Außenpolitik der Bundesrepublik. Erfahrungen und Maßstäbe, München 1970.

Biewer, Ludwig/Pretsch, Hans Jochen: Das Politische Archiv des Auswärtigen Amts, herausgegeben vom Auswärtigen Amt, Berlin 2003.

Biewer, Ludwig: Erich Kaufmann – Jurist aus Pommern im Dienste von Demokratie und Menschenrechten, in: Baltische Studien, neue Folge, Bd. 75, 1989, S. 115–124.

Birke, Adolf M.: Nation ohne Haus. Deutschland 1945–1961, Berlin 1989.

Blasius, Rainer A.: Ein konservativer Patriot im Dienste Hitlers – Ernst Freiherr von Weizsäcker, in: Filmer, Werner/Schwan, Heribert

(Hg.): Richard von Weizsäcker, Düsseldorf-Wien-New York 1989, S. 246–271.

Blasius, Rainer A.: Fall 11. Der Wilhelmstraßen-Prozeß gegen das Auswärtige Amt und andere Ministerien, in: Ueberschär, Gerd R. (Hg.): Der Nationalsozialismus vor Gericht, Frankfurt a. M. 1999, S. 187 bis 198.

Bodemann, Y. Michal: Gedächtnistheater. Die jüdische Gemeinschaft und ihre deutsche Erfindung, Hamburg 1996.

Bracher, Karl Dietrich/Jäger, Wolfgang/Link, Werner (Hg.): Republik im Wandel, 1969–1974 »Die Ära Brandt«. Geschichte der Bundesrepublik Deutschland, Bd. 5/I, Stuttgart 1986.

Braunbuch, Kriegs- und Naziverbrecher in der Bundesrepublik und in West-Berlin, Berlin (Ost) [3]1968.

Brochhagen, Ulrich: Nach Nürnberg. Vergangenheitsbewältigung und Westintegration in der Ära Adenauer, Hamburg 1994.

Browning, Christopher R.: The Final Solution and the German Foreign Office. A study of Referat D III of Abteilung Deutschland 1940–43, New York 1978.

Brunner, Bernhard: Der Frankreich-Komplex. Die nationalsoziaistischen Verbrechen in Frankreich und die Justiz der Bundesrepublik Deutschland, Göttingen 2004.

Bucerius, Gerd: Der Adenauer. Subjektive Beobachtungen eines unbequemen Zeitgenossen, Hamburg 1976.

Busch, Eckart: Parlamentarische Kontrolle. Ausgestaltung und Wirkung, Heidelberg [4]1991.

Conze, Eckart: Aufstand des preußischen Adels. Marion Gräfin Dönhoff und das Bild des Widerstands gegen den Nationalsozialismus in der Bundesrepublik Deutschland, in: Vierteljahrshefte für Zeitgeschichte 51 (2003), Bd. 4, S. 483–508.

Dahrendorf, Ralf: Gesellschaft und Demokratie in Deutschland, München 1966.

Delattre, Lucas: Der wichtigste Spion des Zweiten Weltkriegs, München-Zürich 2004.

Doering-Manteuffel, Anselm: Die Bundesrepublik Deutschland in der Ära Adenauer. Außenpolitik und innere Entwicklung 1949–1963, Darmstadt [2]1988.

Döscher, Hans-Jürgen: »Reichskristallnacht«. Die Novemberpogrome 1938, 3. Auflage, Berlin 2000.

Döscher, Hans-Jürgen: Das Auswärtige Amt im Dritten Reich. Diplomatie im Schatten der »Endlösung«, Berlin 1987.

Döscher, Hans-Jürgen: SS und Auswärtiges Amt im Dritten Reich. Diplomatie im Schatten der »Endlösung«, Berlin 1991 (TB-Ausgabe).

Döscher, Hans-Jürgen: Verschworene Gesellschaft. Das Auswärtige Amt unter Adenauer zwischen Neubeginn und Kontinuität, Berlin 1995.

Doß, Kurt: Das deutsche Auswärtige Amt im Übergang vom Kaiserreich zur Weimarer Republik. Die Schülersche Reform, Düsseldorf 1977.

Doß, Kurt: The History of the German Foreign Office, in: The Times Survey of Foreign Ministries of the World, London 1982.

Dreher, Klaus: Der Weg zum Kanzler. Adenauers Griff nach der Macht, Düsseldorf-Wien 1972.

Drenker, Alexander: Diplomaten ohne Nimbus! Beobachtungen und Meinungen eines deutschen Presseattachés, Zürich 1970.

Eisfeld, Rainer/Müller, Ingo (Hg.): Gegen Barbarei. Essays Robert M. W. Kempner zu Ehren, Frankfurt a. M. 1989.

End, Heinrich: Erneuerung der Diplomatie. Der Auswärtige Dienst der Bundesrepublik Deutschland – Fossil oder Instrument? Neuwied-Berlin 1969.

End, Heinrich: Zweimal deutsche Außenpolitik. Internationale Dimensionen des innerdeutschen Konflikts 1949–1972, Köln 1973.

Fastenrath, Ulrich: Kompetenzverteilung im Bereich der auswärtigen Gewalt, München 1986.

Foschepoth, Josef (Hg.): Kalter Krieg und Deutsche Frage. Deutschland im Widerstreit der Mächte 1945–1952, Göttingen-Zürich 1985.

Frei, Norbert: Vergangenheitspolitik. Die Anfänge der Bundesrepublik und die NS-Vergangenheit, München 1996.

Giordano, Ralph: Die zweite Schuld oder Von der Last Deutscher zu sein, Hamburg 1987.

Gotto, Klaus/Maier, Hans/Morsey, Rudolf/Schwarz, Hans-Peter: Konrad Adenauer. Seine Deutschland- und Außenpolitik 1945–1963, München 1975.

Grewe, Wilhelm G.: Deutsche Außenpolitik der Nachkriegszeit, Stuttgart 1981.

Grewe, Wilhelm G.: Die deutsche Frage in der Ost-West-Spannung, Herford 1986.

Haas, Wilhelm: Beitrag zur Geschichte der Entstehung des Auswärtigen Dienstes der Bundesrepublik Deutschland, Bremen 1969.

Hacke, Christian: Weltmacht wider Willen. Die Außenpolitik der Bundesrepublik Deutschland, Stuttgart 1988.

Haftendorn, Helga: Sicherheit und Entspannung. Zur Außenpolitik der Bundesrepublik Deutschland 1955–1982, Baden-Baden 1983.

Hammerschmidt, Helmut/Mansfeld, Michael: Der Kurs ist falsch, München-Wien-Basel 1956.

Hanrieder, Wolfram F./Rühle, Hans (Hg.): Im Spannungsfeld der Weltpolitik, 30 Jahre deutsche Außenpolitik (1949–1979), Stuttgart 1981.

Hanrieder, Wolfram F.: Die stabile Krise. Ziele und Entscheidungen der bundesrepublikanischen Außenpolitik 1949–1969, Düsseldorf 1971.

Hanrieder, Wolfram F.: West German Foreign Policy 1949–1963. International Pressure and Domestic Response, Stanford (Calif.) 1967.

Henkel, Rüdiger (Hg.): Was treibt den Spion? Spektakuläre Fälle von der »Schönen Sphinx« bis zum »Bonner Dreigestirn«, Berlin 2001.

Herbert, Ulrich: Best. Biographische Studien über Radikalismus, Weltanschauung und Vernunft, 1903–1989, Bonn [2]1996.

Herbst, Ludolf (Hg.): Westdeutschland 1945–1955. Unterwerfung, Kontrolle, Integration, München 1986.

Herwarth, Hans von: Der diplomatische Dienst in einer sich wandelnden Welt, in: Politische Studien 20 (1969), H. 187, S. 541–550.

Hilberg, Raul: Die Vernichtung der europäischen Juden. Die Gesamtgeschichte des Holocaust, Berlin 1982.

Hubatsch, Walther: Deutsche Memoiren 1945–1853. Eine kritische Übersicht, Laupheim 1953.

Huster, Ernst-Ulrich u. a.: Determinanten der westdeutschen Restauration 1945–1949, Frankfurt a. M. 1972.

InternAA, Mitarbeiterzeitung des Auswärtigen Amts, Sonderausgabe, April 2005.

Ismayr, Wolfgang: Der Deutsche Bundestag. Funktionen, Willensbildung, Reformansätze, Leverkusen 1993.

Jacobsen, Hans-Adolf: Nationalsozialistische Außenpolitik 1933–1938, Frankfurt/M.-Berlin 1968.

Jäckel, Eberhard: Frankreich in Hitlers Europa. Die deutsche Frankreichpolitik im Zweiten Weltkrieg, Stuttgart 1966.

Jochmann, Werner: Evangelische Kirche und politische Neuorientierung in Deutschland 1945, in: Geiss, Imanuel/Wendt, Bernd-Jürgen (Hg.): Deutschland in der Weltpolitik des 19. und 20. Jahrhunderts, Festschrift für Fritz Fischer zum 65. Geburtstag, Düsseldorf 1973.

Kaiser, Karl: German Foreign Policy in Transition. Bonn between East and West, London/Oxford/New York 1968.

Kaufmann, Erich: Bismarcks Erbe in der Reichsverfassung, Berlin 1917.

Kempner, Robert M. W.: Das Dritte Reich im Kreuzverhör, München-Eßlingen 1969, Düsseldorf 1980.

Kempner, Robert M. W.: SS im Kreuzverhör, München 1964.

Kempner, Robert M. W.: Eichmann und Komplizen, Zürich-Stuttgart-Wien 1961.

Kipke, Rüdiger: Die Untersuchungsausschüsse des Deutschen Bundestages. Praxis und Reform der parlamentarischen Enquete, Berlin 1985.

Kittel, Manfred: Die Legende von der »Zweiten Schuld«. Vergangenheitsbewältigung in der Ära Adenauer, Berlin-Frankfurt/M. 1993.

Klingl, Friedrich: Das ganze Deutschland soll es sein! Thomas Dehler und die außenpolitischen Weichenstellungen der fünfziger Jahre, München 1987.

Kocka, Jürgen: 1945, Neubeginn oder Restauration? In: Stern, Carola/ Winkler, Heinrich August (Hg.): Wendepunkte deutscher Geschichte 1938–1945, Frankfurt a. M. 1979.

Köhler, Henning: Adenauer. Eine politische Biographie, Berlin-Frankfurt a. M. 1994.

Kordt, Erich: Wahn und Wirklichkeit. Die Außenpolitik des Dritten Reiches. Versuch einer Darstellung, Stuttgart 1948.

Kraske, Erich/Nöldeke, Wilhelm: Handbuch des Auswärtigen Dienstes, Tübingen 1957.

Krausnick, Helmut/Wilhelm, Hans-Heinrich: Die Truppe des Weltanschauungskrieges. Die Einsatzgruppen der Sicherheitspolizei und des SD 1938–1942, Stuttgart 1981.

Krekeler, Heinz L.: Die Diplomatie, München-Wien 1965.

Küpper, Jost: Die Kanzlerdemokratie, Frankfurt a. M.-Bern-New York 1985.

Kurowski, Franz: Deutsche Offiziere in Staat, Wirtschaft und Wissenschaft, Herford 1967.

Laqueur, Walter: Was niemand wissen wollte: Die Unterdrückung der Nachrichten über Hitlers »Endlösung«, Frankfurt/M.-Berlin-Wien 1981.

Leithäuser, Joachim G.: Diplomatie auf schiefer Bahn, Berlin 1953.

Lohmann, Albrecht: Das Auswärtige Amt, Düsseldorf [2]1973.

Loth, Wilfried/Rusinek, Bernd A. (Hg.): Verwandlungspolitik. NS-Eliten in der westdeutschen Nachkriegsgesellschaft, Frankfurt/Main, New York 1998.

Loth, Wilfried: Die Teilung der Welt. Geschichte des Kalten Krieges 1941–1955, München [8]1990.

Lüdde-Neurath, Walter: Regierung Dönitz. Die letzten Tage des Dritten Reiches, Göttingen [2]1953.

Majonika, Ernst: Deutsche Außenpolitik. Probleme und Entscheidungen, Stuttgart 1965.

Malinowski, Stephan: Vom König zum Führer. Sozialer Niedergang und politische Radikalisierung im deutschen Adel zwischen Kaiserreich und NS-Staat, Berlin 2003.

Mansfeld, Michael:»Ich sehe diese würd'gen Peers ...« ... in der Personalpolitik des Auswärtigen Amtes (I-VI), in:»Frankfurter Rundschau« v. 16. bis 24. November 1951.

Mansfeld, Michael:»Ihr naht euch wieder ...«. Einblicke in die Personalpolitik des Bonner Auswärtigen Amtes (I-V), in:»Frankfurter Rundschau« vom 1. bis 6. September 1951.

Mansfeld, Michael: Bonn Koblenzer Straße. Der Bericht des Robert von Lenwitz, München 1967.

Meyer zu Achenbach, Richard: Gedanken über eine konstruktive deutsche Ostpolitik. Eine unterdrückte Denkschrift aus dem Jahre 1953, hg. von Julius H. Schoeps, Frankfurt/Main 1986.

Mommsen, Hans: Alternative zu Hitler. Studien zur Geschichte des deutschen Widerstands, München 2000.

Morsey, Rudolf: Die Bundesrepublik Deutschland. Entstehung und Entwicklung bis 1969, München 1987.

Mosler, Hermann: Die auswärtige Gewalt im Verfassungssystem der Bundesrepublik Deutschland. Festschrift für Carl Bilfinger, Köln-Berlin 1954.

Müller, Claus M.: Relaunching German Diplomacy: The Auswärtiges Amt in the 1950s, Münster 1996.

Müller-Roschach, Herbert: Die deutsche Europapolitik 1949–1977. Eine politische Chronik, Bonn 1980.

Nazidiplomaten in Bonner Diensten. Eine Dokumentation des Ministeriums für Auswärtige Angelegenheiten der Deutschen Demokratischen Republik, Dresden o. J. [1968].

Noack, Paul: Deutsche Außenpolitik seit 1945, Stuttgart-Berlin-Köln-Mainz 1972.

Noack, Paul: Die Außenpolitik der Bundesrepublik Deutschland, Düsseldorf [2]1981.

Overesch, Manfred: Deutschland 1945–1949. Vorgeschichte und Gründung der Bundesrepublik, Königstein/Ts. 1979.

Overesch, Manfred: Gesamtdeutsche Illusion und westdeutsche Realität. Von den Vorbereitungen für einen deutschen Friedensvertrag zur

Gründung des Auswärtigen Amts der Bundesrepublik Deutschland 1946–1949/51, Düsseldorf 1978.

Piontkowitz, Heribert: Anfänge westdeutscher Außenpolitik 1946–1949. Das Deutsche Büro für Friedensfragen, Stuttgart 1978.

Pirker, Theo: Die verordnete Demokratie. Grundlagen und Erscheinungen der Restauration, Berlin 1977.

Poliakov, Leon/Wulf, Josef: Das Dritte Reich und seine Diener. Dokumente, Berlin 1975.

Putlitz, Wolfgang zu: Das Gesicht des Bonner Auswärtigen Amtes, in: Deutsche Außenpolitik I (1956), S. 312–321.

Reichel, Peter: Vergangenheitsbewältigung in Deutschland. Die Auseinandersetzung mit der NS-Diktatur von 1945 bis heute, München 2001.

Riesser, Hans E.: Haben die deutschen Diplomaten versagt? Eine Kritik an der Kritik von Bismarck bis heute, Bonn 1959.

Röding, Horst: Werben um Vertrauen. Die Entstehungsgeschichte des Auswärtigen Amtes, in: Information für die Truppe 4/1990, S. 49 bis 63.

Sallet, Richard: Der diplomatische Dienst, seine Geschichte und Organisation in Frankreich, Großbritannien und den Vereinigten Staaten, Stuttgart 1953.

Sasse, Heinz Günther: 100 Jahre Botschaft in London. Aus der Geschichte einer Deutschen Botschaft, Bonn 1963.

Schlarp, Karl-Heinz: Alternativen zur deutschen Außenpolitik 1952–1955: Karl Georg Pfleiderer und die »Deutsche Frage«, in: Benz, Wolfgang/Graml, Hermann (Hg.): Aspekte deutscher Außenpolitik im 20. Jahrhundert, Stuttgart 1976, S. 211–248.

Schlink, Bernhard: Die Bewältigung der Vergangenheit durch Recht, in: König, Helmut/Kohlstruck, Michael/Wöll, Andreas (Hg.): Vergangenheitsbewältigung am Ende des zwanzigsten Jahrhunderts, Opladen 1998, S. 433–451.

Schneider, Herbert/Uffelmann, Uwe: Zur Außenpolitik der Bundesrepublik Deutschland, Paderborn 1977.

Schubert, Klaus von: Wiederbewaffnung und Westintegration. Die innere Auseinandersetzung um die militärische und außenpolitische Orientierung der Bundesrepublik 1950–1952, Stuttgart ²1972.

Schwabe, Klaus (Hg.): Das Diplomatische Korps 1871–1945, Boppard am Rhein 1985.

Schwarz, Hans-Peter (Hg.): Handbuch der deutschen Außenpolitik, München 1975.

Schwarz, Hans-Peter: Adenauer. Der Aufstieg: 1876–1952, Stuttgart 1986.

Schwarz, Hans-Peter: Adenauer. Der Staatsmann: 1952–1967, Stuttgart 1991.

Schwarz, Hans-Peter: Die Ära Adenauer. Gründerjahre der Republik 1949–1957, Stuttgart-Wiesbaden 1981.

Schwarz, Hans-Peter: Vom Reich zur Bundesrepublik. Deutschland im Widerstreit der außenpolitischen Konzeptionen in den Jahren der Besatzungsherrschaft 1945–1949, Stuttgart [2]1980.

Seelos, Gebhard: Moderne Diplomatie, Bonn 1953.

Siebenmorgen, Peter: Gezeitenwechsel. Aufbruch zur Entspannungspolitik, Bonn 1990.

Sonnenhol, Gustav Adolf: Untergang oder Übergang? Wider die deutsche Angst, Stuttgart-Herford 1984.

Sontheimer, Kurt: Die Adenauer-Ära. Grundlegung der Bundesrepublik, München 1991.

Stegmann, Dirk/Wendt, Bernd-Jürgen/Witt, Peter-Christian (Hg.): Deutscher Konservativismus im 19. und 20. Jahrhundert. Festschrift für Fritz Fischer zum 75. Geburtstag und zum 50. Doktorjubiläum, Bonn 1983.

Steininger, Rolf: Deutsche Geschichte 1945–1961. Darstellung und Dokumente in zwei Bänden, Frankfurt a. M. 1983.

Steinkühler, Manfred: Unfähig zur moralischen Auseinandersetzung mit der eigenen nationalsozialistischen Vergangenheit? – Unser Auswärtiger Dienst, in: 1999, Zeitschrift für Sozialgeschichte des 20. und 21. Jahrhunderts, 2/1988.

Studnitz, Hans-Georg von: Bismarck in Bonn. Bemerkungen zur Außenpolitik, Stuttgart [2]1965.

Studnitz, Hans-Georg von: Gestalt und Aufbau des Auswärtigen Amtes, in: Außenpolitik III (1952), S. 792–799.

Taylor, Telford: Die Nürnberger Prozesse. Kriegsverbrechen und Völkerrecht, Zürich 1951.

Thayer, Charles W.: Die unruhigen Deutschen, Bern-Stuttgart-Wien 1958.

Thielenhaus, Marion: Zwischen Anpassung und Widerstand: Deutsche Diplomaten 1938–1941. Die politischen Aktivitäten der Beamtengruppe um Ernst von Weizsäcker im Auswärtigen Amt, Paderborn 1984.

Uthmann, Jörg von: Die Diplomaten. Affären und Staatsaffären von den Pharaonen bis zu den Ostverträgen, Stuttgart 1985.

Vollnhals, Clemens (Hg.): Entnazifizierung. Politische Säuberung und

Rehabilitierung in den vier Besatzungszonen 1945–1949, München 1991.

Walker, Horst Otto: Das Presse- und Informationsamt der Bundesregierung. Eine Untersuchung zu Fragen der Organisation, Koordination und Kontrolle der Presse- und Öffentlichkeitsarbeit der Bundesregierung, Frankfurt a. M. 1982.

Weber, Wolfram: Die innere Sicherheit im besetzten Belgien und Nordfrankreich 1940–44. Ein Beitrag zur Geschichte der Besatzungsverwaltungen, Düsseldorf 1978.

Weitkamp, Sebastian: Anatomie eines Staatsverbrechens. Horst Wagner und die Ermordung des Generals Mesny im Januar 1945, unveröffentlichte Magisterarbeit, Osnabrück 2001

Wengst, Udo: Beamtentum zwischen Reform und Tradition. Beamtengesetzgebung in der Gründungsphase der Bundesrepublik Deutschland 1948–1953, Düsseldorf 1988.

Wengst, Udo: Staatsaufbau und Regierungspraxis 1948–1953. Zur Geschichte der Verfassungsorgane der Bundesrepublik Deutschland, Düsseldorf 1984.

Wieck, Hans Georg: Die Entstehung der CDU und die Wiedergründung des Zentrums im Jahre 1945, Düsseldorf 1953.

Wilderotter, Hans (Hg.): Das Haus am Werderschen Markt. Von der Reichsbank zum Auswärtigen Amt, Berlin 2000.

Wiskirchen, Franz-Josef: Bundeskanzler Adenauer und die Alliierte Hohe Kommission. Phil. Diss., Köln 1988.

Abkürzungen

AA	Auswärtiges Amt
AAPD	Akten zur Auswärtigen Politik der Bundesrepublik Deutschland
ADAP	Akten zur Deutschen Auswärtigen Politik
AHK	Alliierte Hohe Kommission
Anm.	Anmerkung
Art.	Artikel
Az.	Aktenzeichen
BA	Bundesarchiv
BDC	Berlin Document Center
BfV	Bundesamt für Verfassungsschutz
BGBl.	Bundesgesetzblatt
BK	Bundeskanzler
BND	Bundesnachrichtendienst
BR	Botschaftsrat
Brif	Brigadeführer
CIC	Counter Intelligence Corps (Spionageabwehr)
CDU	Christlich-Demokratische Union
CSU	Christlich-Soziale Union
DJG	Deutsch-Japanische Gesellschaft
DP	Deutsche Partei
DNVP	Deutschnationale Volkspartei
DVP	Deutsche Volkspartei
ev.	evangelisch
FAZ	Frankfurter Allgemeine Zeitung
FDP	Freie Demokratische Partei
FU	Föderalistische Union
Gestapo	Geheime Staatspolizei
gez.	gezeichnet
GG	Grundgesetz
g. Rs.	geheime Reichssache
Gruf	Gruppenführer
GVPl.	Geschäftsverteilungsplan

Hg.	Herausgeber
Hrsg.	Herausgeber
IfZ	Institut für Zeitgeschichte
IMTC	Internationales Militärtribunal (Nürnberg)
kath.	katholisch
LR	Legationsrat
LS	Legationssekretär
MBD	Ministerialbürodirektor
MD	Ministerialdirektor
MdB	Mitglied des Bundestages
MdR	Mitglied des Reichstages
NA	National Archives (Washington)
NL	Nachlaß
NSDAP	Nationalsozialistische Deutsche Arbeiterpartei
Ogruf	Obergruppenführer
OLG	Oberlandesgericht
o. O. u. J.	ohne Ort und Jahr
Ostuf	Obersturmführer
PA	Politisches Archiv (des AA)
Pg.	Parteigenosse
RAM	Reichsaußenminister
RFSS	Reichsführer SS
RSHA	Reichssicherheitshauptamt
SA	Sturmabteilung
SC	Senioren-Convent
SD	Sicherheitsdienst
SPD	Sozialdemokratische Partei Deutschlands
StA	Staatsarchiv
SS	Schutzstaffel
StS	Staatssekretär
uk	unabkömmlich
Ustuf	Untersturmführer
VAA	Vertreter des Auswärtigen Amts
VfZ	Vierteljahrshefte für Zeitgeschichte
vgl.	vergleiche
VKs	Vizekonsul
VLR	Vortragender Legationsrat
WHA	Wissenschaftlicher Hilfsarbeiter
z. b. V.	zur besonderen Verwendung
z. D.	zur Disposition
zit.	zitiert
ZS	Zeugenschrifttum

Personenregister

Abetz, Otto 39, 114, 164
Abs, Hermann Josef 96, 99, 139
Adenauer, Konrad 11, 15–18, 64,
  81 f., 87 f., 90–93, 95–105,
  109, 118, 120, 128–131,
  133 ff., 137 f., 140, 146 f.,
  150–153, 157, 176, 178 f., 183,
  185, 187, 189, 191, 208 f., 218,
  221–226, 230 f., 247 ff., 252,
  255 f., 260 f., 264, 267, 269 f.,
  272–275, 277 f., 282, 292–298,
  303 f., 306, 315–324
Allardt, Helmut 59 ff.
Arndt, Adolf 190, 198 ff., 201,
  203, 234
Arnold, Karl 82, 121, 169
Augstein, Rudolf 24

Bahr, Egon 12, 17 f., 312 f.
Bargatzky, Walter 75, 77, 289
Bargen, Werner von 40, 168, 173,
  197–201, 204, 210 f., 215,
  238–242, 257, 259, 261, 272,
  283–291, 321
Bayern, Adalbert Prinz von 142
Bayern, Rupprecht Prinz von 142
Becker, Hellmut 232
Becker, Max 17, 190, 226 f., 234,
  259, 264, 274, 278, 322
Behnke, Kurt 286 f.

Bene, Otto 40
Benzler, Felix 277
Bérard, Armand 142
Bergmann, Helmut 241
Best, Werner 165
Bielfeld, Harald 55 ff.
Birkelbach, Willi 234
Bismarck, Otto Fürst von 13, 144,
  149, 152, 199
Blankenhorn, Herbert 15, 87–93,
  95–103, 105–109, 111 f.,
  117 f., 129, 136 f., 139–142,
  144, 151, 157, 162, 167, 178,
  196, 205, 208 f., 220 f., 225 f.,
  229, 237 f., 248 f., 251 f., 256,
  259 ff., 264–267, 271, 290 f.,
  299, 301 ff., 317
Blasius, Rainer A. 80
Blücher, Franz 120
Bohle, Ernst Wilhelm 163
Bormann, Martin 127
Brandt, Willy 17, 306, 311 ff.
Breer, Franz 12
Brentano, Heinrich von 22, 135,
  291, 293 f.
Brill, Hermann 17, 190, 194, 197–
  200, 203–206, 229, 234, 247 f.,
  259, 273 ff., 277 ff., 321 f.
Browning, Christopher R. 20
Brüning, Heinrich 89, 295
Bruns, Georg Viktor 45

Buddenbrock, Jobst Freiherr von
110, 112 f.
Bülow, Andreas von 95, 125

Campe, Karl von 156 f.
Carmer, Hans Erich Graf 124
Claudel, Paul 298

Delattre, Lucas 29
Dieckhoff, Hans 106
Diehl, Günter 312
Dittmann, Herbert 93, 118 f.,
125, 136, 141, 144, 162, 166 f.,
179, 181, 189, 193 f., 209,
215, 227 f., 237 ff., 242 f., 252,
256 f., 265, 280, 291, 293, 317
Dönhoff, Marion Gräfin 24, 26 f.
Dönitz, Karl 54
Dörnberg, Alexander Freiherr
von 114
Dulles, Allen W. 29

Eberhard, Fritz 206
Eckardt, Felix von 303
Ehard, Hans 142
Eichmann, Adolf 37 ff., 71
Erdmannsdorff, Otto von 46, 48
Erler, Fritz 190, 211 f., 234, 260 f.,
269, 271 f., 307, 314
Eschenburg, Theodor 24 ff., 27
Etzdorf, Hasso von 51, 81, 93,
119 f., 122, 126, 129, 168 f.,
171, 206, 235, 238

Falkenhausen, Alexander Ernst
von 68

Fischer, Joschka 11, 18, 20, 23,
29
François-Poncet, André 96, 225
Frank, Paul 12, 87, 318
Franke, Bundesdisziplinaranwalt
287 ff., 290

Gaerte, Felix 206 f.
Gaus, Friedrich 30, 127
Gerold, Karl 184
Genscher, Hans-Dietrich 14
Gerstenmaier, Eugen 190, 230,
234, 248 f., 259, 274, 287
Giraudoux, Jean 298
Globke, Hans 88, 135–138, 151,
226, 261, 323
Glött, Fürst Fugger von 190,
192 f., 231, 234
Goethals, belgischer General 77
Goethe, Johann Wolfgang von
161
Göring, Hermann 27 f.
Grolmann, Carl von 175
Grundherr, Werner von 107 f.,
165 f., 168 f., 203, 215, 238,
271
Guiringaud, Louis Marie de 141

Haack, Hanns-Erich 205
Haas, Wilhelm (jun.) 13
Haas, Wilhelm (sen.) 62 f., 93 ff.,
101 f., 104 f., 109 f., 112,
116 ff., 120, 133, 137, 139 f.,
157, 159, 162 ff., 196–206,
209 ff., 223, 228, 232, 234,
237, 239, 243, 265, 294,
299
Haensel, Carl 167

Hahn, Fritz-Gebhardt von 35
Halem, Gustav Adolph vom 59 ff.
Hallstein, Walter 88, 99 f., 112,
  117, 133, 135, 153, 155,
  181 f., 184, 191, 193 f., 218–
  222, 224 f., 230 f., 251 f., 256,
  264, 280, 286 f., 324
Halter, Hans-Christian 142
Hammerschmidt, Helmut 16,
  213, 216 f., 251
Hassell, Ulrich von 49, 171, 186,
  263
Hausenstein, Wilhelm 140,
  296–304
Hecker, Gottfried 110 f.
Heinburg, Curt 47 ff., 107 f.,
  187 ff., 227, 229 f., 239, 254,
  277
Heinze-Mansfeld, Michael (siehe
  Mansfeld)
Henkell, Käthe 115
Henle, Günther 156
Hentig, Werner von 262 ff.
Herwarth von Bittenfeld, Hans
  53, 80 f., 93, 102, 124–130,
  164, 238, 265, 312
Heuss, Theodor 231, 297 f.,
  304
Heydrich, Reinhard 32, 43 ff.
Hilger, Gustav 44
Hill, Leonidas E. 43
Hillgruber, Andreas 24
Himmler, Heinrich 33 f., 36, 56,
  58, 111, 174, 323
Hindenburg, Paul von 31 f.
Hitler, Adolf 14 f., 22, 24, 28 ff.,
  31 ff., 35, 41 f., 53 f., 59, 61 ff.,
  69, 75 ff., 84, 114, 123, 125–
  128, 144, 189, 208, 210, 217,
  241, 303

Jacobsen, Hans-Adolf 20 f.
Jenke, Albert 59 ff.
John, Otto 227, 231 ff., 244

Kaiser, Jacob 120
Kamphoevener, Kurt von 168,
  173, 238
Kapp, Wolfgang 127 f.
Kaufmann, Erich 82, 144, 256,
  273 f., 281–286
Kaufmann, Theophil 138, 223 ff.,
  226, 296
Kaßler, Rolf 140
Keller, Rupprecht von 162, 164,
  168, 207, 238
Kempner, Robert M. W. 25, 27,
  73 f., 149 f., 156, 176 ff., 183,
  187 f., 218, 229, 232 f., 282
Kessel, Albrecht von 28, 51 f.,
  129, 168 f., 172, 238, 278,
  289, 301
Kiesinger, Kurt Georg 18, 91,
  221, 225, 312
Killinger, Manfred von 43
Klaiber, Manfred 200
Köhler, Erich 190, 193–200, 202–
  207, 211, 228, 234, 274, 284
Köhler, Henning 25
Kolbe, Fritz 29
König, Maximilian 181
Kordt, Erich 79–82, 93, 120, 125,
  129, 167 ff., 170 f., 186, 232
Kordt, Theo 80 f., 93, 101 f.,
  120 ff., 125, 129 f., 168 ff.,
  171, 205 f., 238
Krapf, Franz 18 f., 29, 82–86,
  142 f.
Krekeler, Heinz 140, 296
Kroll, Hans 121

Lamartine, Alphonse de 298
Lammers, Hans Heinrich 127
Laval, Pierre 241
Leitzke, Walter 228
Lemmer, Ernst 76
Lochner, Louis P. 137
Lohmann, Johann 44
Löns, Josef 293, 324
Lorenz, Werner 83
Luther, Martin 37 ff., 40, 45 f., 72,
214, 275
Lütkens, Gerhard 98, 156

Malinowski, Stephan 27
Maltzan, Vollrath Freiherr von
89, 91, 200
Mandel, Georges 164
Mann, Thomas 65
Mansfeld, Michael 115, 161 f.,
165, 168, 170, 172, 177, 179,
181, 183, 191 f., 216, 219,
251, 320
Marchtaler, Hans Ulrich von 119,
166, 238
Marshall, George C. 87, 113, 228
McCarthy, Joseph Raymond 177
McCloy, John Jay 122
Meissner, Otto von 128
Melchers, Wilhelm 93, 102, 108,
110, 119, 162 ff., 168, 172,
201, 207, 210 ff., 215, 232,
237, 239, 243 f., 248, 257,
280, 291
Melchior, Carl 30
Merkatz, Hans von 271
Meyer, Richard 263 f.
Meyer-Landrut, Andreas 13
Mohr, Ernst-Günther 119
Mühlenfeld, Hans 296

Müller, Heinrich 44
Mussolini, Benito 53

Neurath, Constantin Freiherr von
14 f., 31, 95, 123, 126, 128 f.,
153, 167, 323 f.
Niklas, Wilhelm 295
Nostitz, Gottfried von 129, 165,
168, 171 f., 238

Oellers, Fritz 164, 296
Oppler, Kurt 296, 305–313
Ostermann von Roth, Ernst
Ludwig 112 f.
Ott, Eugen 63

Papen, Franz von 58 f.
Pappritz, Erica 124, 130
Pfeiffer, Anton 92 ff., 95 ff., 99,
114, 128, 164
Pfeiffer, Peter 93, 101, 103,
114 ff., 125, 128, 142, 164,
207, 239, 256, 265, 292 f.
Pfleiderer, Karl Georg 156 f.
Pfisterer, Friedrich 110–113
Picot, Werner 44
Pleven, René 225
Prüfer, Curt 49 f.
Pury, Arthur von 55 ff.

Quisling, Vidkun 165, 271

Rademacher, Franz 21, 35, 37 ff.,
44, 47, 138, 213, 235, 239,
242, 277

381

Reismann, Bernhard 128, 150 ff., 153, 155 f., 159, 166
Reynaud, Paul 164
Rheindorf, Kurt 143
Ribbentrop, Inge 59, 61 f., 115
Ribbentrop, Joachim von 14 f., 18, 24 ff., 33 ff., 41, 45, 53 ff., 57 f., 62 f., 65, 70, 79 ff., 109, 111, 114 ff., 119 f., 125 f., 130, 163 ff., 167, 169 f., 172 ff., 202, 205, 214, 217, 223, 227, 236, 242, 271, 275, 313, 323
Riddleberger, James W. 79, 136 f.
Rintelen, Emil von 174
Rosenberg, Alfred 275

Sachs, Hans 80
Sahm, Ulrich 12
Sartre, Jean-Paul 175
Scheel, Walter 13 ff., 318
Scherpenberg, Hilger van 135
Schetter, Rudolf 185–189, 191, 193, 210, 229 f., 238, 240, 281 f.
Schlange-Schöningen, Hans 140, 294 f., 300
Schleier, Rudolf 38
Schlüter-Hermkes, Maria 297
Schmid, Carlo 98
Schmidt, Paul Karl 178
Schmidt, Paul Otto 53
Schmidt-Horix, Hans-Dietrich 140
Schoen, Wilhelm Freiherr von 89 f.
Schoeps, Julius H. 264
Schreiber, Georg 155
Schroeder, Hans 64, 125, 163
Schröder, Gerhard 307

Schulenburg, Friedrich Werner Graf von der 125 f.
Schüler, Edmund 31
Schultz, Lieselotte 114
Schuman, Robert 225
Schumburg, Emil 28, 35
Schütz, Klaus 312
Schwarz, Hans-Peter 297, 299, 302
Schwarz, Werner 102, 193, 199, 207, 211, 216, 237, 239
Schwarzmann, Hans 114 ff., 130, 164, 168, 235, 239
Schwerin von Krosigk, Lutz Graf 54
Seelos, Gebhard 156 f.
Simonis, Susanne 169 f., 238
Spitzy, Reinhard 62
Staden, Berndt von 13
Stalin, Josef 125 f.
Steengracht von Moyland, Gustav Adolf Baron 57, 69, 127
Stolzmann, Paulus von 140
Strauß, Franz Josef 125, 221 f., 251 f.
Strempel, Heribert von 164 f., 169
Stresemann, Gustav 13, 25 f., 150
Strohm, Gustav 93
Stülpnagel, Karl Heinrich von 241

Thadden, Eberhard von 35
Thayer, Charles W. 144
Thomas, Michael 12, 88
Thorner, Heinz 127
Tichy, Alois 173, 239
Tieschowitz, Bernhard von 124

Traut, Hans 140 f.
Trützschler von Falkenstein,
　Heinz 168, 173, 239, 244 f.,
　257, 280, 291
Tüngel, Richard 27, 176 ff., 218
Twardowski, Fritz von 169, 179

Ullrich, Johannes 23, 64

Vansittart, Robert Gilbert Baron
　81
Vogel, Georg 211
Vollnhals, Clemens 66

Wagner, Horst 28, 57, 111, 278
Walther, Gebhardt von 301 f.
Wehner, Herbert 312

Weizsäcker, Carl-Friedrich von
　26 f.
Weizsäcker, Ernst von 24–28,
　37–43, 46, 51, 69, 80, 121 f.,
　153, 167, 171 f., 176, 186,
　232 f., 262 f., 278, 301
Weizsäcker, Richard von 24, 26
Welck, Wolfgang Freiherr von 252
Wickert, Erwin 82
Wilde, Karl 193 f.
Wilhelm II. (deutscher Kaiser) 89
Wilson, Sir Harold 307
Woermann, Ernst 27, 37 f., 40 f.,
　46, 48
Wohleb, Leo 295
Wurm, Theophil 66 f.

Zimmermann, Walter 119, 207
Zinsser, Christian 63 f.